K종이접기 마에스트로

3단 (Level 3)

세계종이접기창작개발원 지음

머리글

K-종이접기 마에스트로들이여, 여기서 머무를 것인가? 또 다른 모험을 떠날 것인가?

서 원 선 원장
(재) 종이문화재단 세계종이접기창작개발원

마에스트로 1단이 기존 종이접기 교육과정과의 연결 고리와 한 장 종이접기의 출발이었다면, 마에스트로 2단은 한 장 종이접기의 험난한 여정이었습니다. 우리는 이제 마에스트로 3단을 통해 또 다른 모험을 마주하며 완성도 있는 모험을 마무리해야 합니다.

항상 저는 종이접기는 모험이라고 표현합니다.
작가가 숨겨 놓은 작품을 보물 지도인 도면을 보며 찾아가는 모험을 이야기합니다. 교육과정은 지도를 정확히 읽고 해석하며 서로 협동하여 목적지에 무사히 다다르게 하는 방법을 함께 습득하는 과정이라 할 수도 있겠지요.
종이접기는 모험이라는 표현이 너무도 잘 어울리는 과정입니다. 모험에는 위험과 실패가 항상 도사리지요. 하지만 탐험가는 대체로 그 위기의 순간을 극복하고 보물을 찾아내어 해피엔딩을 맞이합니다.
때로는 좌절하기도, 후회하기도 하겠지만 마지막의 성취감과 그에 따르는 행복함은 기대 이상일 것이라고 생각합니다. 부디 끝까지 저와 함께 이 모험을 마무리하길 바라며, 우리가 이 모험에서 얻게 될 보물에 대해 간단히 이야기해 볼까 합니다.

제가 오래전에 좋아했던 영화 중 하나는 인디아나 존스 시리즈였습니다. 존스 박사는 잃어버린 성궤, 최후의 만찬 성배, 그리고 크리스털 해골 등을 찾아 모험을 합니다.
분명히 찾으려는 목적물이 있었지요. 그렇다면 우리의 종이접기 모험은 무엇을 찾기 위한 모험이 되어야 할까요? 저는 두 가지 목적을 제시해 봅니다.

하나는 열정의 회복입니다.
이십여 년 전, 이 책의 공동 저자인 Whitepaper 님의 종이접기 삶의 경우를 저는 오랫동안 지켜보았기에 다른 대다수의 종이접기 선생님들의 경우 또한 별반 다르지 않으리라 추측해 봅니다. 아마도 80년대 후반, 많은 선생님들이 종이접기를 취미를 넘어 직업으로 입문하였고 그 이후로도 많은 입문자들 또한 그러했음을 알고 있습니다. 처음 입문할 때의 선생님의 모습을 기억합니다.
당시 종이접기는 분명히 하나의 사회적, 문화적 강력한 콘텐츠였습니다. 이러한 것을 가르치는 선생님들 또한 분명한 소명의식을 갖춘 전문 집단으로 저에게는 보였습니다. 전시회를 하면 지역 문화계에 떠들썩한 흥을 불러일으키는 행사가 되었고, 젊은이들은 너나 할 것 없이 연인에게 학과 학알을 접어 선물하며 「종이학」 노래가 대중을 사로잡았습니다. 그런 분위기였으니, K-종이접기강사 자격증을 처음 받은 선생님의 자신감있고 자랑스러워하는 모습은 지금도 눈에 선합니다. 며칠 밤을 새우며 전시 작품을 준비하던 그 모습들… 그 열정을…

하지만 지금은 어떤가요? 그 때의 종이접기에 대한 열정의 반이라도 있는가요? 스스로에게 질문해 봅니다. 우리가 배출하고 있는 강사님들과 일반 유튜버나 자연적으로 발생하는 종이접기인들과 어떤 차별화가 있나요? 정보의 홍수 속에서 전문성의 차별화가 이루어지고 있나요?
저는 기술적으로 누가 더 종이접기를 잘하고 못하고를 이야기하려는 것이 아니라, K-종이접기 마에스트로 과정을 통해 종이접기 전반에 걸친 깊은 고민을 함께 해 보자는 것입니다. 이러한 깊은 성찰의 과정을 통해 종이접기에 입문한 분들께 각자의 삶에 종이접기의 세계관과 철학이 깊숙이 스며들기를 바라는 것이지요.
그렇게 하기 위해서는 자신감의 회복이 우선되어야 하며, 이를 바탕으로 그동안 밑바닥에 꿈틀거리던 열정의 마그마를 끌어올려야 합니다. 그 마그마를 분출할 수 있는 구멍을 바로 이 마에스트로 3단 과정이 뚫어 줄 것입니다. 저는 누구보다도 K-종이접기 마에스트로 유단자님 그리고 독자분들을 믿습니다.

다른 하나는 창작의 출발입니다.
전자가 생각의 문제였다면, 창작의 출발은 행동의 문제입니다. 창작은 누구에게나 어려운 문제입니다. 수십 년을 창작 작가로 활동해 왔지만, 저에게도 창작은 항상 어려운 문제입니다. 유감스럽게도 창작은 생각으로만 시작되는 것이 아닌, 독자의 손끝에서 시작되는 것입니다. 아무리 아이디어와 발상이 좋다 한들, 종이를 마주하고 접기 시작하지 않으면 창작은 이루어지지 않습니다. 수 십 수 백 번의 오류와 실패를 딛고 이루어지는 것이 창작입니다. 그렇다고 해서 무작정 많이 접고 많은 실패를 경험하라고 가르칠 수는 없습니다. 창작자로서 그간의 실패와 성공의 경험을 독자들에게 전함으로써 기회비용을 현저히 낮추는 노력을 해야 하며, 그 방법을 찾는 길을 마에스트로 과정을 통해 전달하고자 하는 것입니다. 그중 하나의 구체적인 팁으로 불만족과 동기부여라는 단어를 제시합니다.
창작을 하기 위한 최초의 디딤발이 바로
첫 번째, 불만족입니다. 기존 작품에 대한 불만이 아마도 최초의 시작점이 될 수 있을 것입니다. "왜 이 작가는 이렇게 접었을까?", "나라면 이렇게 접을 텐데…" 라는 첫 생각이 창작의 불씨가 될 수 있을 것입니다.
두 번째, 동기부여입니다. 무의미한 막무가내식 종이접기는 오래도록 그 힘을 유지하기 어렵습니다. 책을 낸다든지, 전시를 한다든지, 발표를 한다든지 하는 구체적인 목적, 즉 동기부여가 있다면 창작의 힘은 더욱 강력하게 불타오를 것입니다. 전자에 비해 동기부여는 외부로부터 부여되는 경우가 많습니다. 그러한 동기부여를 우리 기성세대가 더 많은 기회를 만들어 제시할 수 있었으면 좋겠습니다. 그리고 그 다음이 종이접기 기법 등의 테크닉적 요소들일 것입니다. 이렇게 마에스트로 과정을 통해 창작의 불꽃을 지피고 구체적으로 시작하게 하려는 것이 두 가지 목적입니다.

이 **두 가지 목적을** (열정의 회복 / 창작의 출발) **마에스트로 3단 과정**에서 얻을 수만 있다면, 우리의 모임은 성공적으로 마무리될 것입니다. 이제 모든 탐험을 끝내고 우리의 고향으로 귀환했습니다. 우리는 그동안 귀중한 경험과 취득한 보물을 즐길 충분한 자격이 있으므로, 충분히 즐기시길 바랍니다. 하지만 진정한 모험가는 그에 만족하지 않습니다. 그래서 또 다른 모험을 준비합니다. 우리의 모험은 결코 끝나지 않습니다. 더욱 커다란 보상과 위대한 여정이 있는 모험이 우리를 기다립니다. 심장은 요동치며 벌써 풍랑을 헤쳐 나아갑니다.

K-종이접기 마에스트로들이여,
여기서 머무를 것인가?
함께 또 다른 모험을 떠날 것인가?

추천사

창작·예술활동의 거장
「K-종이접기 마에스트로」 3단을 위하여...

노영혜 이사장
(재)종이문화재단·세계종이접기연합

종이 한 장에서 시작된 작은 설렘이 이제 「K-종이접기 마에스트로」 3단에 이르러 더 깊은 결실을 맺게 되었습니다. 1단은 기초와 철학을 세우는 과정이었고, 2단은 기본형을 확장하며 새로운 가능성을 확인하는 단계였습니다. 3단은 이러한 여정을 완성하고, 종이접기의 예술적 성숙과 창작의 정점을 보여주는 자리라 할 수 있습니다.

서원선 창작작가는 머리글에서 종이접기를 "모험"이라 표현했습니다. 그 길에는 실패와 좌절도 있지만, 끝내 도달하는 성취와 기쁨은 무엇과도 바꿀 수 없습니다. 이번 3단이 안내하는 모험은 단순한 기술의 습득이 아니라, 잃었던 열정을 되찾고 창작의 용기를 내어 시작하는 길입니다. 열정과 창작은 종이접기 예술의 양 날개와 같아, 그 어느 하나도 결코 놓칠 수 없는 소중한 가치입니다.

차례에서 볼 수 있듯, 이 책은 한지 풀먹이기, 한지 염색하기, 한지 다림질하기, 색을 이용한 종이접기, 같은 동물 다른 모습, 최종 단계에서의 응용, 움직임(동세)표현, 특이한 형태 표현하기, 세밀한 표현 기법, 마스크 접기와 응용 등 풍부한 주제를 담고 있습니다. 이는 단순한 형상의 모사에 머무르지 않고, 종이에 감정과 생명을 불어넣어 살아있는 예술로 확장하는 여정을 보여줍니다. 독자들은 접기의 기법을 넘어, 친환경 소재인 종이가 가진 무한한 가능성을 스스로 체험하며 새로운 창작 세계를 펼치게 될 것입니다.

이 책을 통해 종이와 깊이 대화하며, 자신만의 창작 세계를 열어가길 바랍니다. 나아가 한국 종이접기의 가치가 더욱 빛나 세계 곳곳에서 K-컬쳐로 울려 퍼지기를 진심으로 소망합니다.

단순한 종이 한 장은 때로는 평화의 매체가 되고, 때로는 힐링이 되며, 인간의 감정을 담는 예술의 매개체가 됩니다. 「K-종이접기 마에스트로」 3단은 그러한 가능성을 한층 넓히고 깊게 다듬어, 우리 모두에게 창조적 영감과 삶의 기쁨을 선사할 것입니다.

고진감래 끝에 K-종이접기 마에스트로 1단, 2단에 이어서 3단을 완성하신 서원선, 이인경 작가님께 존경과 감사를 드리며, 이 책을 펼친 모든 분들이 종이접기의 새로운 창조와 예술세계를 향해 힘차게 나아가길 바랍니다.

조이, 종이, JOY!

차례

[머리글] K-종이접기 마에스트로들이여, 여기서 머무를 것인가? 또 다른 모험을 떠날 것인가? … 2

[추천사] 창작·예술활동의 거장 「K-종이접기 마에스트로」 3단을 위하여 … 4

종이접기의 기본기호와 약속 … 6

한지 풀먹이기, 한지 염색하기, 한지 다림질하기 … 8

Part.1 색을 이용한 종이접기
투칸 … 14
판다 … 19
범고래 … 24

Part.2 같은 동물 다른 모습
아메리칸 코카 스파니엘 … 32
진돗개 … 36
잉글리시 코카 스파니엘 … 43

Part.3 최종 단계에서의 응용
연어 … 52
물총새 … 58
쥐 … 64
가마우지 … 72

Part.4 움직임(동세) 표현
만타가오리 … 80
캥거루 … 84
아프리카 물소 … 94

Part.5 특이한 형태 표현하기
긴꼬리제비나비 … 102
아프리카 코끼리 … 106
하마 … 112
독수리 … 119
두꺼비 … 129
긴꼬리 원숭이 … 138

[칼럼] 낭만적 종이접기 시대의 마지막 파수꾼 제라드 타이 소반 … 146

Part.6 세밀한 표현 기법
테셀레이션 … 150
✿ 거북이 … 153
아로와나(비늘 없는 버전) … 166
아로와나(비늘 있는 버전) … 172

[칼럼] 종이접기 스타 유튜버 죠 나카시마 … 184

Part.7 마스크 접기와 응용
에릭조엘 마스크 … 188
하회탈 … 190
수도승 … 193

[칼럼] 종이접기와 사랑에 빠진 히만수 아그라왈 … 196

※ 마에스트로 3단 유단증 심사작품은 필수 작품 (✿ 작품)과 자유 선택 6작품으로 총 7작품입니다.

종이접기의 기본기호와 약속
Basic Symbols

종이접기선　접기선은 앞으로 접는 '골짜기접기'와 뒤로 접는 '산접기' 두 종류가 있습니다.

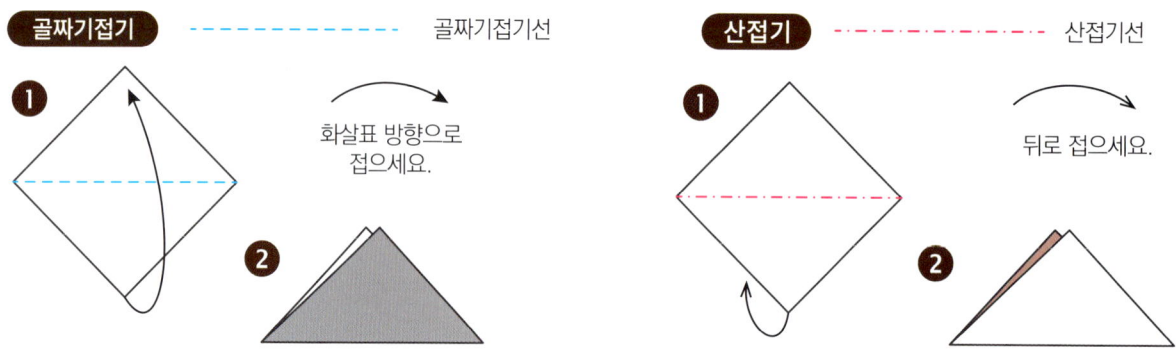

종이접기 기호　접기 도안을 보조하는 화살표와 기호입니다.

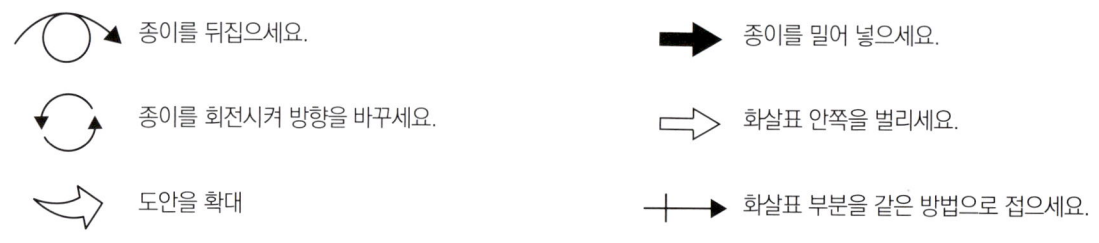

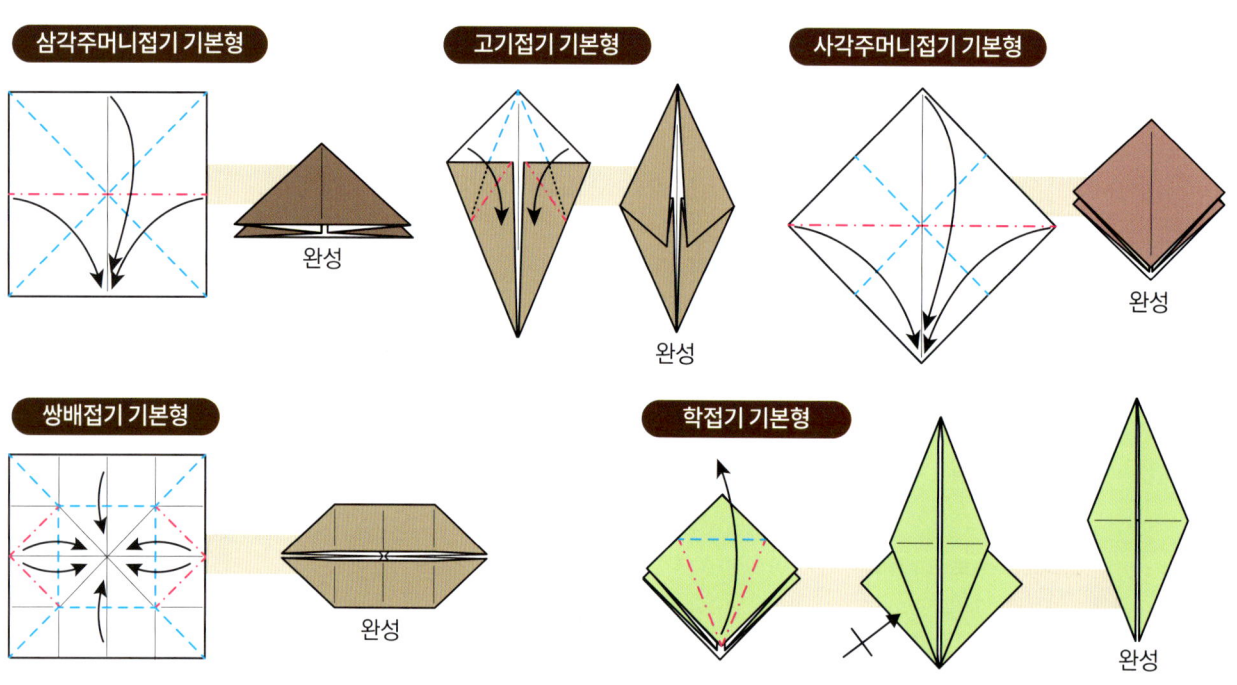

안쪽으로 접기
완성

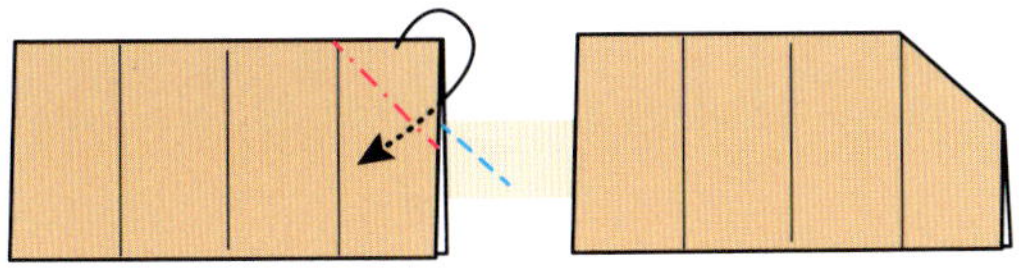

계단접기
완성

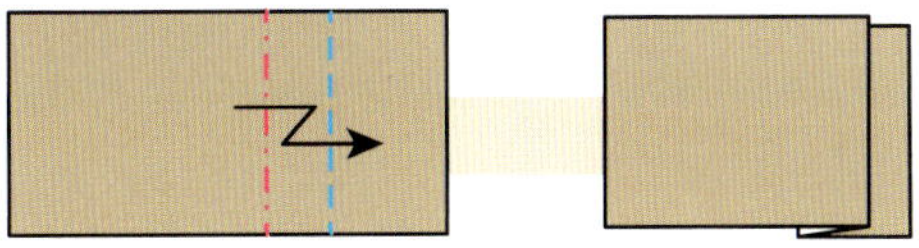

밖으로 뒤집어 접기
완성

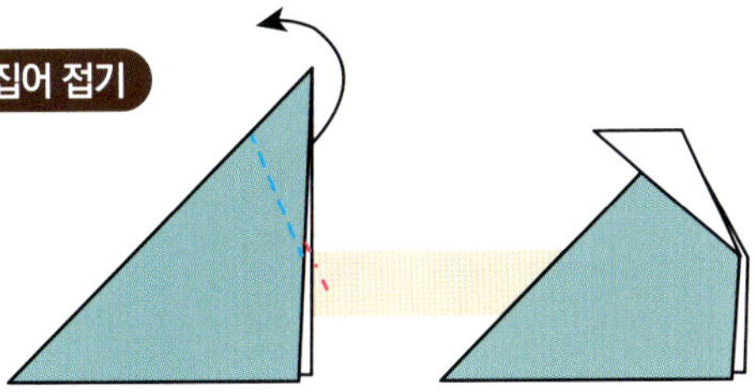

눌러접기
완성

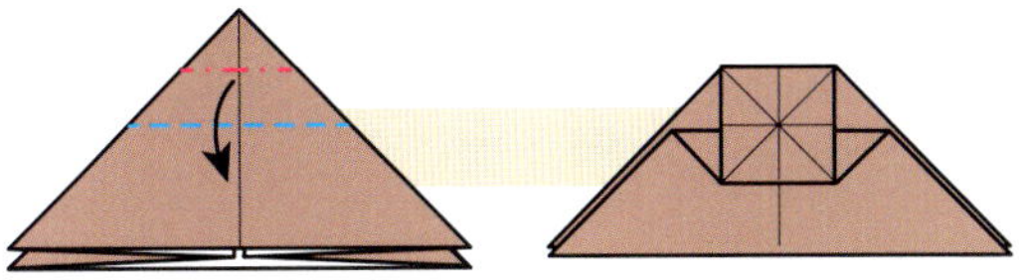

씌워접기
가운데를 벌려서 선을 만드세요.
아래로 접어 내리세요.
완성

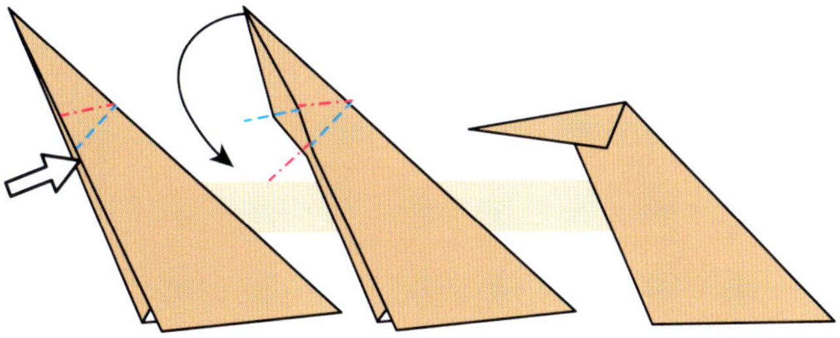

가운데 모아접기
완성

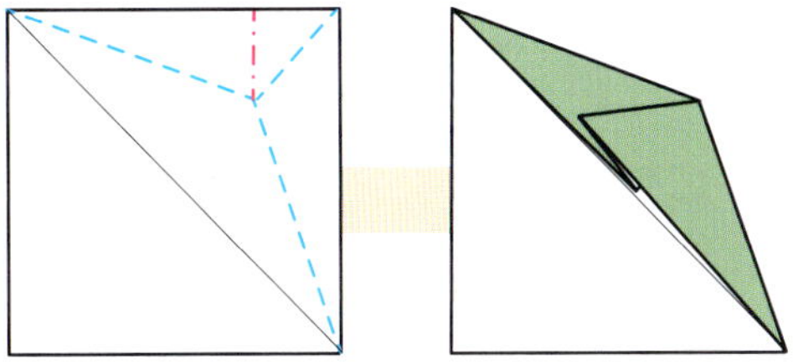

닫힌 함몰접기
속으로 접어 넣어 접은 것이 풀리지 않게 하세요.
완성

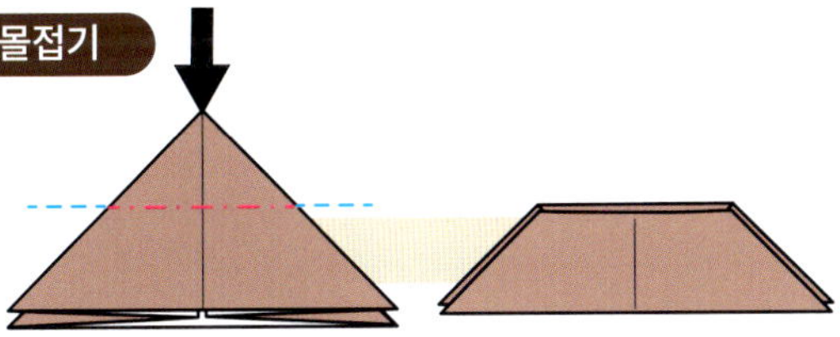

펼쳐눌러접기
가운데를 벌려서 선대로 눌러 접으세요.
완성

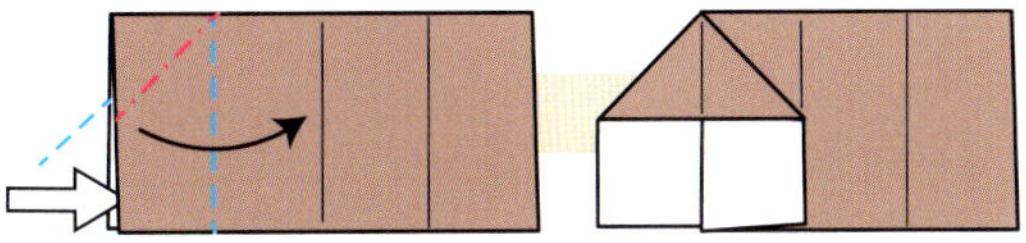

열린 함몰접기

접었다 펴세요.
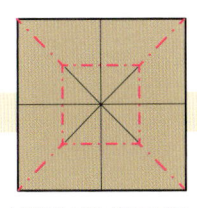
산접기선을 만드세요.
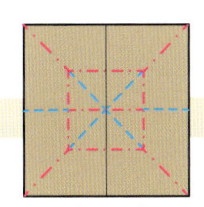
가운데가 옴폭 들어가도록 선을 만드세요.
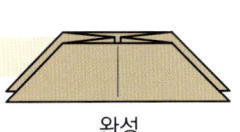
완성

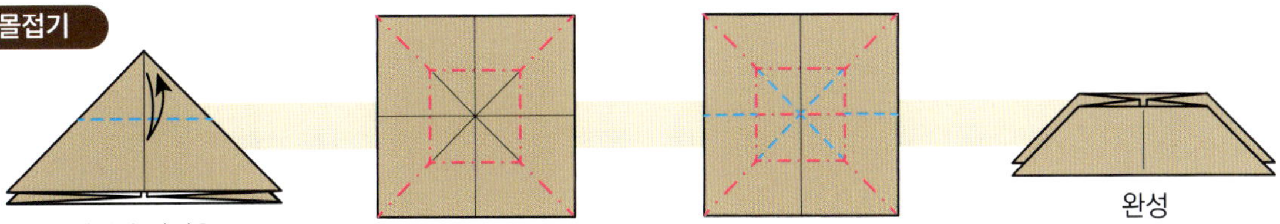

종이를 더 단단하고 접기 좋게 만드는 비밀
한지 풀먹이기, 한지 염색하기, 한지 다림질하기

종이접기를 하다 보면 종이가 쉽게 찢어지거나 접은 선이 흐트러질 때가 있습니다. 복잡하고 섬세한 작품일수록 그에 알맞은 종이가 필요합니다. 일반 양지보다 탄력성이 뛰어난 한지는 여러 번 접어도 잘 찢어지지 않을 만큼 강하고, 압축과 신축이 모두 가능한 유연성을 지녀 정교한 종이접기에 적합합니다. 특히 동물이나 꽃처럼 곡선이 많은 작품에서는 한지 특유의 따뜻한 질감과 유연함으로 세밀한 표현이 가능해 높은 완성도를 살릴 수 있습니다.

다만 한지는 부드럽고 질긴 만큼 다소 빳빳함이 부족할 수 있습니다. 이때 풀먹이기 과정을 거치면 종이가 단단하면서도 유연해져 종이접기에 더욱 알맞게 변합니다. 풀을 먹인 한지는 접은 선이 오래 유지될 만큼 내구성이 높아 시간이 지나도 쉽게 풀어지지 않으며, 세밀한 구조나 곡선 표현에서도 탁월한 효과를 보입니다.

또한 한지는 크기가 커서 대형 작품에도 활용할 수 있고, 다양한 색상 덕분에 여러 주제와 조화를 이루기에도 좋습니다. 이처럼 한지는 강도와 유연성, 미적 요소를 고루 갖춘 특별한 재료로서, 풀먹이기를 통해 그 장점을 한층 더 극대화할 수 있습니다.

한지 풀먹이기

기본 재료는 한지와 종이나라 공예용 풀입니다. 한지는 접을 작품에 맞는 두께와 크기로 준비하고 실제 사용할 크기보다 조금 큰 종이를 준비하면 좋습니다. 욕심을 내서 한지 전지(일반적으로 63㎝×93㎝)를 풀먹일 경우 종이가 커서 다루기 어려울 수 있으니 접을 작품이 크지 않을 경우 작품에 맞는 색을 골라서 반으로 자른 한지를 준비합니다.

한지, 붓, 드라이기, 칼, '종이나라 공예용 풀' 또는 '만능본드(목공용 본드)'를 준비하세요.

물 300㎖와 풀 100㎖를 준비합니다.
초보자의 경우에는 '물:풀 = 5:1'에서 시작하여 점점 조절하여 '물:풀= 3:1'을 추천합니다. 풀의 비율이 높은 강한 풀을 먹일 경우 종이의 상태에 따라 종이가 부러지는 현상이 발생하기 때문입니다.

물과 풀을 잘 섞어줍니다. 소형 전동 믹서를 사용하면 빨리 골고루 잘 풀어집니다.

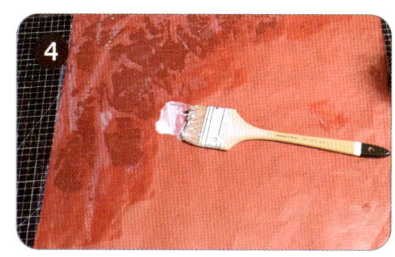

평평하고 나중에 풀이 잘 닦이는 재질의 판유리, 아크릴, 고무판 등에 한지를 올리고 평붓으로 먼저 한 면에 물풀을 바릅니다.

한지의 특성상 한쪽면만 풀을 먹여도 스며들어 사용이 가능합니다.

무거운 돌 등으로 눌러 책상에서 흘러 내리지 않도록 그리고 종이가 서로 겹쳐 붙지 않도록 주의해서 널어 놓습니다. 창문에 붙여 말릴 경우 완전히 굳으면 떼어 내기 어려울 수 있어 추천하지 않습니다.

좀 더 강한 풀을 입히고 싶을 때는 종이를 뒤집고 다시 한번 풀물을 칠해줍니다. 4번에서 양면을 동시에 진행할 수 있습니다.

다시 말려 줍니다. 말리는 시간을 단축 시키려면 드라이어를 사용합니다. 하지만 드라이어 바람으로 종이가 서로 붙는 경우가 있으므로 가능한 자연 그대로(2~3시간) 말릴 것을 추천합니다.

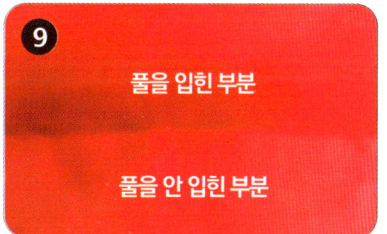

풀을 입힌 모습과 안 입힌 모습의 비교

물 300㎖, 풀 100㎖를 사용하여 앞, 뒷면에 풀 먹였을 경우 1/2 한지 8장 (전지 4장) 정도 풀을 먹일 수 있습니다.

너무 강하게 풀을 먹일 경우 종이가 부러지고 너무 약하게 먹일 경우 고정력이 떨어지므로 접고자 하는 작품에 따라 적절한 풀의 양을 조절해야 합니다.

한지 염색하기 (원하는 색상)

시중에서 판매되는 한지는 흰색뿐만 아니라 다양한 색상으로 만날 수 있습니다. 원하는 색의 한지가 있다면 앞서 소개한 풀먹이는 과정을 거쳐 바로 작품을 접을 수 있지만, 마음에 드는 색이 없을 경우에는 흰색 한지에 직접 색을 입혀 사용할 수도 있습니다. 이번에 소개하는 방법은 자신만의 색을 만들어 작품에 활용하고 싶은 분들에게 좋은 참고가 될 것입니다. 저 역시 한지에 색을 입혀 사용하는 것을 즐기는 편입니다. 작품을 원하는 색으로 접어보는 일은 정말 즐겁고 창의적인 경험이 될 것입니다. 여러분도 이 방법을 활용해 자신만의 색으로 멋진 작품을 만들어 보세요.

한지, 붓, 드라이기, 칼, '종이나라 공예용 풀' 또는 '만능본드(목공용 본드)'를 준비하고 계량용과 혼합용으로 사용할 계량컵 2개를 준비합니다.

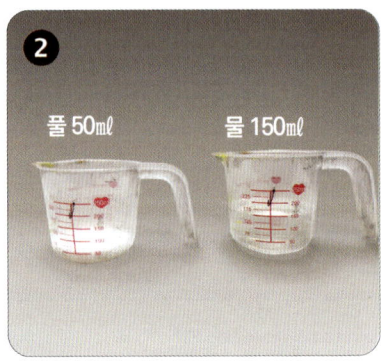

풀 50㎖와 물 150㎖를 준비합니다.

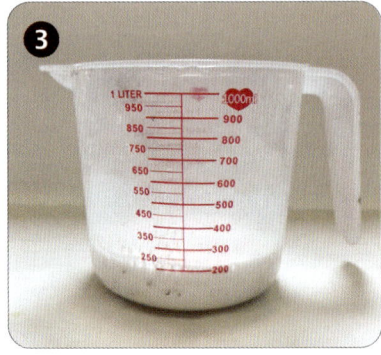

물과 풀을 잘 섞어 줍니다. 혹시 교반기가 있다면 사용하면 편리합니다.

원하는 색이 나오도록 물감 ('종이나라 비비드컬러 수채화물감' 등) 양을 조금씩 늘려가면서 물풀에 섞어줍니다.

색깔이 적당하게 섞인 모습

고무판 위에 한지를 펴놓고 붓을 준비합니다.

한지 다림질하기 (도침하기)

다림질은 한지가 적당히 건조된 상태에서 중온으로 부드럽게 눌러주는 것이 중요합니다. 다림질이 끝난 후에는 바로 접거나 겹쳐두지 말고, 완전히 식혀 평평한 곳에 두어야 한지가 변형되지 않고 깔끔하게 유지됩니다. 이렇게 하면 색이 고르게 유지되고, 표면이 매끈한 한지를 얻을 수 있어 이후 작품 작업에도 좋은 결과를 얻을 수 있습니다. 깨끗한 종이를 위에 덮고 다림질을 해도 좋습니다.

※ 전통한지에서는 홍두깨나 나무망치와 같은 도구로 반복해서 두드려 가공하는 전통적인 기술인 도침법(搗砧法)을 사용하는데 내구성이 강화되고 섬유가 눌리면서 종이 표면이 고르게 정리되고(보푸라기 제거), 자연스러운 광택이 생깁니다. 이 방법도 한 번 활용해보세요.

한지를 잘 펴놓고 물감을 고르게 찰합니다.

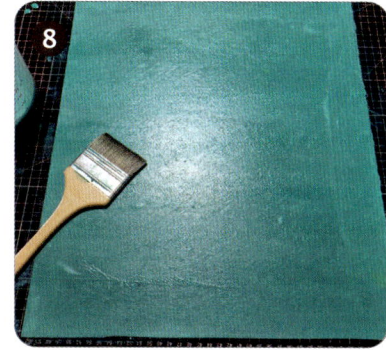
앞면을 칠한 후 뒤집어서 한 번 더 칠해줍니다.

책상이나 작업 테이블 등에 한지를 걸쳐놓고 말립니다. 빨리 말리기 위해 선풍기나 헤어드라이기를 사용하기도 합니다.

한지가 다 마르면 구김이 없도록 다림질을 해줍니다.

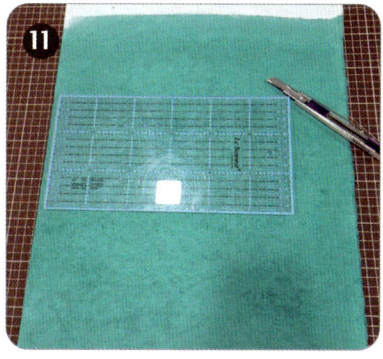
커팅 매트 위에 놓고 적당한 크기로 자릅니다.

완성된 한지

1

색을 이용한 종이접기

색종이 양면의 색을 활용한 종이접기는 작품에 입체감, 생동감, 장식성을 더해주며, 디자인적 사고를 가능하게 해주는 특징이 있습니다.

색을 이용한 종이접기
투칸
Toucan

종이 | 종이나라 《다물-클래식》
또는 《양면 색종이》 30㎝ (18쪽 참조)

투칸은 검은색의 몸과 주황색의 부리가 특징입니다. 두 가지 색깔의 종이를 합지하거나 부분 합지하여 표현합니다.

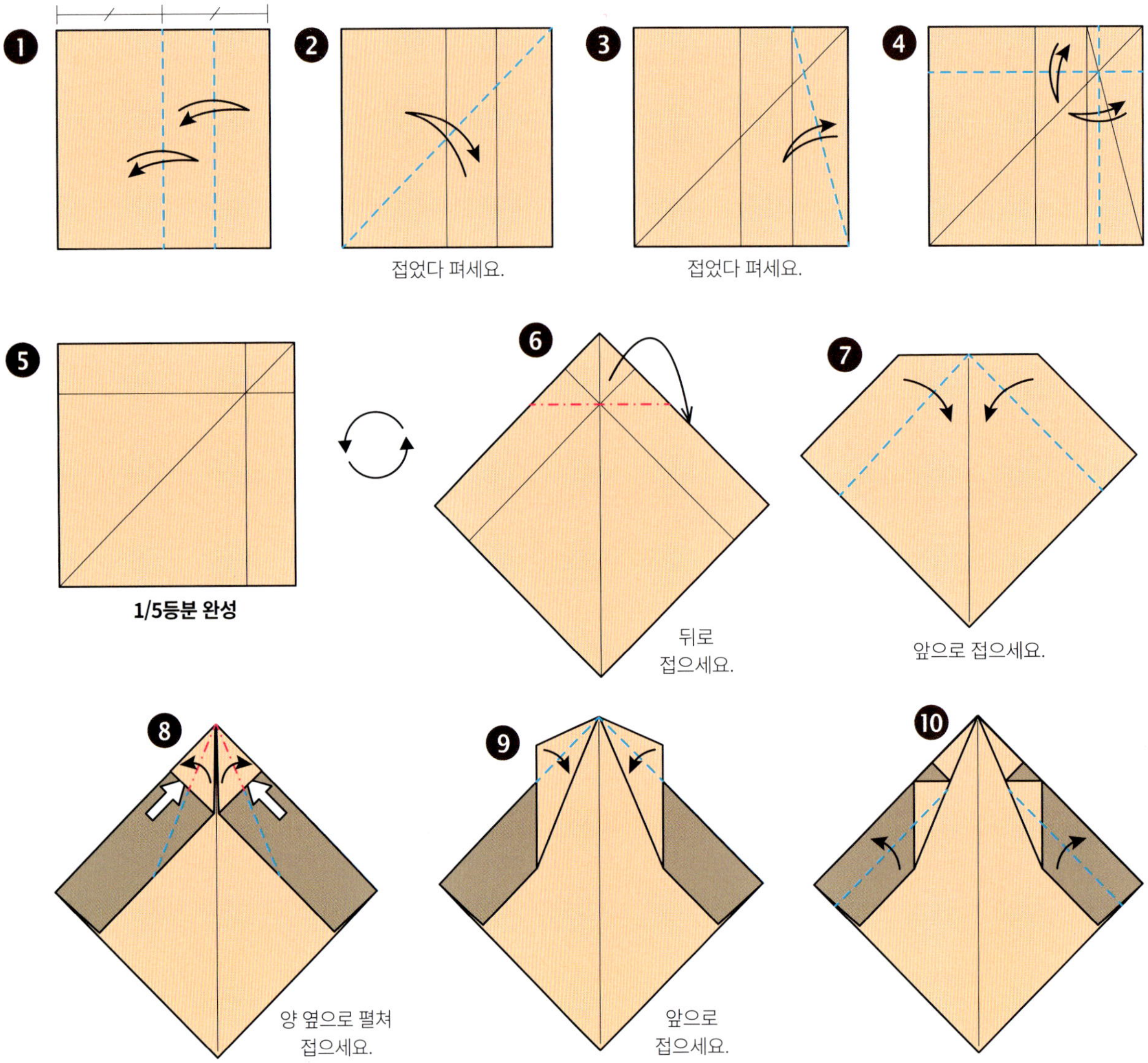

❶

❷ 접었다 펴세요.

❸ 접었다 펴세요.

❹

❺ 1/5등분 완성

❻ 뒤로 접으세요.

❼ 앞으로 접으세요.

❽ 양 옆으로 펼쳐 접으세요.

❾ 앞으로 접으세요.

❿

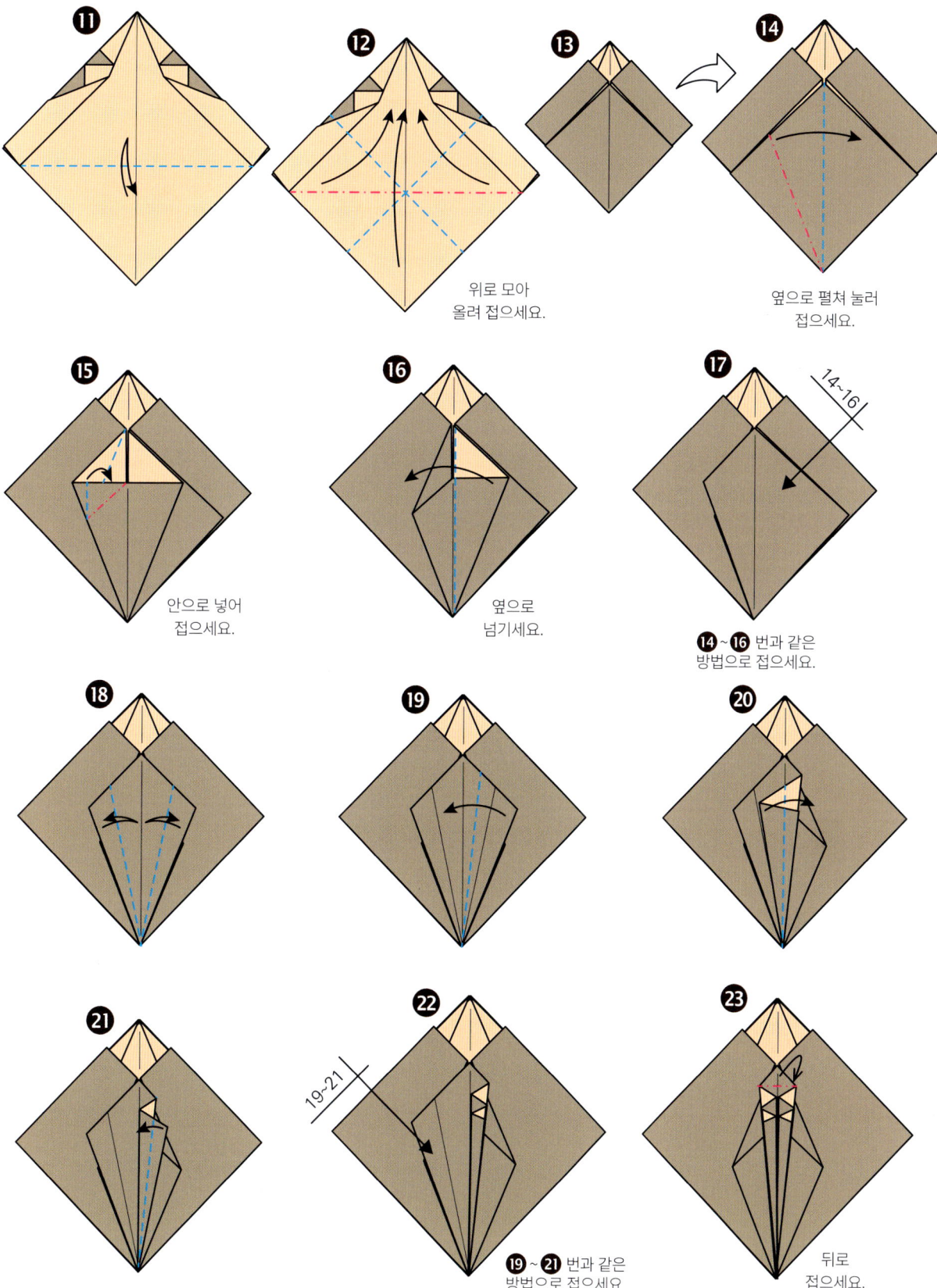

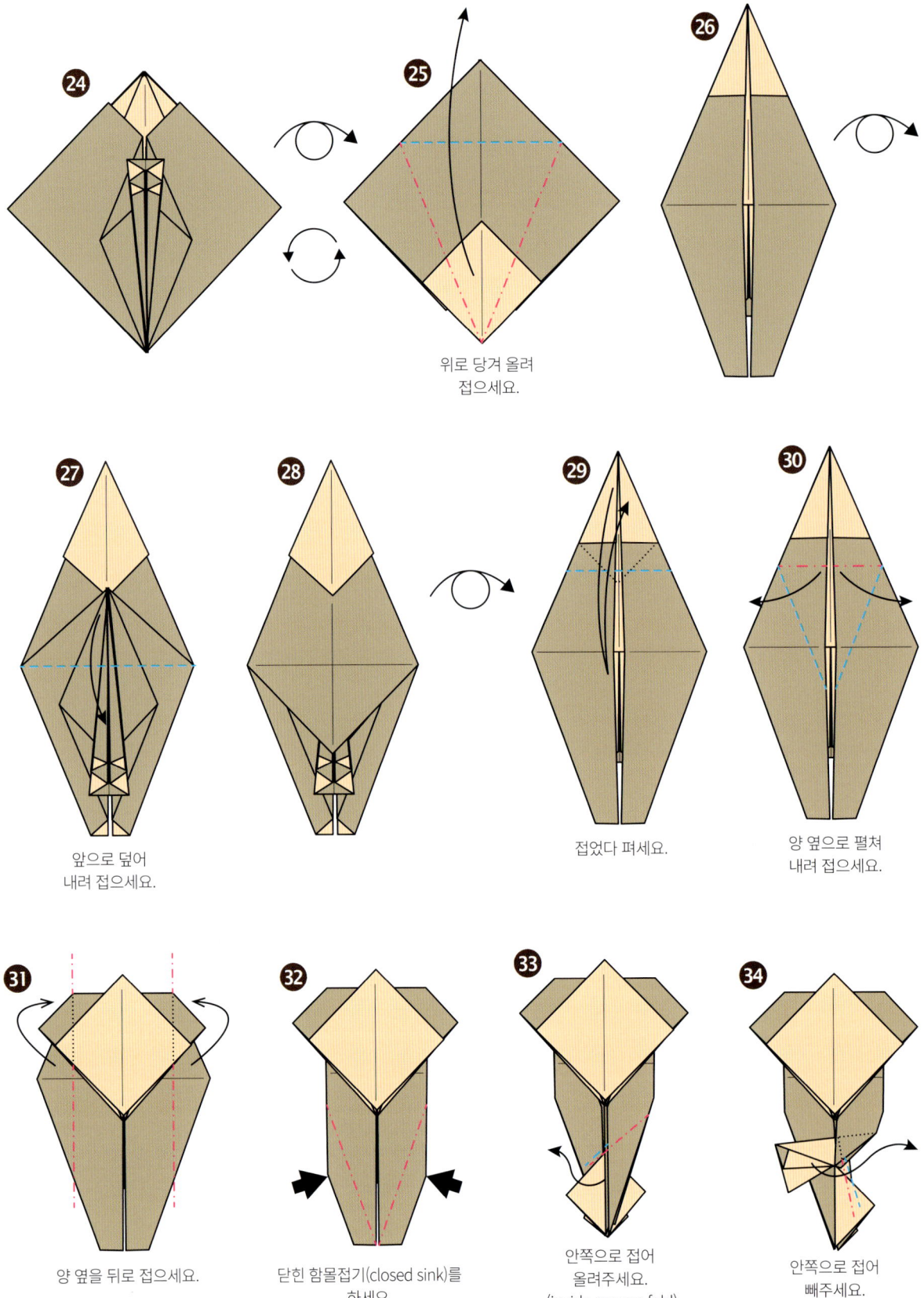

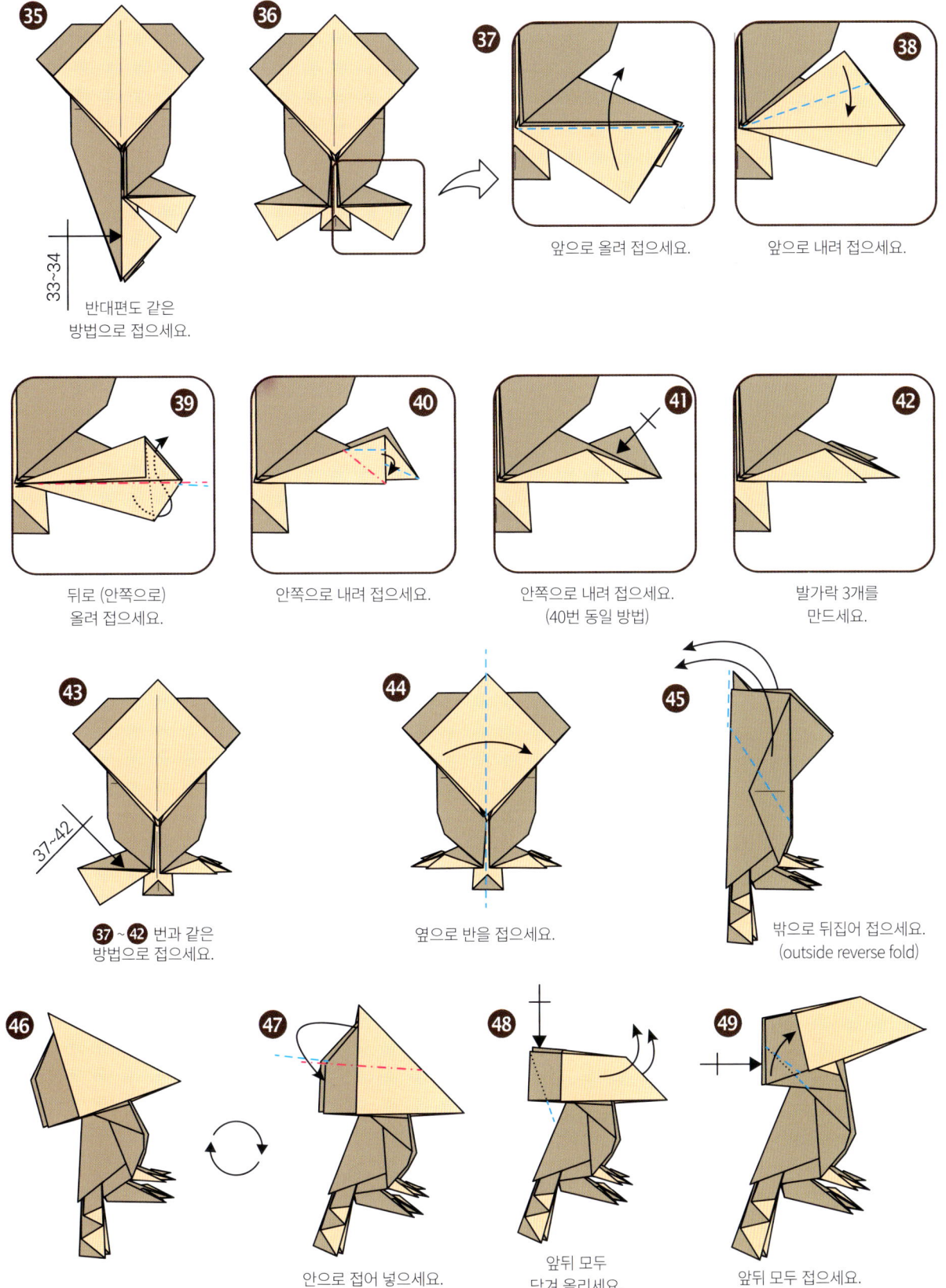

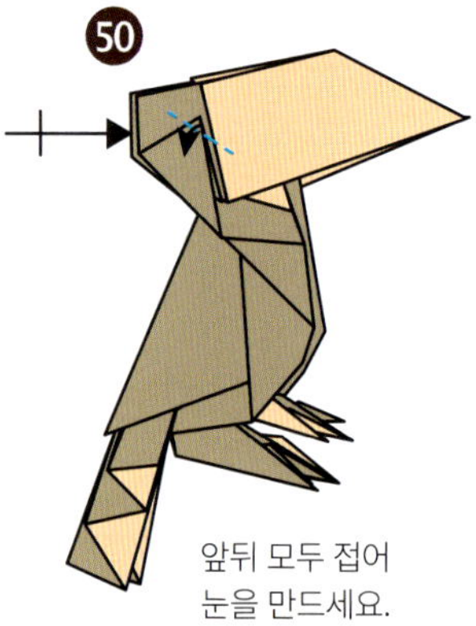

50 앞뒤 모두 접어 눈을 만드세요.

51 앞뒤 모두 안으로 접으세요.

52

53 몸의 형태를 다듬으세요.

완성

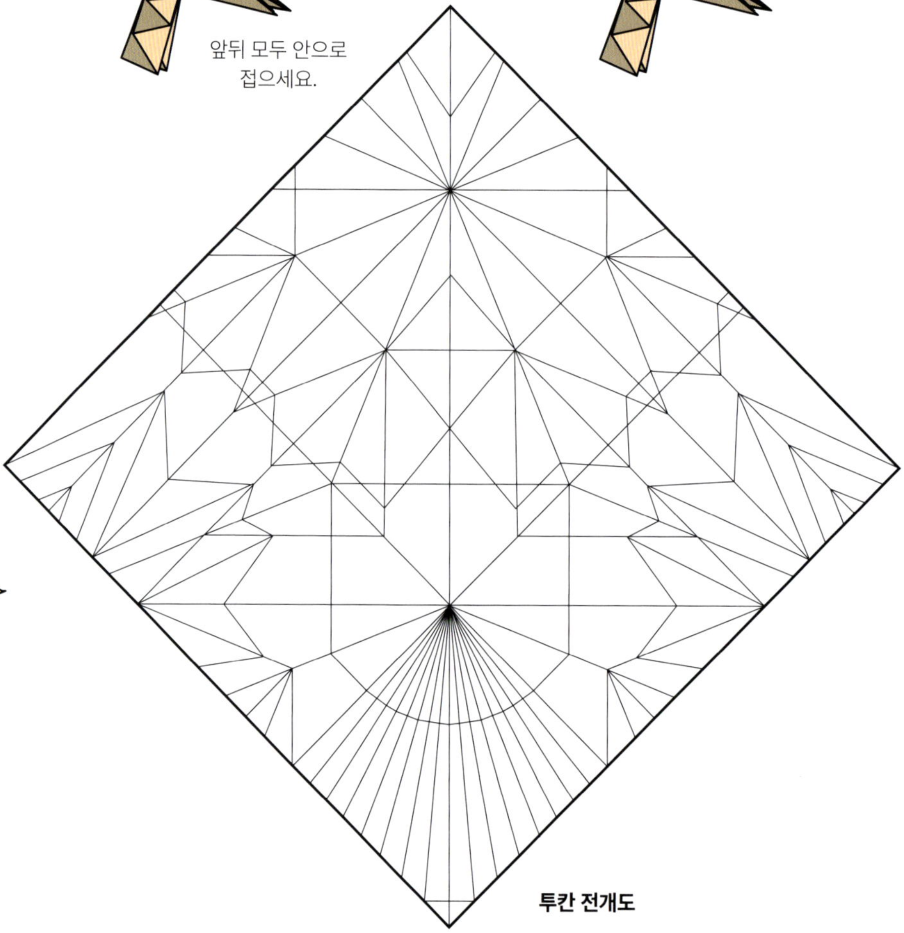

투칸 전개도

부분 합지

부리가 주황색이고 몸이 검정색인 '투칸' 접기처럼 양면 색의 조화가 중요한 경우나, 원하는 색상의 색종이가 없을 때는 두 장의 종이를 합지하여 원하는 양면 색종이를 만들 수 있습니다. 또한 특정 색이 작품의 일부에만 나타나야 할 경우에는 필요한 부분에만 부분 합지를 할 수도 있습니다.

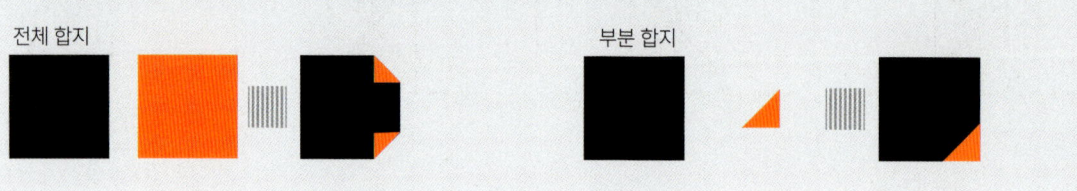

전체 합지   부분 합지

색을 이용한 종이접기
판다
Panda

종이 | 종이나라《단면 색종이》30㎝ (검정)

판다의 귀여운 얼굴과 흑백의 색채 대비가 어떻게 구현되는지 과정을 유심히 살펴보세요.

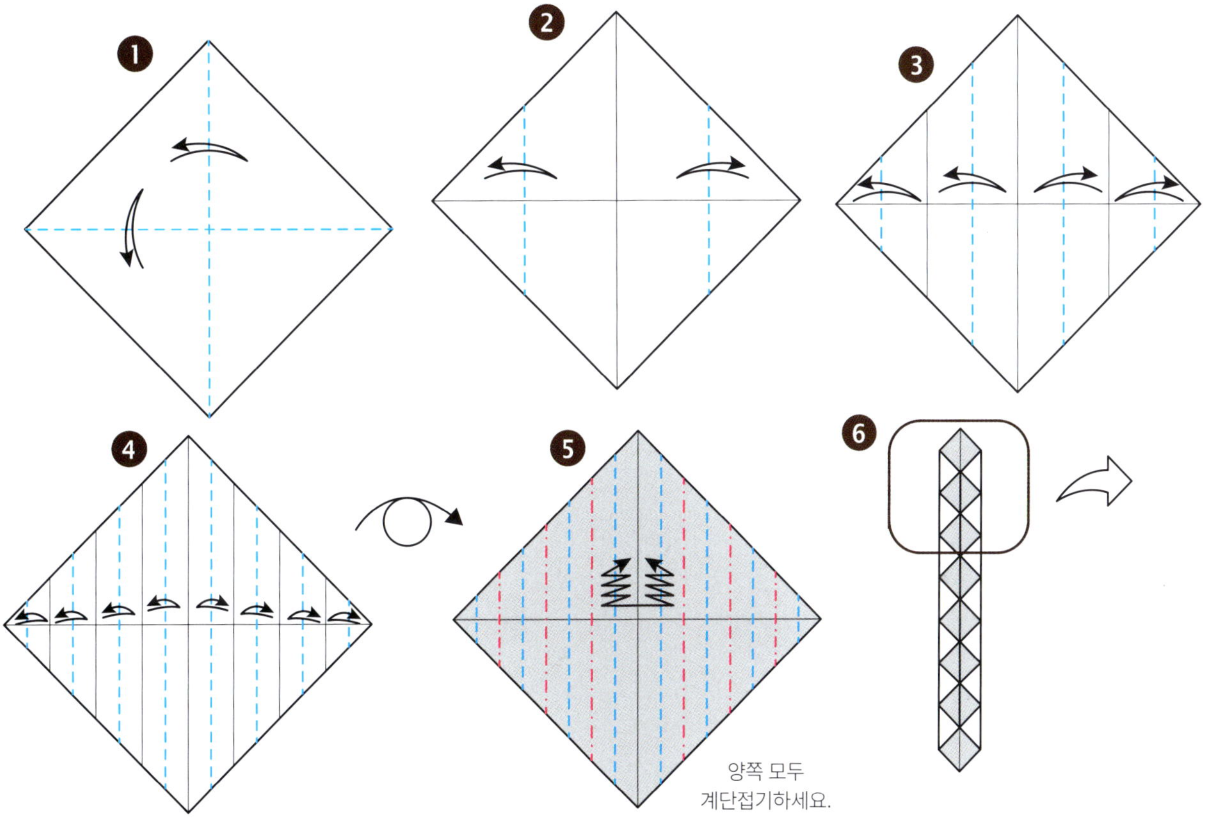

양쪽 모두 계단접기하세요.

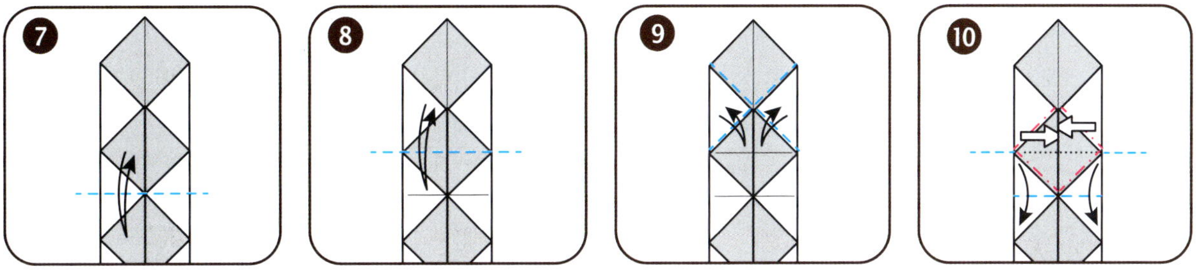

펼쳐 내려 접어줍니다.
⓬번 모양이 되어야 합니다.
*접기선을 주의 하세요.

19

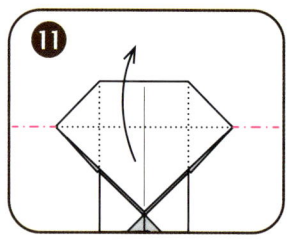
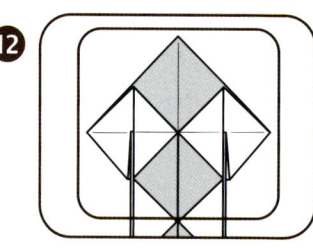

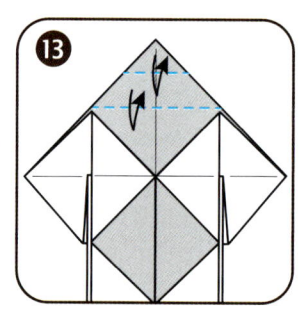

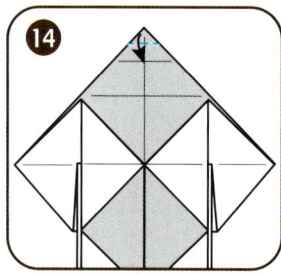
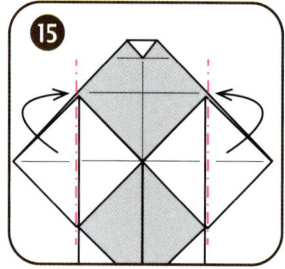

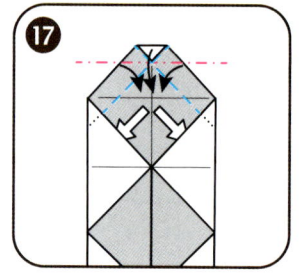

모아 내려 접으세요.

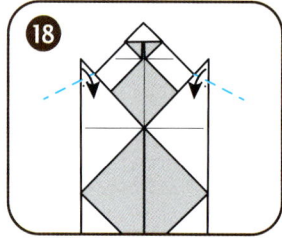
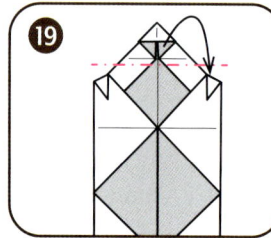
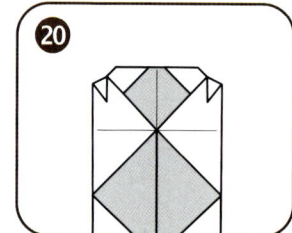

펼쳐 올려 접으세요.

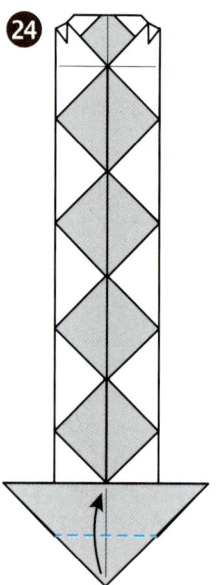

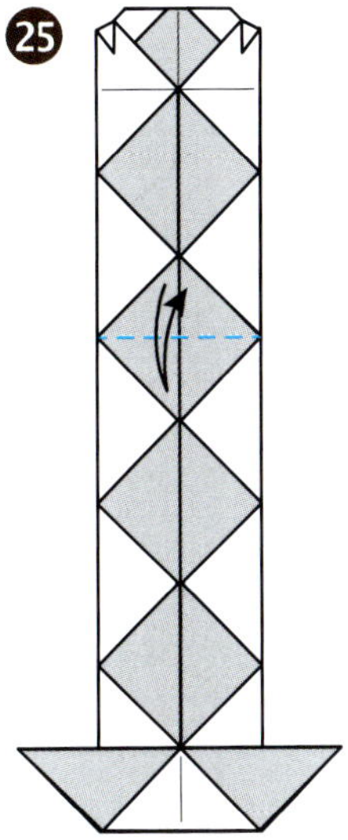

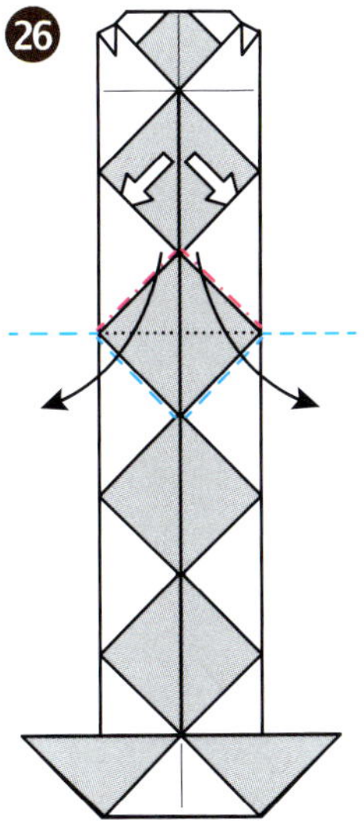

펼쳐 내려
접으세요.

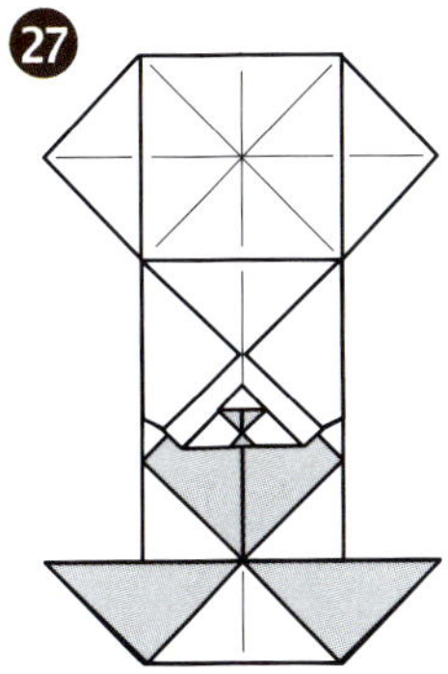

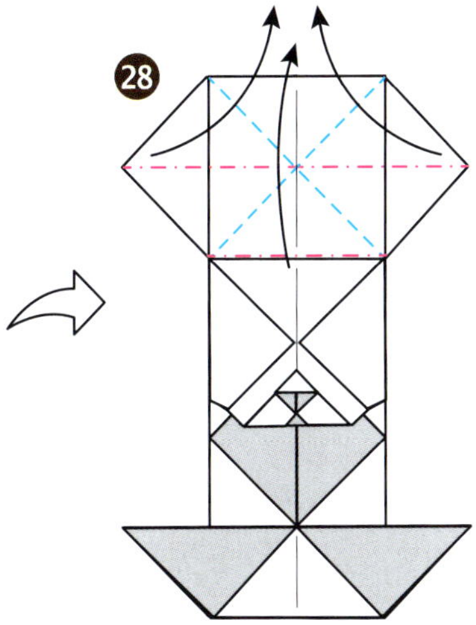

모아 올려
접으세요.

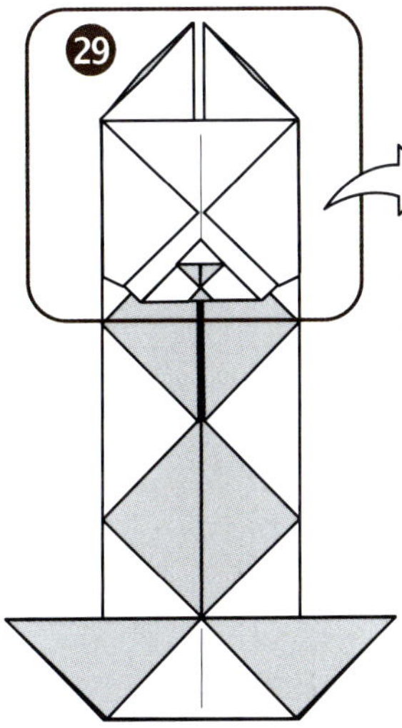

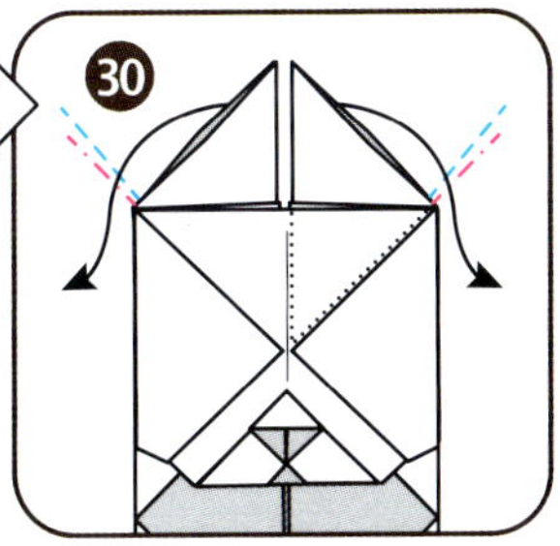

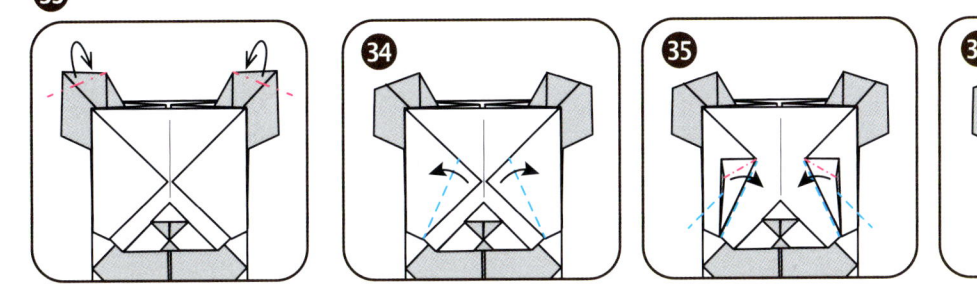

안쪽으로 내려 접으세요.

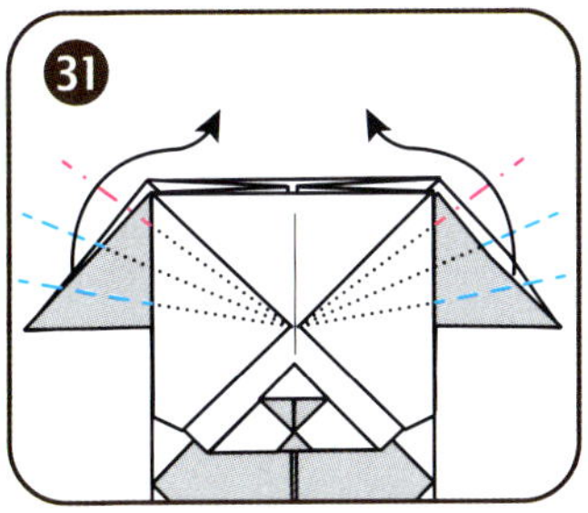

안쪽으로 올려 접으세요.

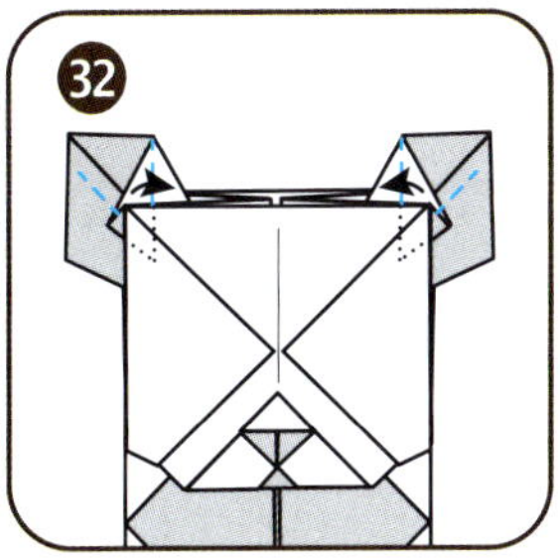

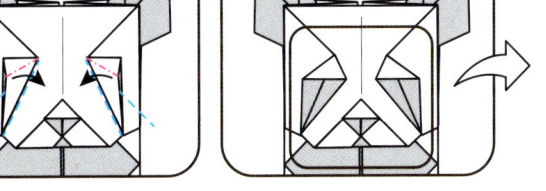

펼쳐 눌러 접으세요.

21

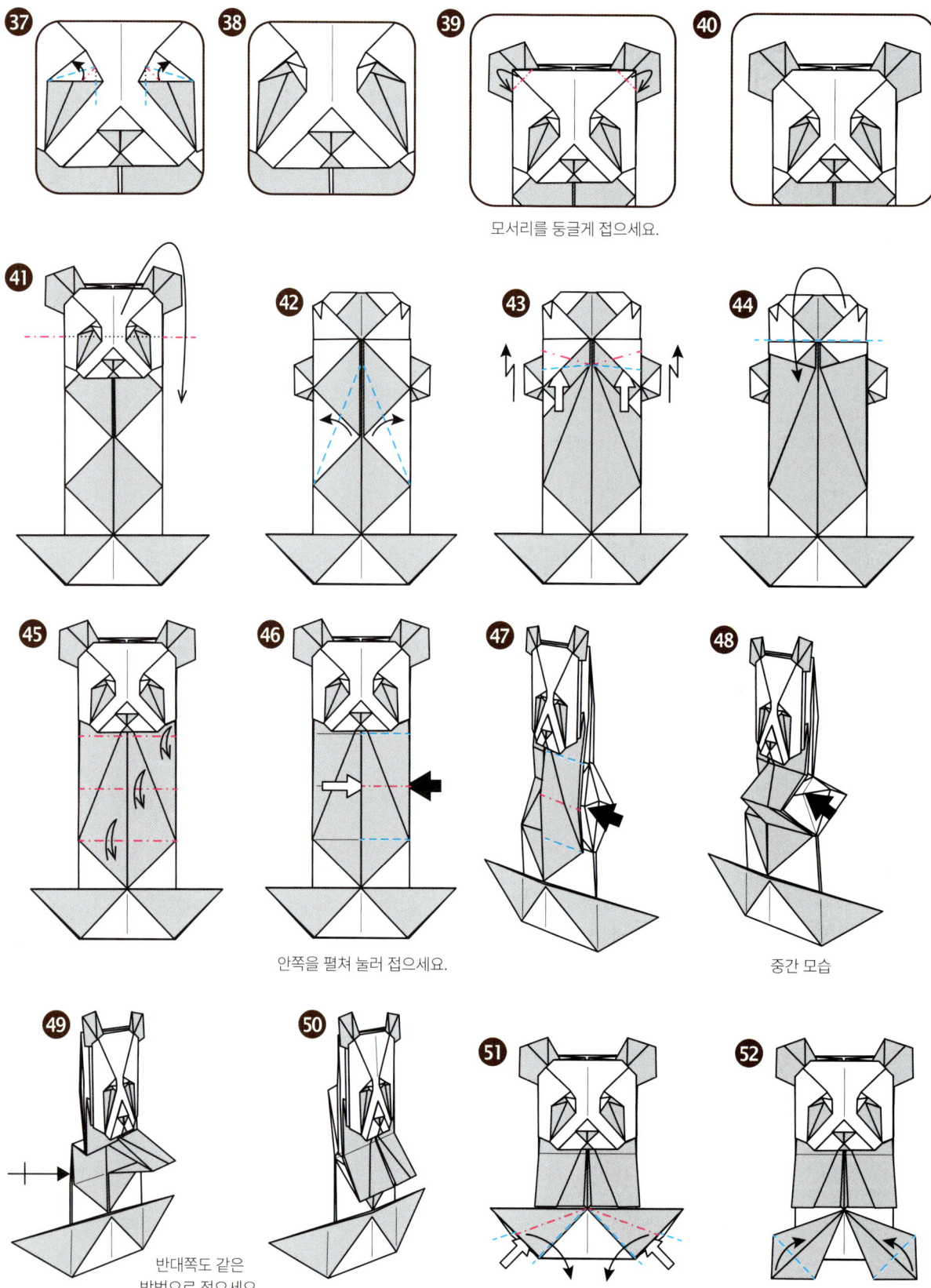

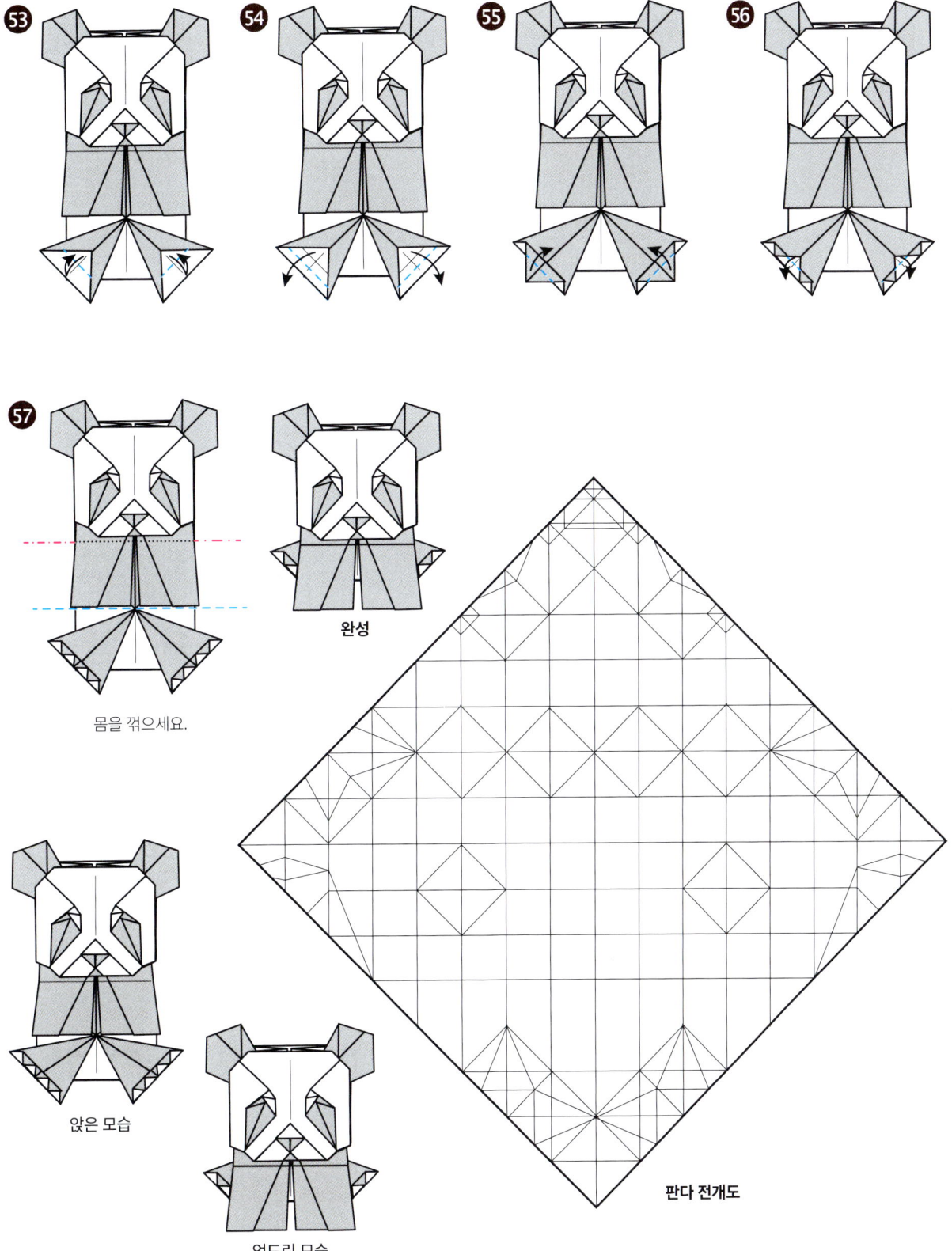

색을 이용한 종이접기

범고래 Killer whale

종이 | 종이나라 《단면 색종이》 30㎝ (검정)

9번, 13번과 같은 정밀한 부분이 이후 과정에 어떤 영향을 미치는지 유념하세요. 종이접기에서 중간 과정은 최종 완성에 큰 영향을 준다는 점을 반드시 인지하시기 바랍니다.

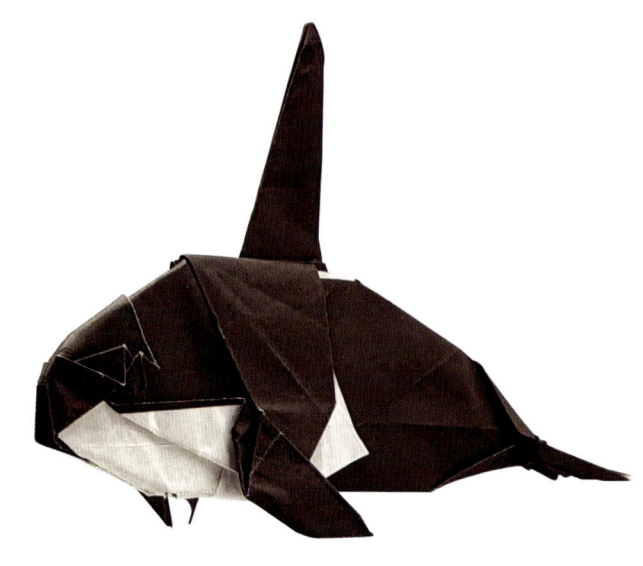

1

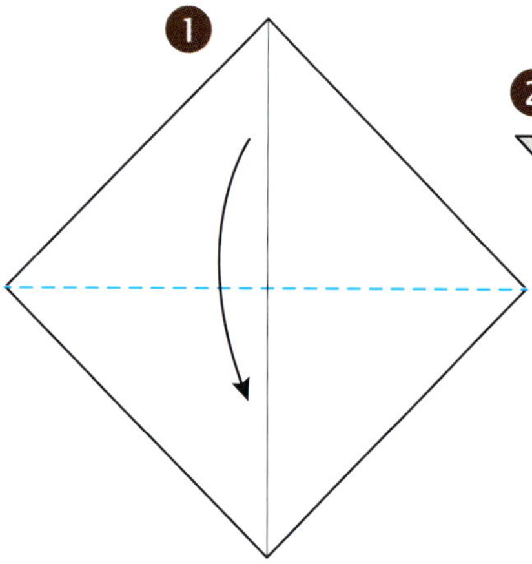

2

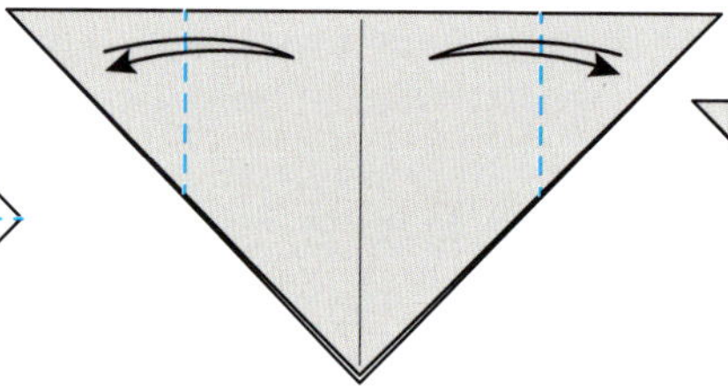

3

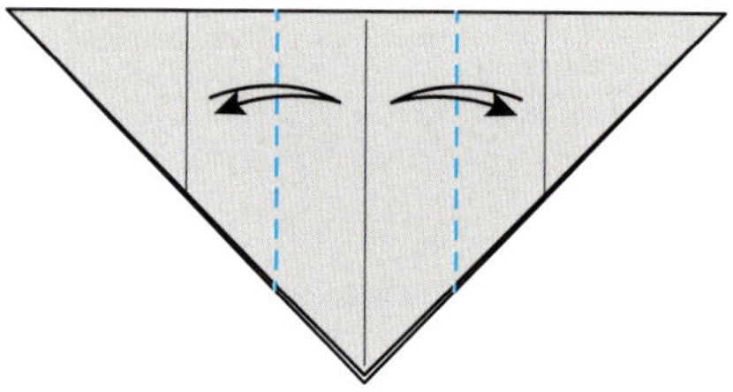

4

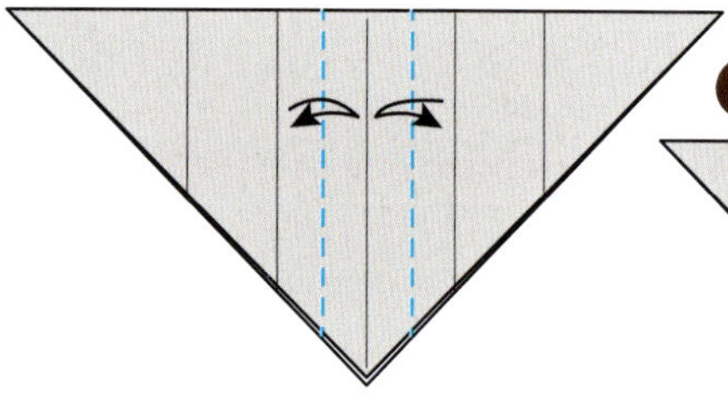

5

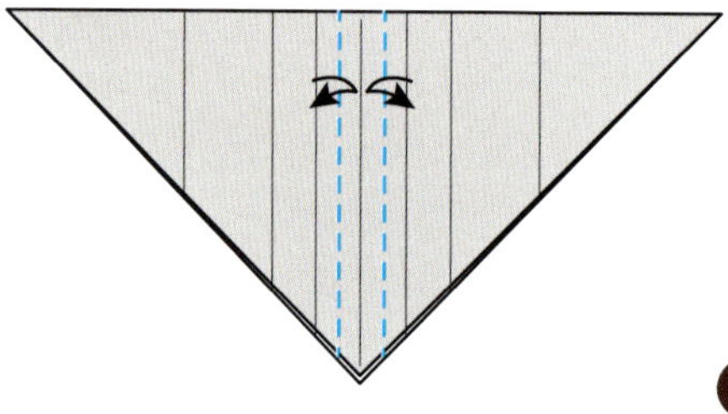

6

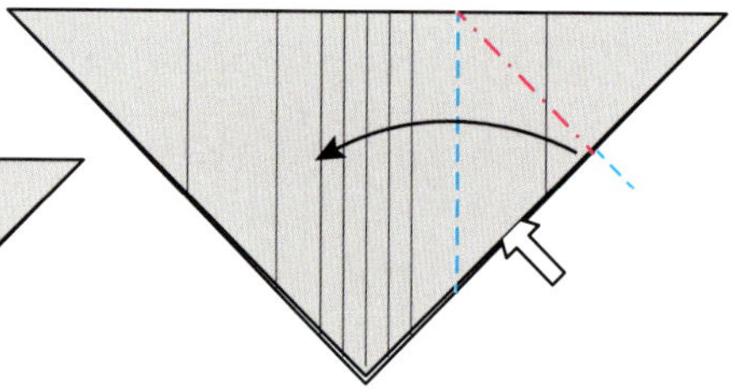

펼쳐 눌러 접으세요.

7

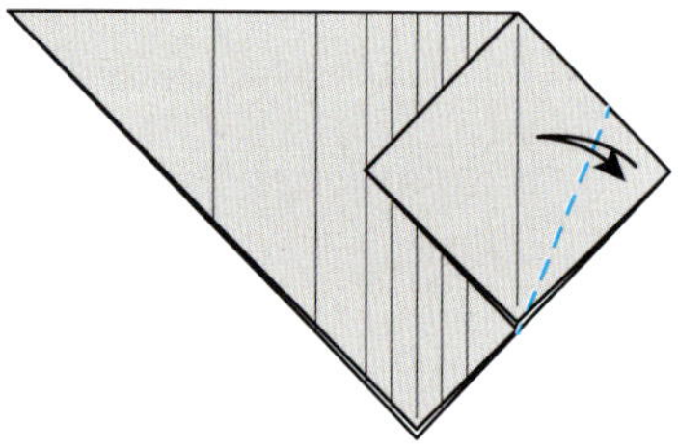

8

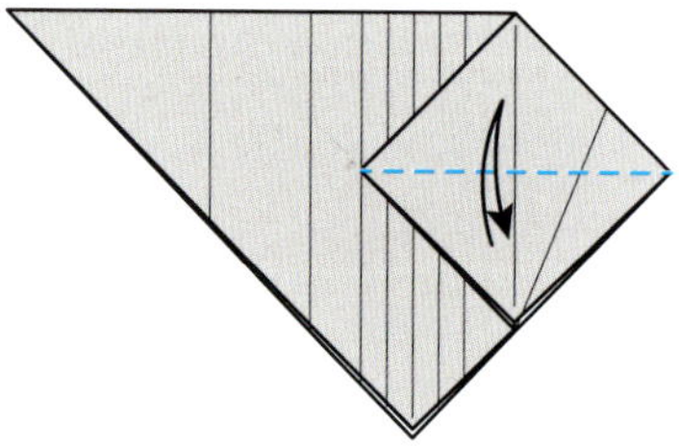

9

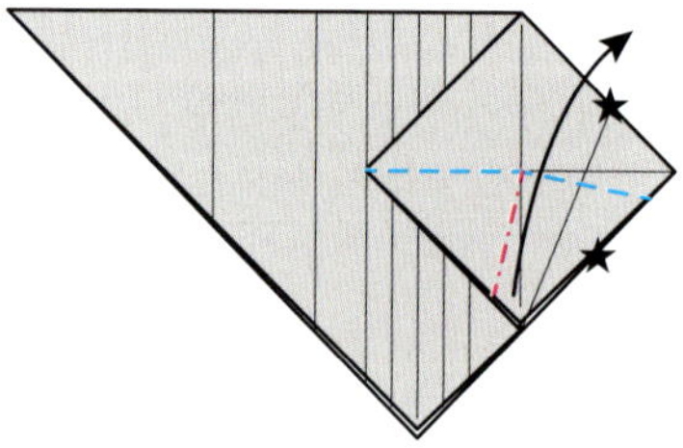

★표가 맞닿도록 비틀어 올려 접으세요.
매우 정교한 부분입니다.
신중히 접으세요.

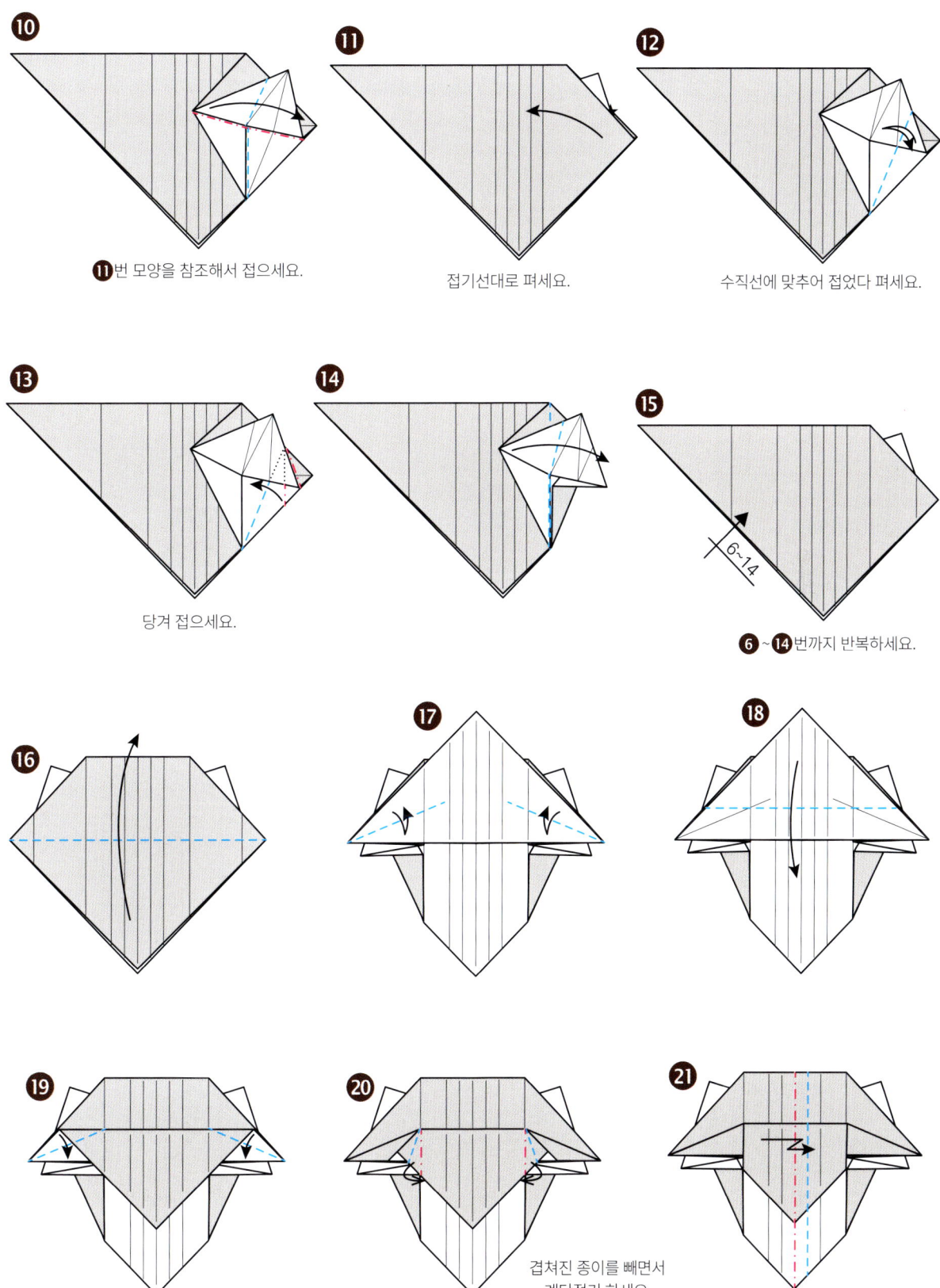

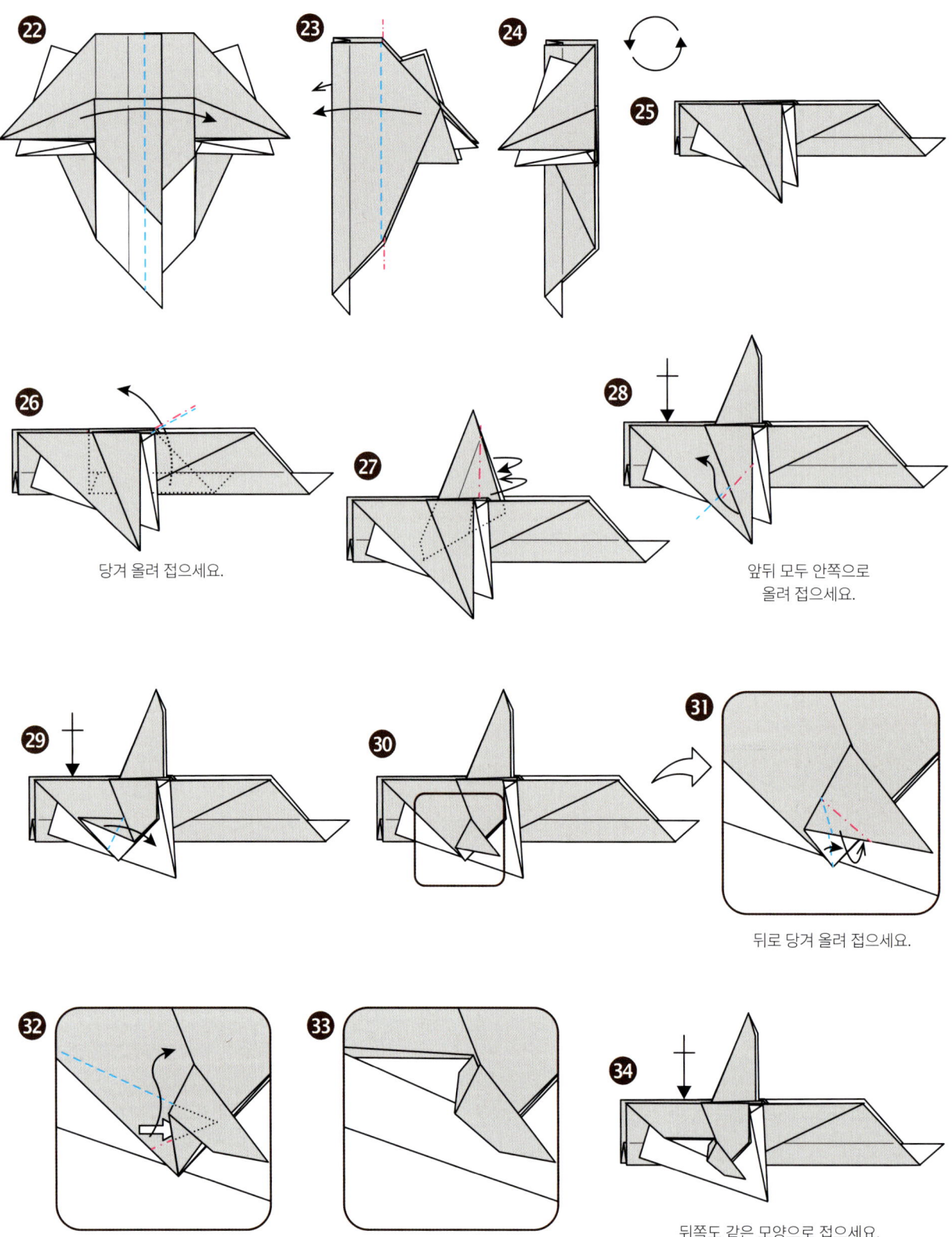

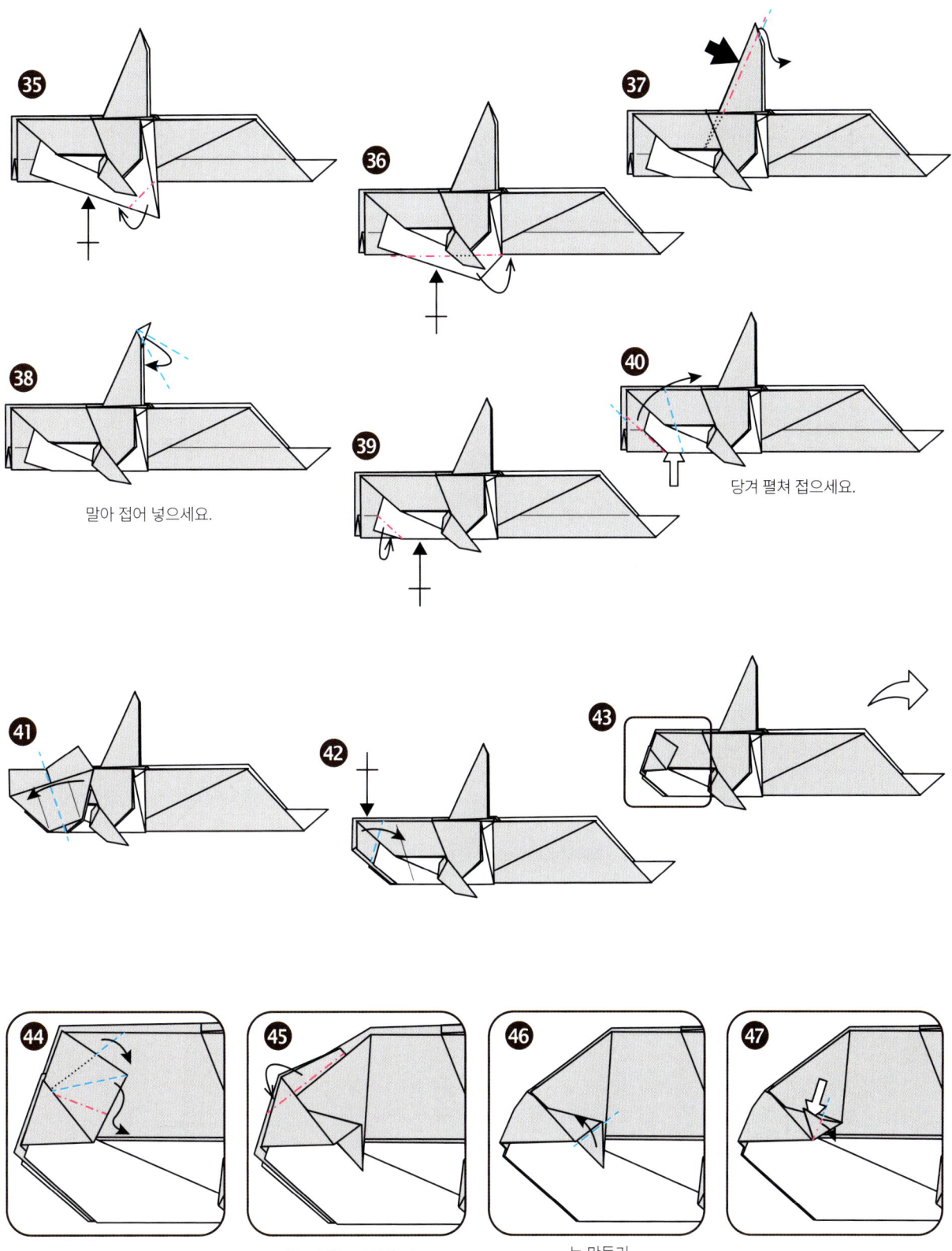

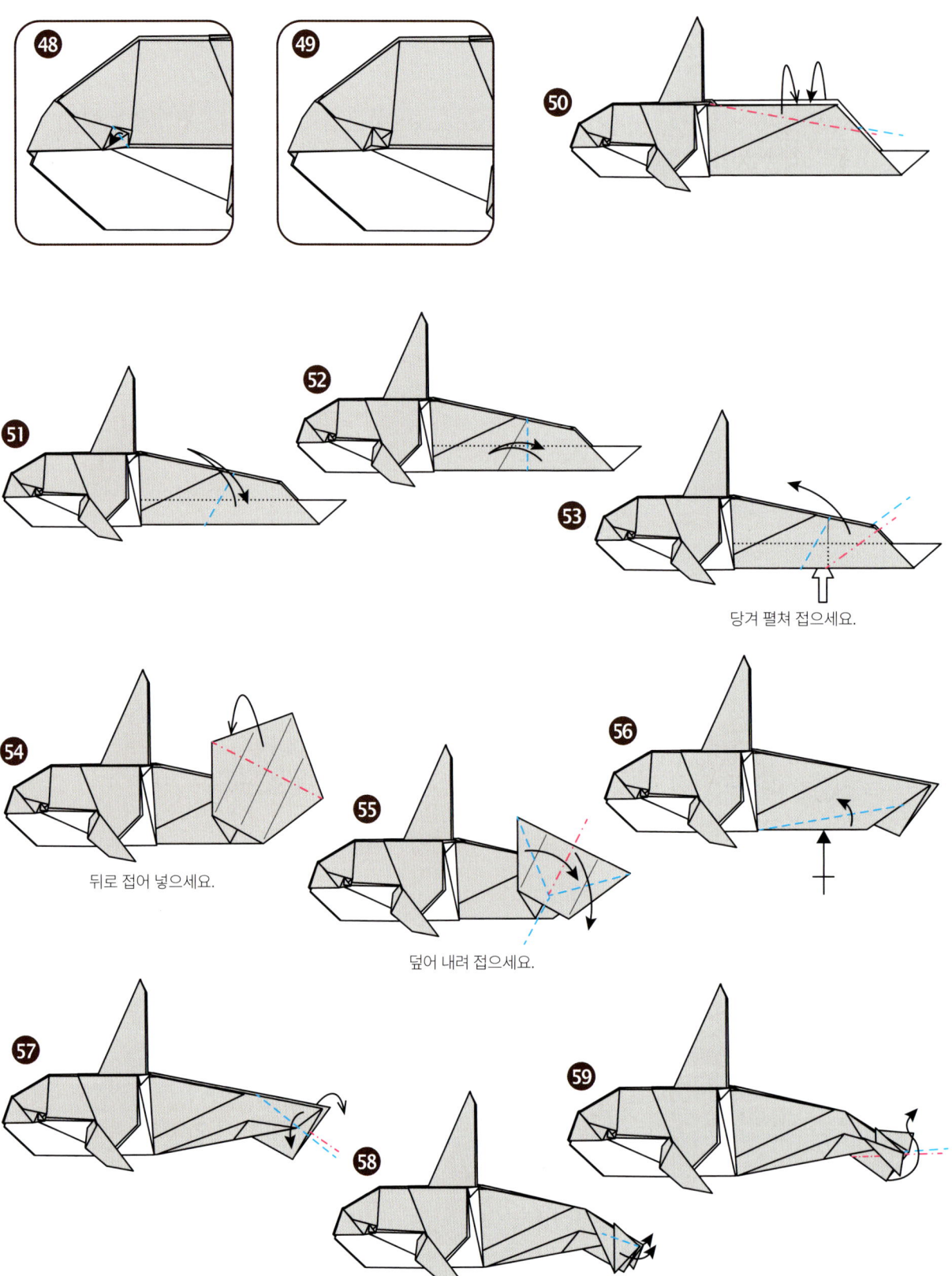

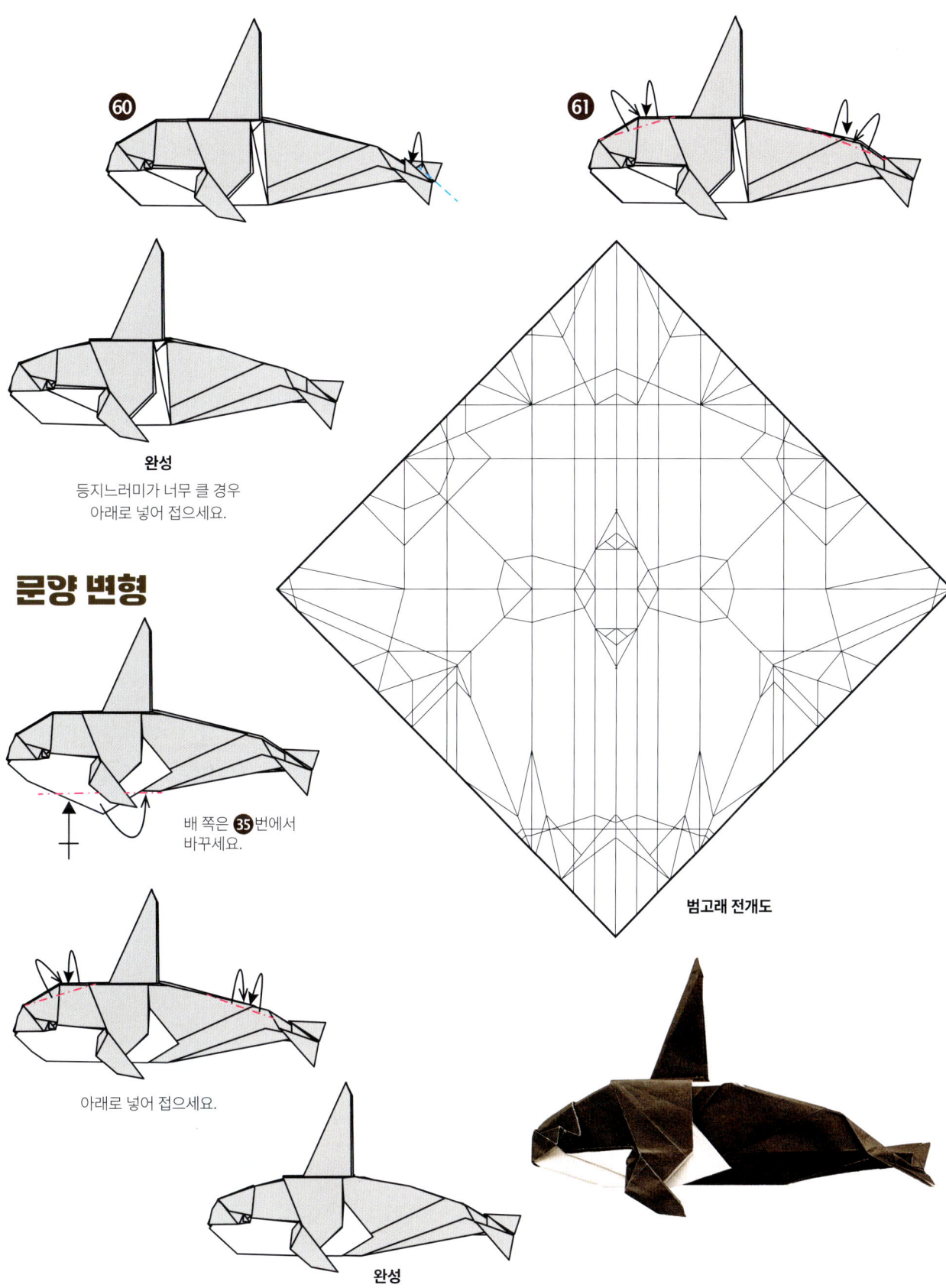

완성
등지느러미가 너무 클 경우 아래로 넣어 접으세요.

문양 변형

배 쪽은 ㉟번에서 바꾸세요.

아래로 넣어 접으세요.

완성

범고래 전개도

2

같은 동물 다른 모습

공통된 특징은 유지하고, 비율·포즈·동세를 변형해 다른 모습을 표현하고
선의 흐름과 각도를 조절해 생동감을 표현할 수 있습니다.

같은 동물 다른 모습
아메리칸 코카 스파니엘
American Cocker Spaniel

종이 | 종이나라《유제지》 또는《다물 클래식-매트》 25㎝

간단한 작품이지만 뒷다리 부분(11~14번)의 비율에
주의하여, 서 있는 모습이 당당하게 보이도록 접으세요.

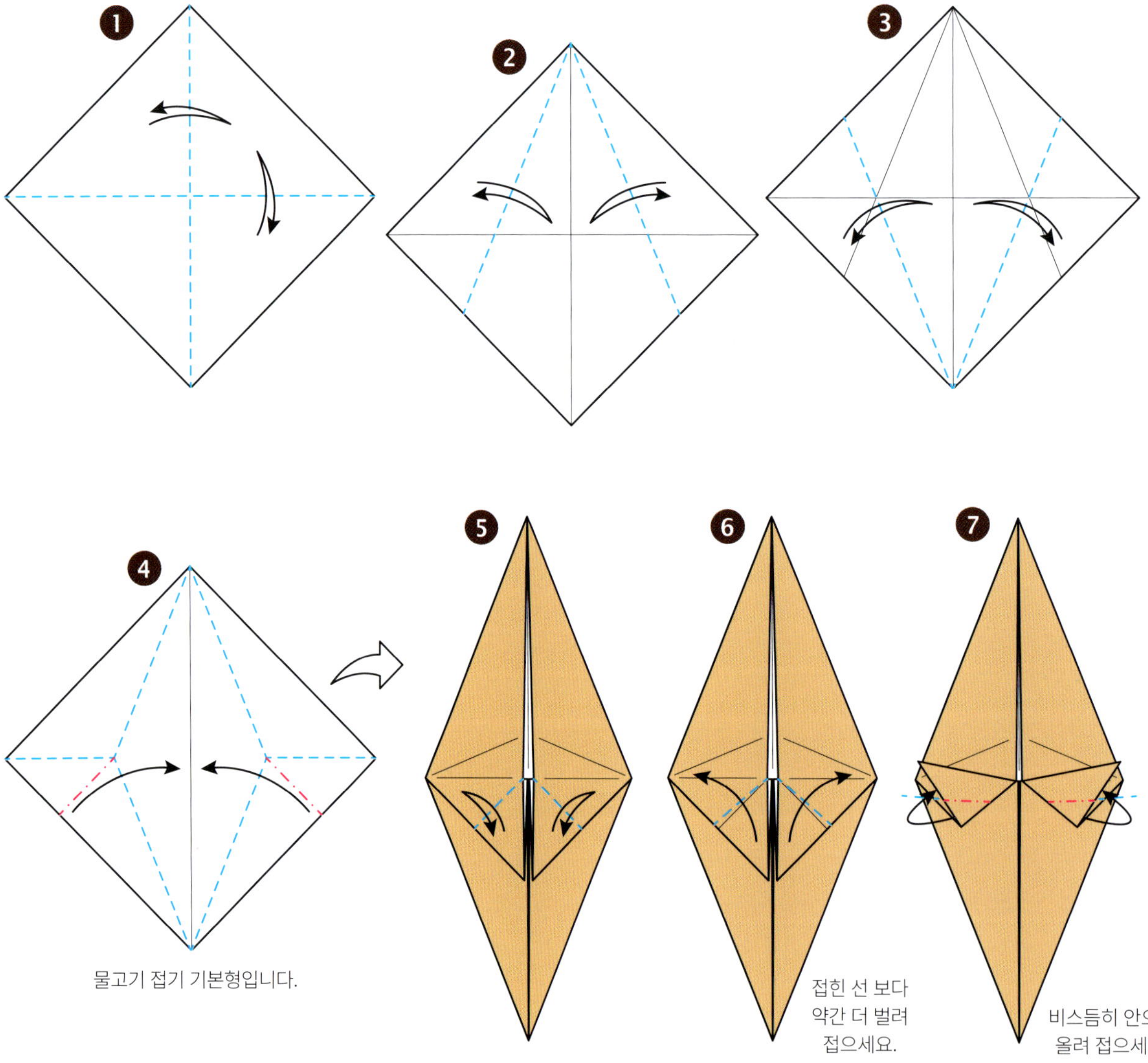

❶

❷

❸

❹

물고기 접기 기본형입니다.

❺

❻
접힌 선 보다
약간 더 벌려
접으세요.

❼
비스듬히 안으로
올려 접으세요.

32

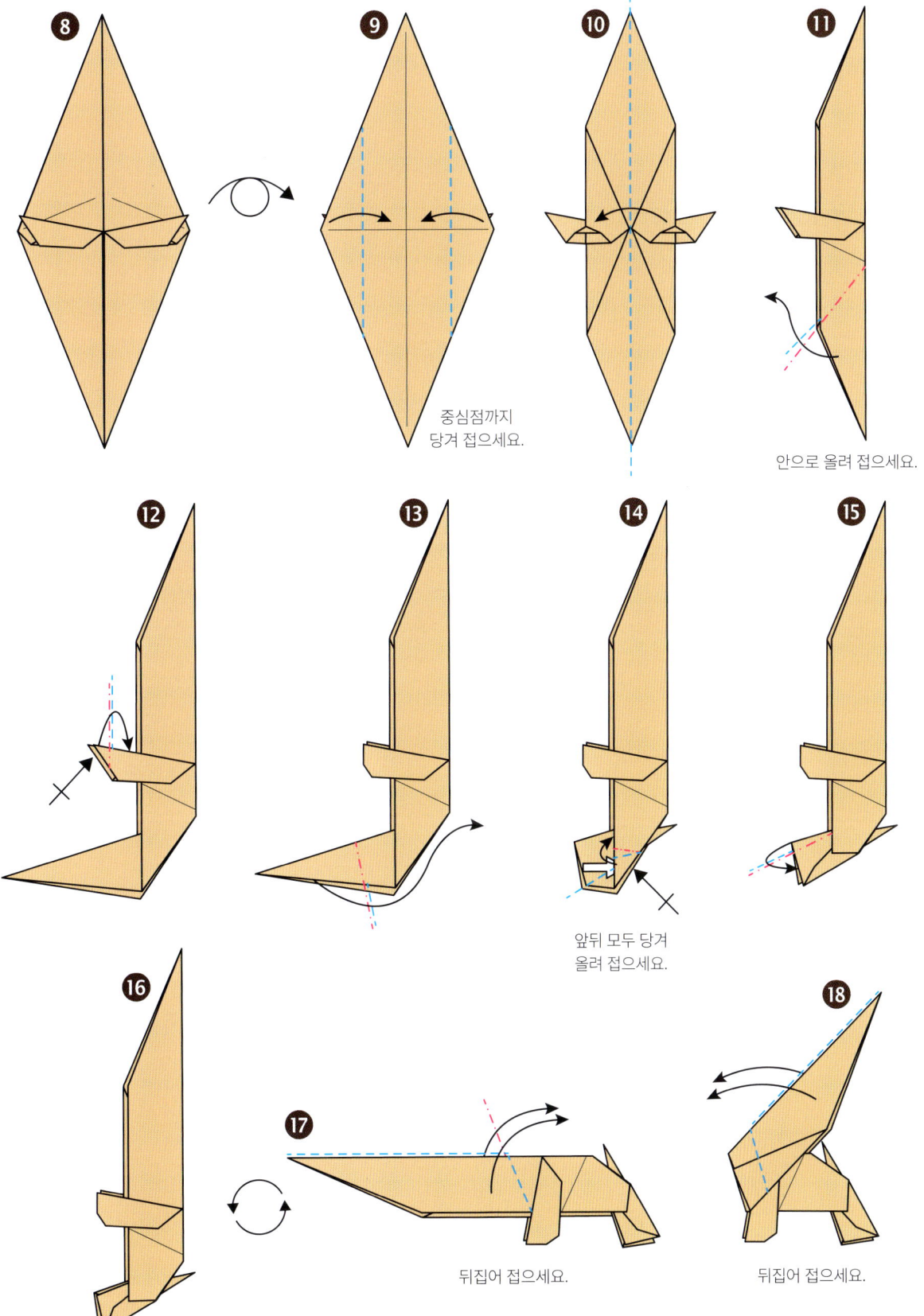

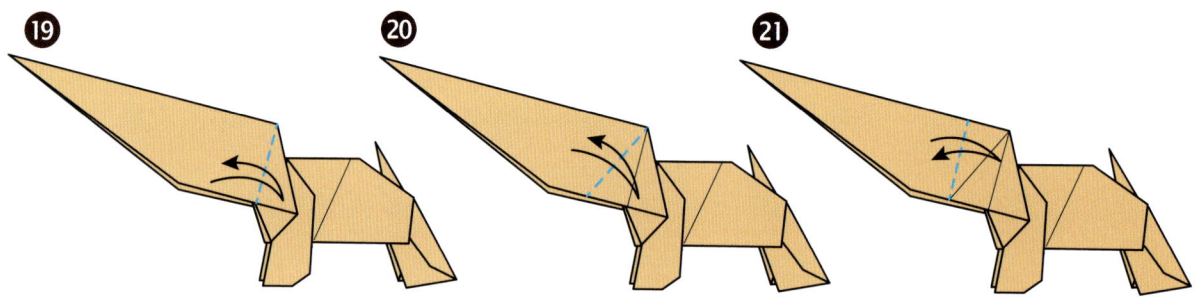

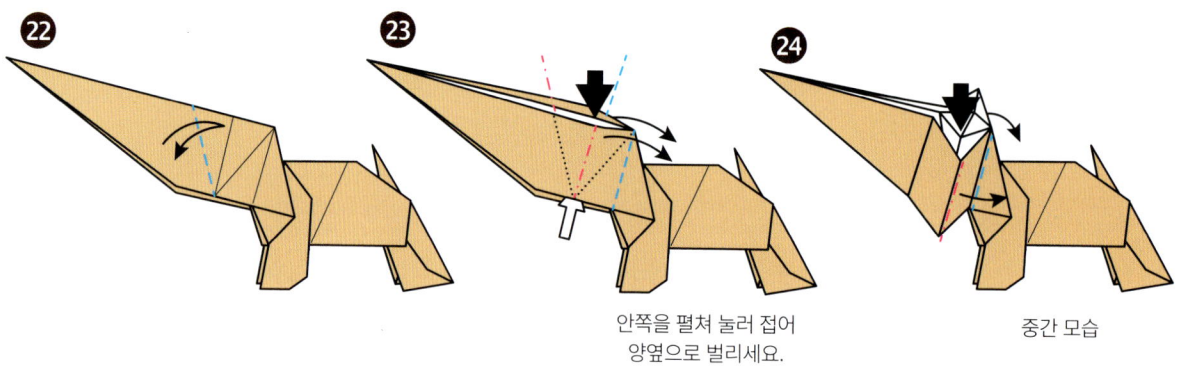

안쪽을 펼쳐 눌러 접어 양옆으로 벌리세요.

중간 모습

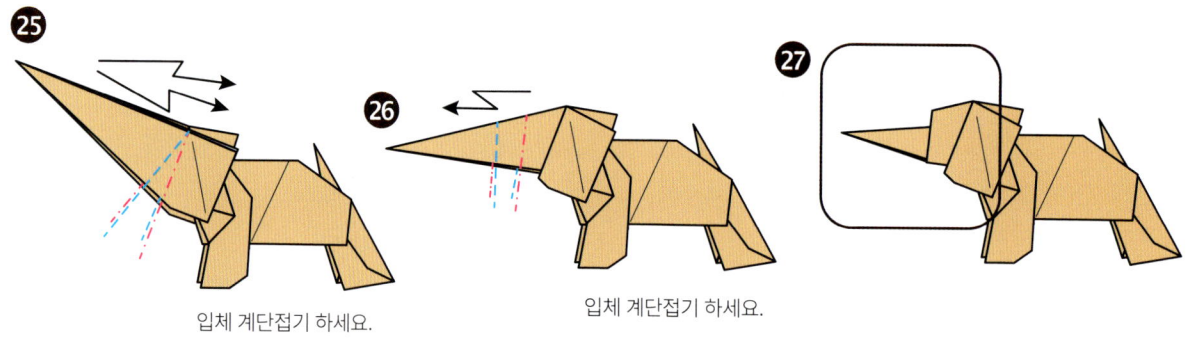

입체 계단접기 하세요.

입체 계단접기 하세요.

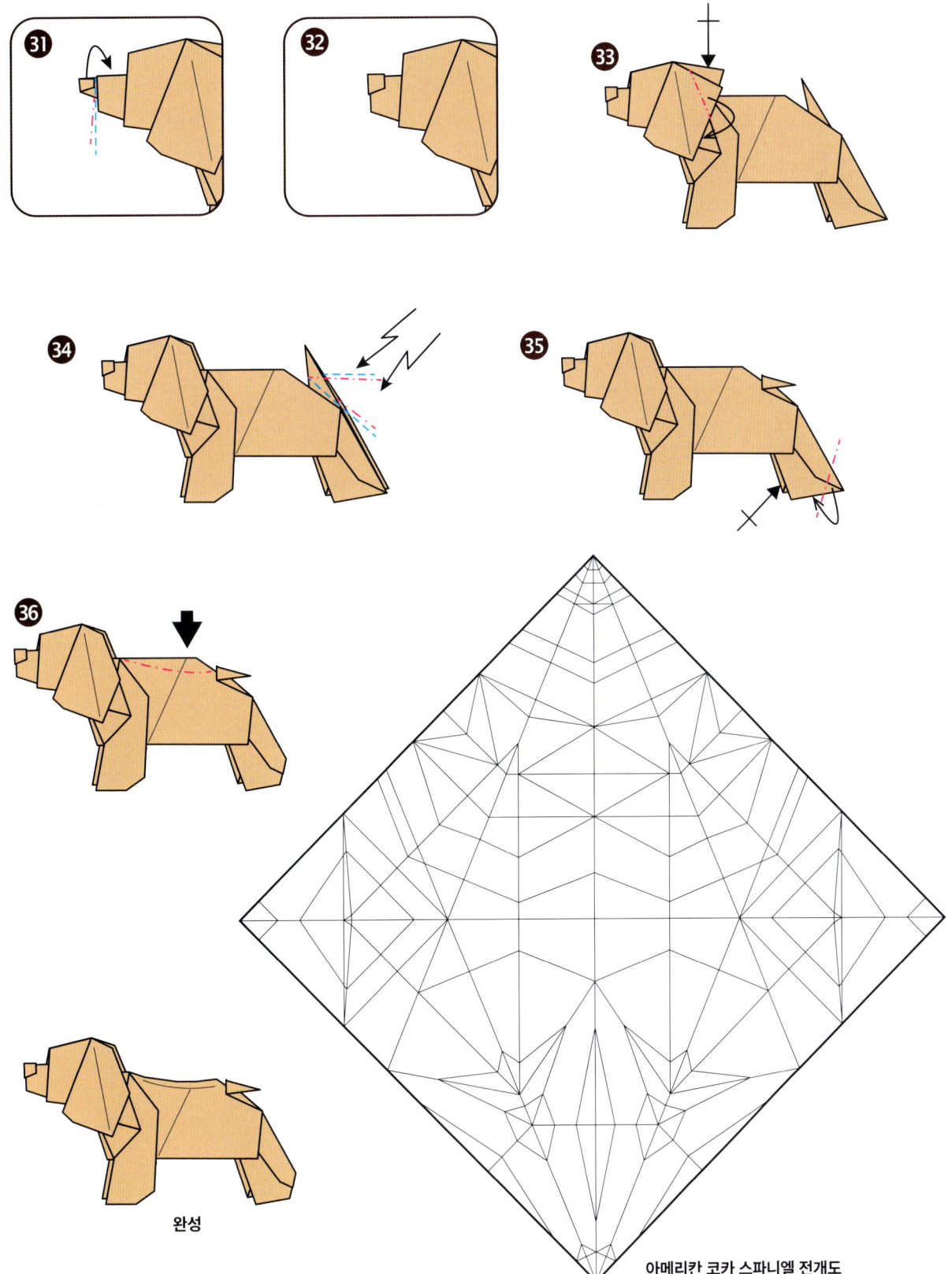

완성

아메리칸 코카 스파니엘 전개도

같은 동물 다른 모습
진돗개
Jindo Dog

종이 | 종이나라《유제지》 또는 《다물 클래식-매트》 40㎝

40㎝ 이상의 다물 클래식 매트, 유제지가 적합합니다. 앞다리의 길이보다 뒷다리의 길이를 조금더 길게 뽑아내는 과정에 주목하고 말려 올라간 긴 꼬리를 만들기 위한 과정에 주목하세요.

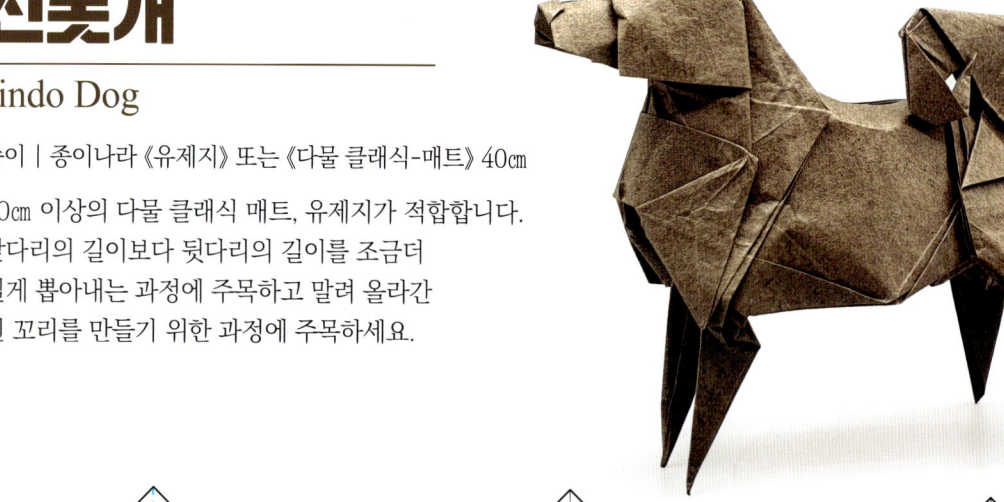

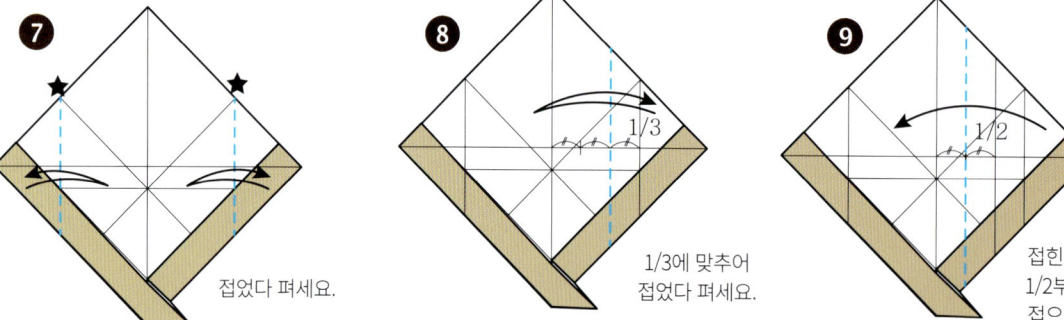

❶ 접었다 펴세요.

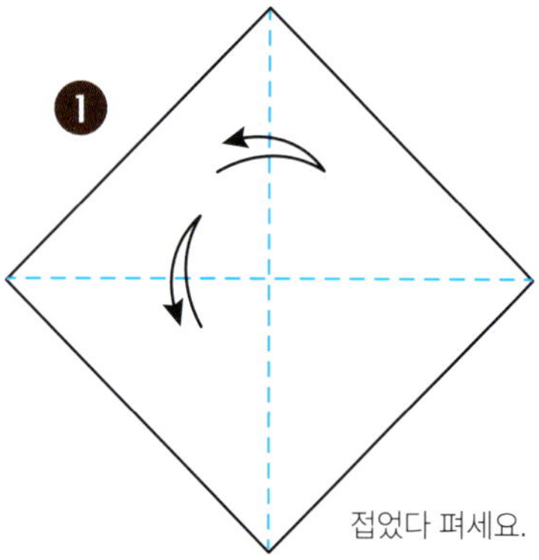

❷ 접었다 펴세요.

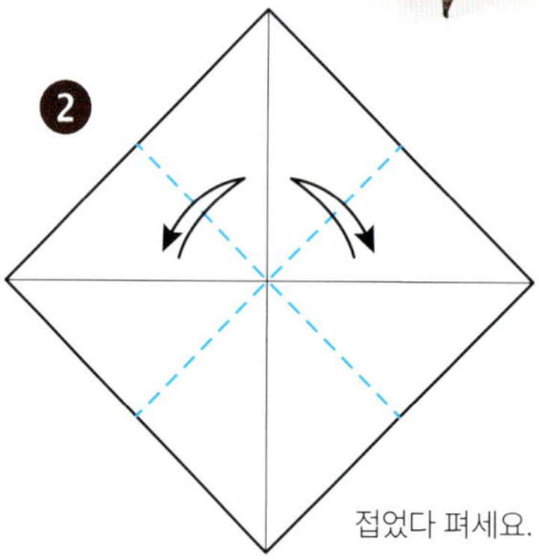

❸

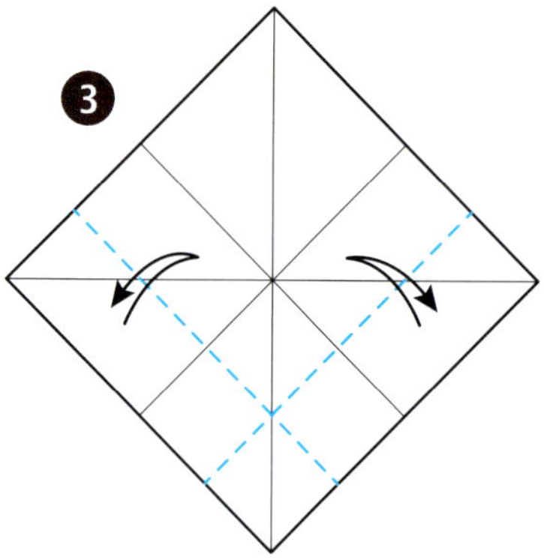

❹ 앞으로 올려 접으세요.

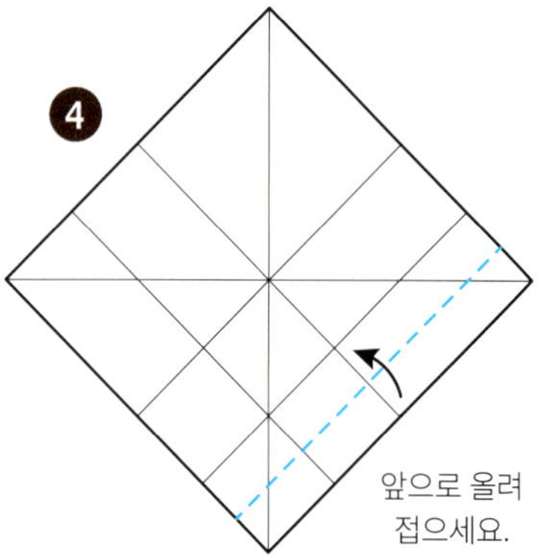

❺ 옆으로 당겨 빼내며 앞으로 올려 접으세요.

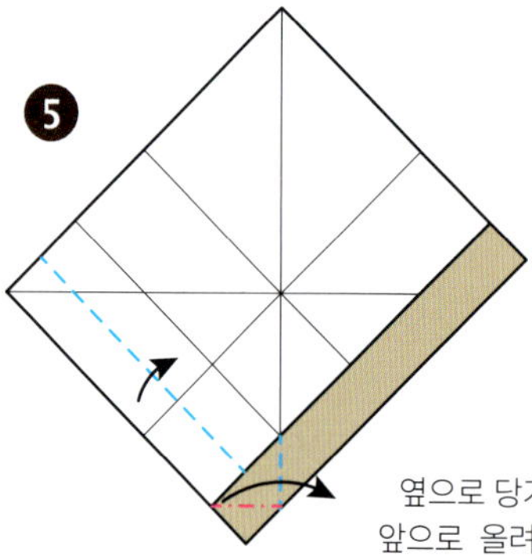

❻

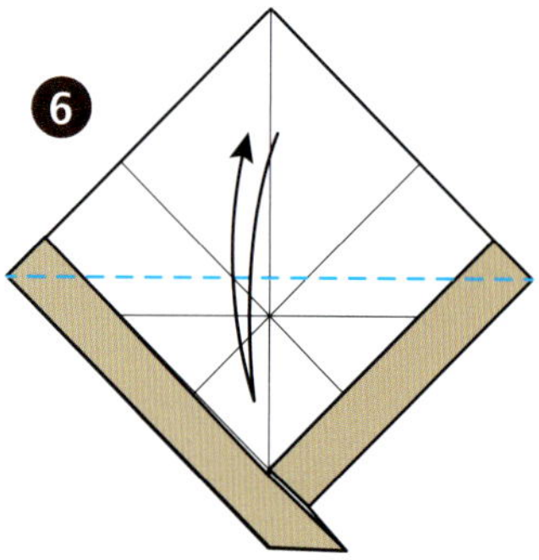

❼ 접었다 펴세요.

❽ 1/3에 맞추어 접었다 펴세요.

❾ 접힌 선의 1/2부분을 접으세요.

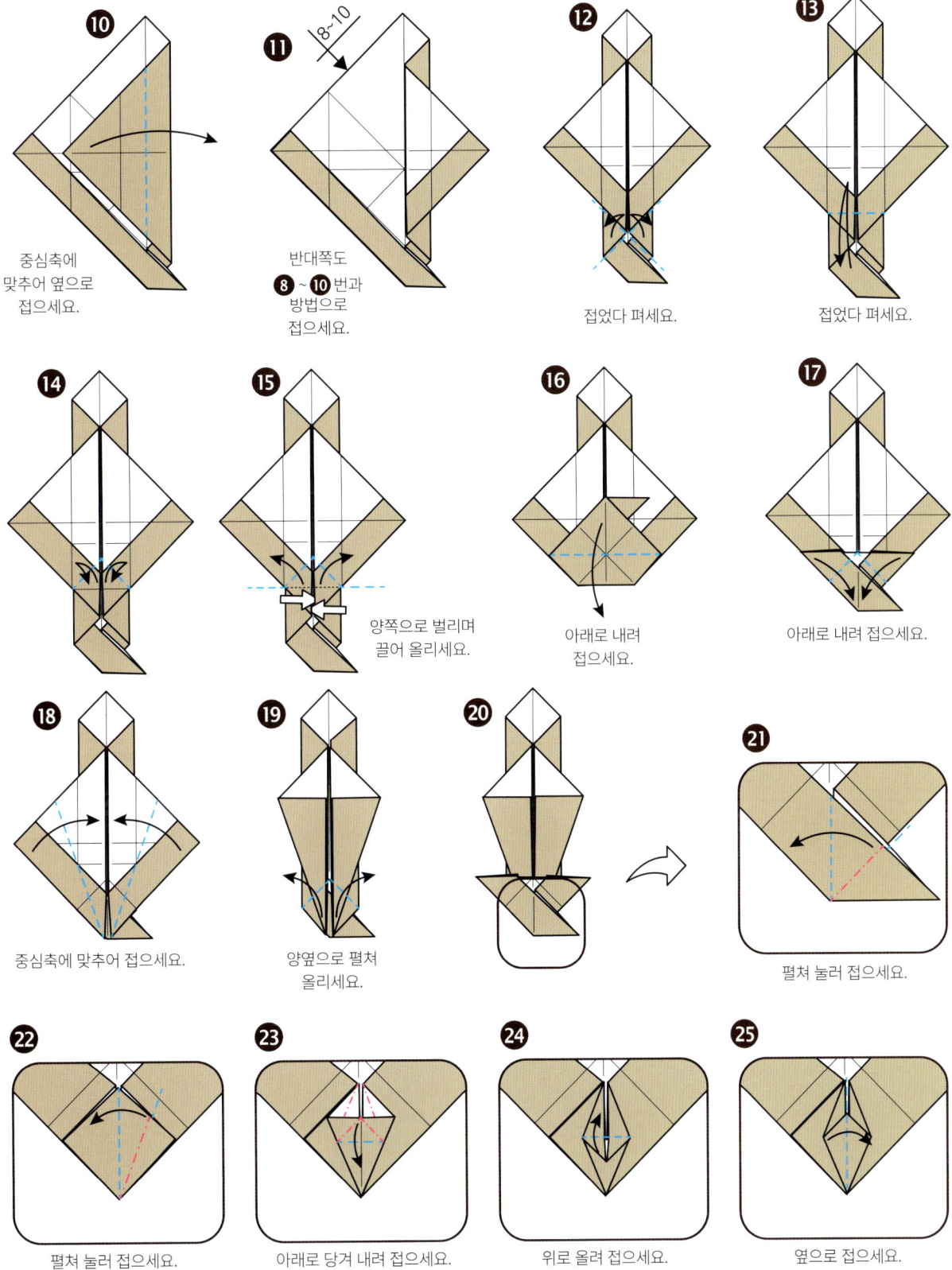

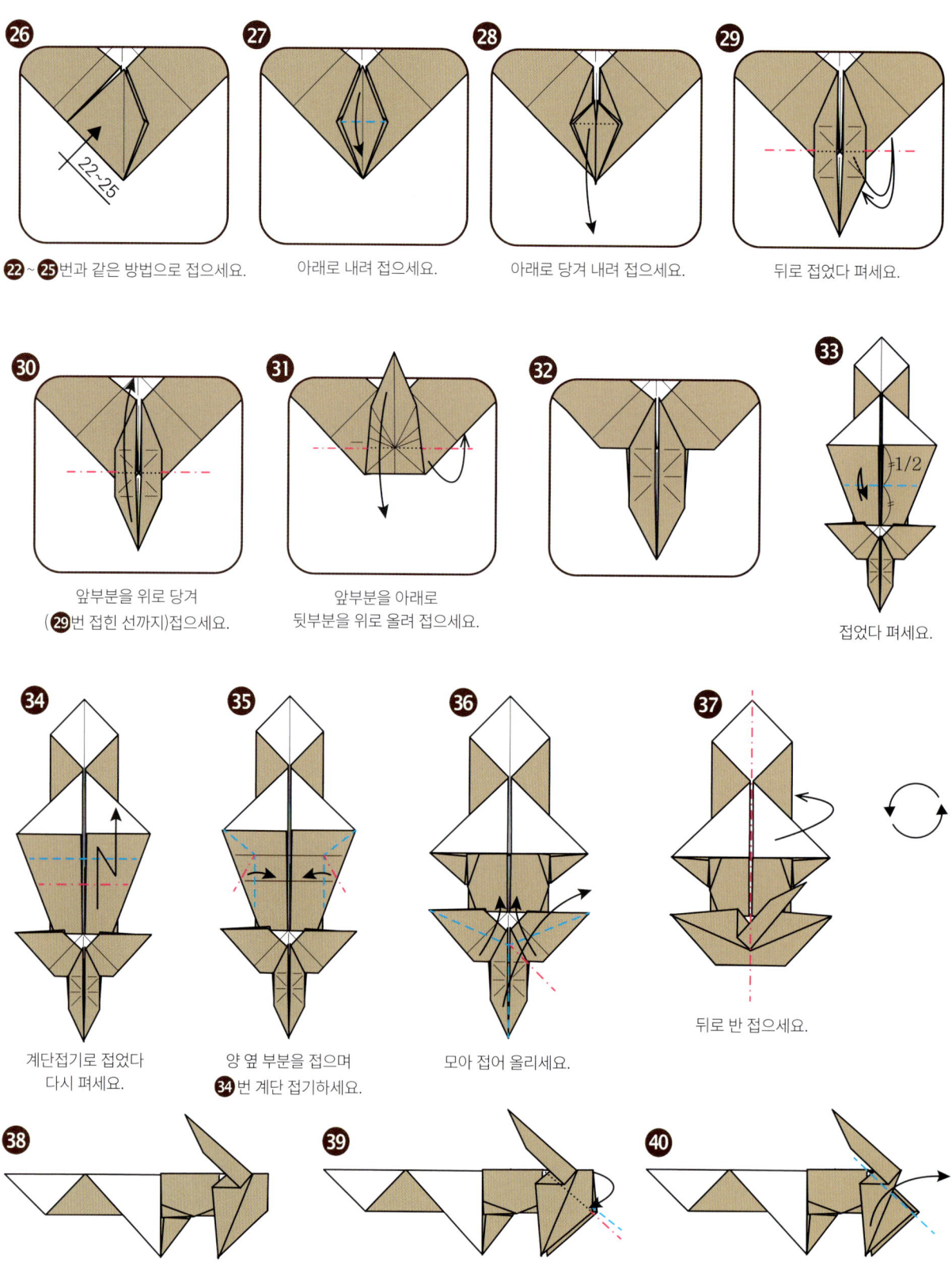

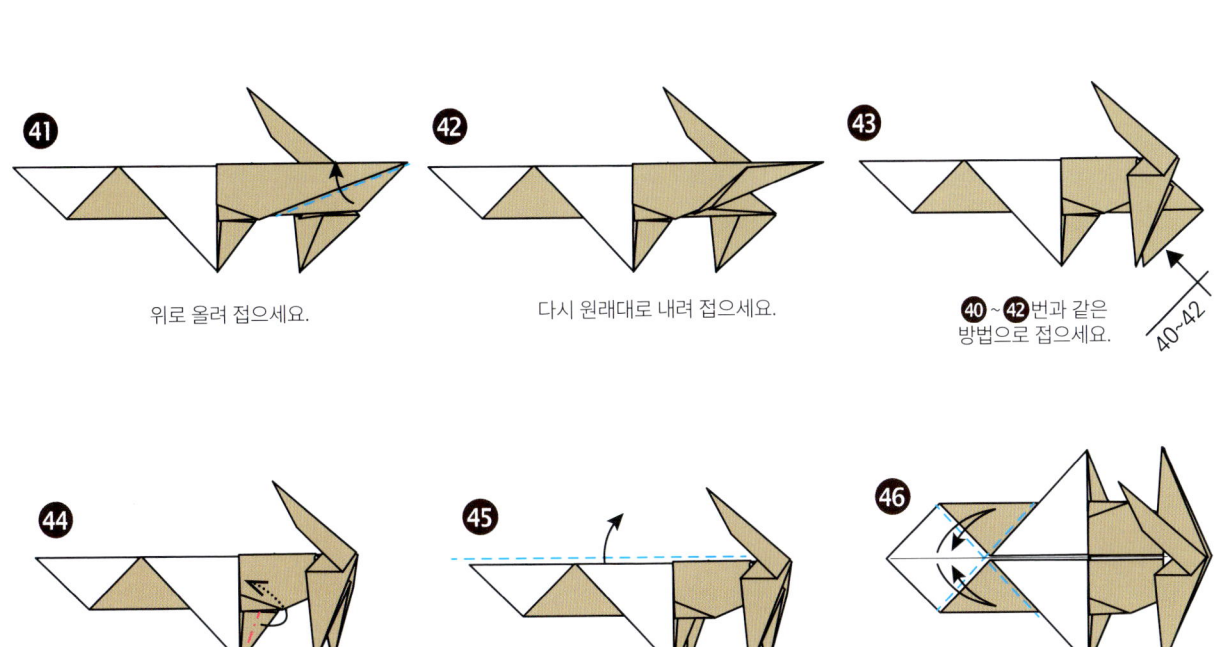

㊶ 위로 올려 접으세요.

㊷ 다시 원래대로 내려 접으세요.

㊸ ㊵~㊷번과 같은 방법으로 접으세요.

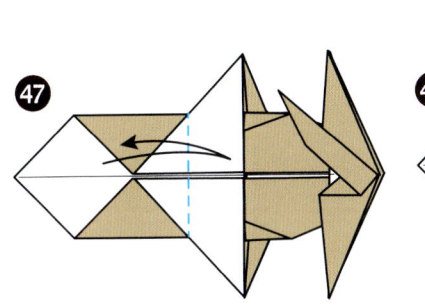

㊹ 뒤로 접어 넣으세요.
(뒤쪽 다리도 동일)

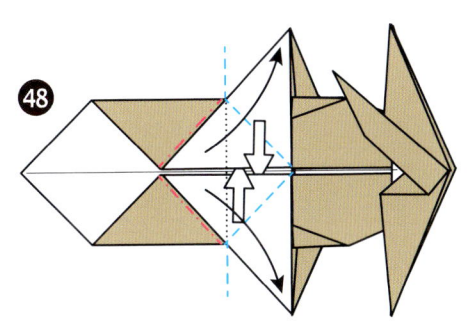

㊺ 펼치세요.
(몸의 뒷부분 때문에 완전히 펼쳐지지 않습니다.)

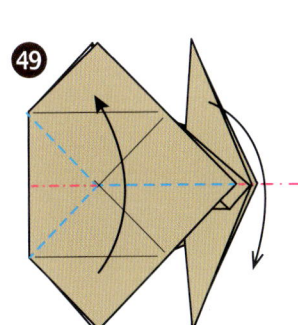

㊻ 접었다 펴세요.

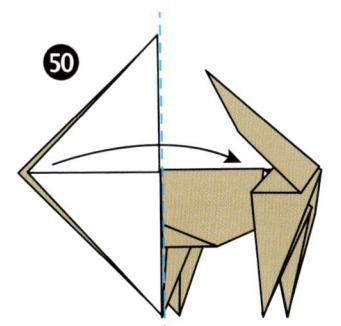

㊼ 접었다 펴세요.

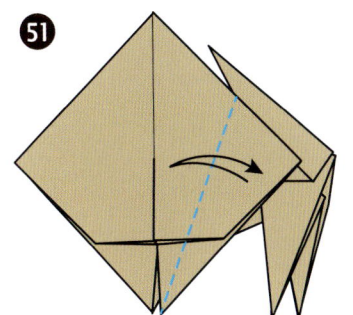

㊽ 펼쳐 눌러 접으세요.

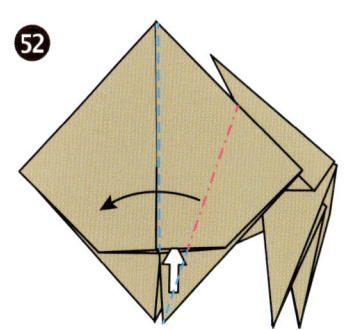

㊾ 앞뒤 반씩 접어 올리(내리)세요.
앞다리보다 뒷다리가 약간 길게 나옵니다.

㊿ 옆으로 넘기세요.
(완전히 평평하지 않습니다)

51 중심축에 맞추어 접었다 펴세요.

52 아래 부분을 벌려 옆으로 눕히며 접기선에 맞추어 평평히 접으세요.

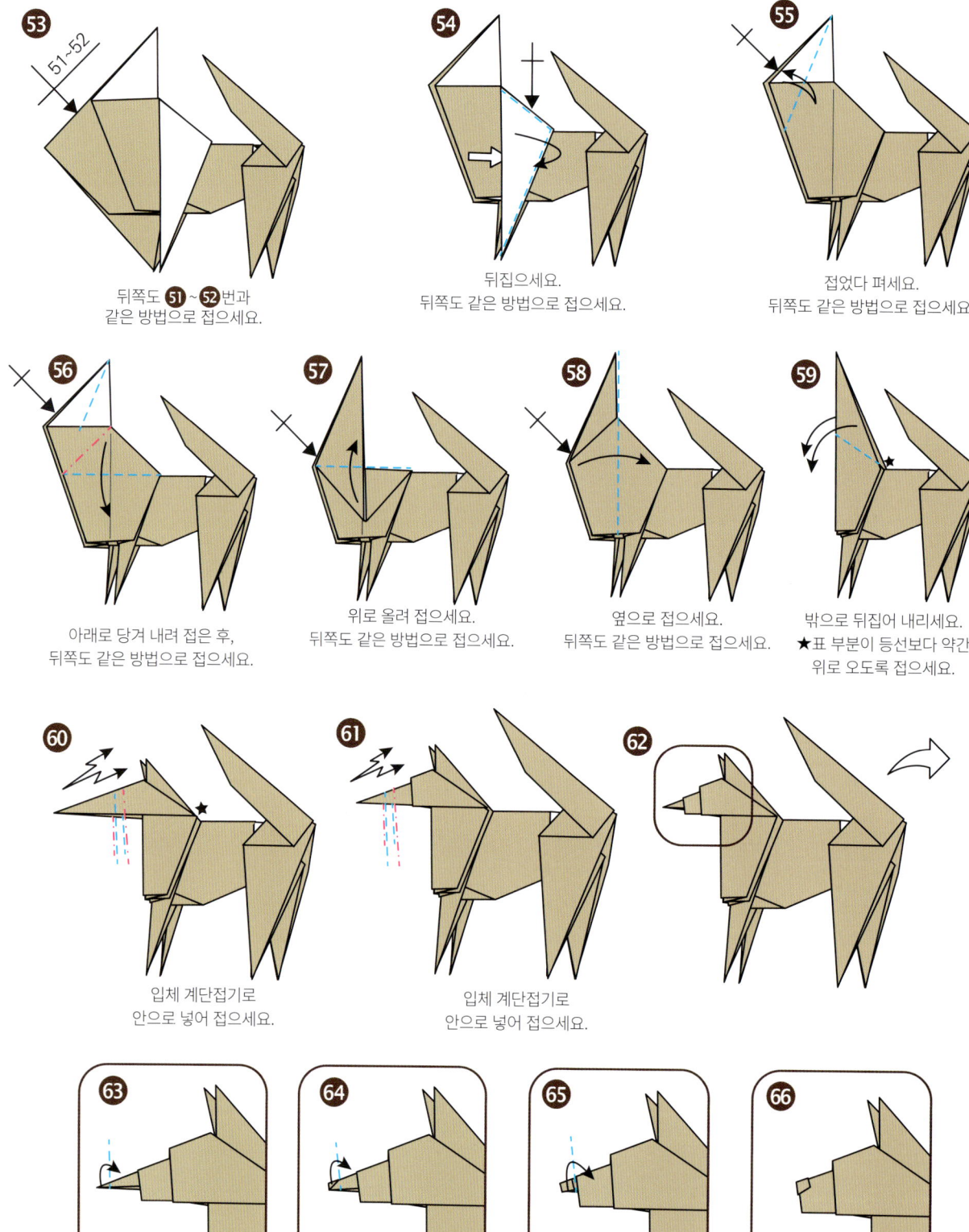

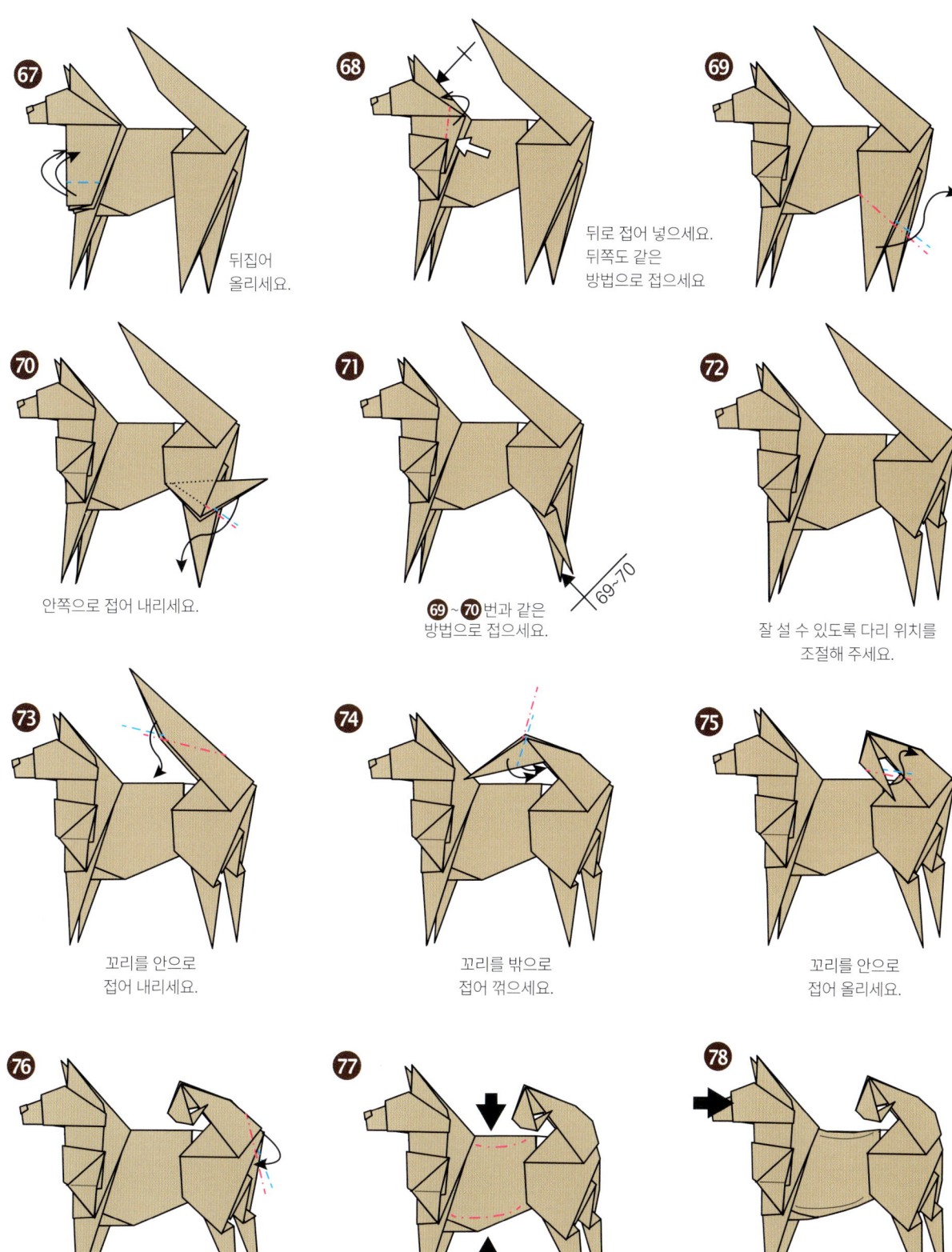

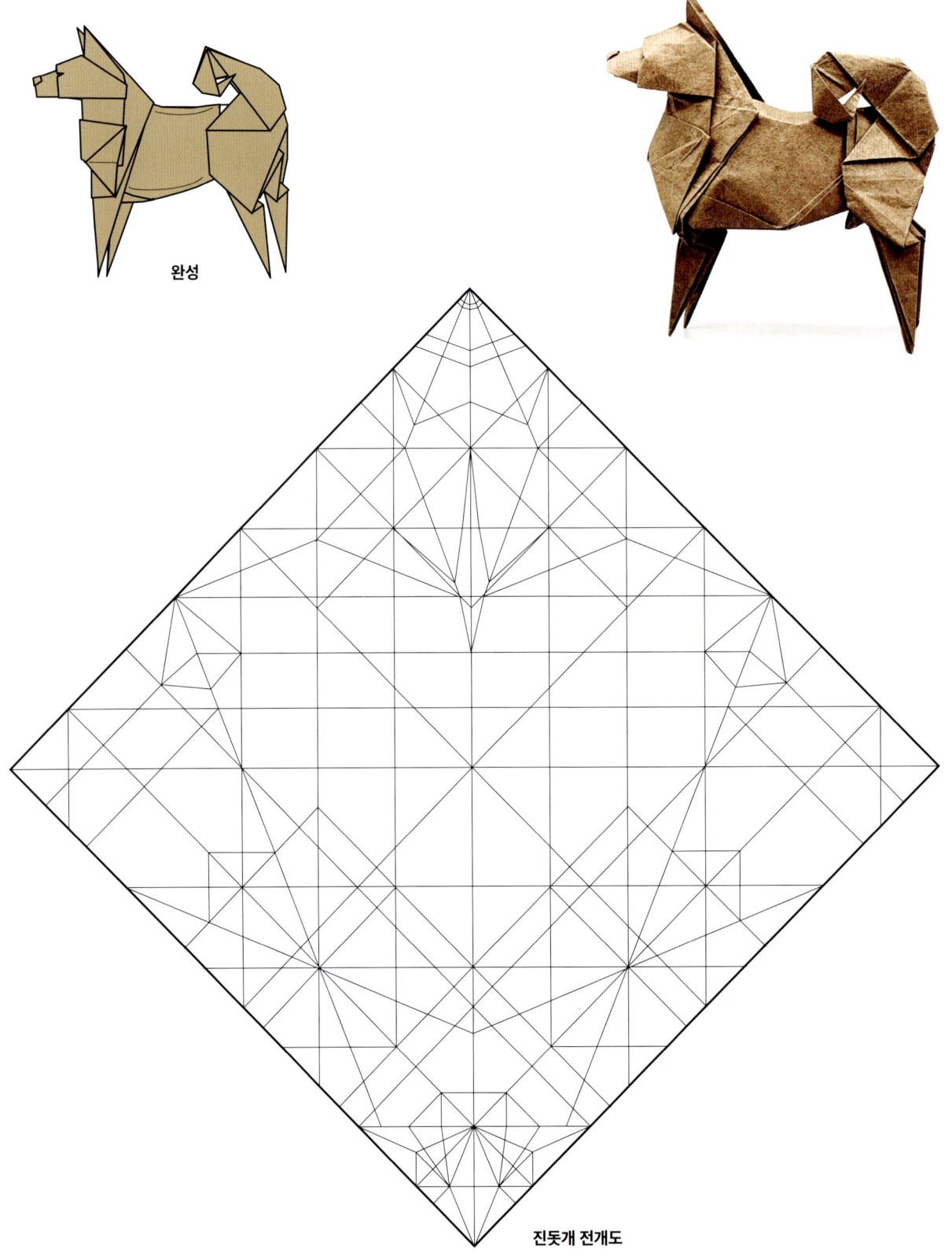

완성

진돗개 전개도

같은 동물 다른 모습
잉글리시 코카 스파니엘
English Cocker Spaniel

종이 | 종이나라《유제지》또는《다물 클래식-매트》30㎝

중간 과정과 다듬기가 매우 어려운 작품입니다.
포기하지 말고 접기 도면을 충분히 숙지하여 완성하기 바랍니다.
(특히 26~27번, 40~44번이 어렵습니다.)

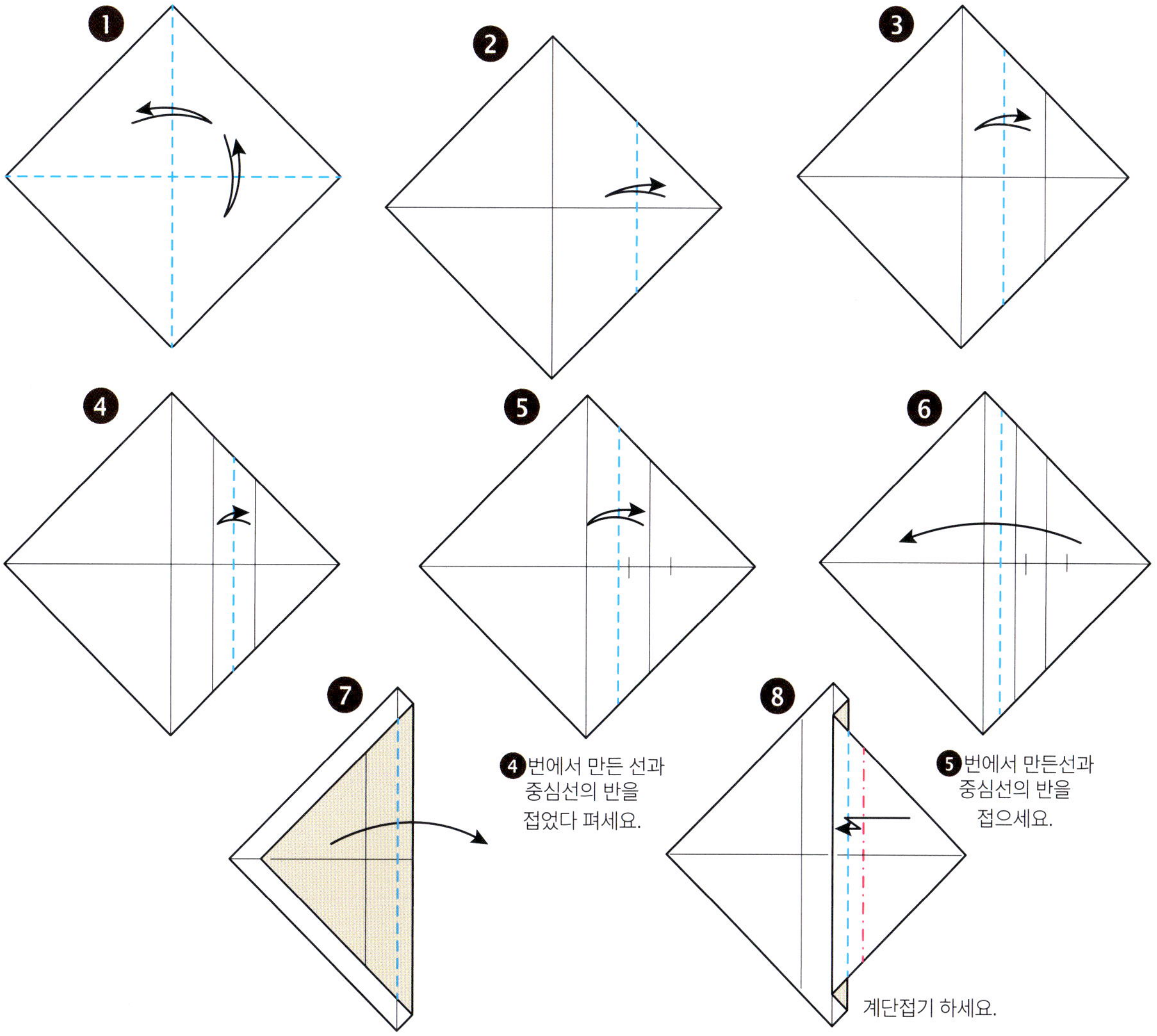

❹번에서 만든 선과
중심선의 반을
접었다 펴세요.

❺번에서 만든 선과
중심선의 반을
접으세요.

계단접기 하세요.

43

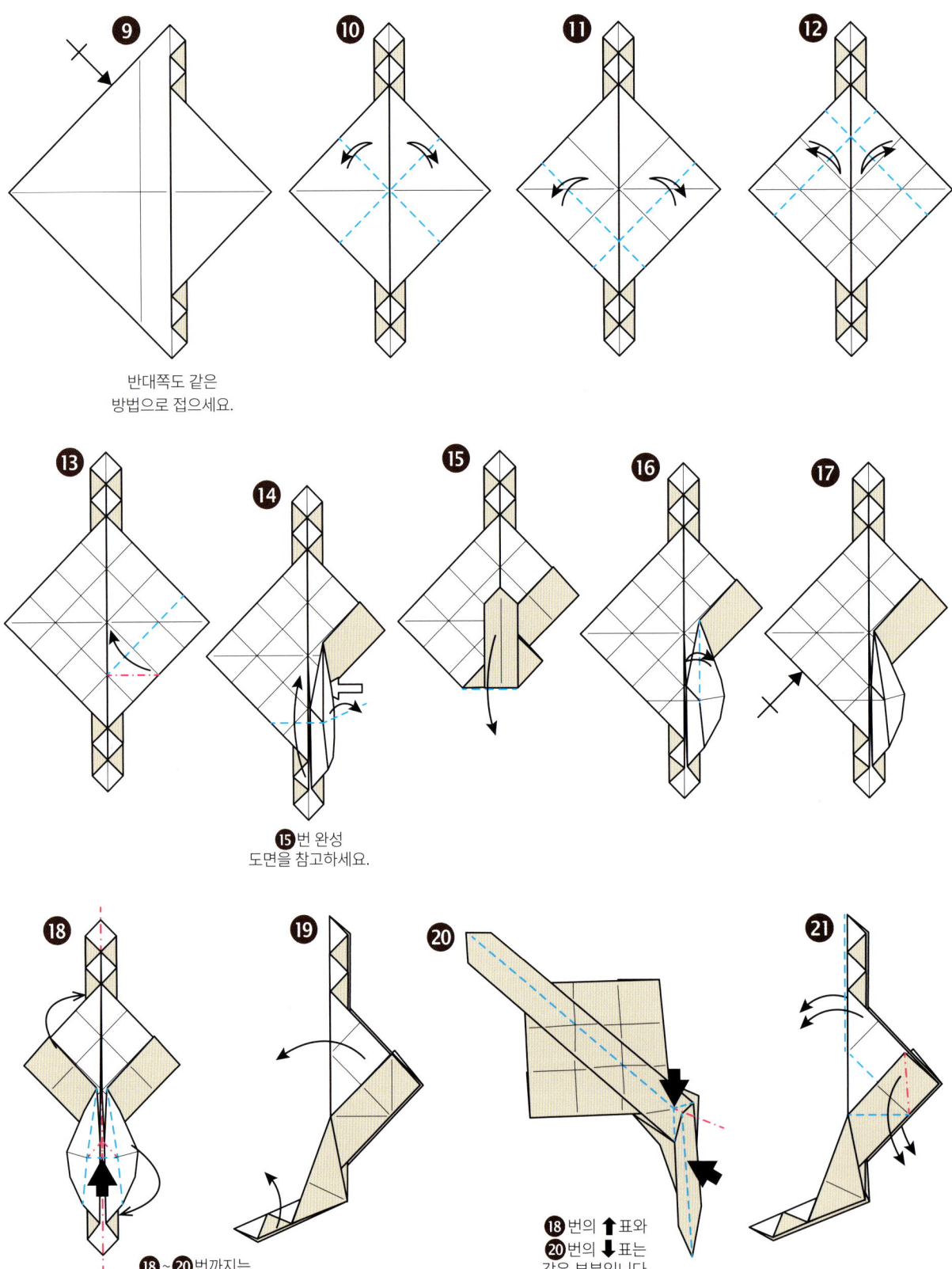

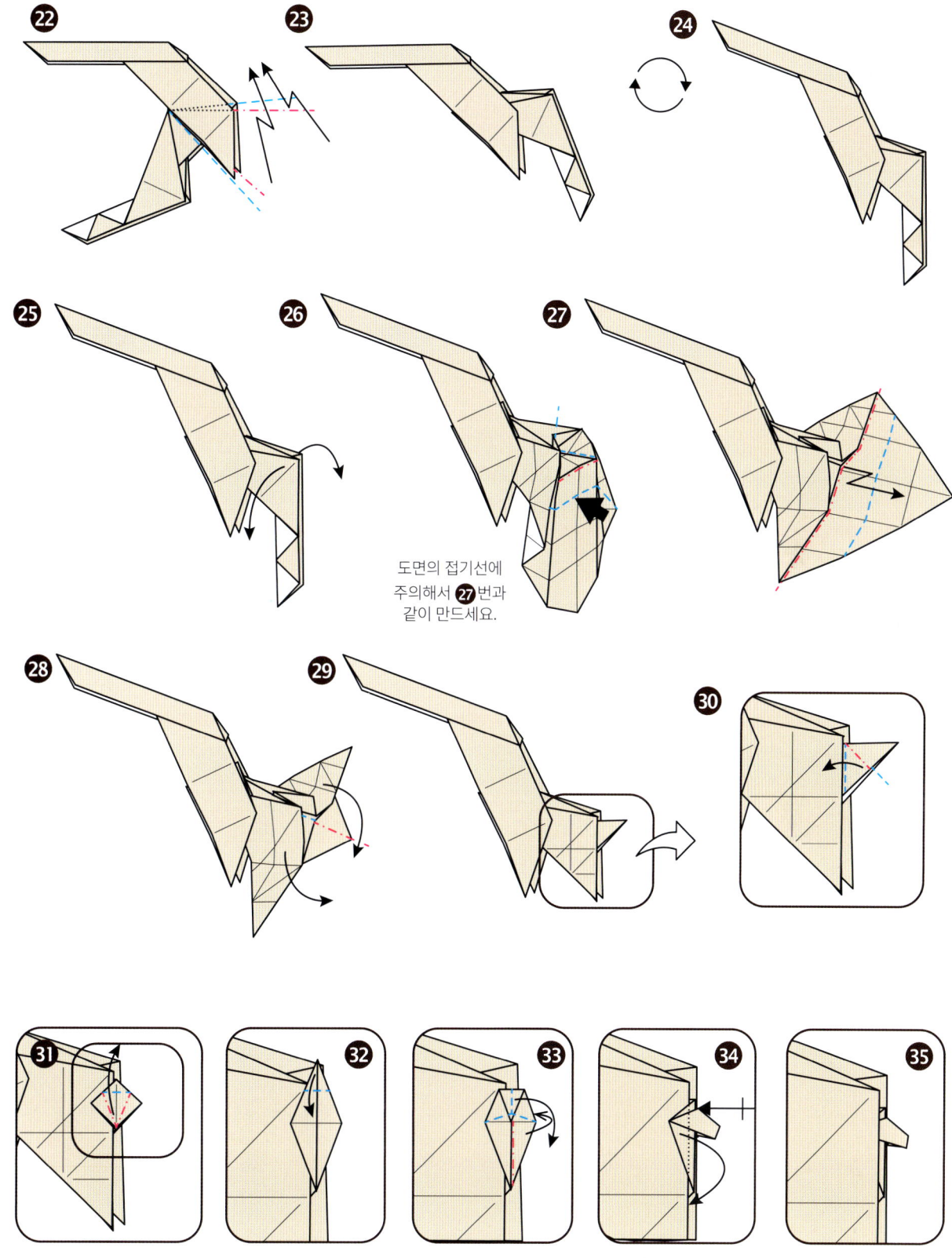

도면의 접기선에
주의해서 27번과
같이 만드세요.

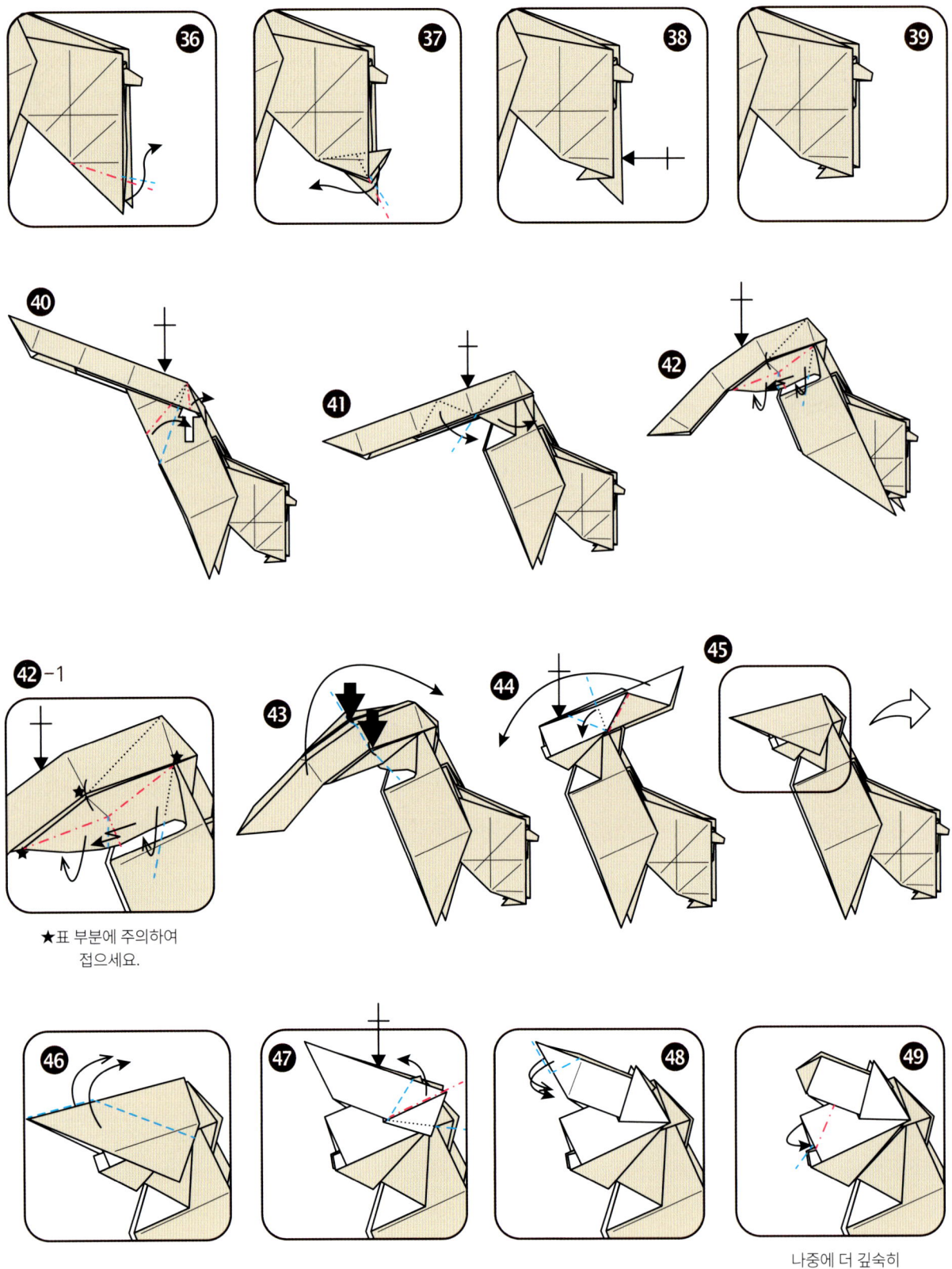

★표 부분에 주의하여 접으세요.

나중에 더 깊숙히 안으로 접어 넣으세요.

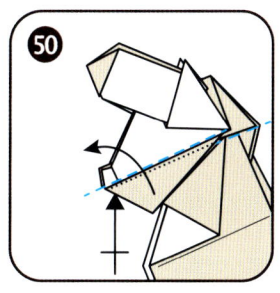
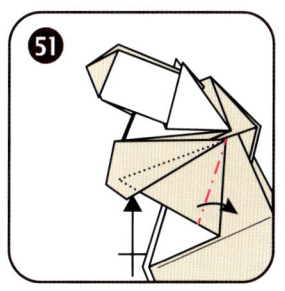
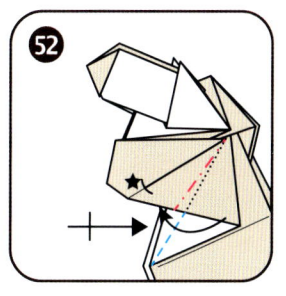
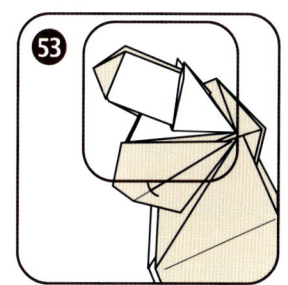

★표 부분이 둥글게 되어 평평하지 않습니다.

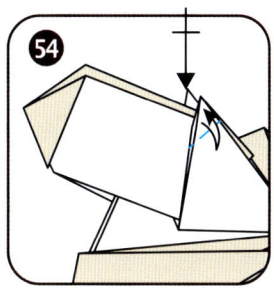
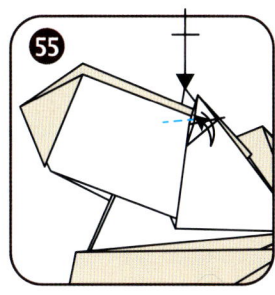

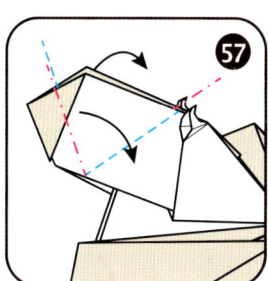

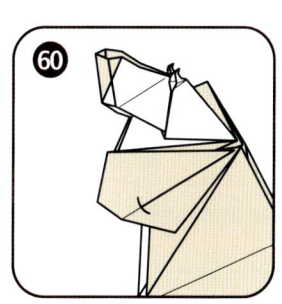
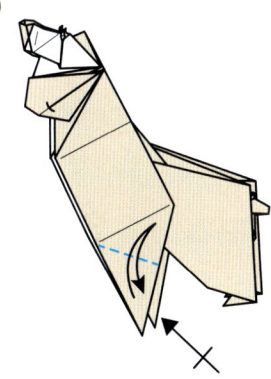

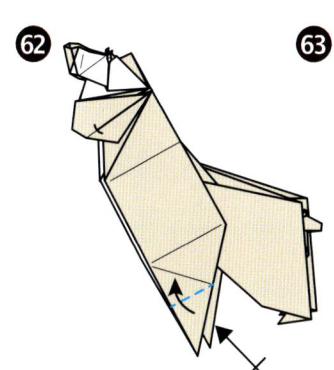
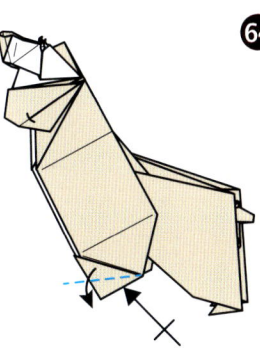
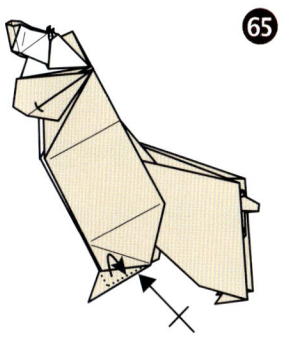
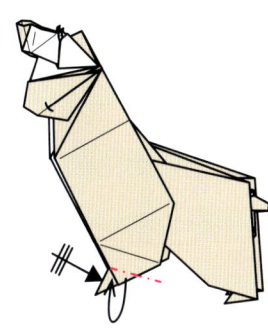

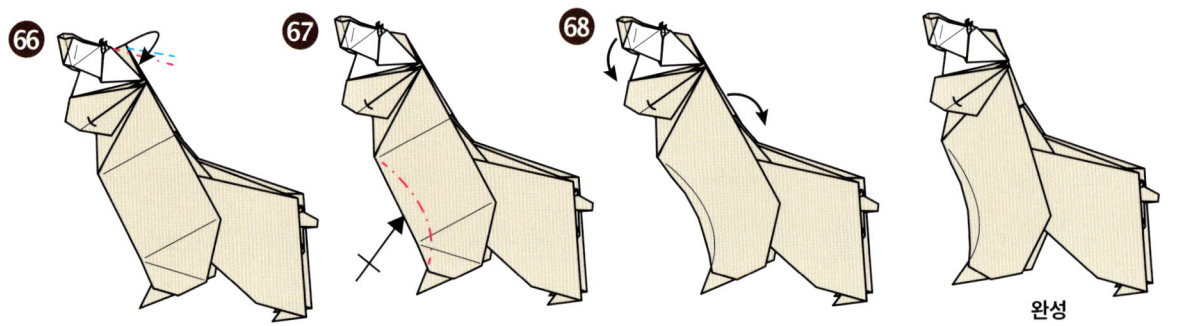

앉아 있는 모습 46쪽 36번에서 시작하세요.

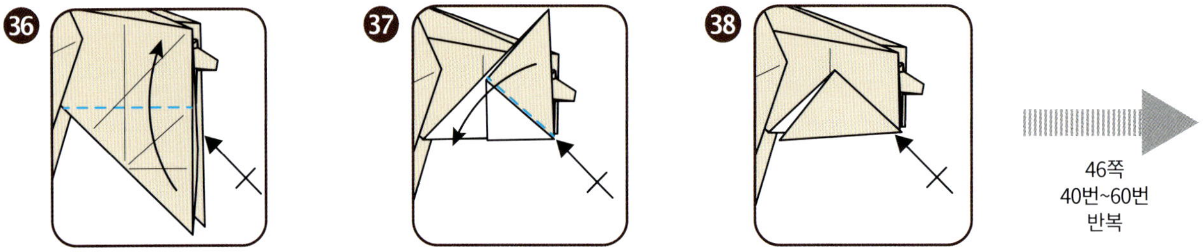

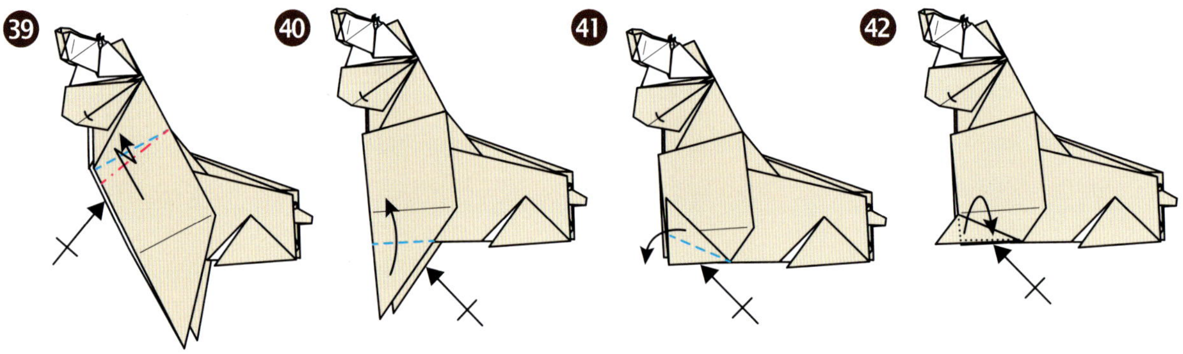

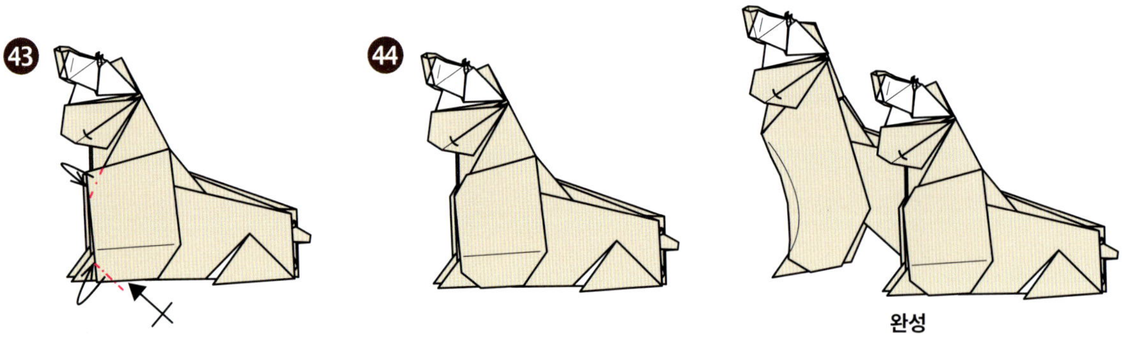

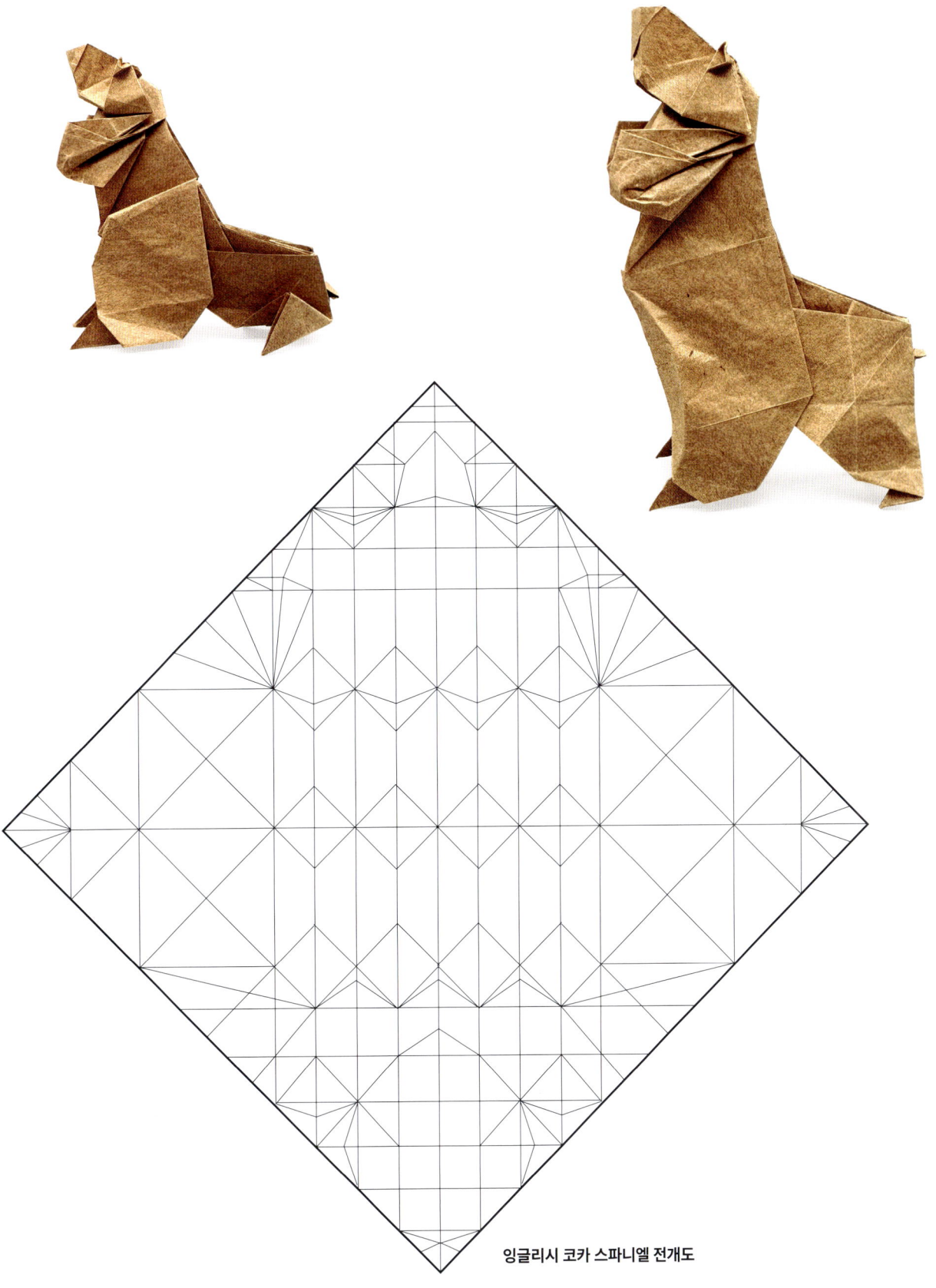

잉글리시 코카 스파니엘 전개도

3

최종 단계에서의 응용

작품의 완성도를 높여주고, 창작자로서 개성을 드러낼 수 있는 중요한 과정으로
같은 기본 작품을 토대로 이형(異形) 디자인을 만들 수 있습니다.

최종 단계에서의 응용
연어
Salmon

종이 | 종이나라《유제지》또는 풀 먹인 한지
30㎝ (양면 같은 색상의 종이)

K종이접기 마에스트로 2단 11쪽의
방석접기 후 고기접기(blintz fish base)를
익히는 작품입니다.

연어 암컷

❶ 접었다 펴세요.

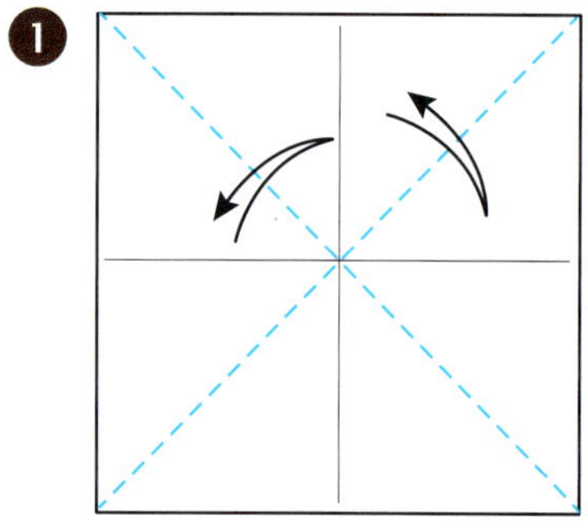

❷ 뒤로 접으세요.

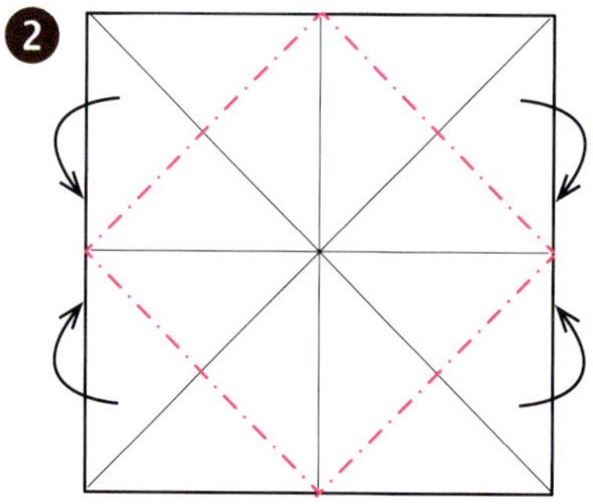

❸ 뒷장을 들추며 중심축에 모아 접으세요.

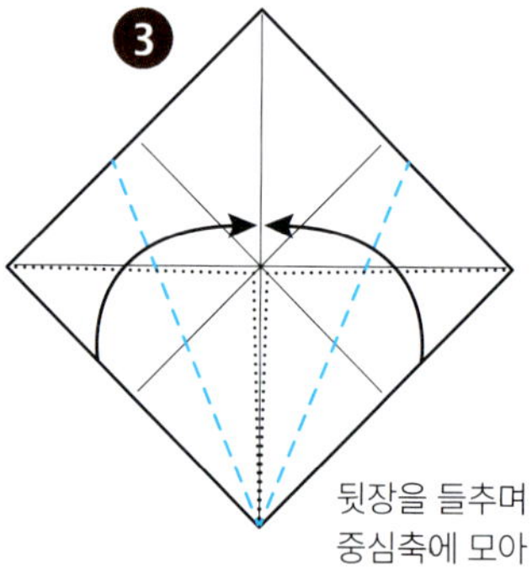

❹ 아래로 내리며 뒷장을 들추어 중심축에 모아 접으세요.

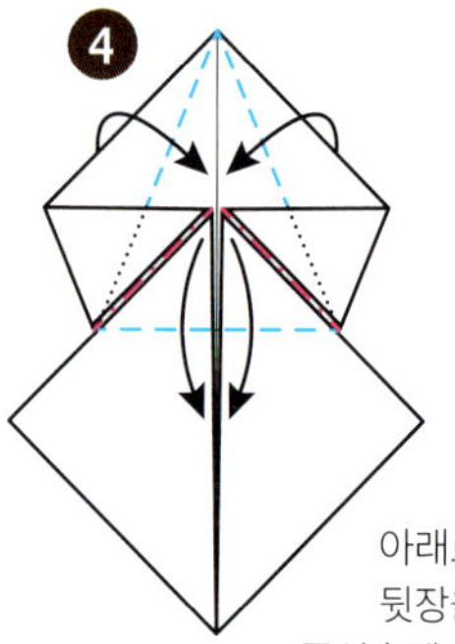

❺ 뒤로 올려 접으세요.

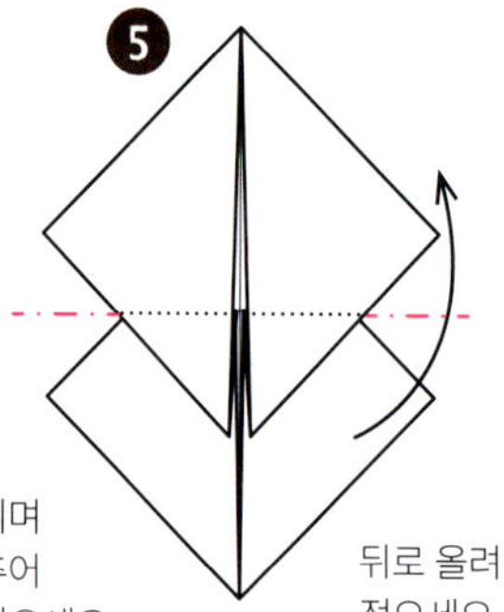

❻

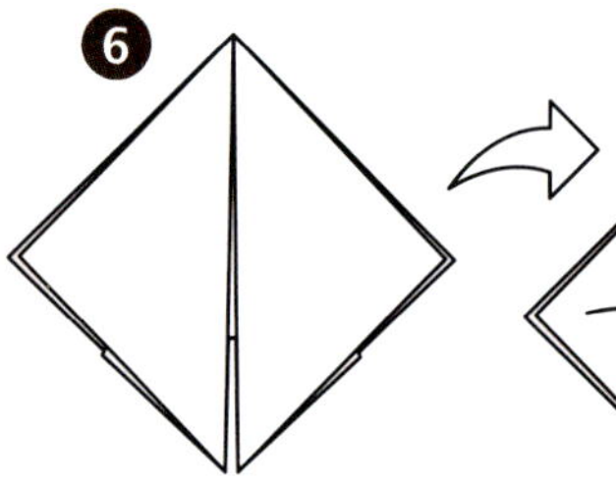

❼ 중심축에 모아 접으세요.

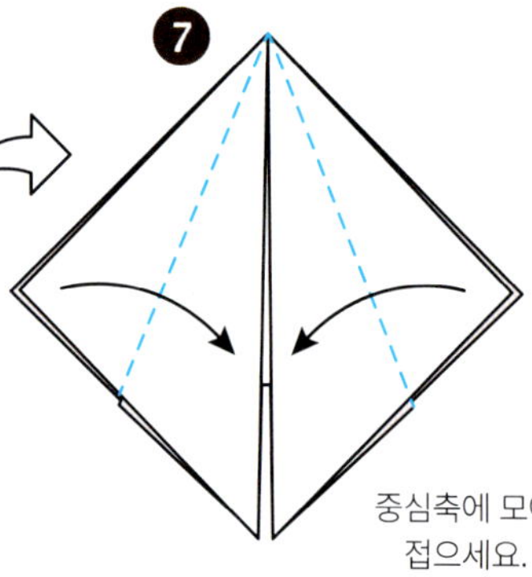

❽ 위로 끌어 올려 모아 접으세요.

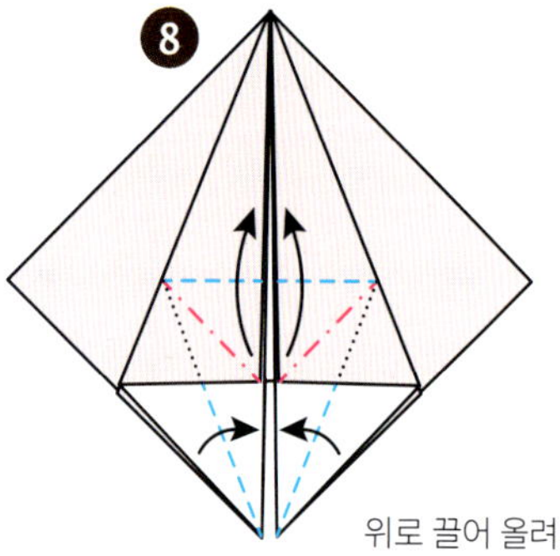

❾ 밖으로 당겨 접으세요.

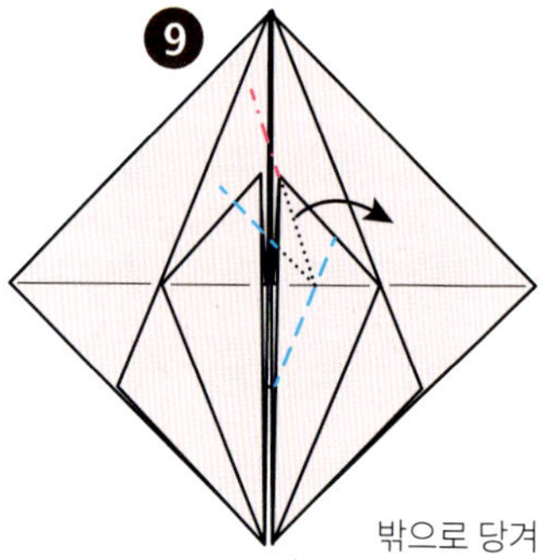

❿ 반대쪽도 같은 방법으로 접으세요.

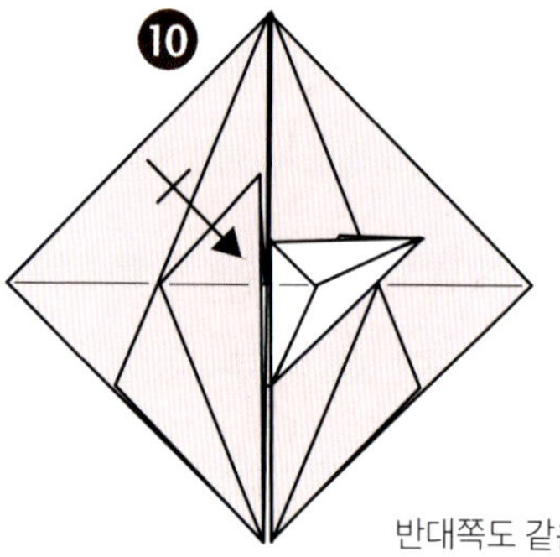

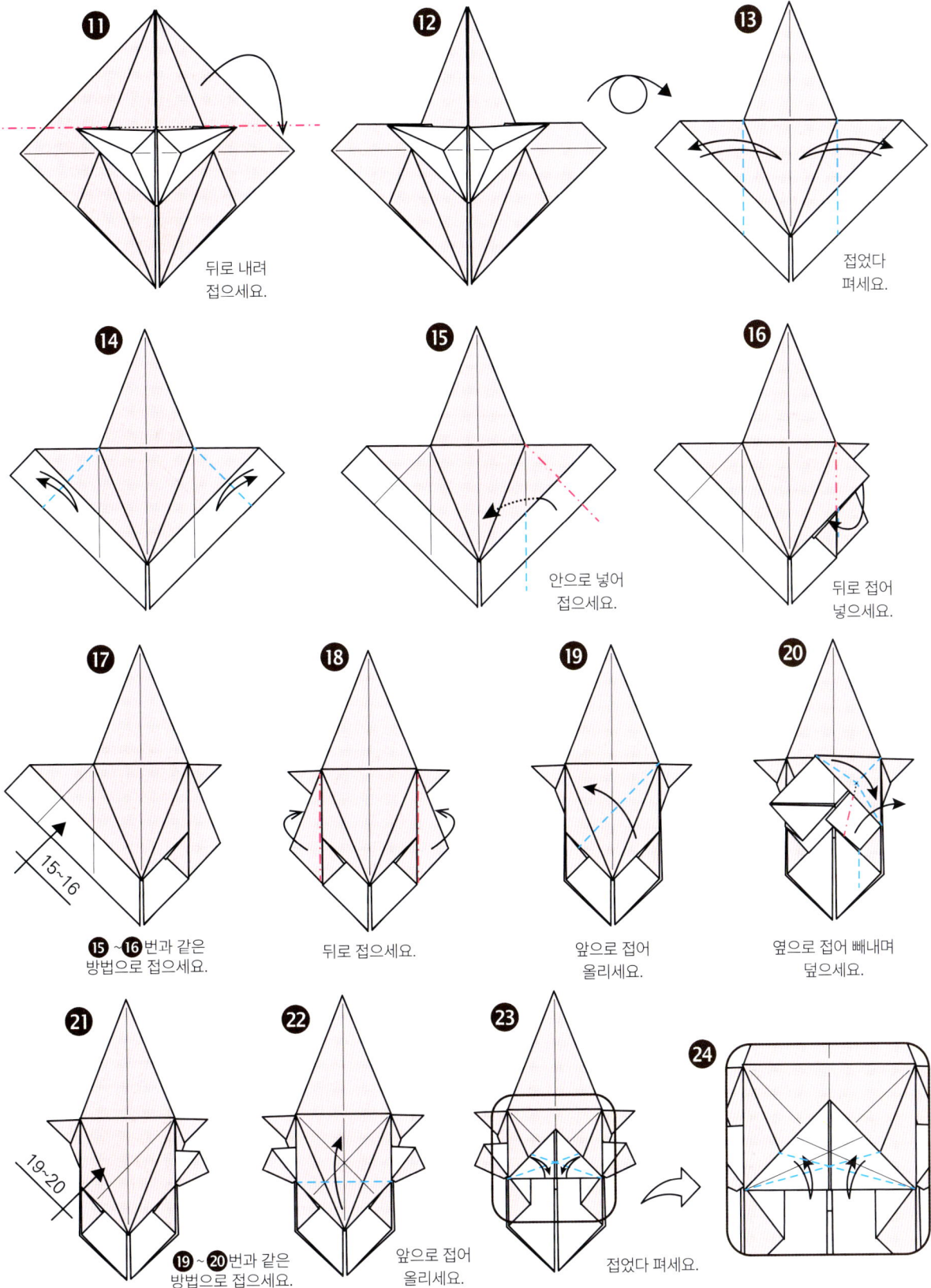

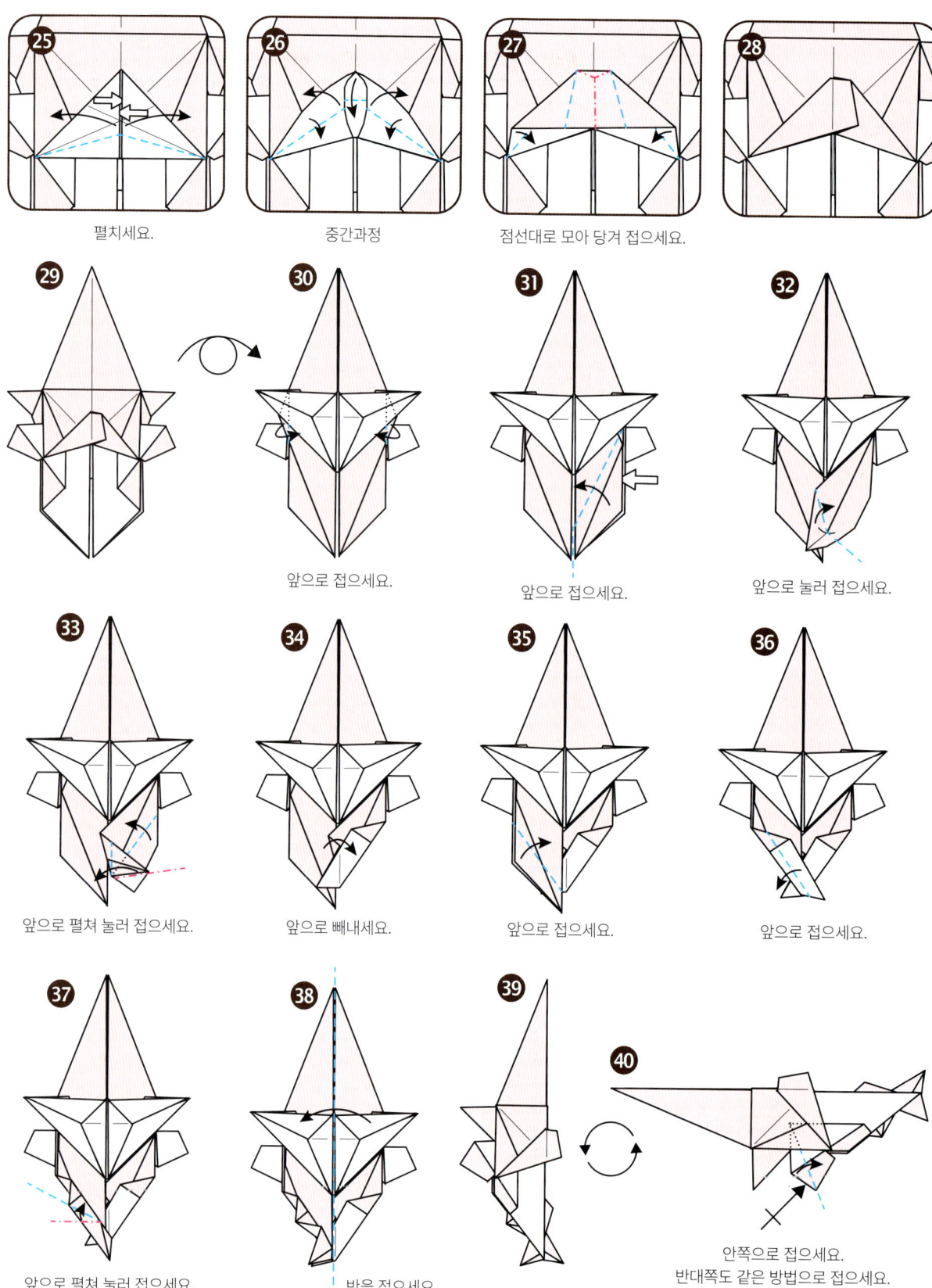

㊶

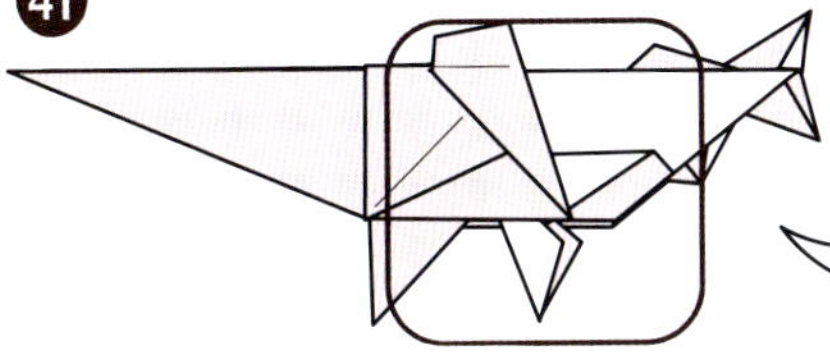

㊷

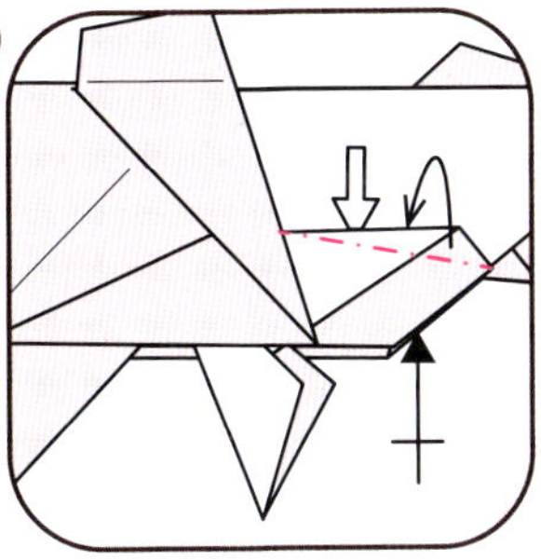

뒤로 접으세요.
반대쪽도 같은 방법으로 접으세요.

㊸

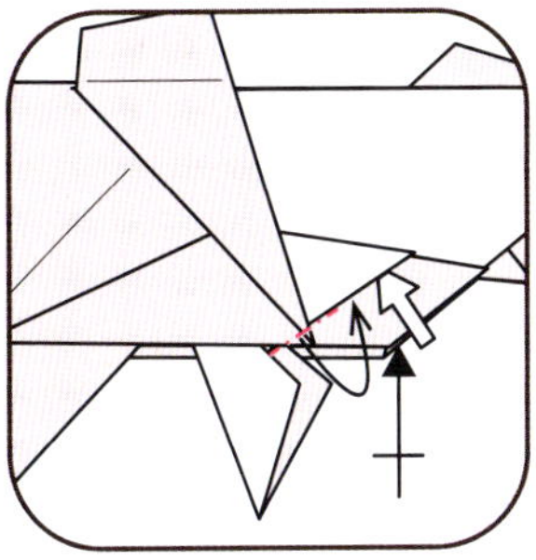

뒤로 접으세요.
반대쪽도 같은 방법으로 접으세요.

㊹

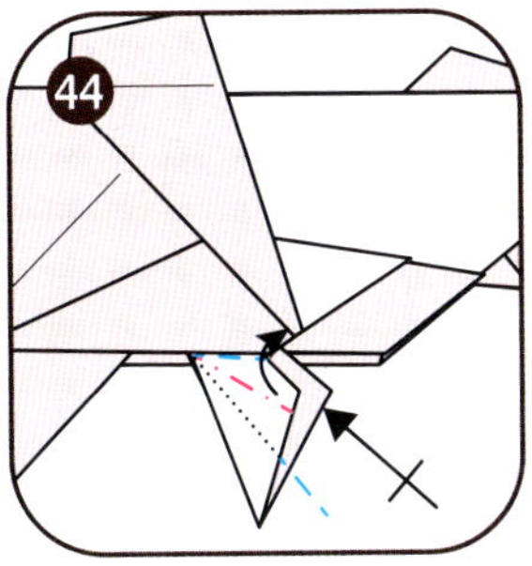

위로 덮어 올리세요.

㊺

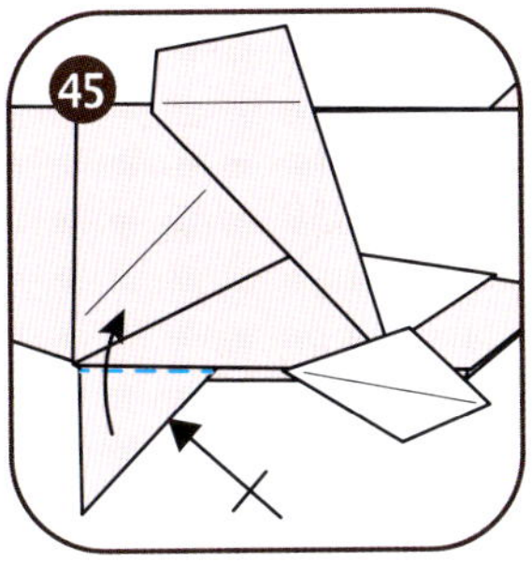

앞으로 올려 접으세요.

㊻

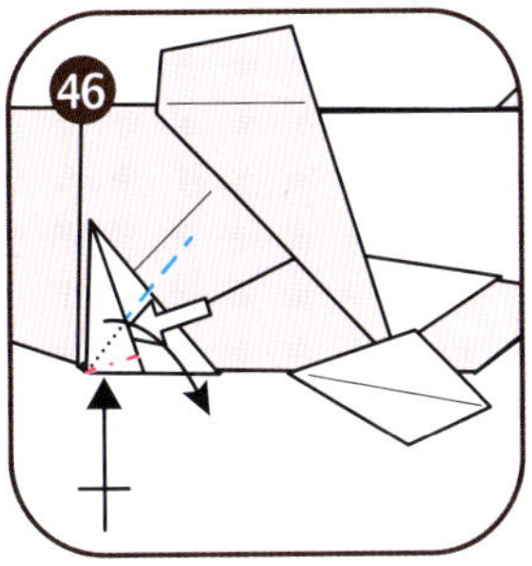

아래로 덮어 내리세요.

㊼

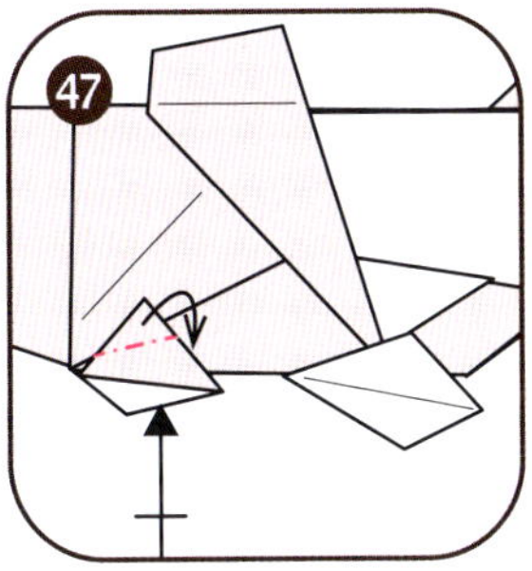

뒤로 접으세요.

㊽

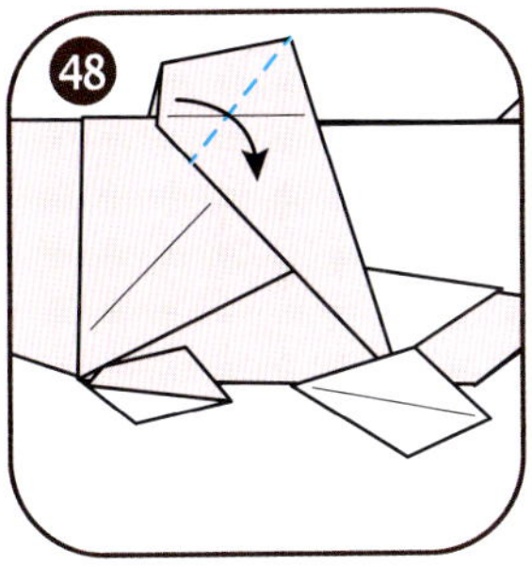

앞으로 당겨 내려 접으세요.

㊾

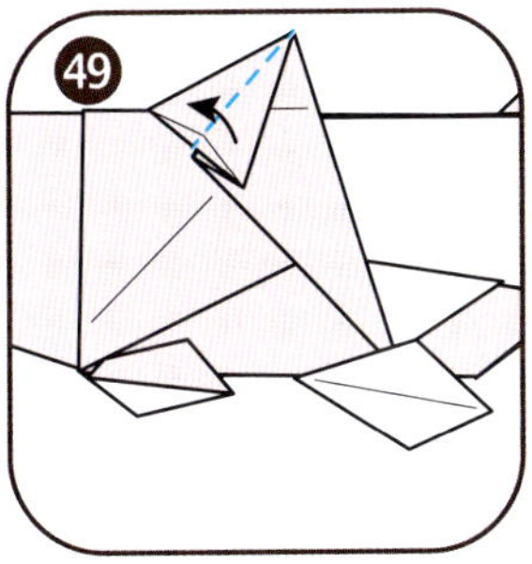

앞으로 올려 접으세요.

㊿

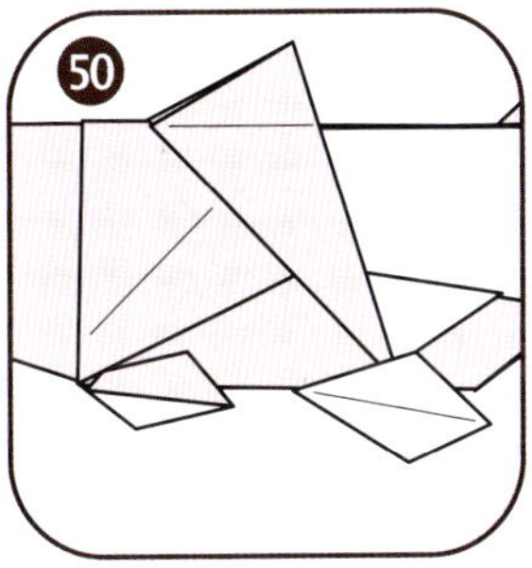

(51)

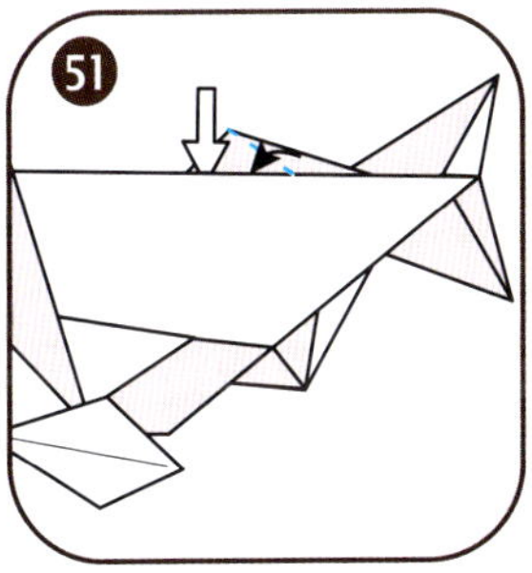

앞으로 당겨 내려 접으세요.

(52)

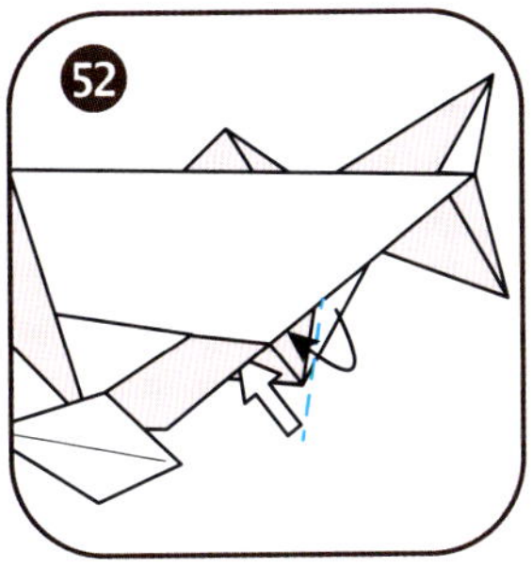

앞으로 당겨 올려 접으세요.

(53)

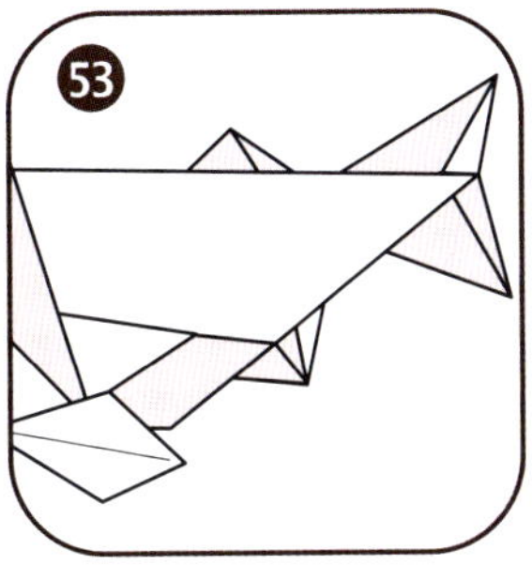

(54)

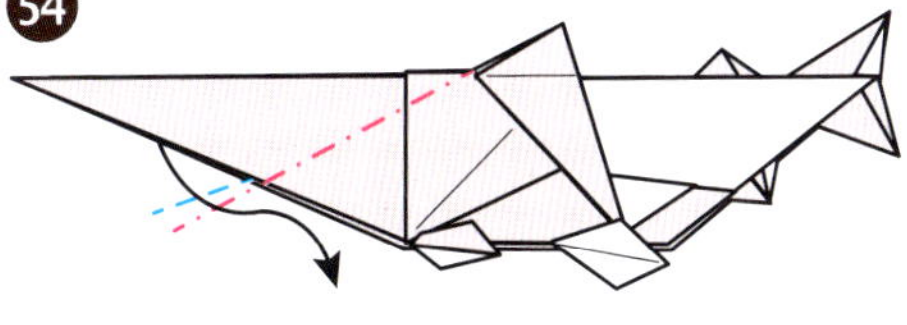

안으로 내려 접으세요.
접기 방법에 따라 암컷과 수컷 연어를 접을 수 있습니다.

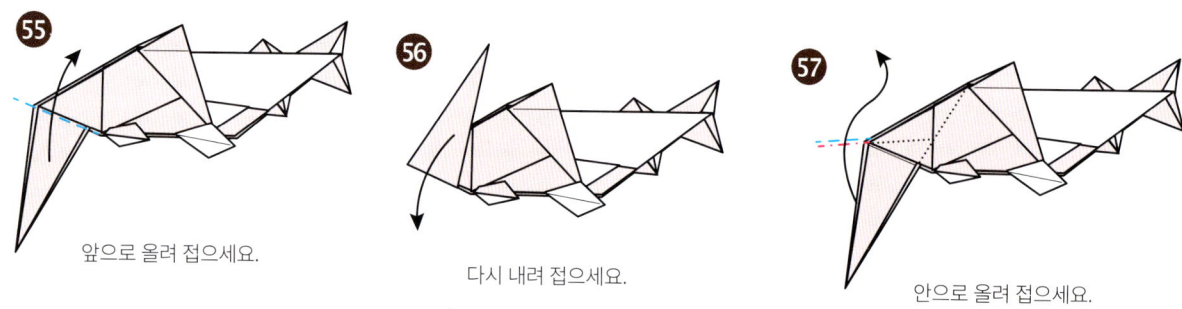

55 앞으로 올려 접으세요.
56 다시 내려 접으세요.
57 안으로 올려 접으세요.

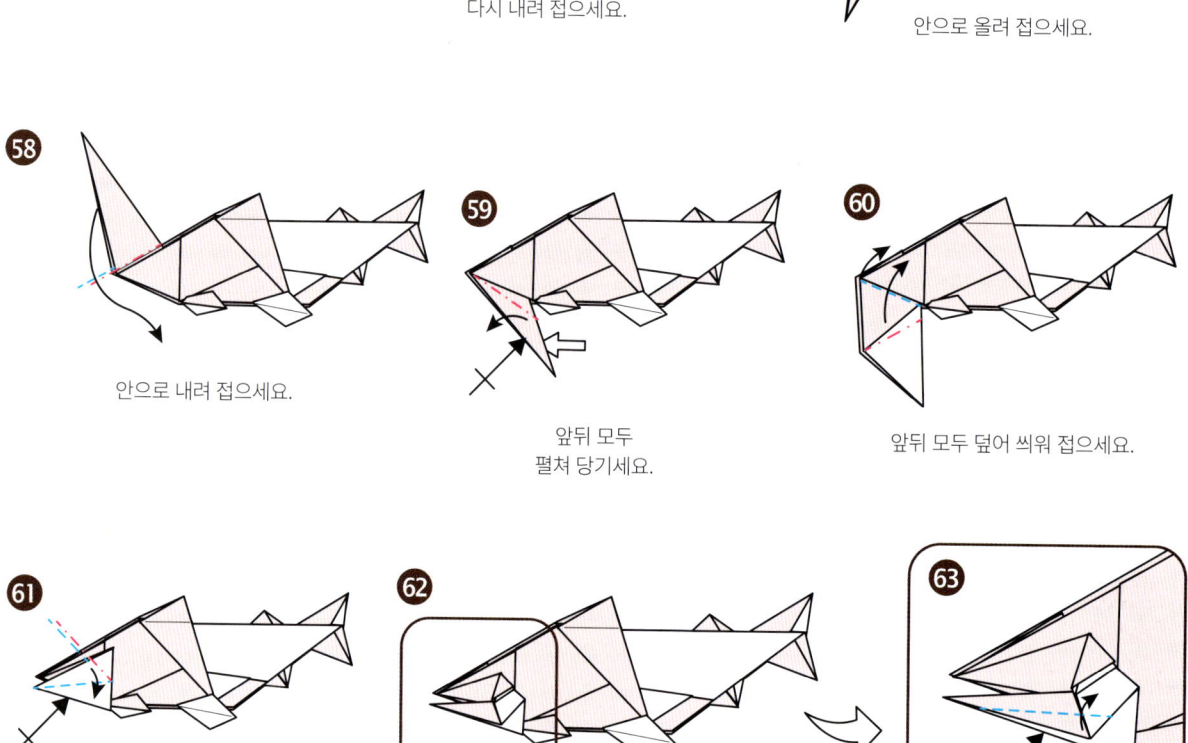

58 안으로 내려 접으세요.
59 앞뒤 모두 펼쳐 당기세요.
60 앞뒤 모두 덮어 씌워 접으세요.
61 앞뒤 모두 당겨 내려 접으세요.
62
63 앞뒤 모두 위로 올려 접으세요.

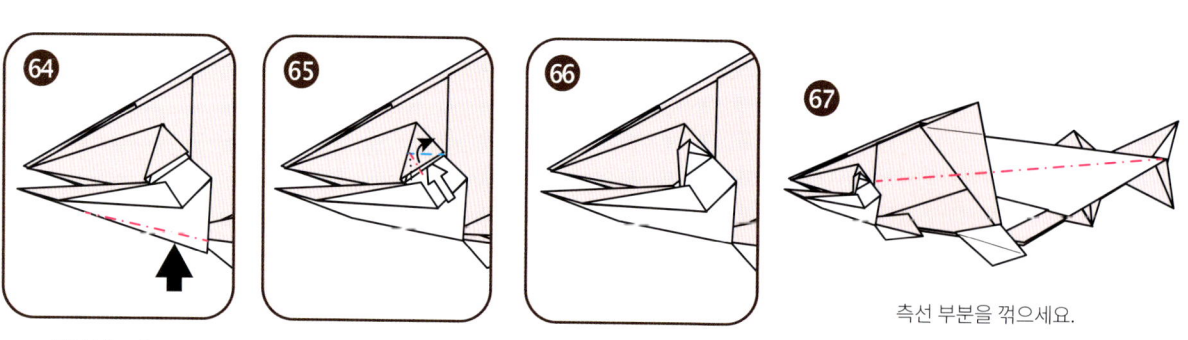

64 밀어 넣으세요.
65 펼쳐 눌러 접으세요.
66
67 측선 부분을 꺾으세요.

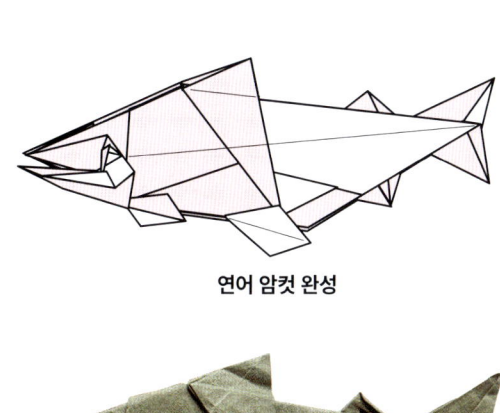

연어 암컷 완성

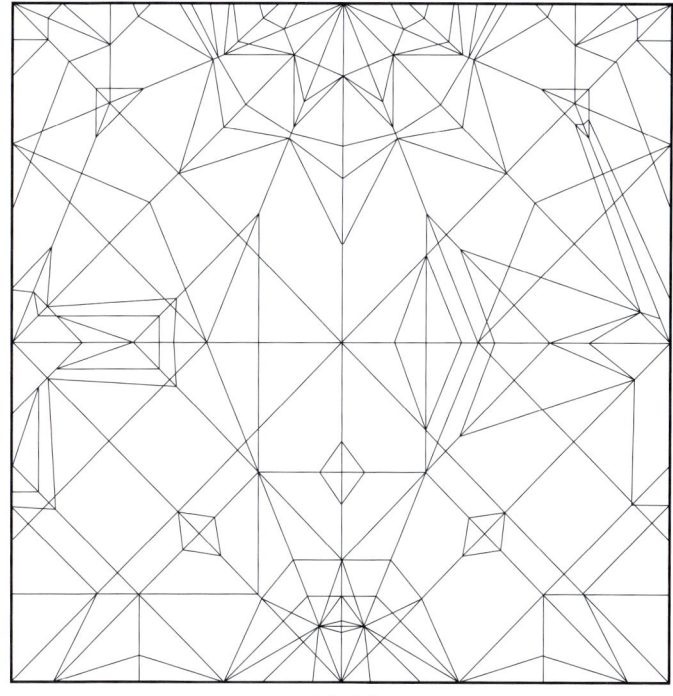

연어 전개도

연어 숫컷 55쪽 54번에서 시작하세요.

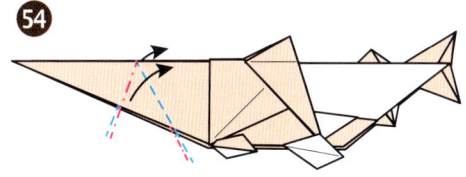

54. 앞뒤 모두 덮어 씌어 접으세요.

55. 밖으로 덮어 씌워 접으세요.

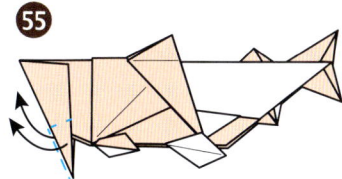

56.

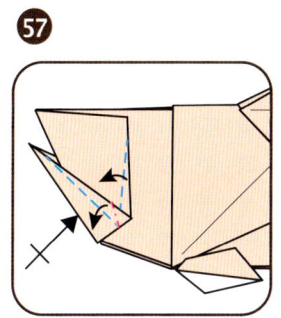

57. 앞뒤 모두 앞으로 당겨 내려 접으세요.

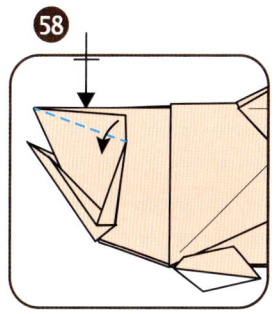

58. 앞뒤 모두 앞으로 내려 접으세요.

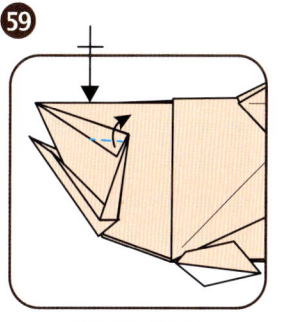

59. 앞뒤 모두 앞으로 올려 접으세요.

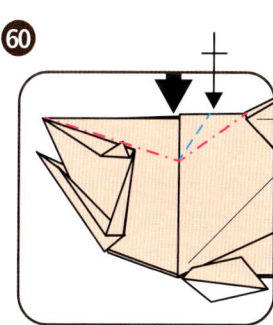

60. 눌러 주세요.

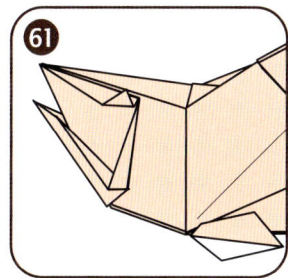

61.

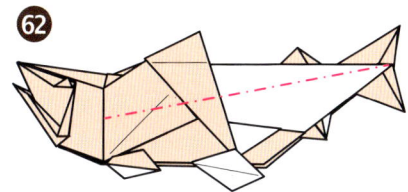

62. 측선 부분을 꺾으세요.

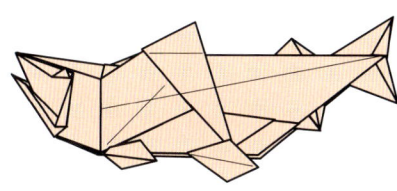

연어 숫컷 완성

최종 단계에서의 응용
물총새
Kingfisher

종이 | 종이나라 《다물 클래식》, 《유제지》,
또는 풀 먹인 한지 25㎝

몸통을 부풀려 3D형태로 만드는 작품입니다.
다양한 색상의 종이를 사용해 보세요.

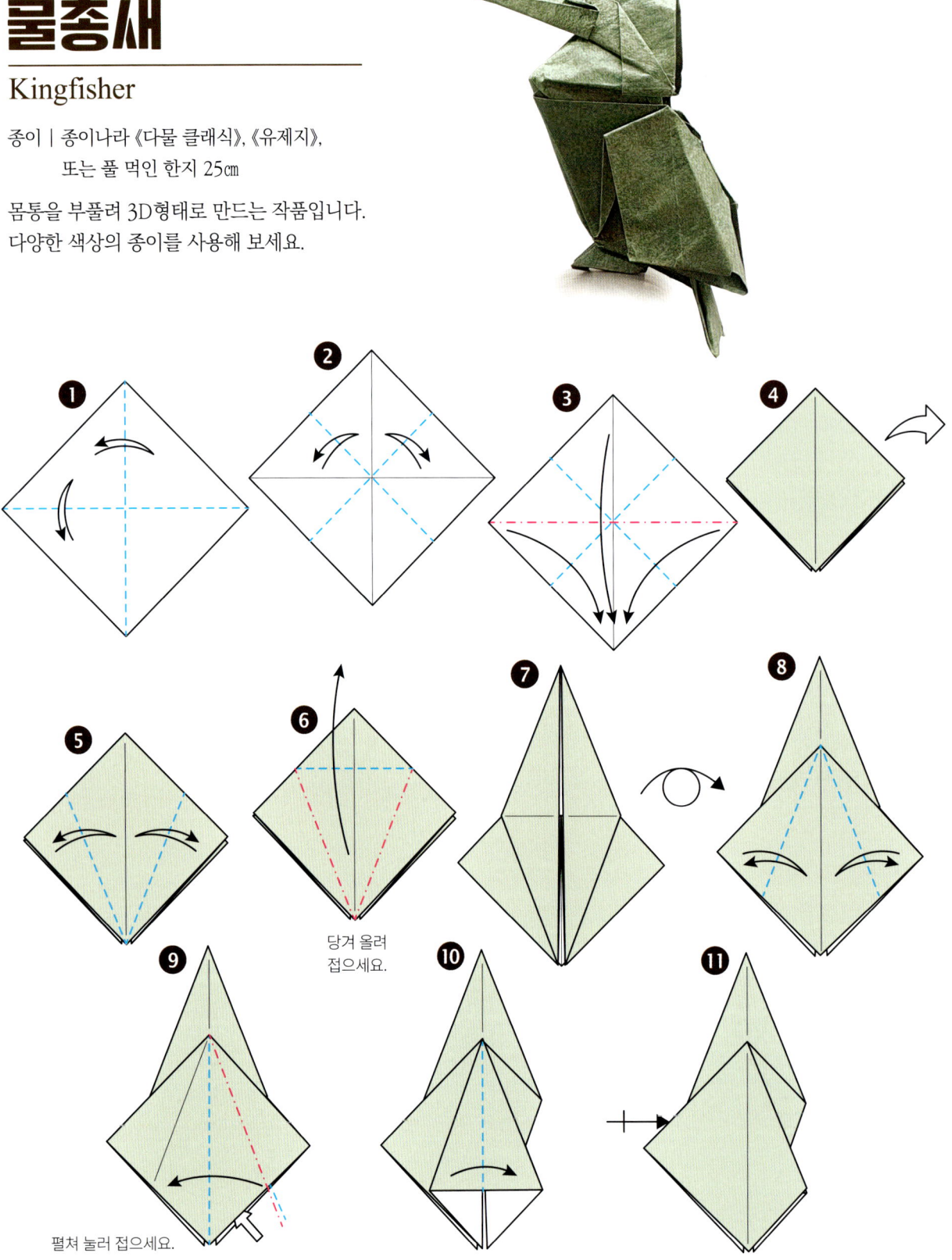

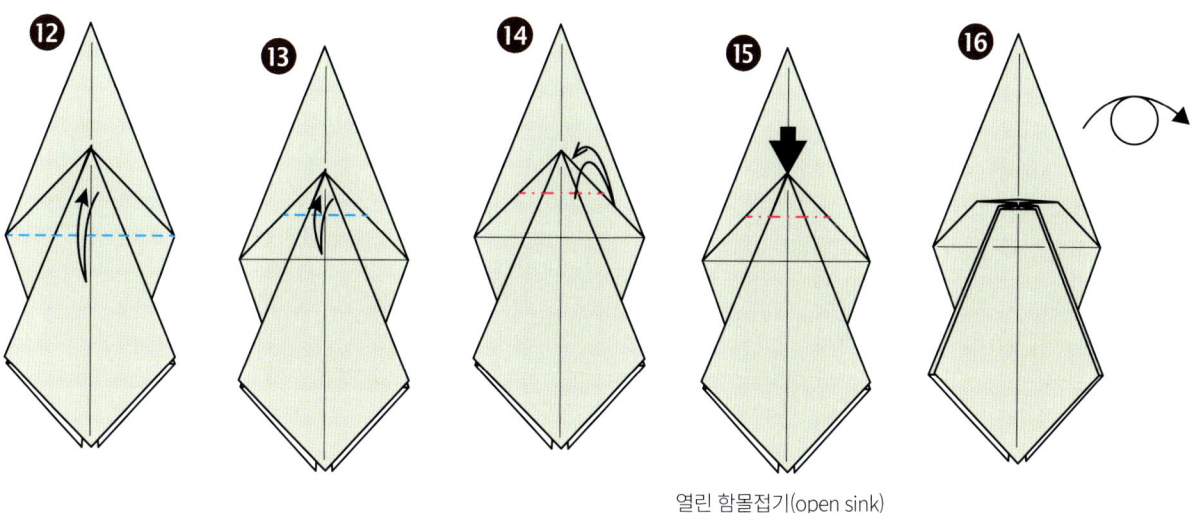

열린 함몰접기(open sink)

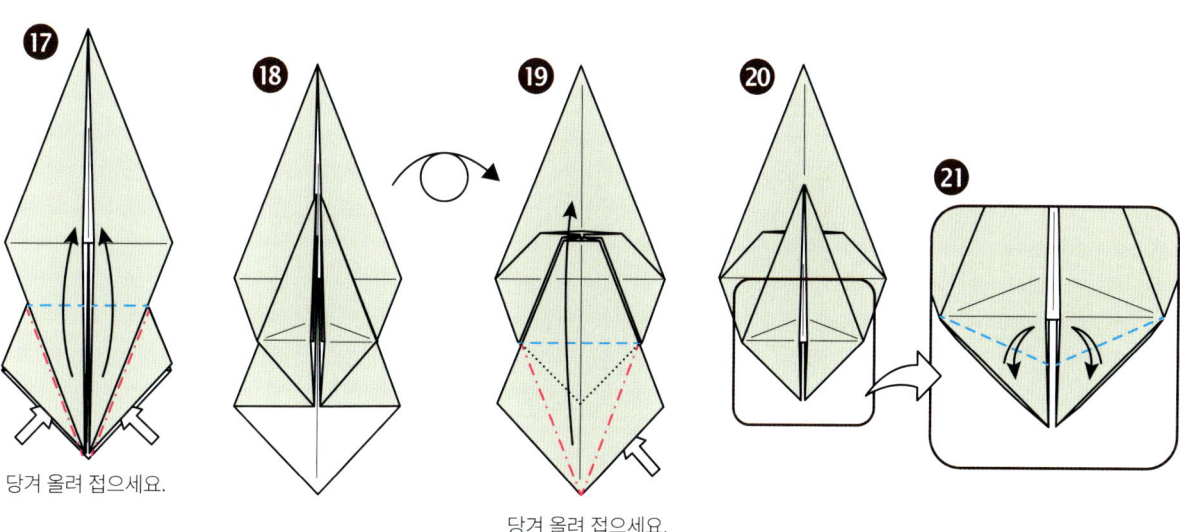

당겨 올려 접으세요.

당겨 올려 접으세요.

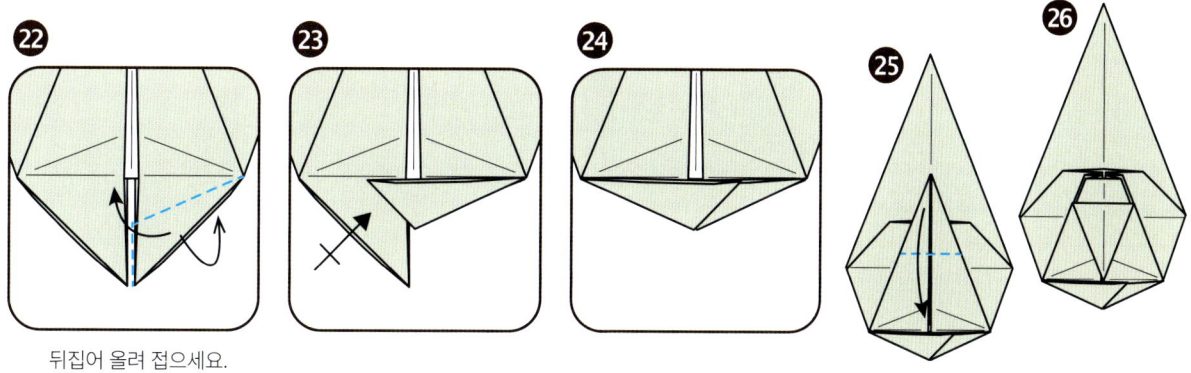

뒤집어 올려 접으세요.

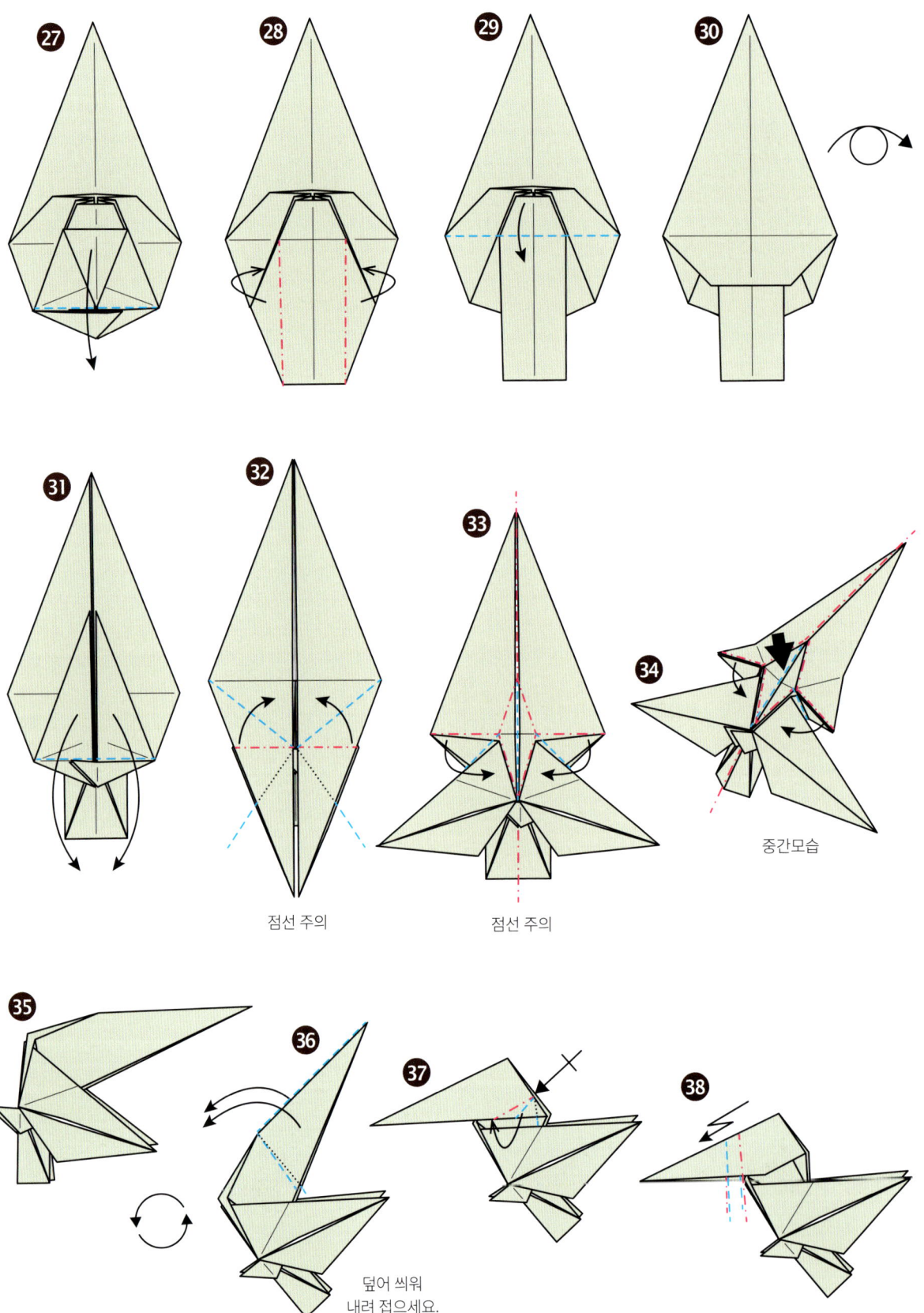

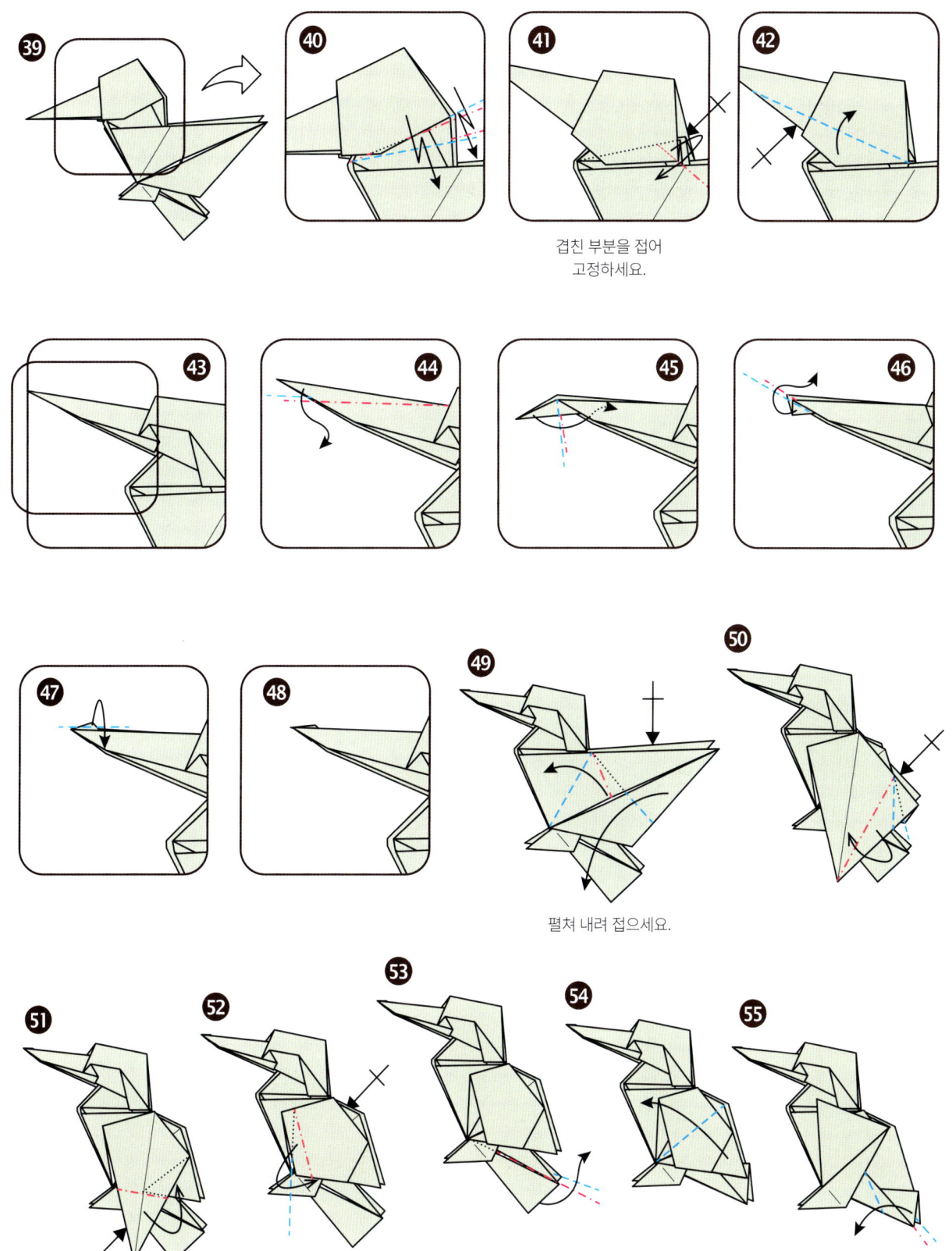

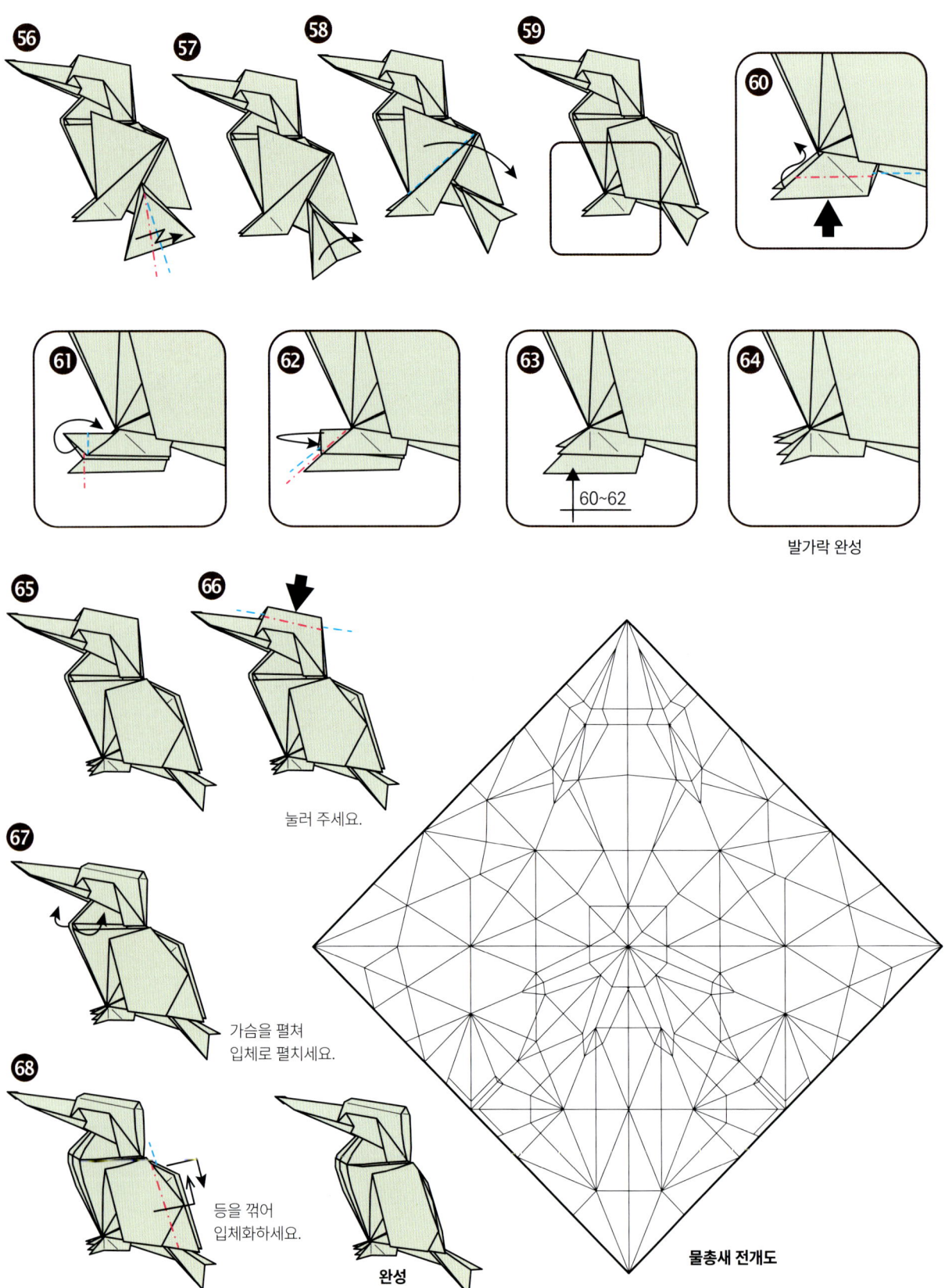

사냥하는 물총새 61쪽 ④번에서 시작하세요.

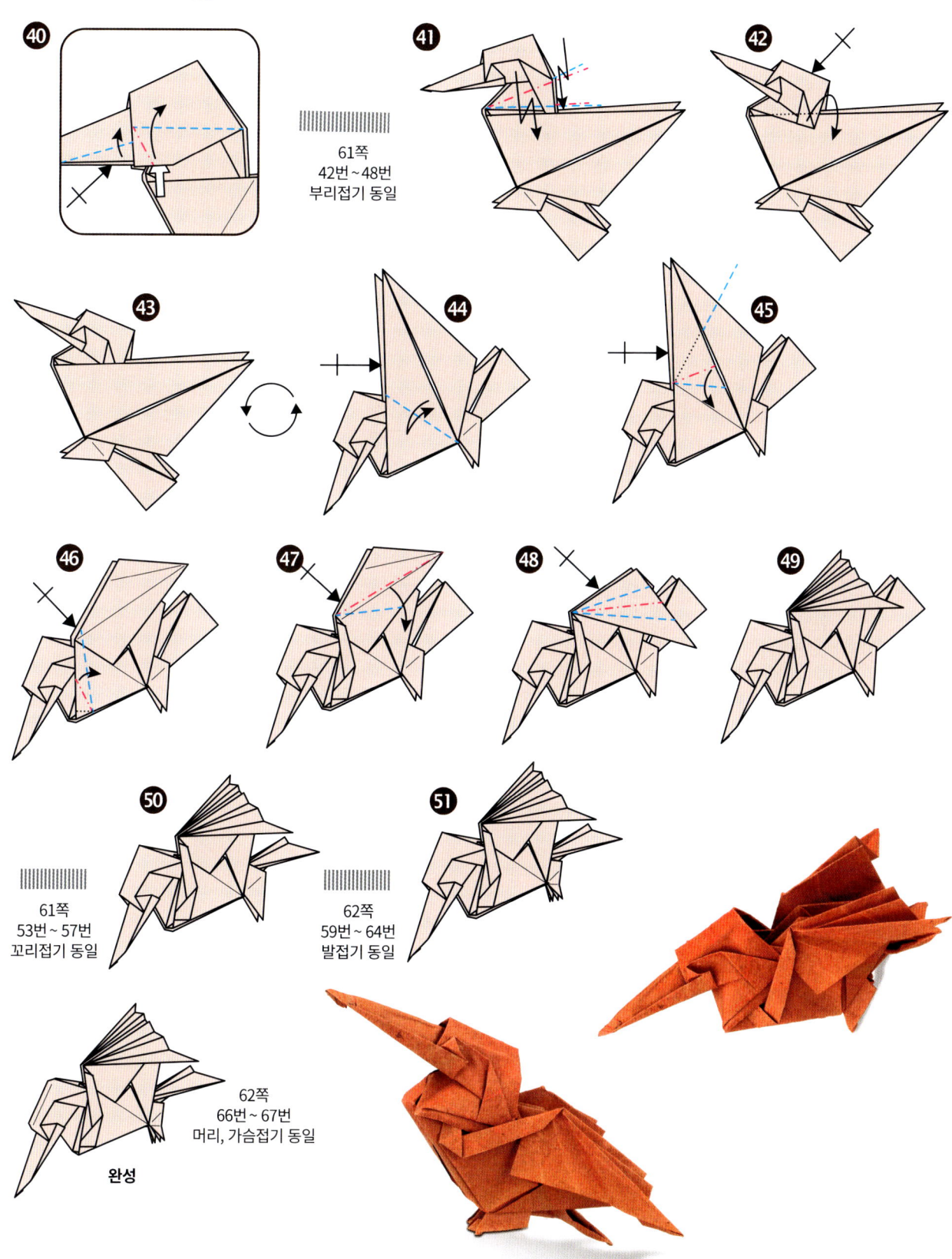

61쪽
42번~48번
부리접기 동일

61쪽
53번~57번
꼬리접기 동일

62쪽
59번~64번
발접기 동일

62쪽
66번~67번
머리, 가슴접기 동일

완성

최종 단계에서의 응용
쥐
Rat

종이 | 종이나라 《유제지》 또는 풀 먹인 한지 25㎝

최종단계에서 발가락을 벌려
표현해 보길 바랍니다.

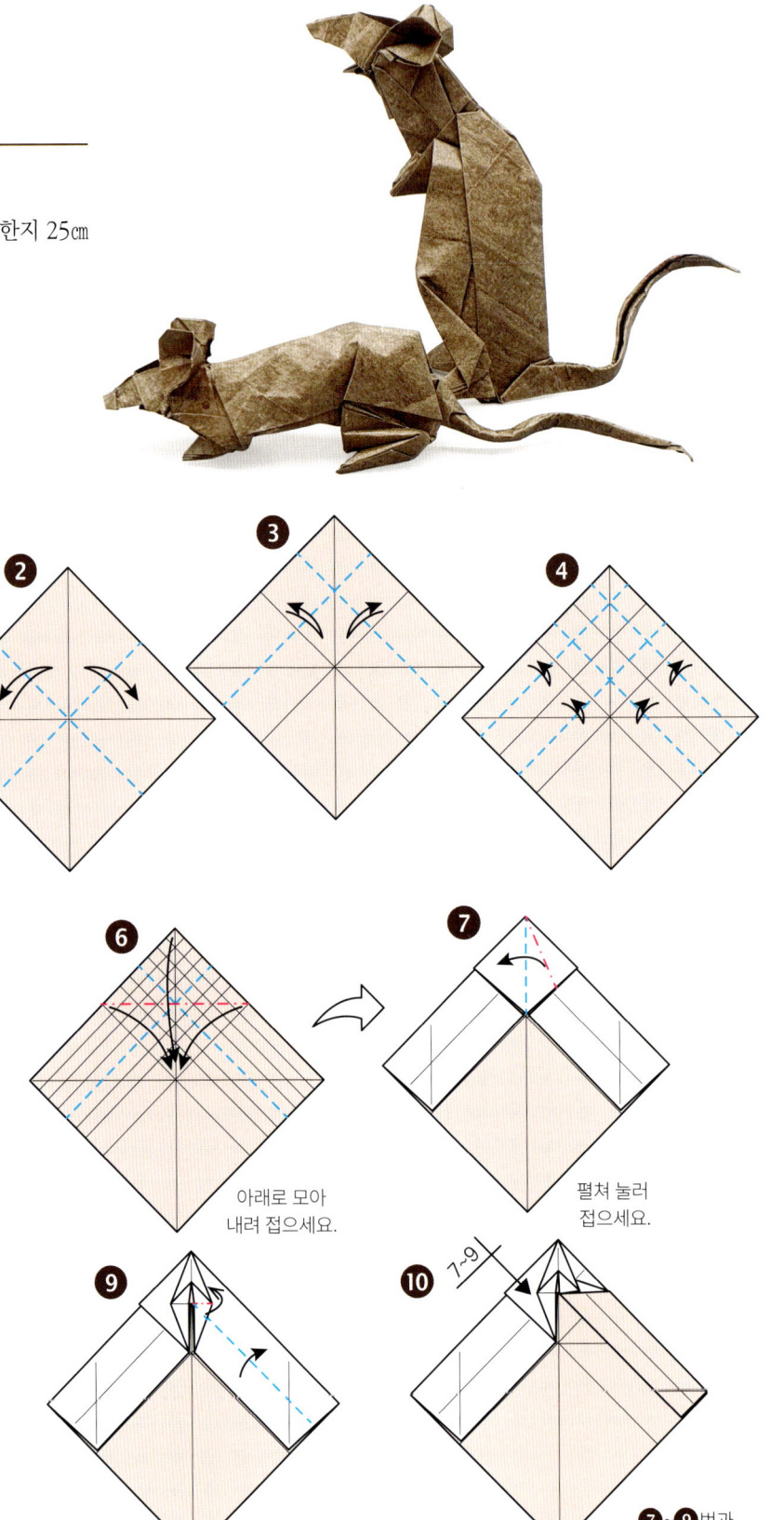

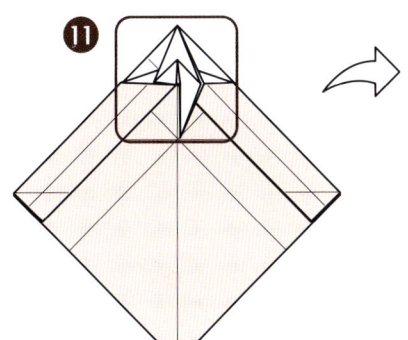
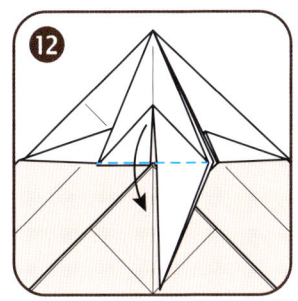
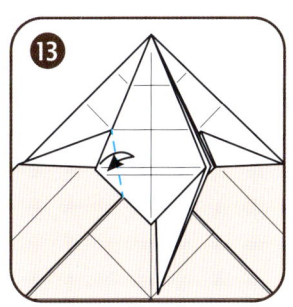

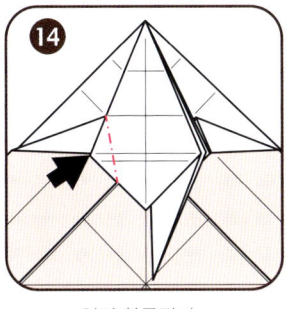
열린 함몰접기
(open sink)

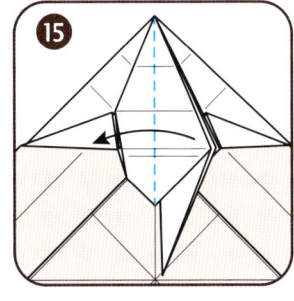

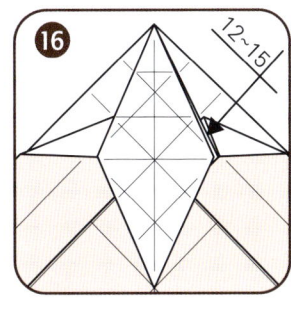
⑫~⑮번과 같은 방법으로 접으세요.

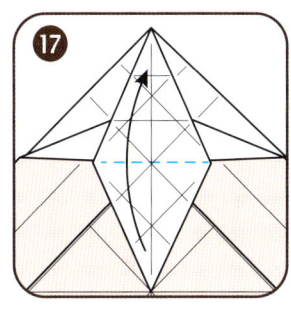

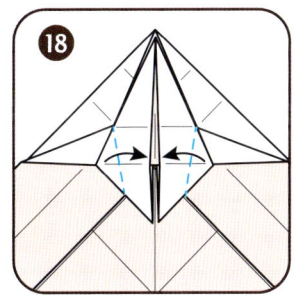
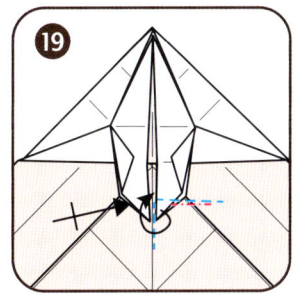
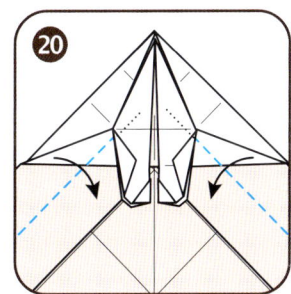
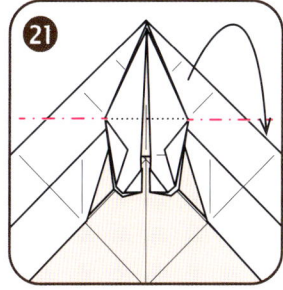

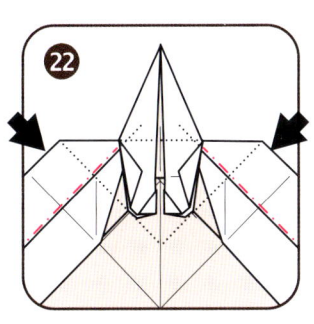
닫힌 함몰접기(closed sink)

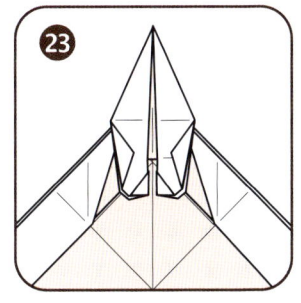
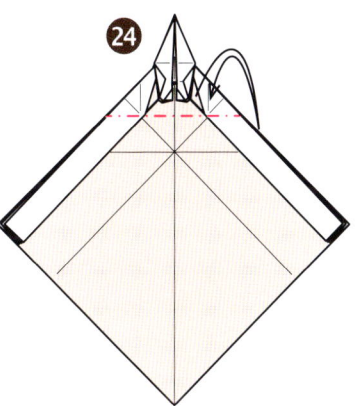

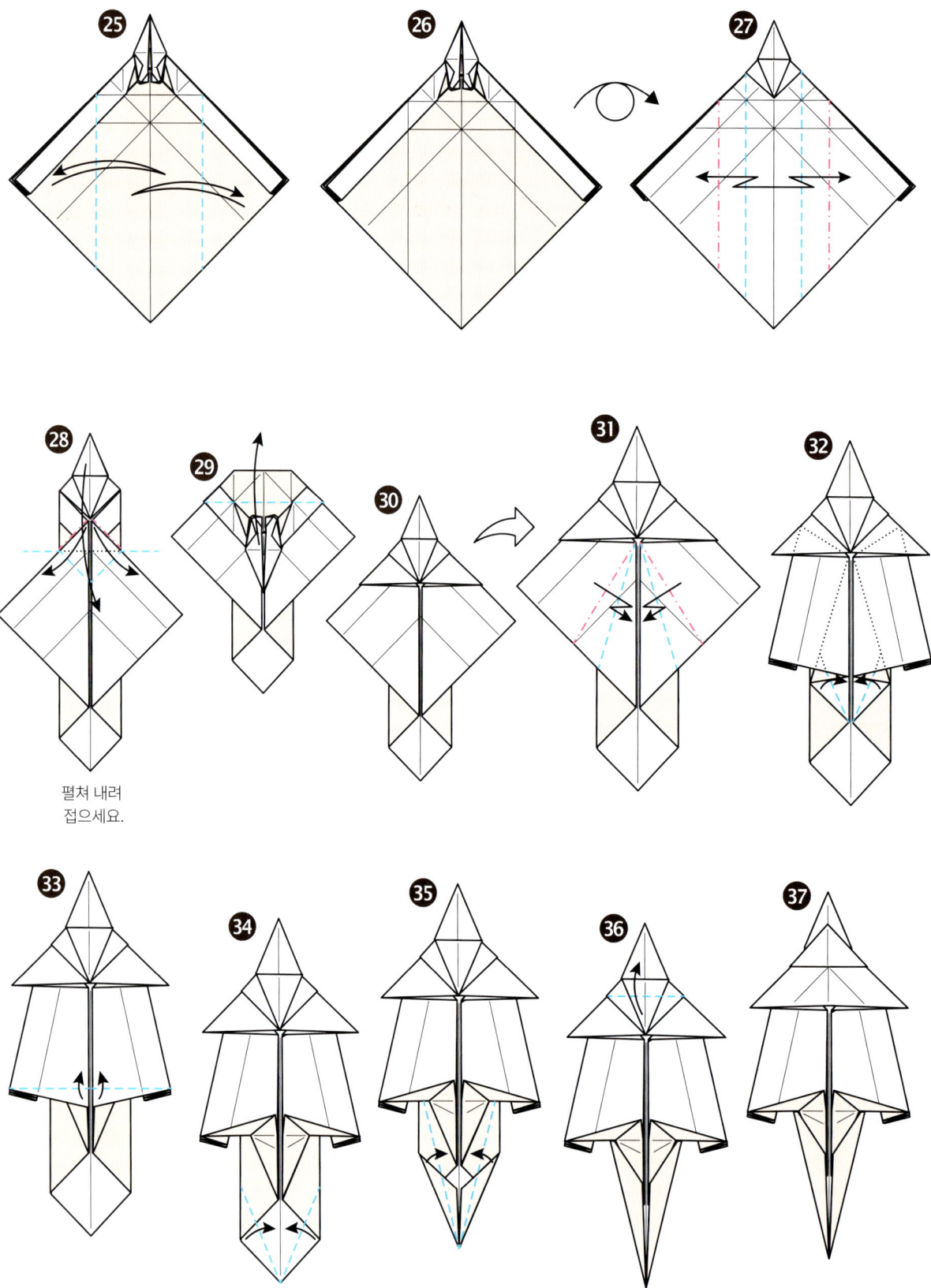

펼쳐 내려
접으세요.

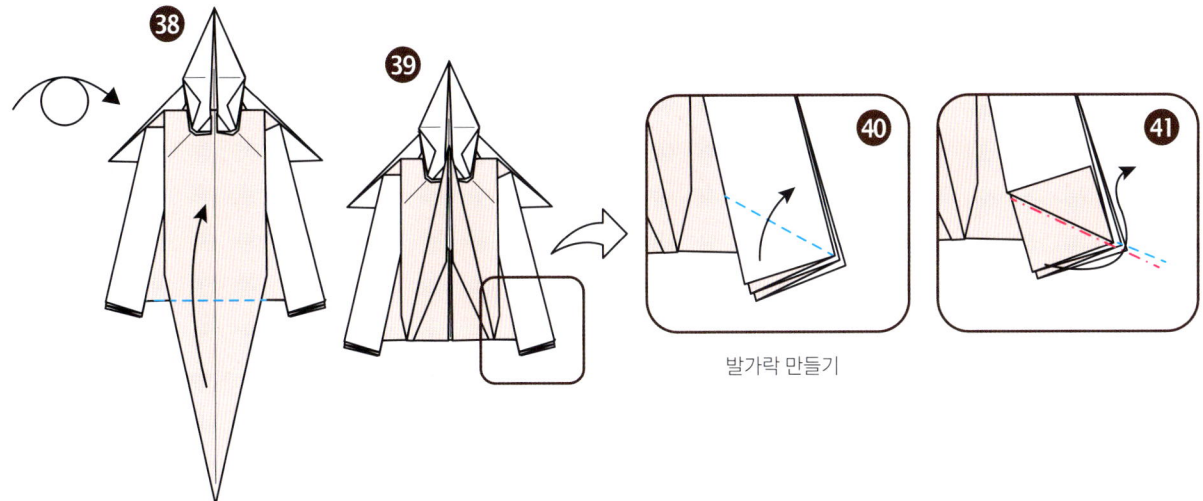

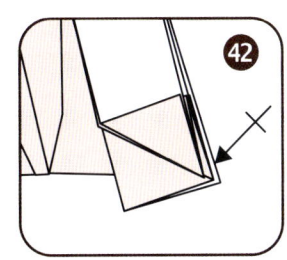
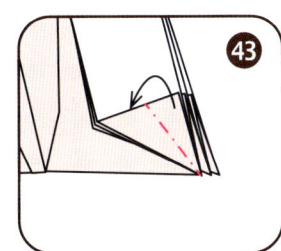
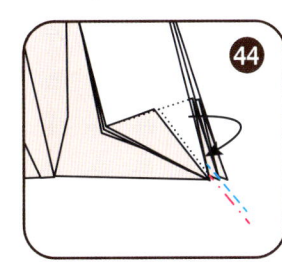
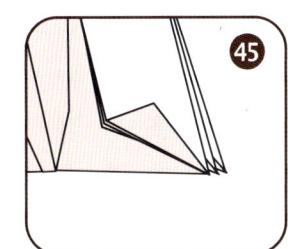

발가락 만들기 (40, 41)

발가락 완성 (45)

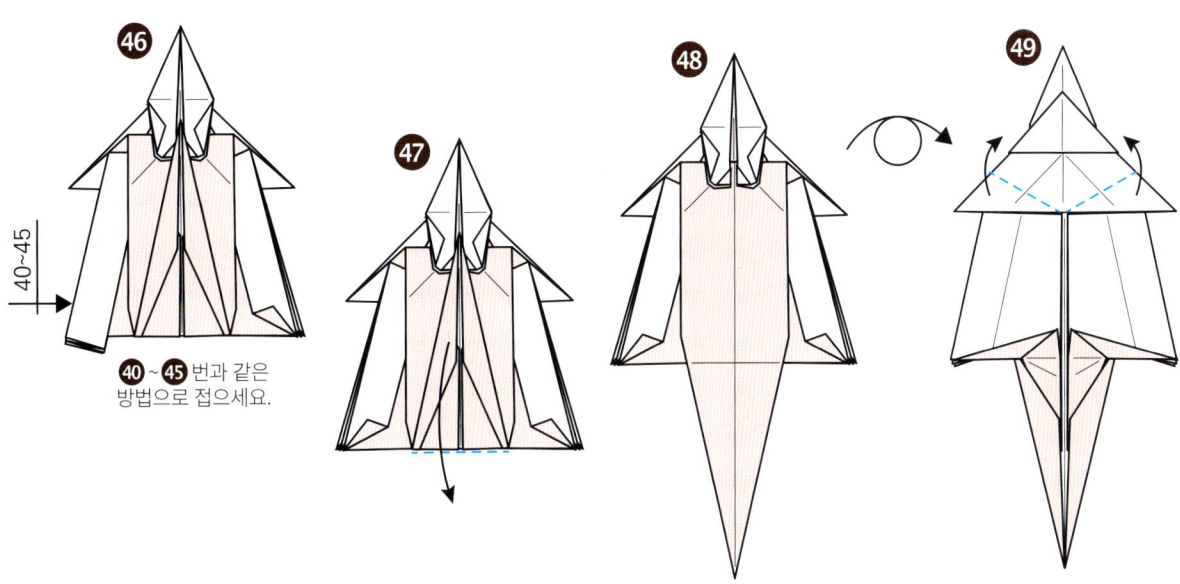

40~45번과 같은 방법으로 접으세요.

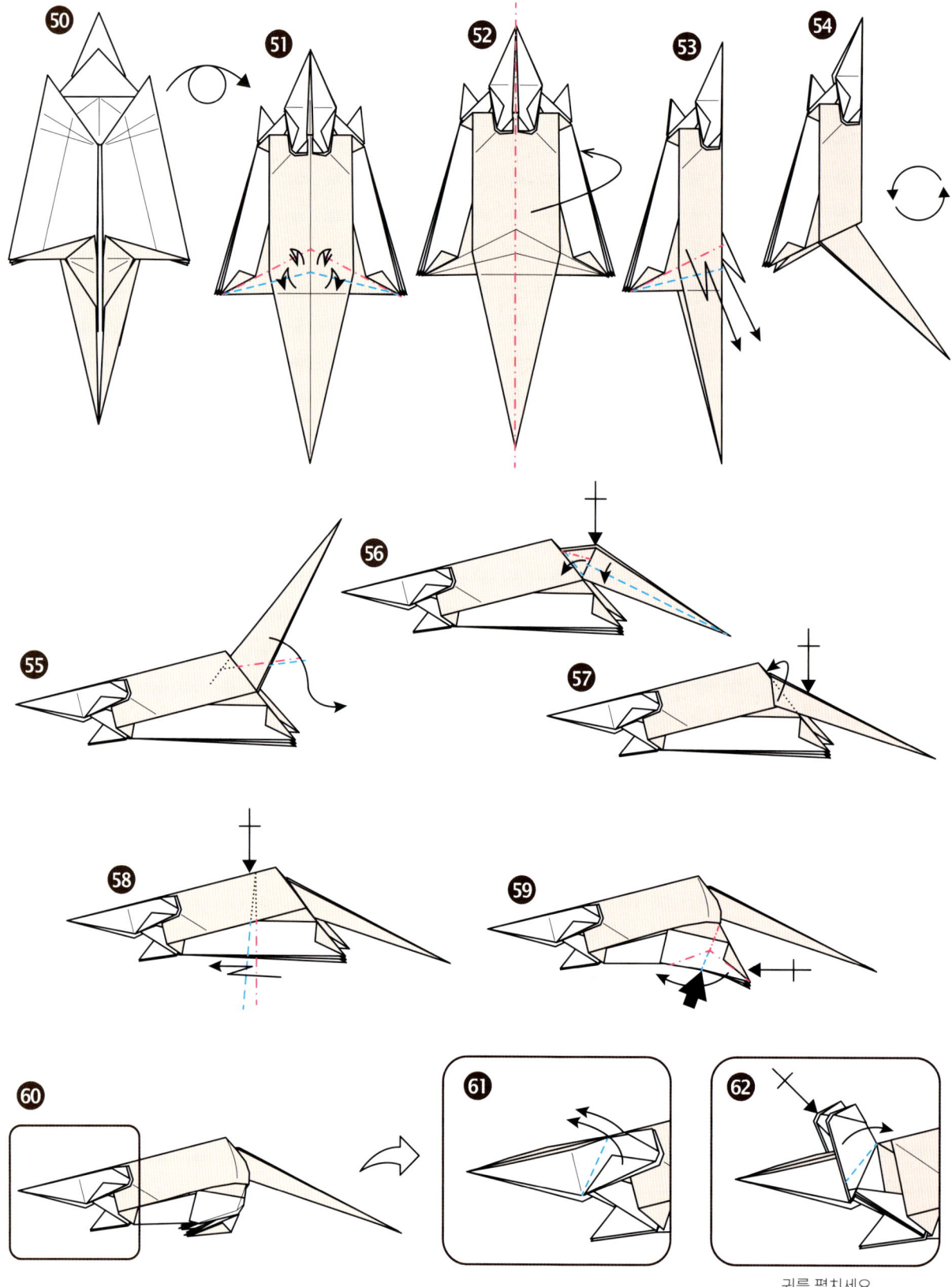

귀를 펼치세요.

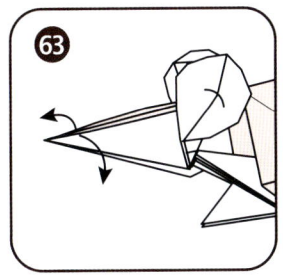
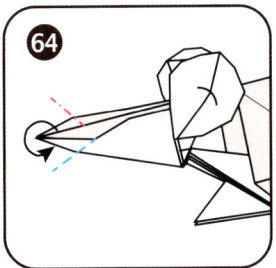

펼친 상태에서 접으세요.

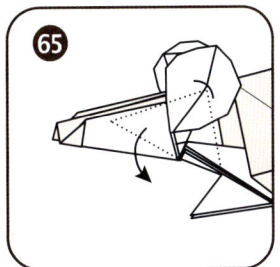

안쪽 부분을 끄집어 내어 입을 만드세요.

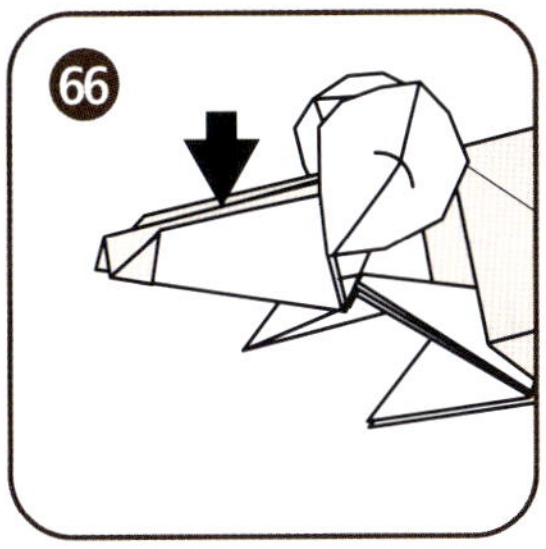

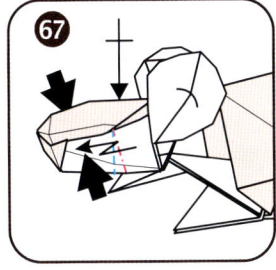

펼친 상태에서 계단접기로 접으세요.

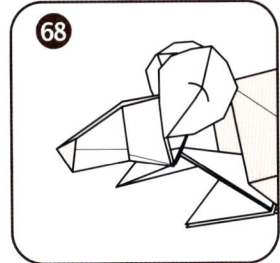
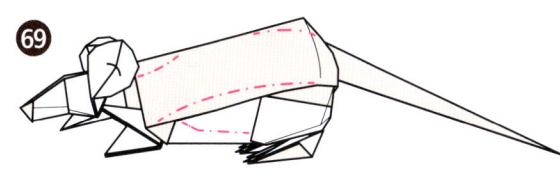

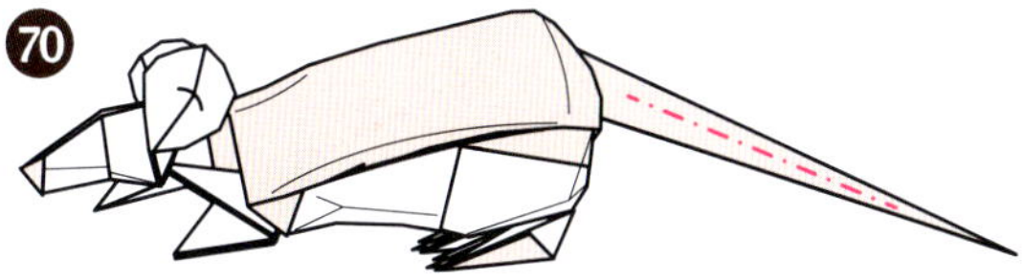

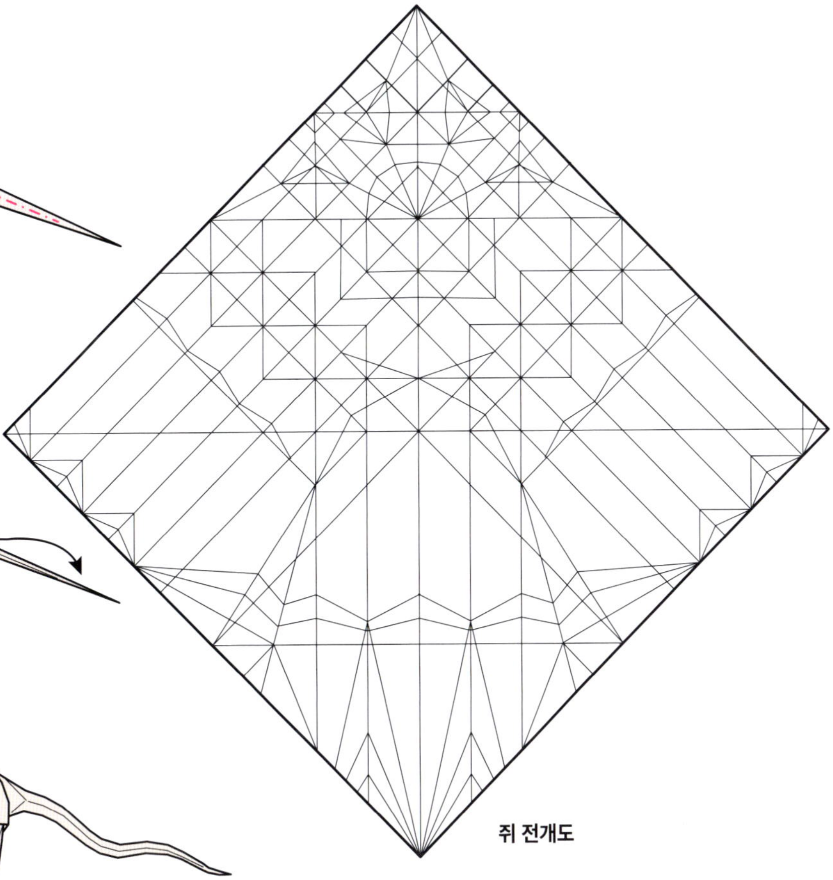

완성

쥐 전개도

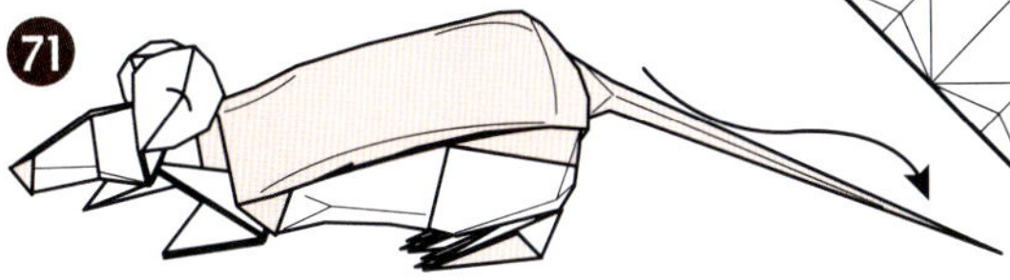

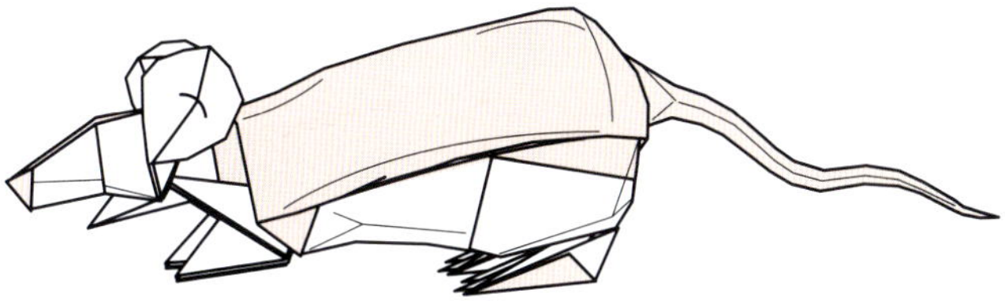

서 있는 쥐

66쪽 ㉜번에서 시작하세요.

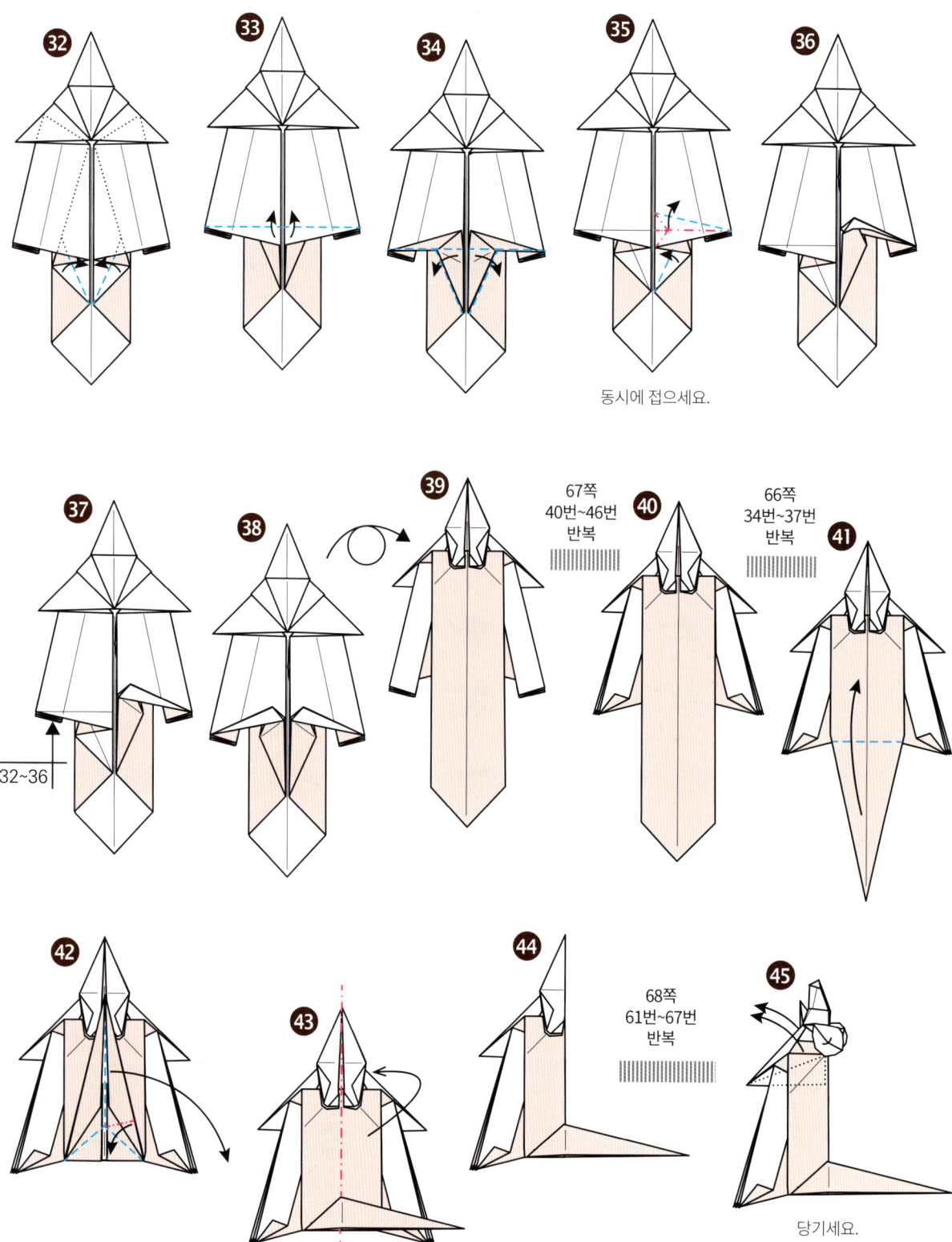

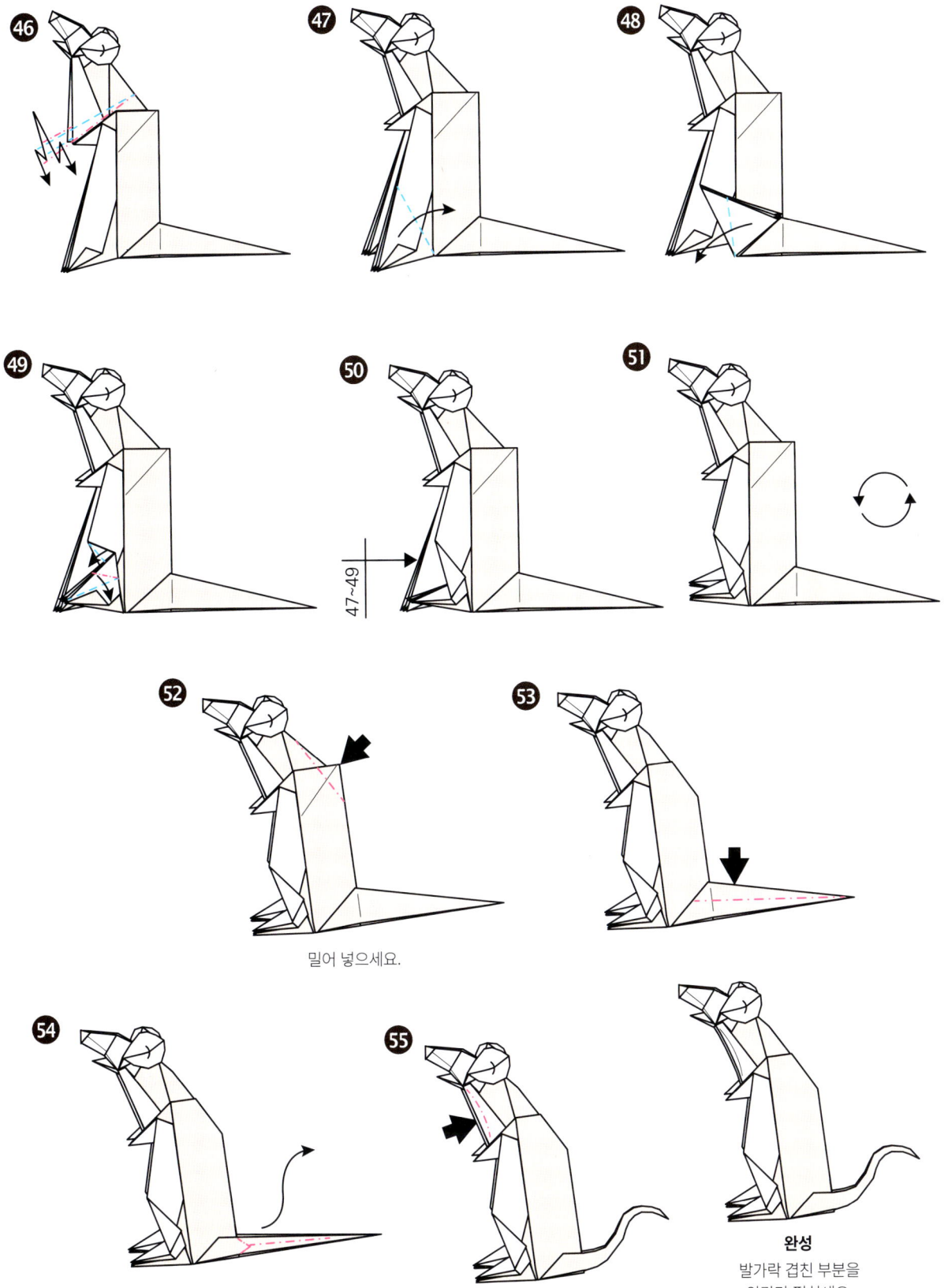

밀어 넣으세요.

완성
발가락 겹친 부분을
약간만 펼치세요.

최종 단계에서의 응용
가마우지
Cormorant

종이 | 종이나라 《유제지》 35㎝ (검정)

부리 부분의 물고기 추가를 위해
어떠한 과정을 거쳤는지
살펴 보길 바랍니다.

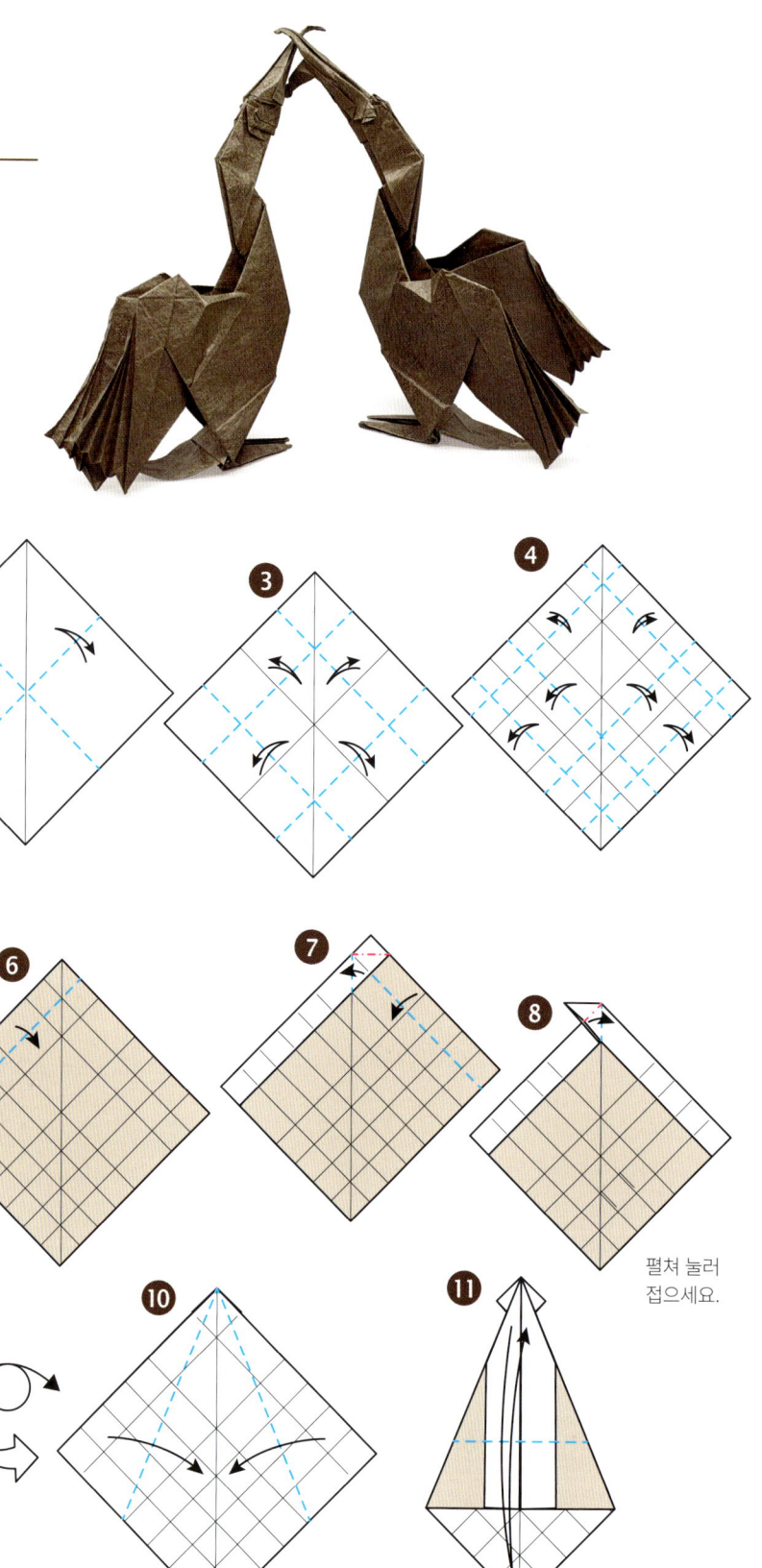

펼쳐 눌러
접으세요.

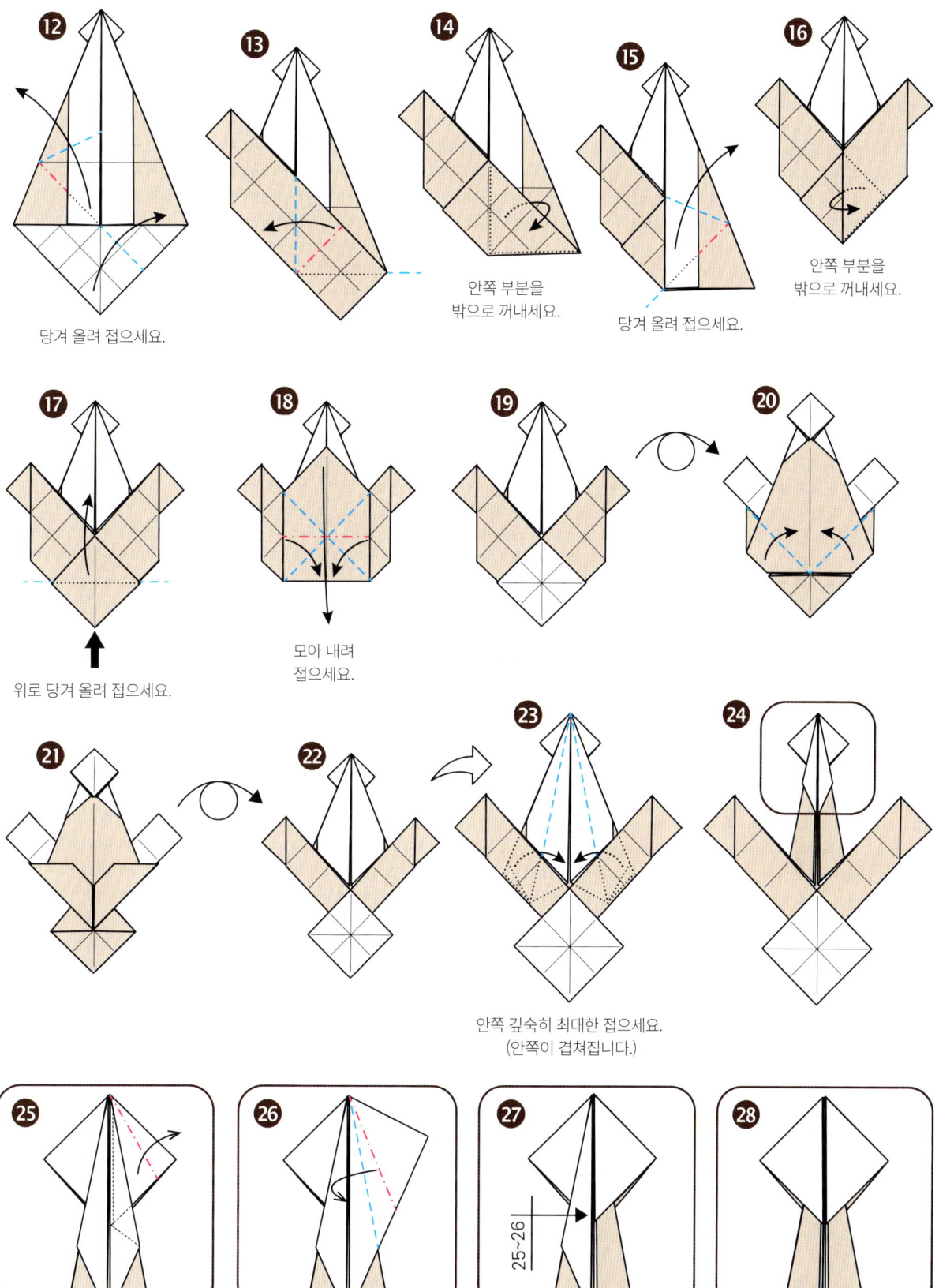

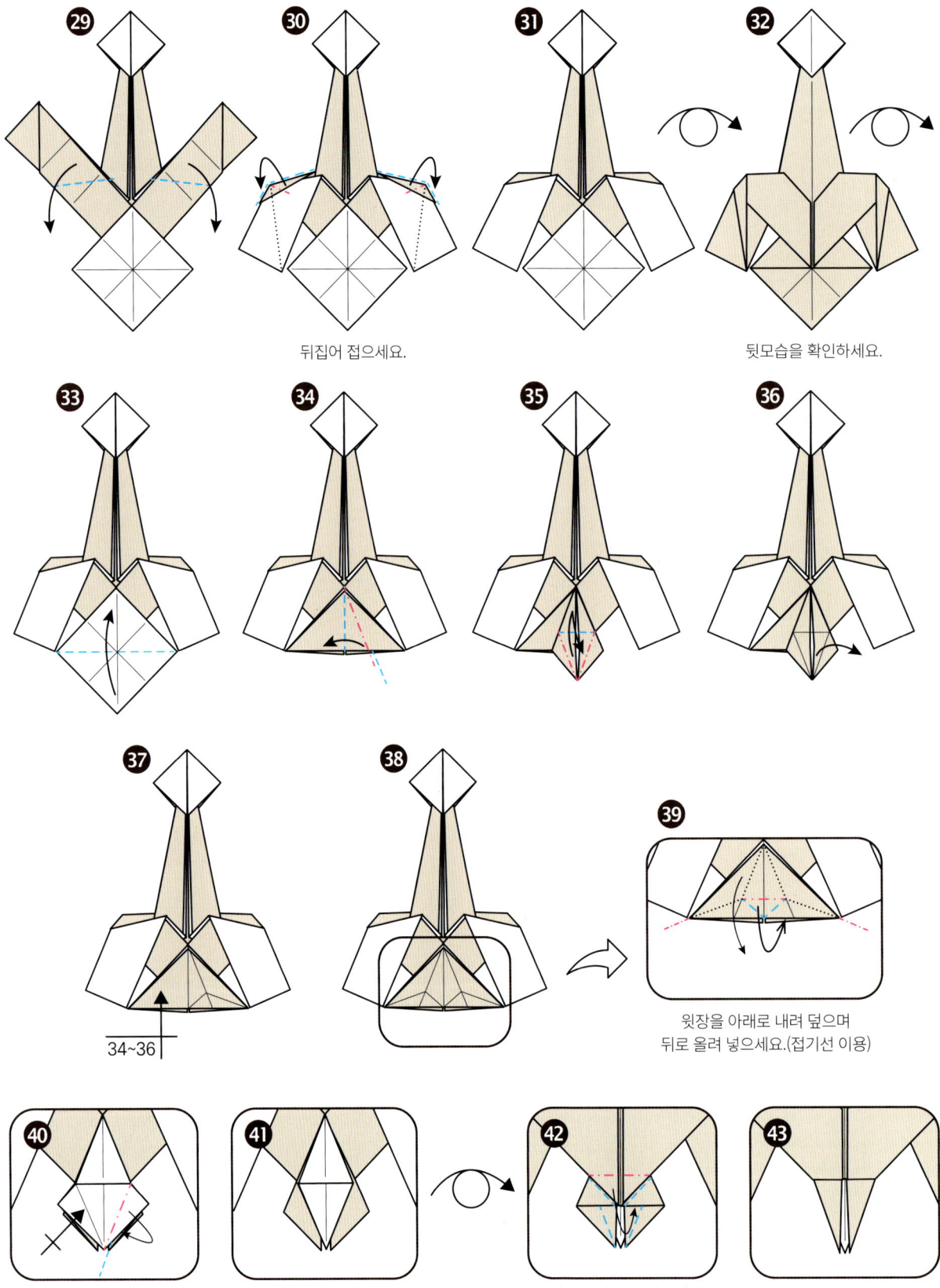

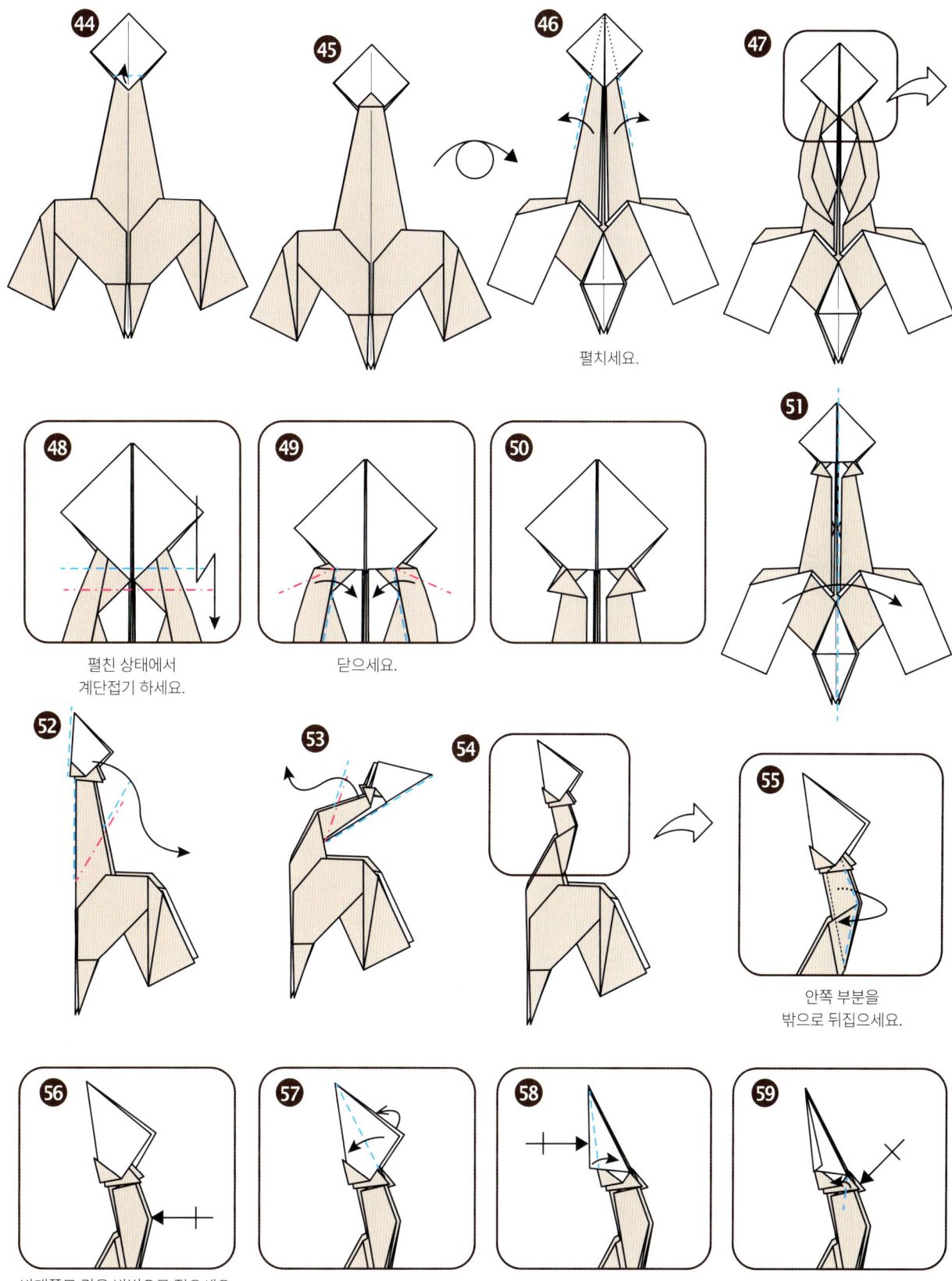

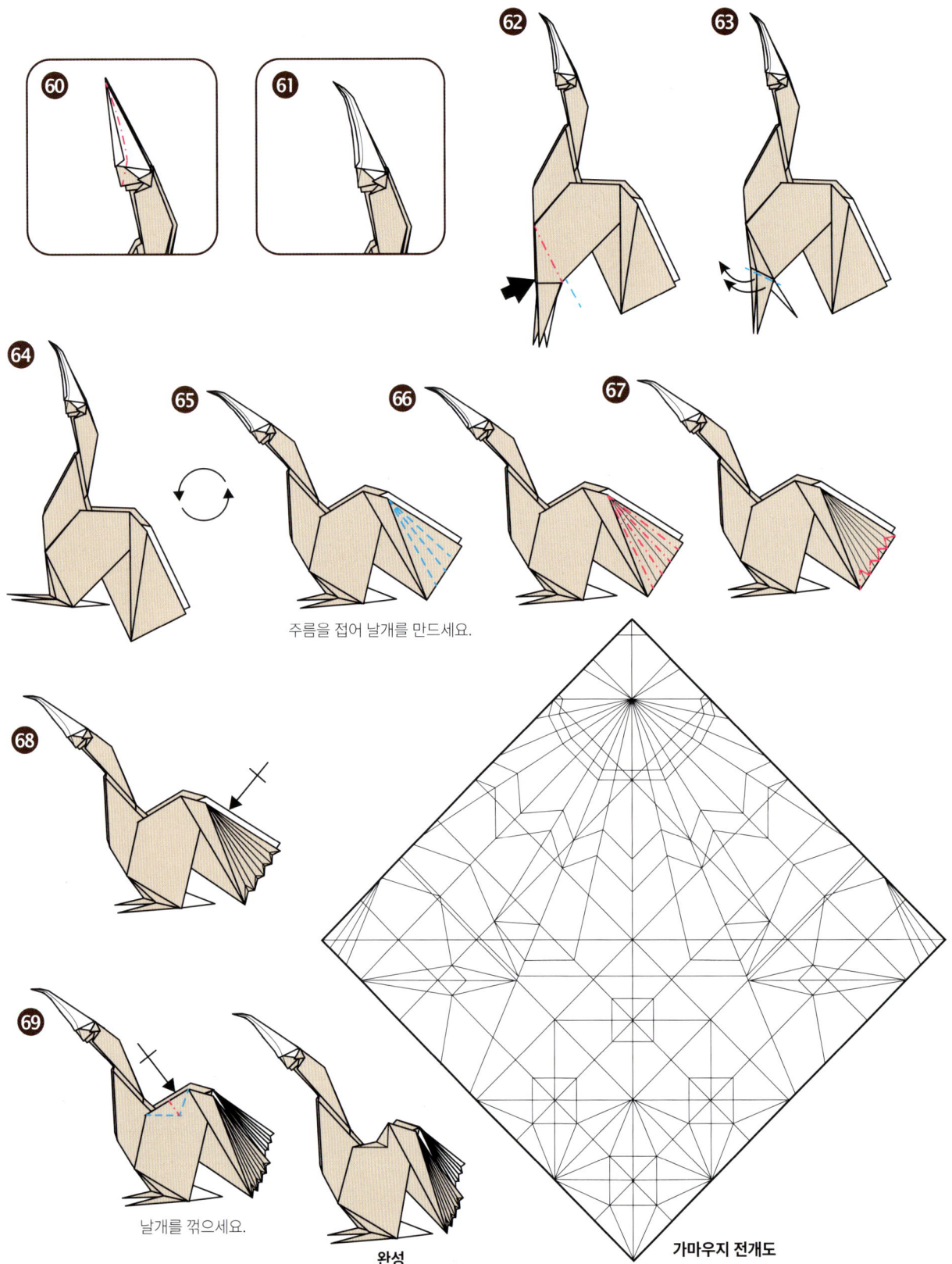

주름을 접어 날개를 만드세요.

날개를 꺾으세요.

완성

가마우지 전개도

물고기를 물고 있는 가마우지

75쪽 47번에서 시작하세요.

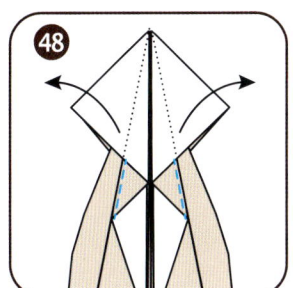

펼친 상태로 계단접기 하세요.

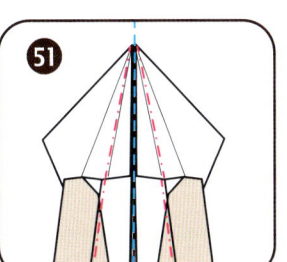
52번 모양을 참고하세요.

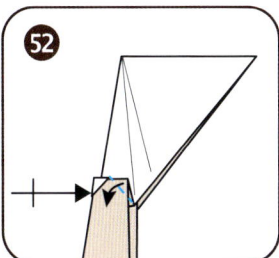

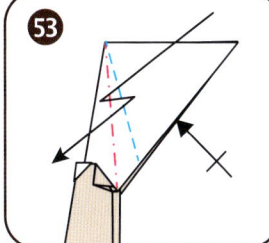

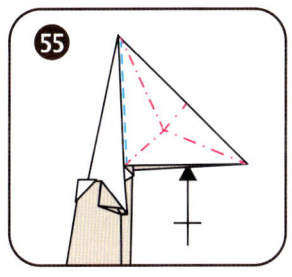
물고기 만들기

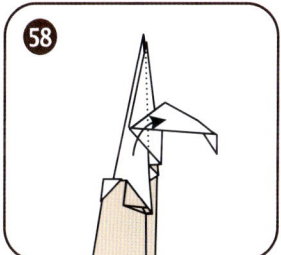

완성

움직임(동세) 표현

종이접기에서 움직임(동세:動勢) 표현은 단순히 모양을 재현하는 것을 넘어, 작품에 생동감을 불어넣는 핵심 요소입니다.

움직임(동세) 표현
만타가오리
Giant Manta Ray

종이 | 종이나라 《다울 클래식》 30㎝

가오리의 양날개를 곡선으로 만들어 주면, 정지 상태에서도 헤엄치는 듯한 동세가 살아납니다.

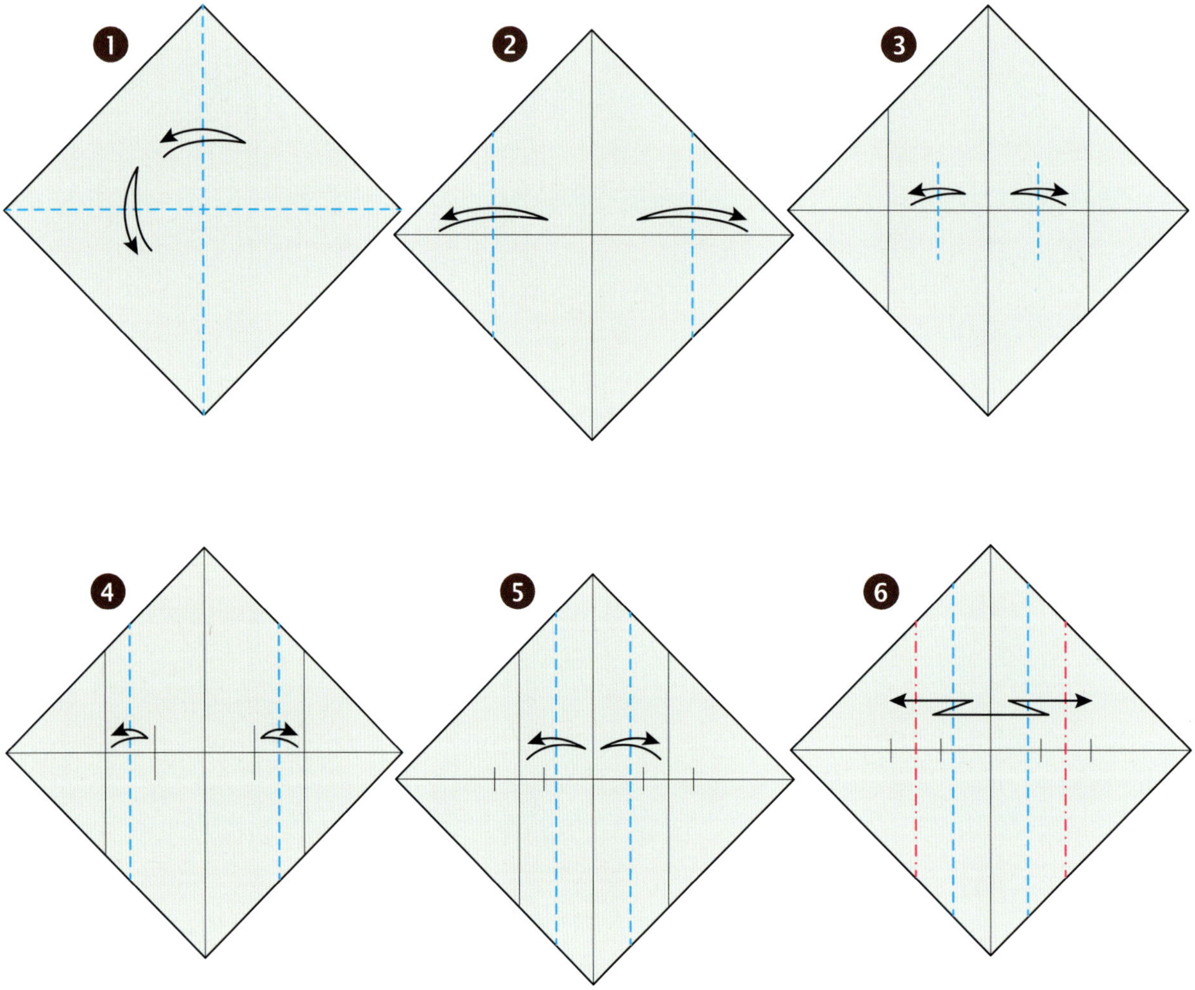

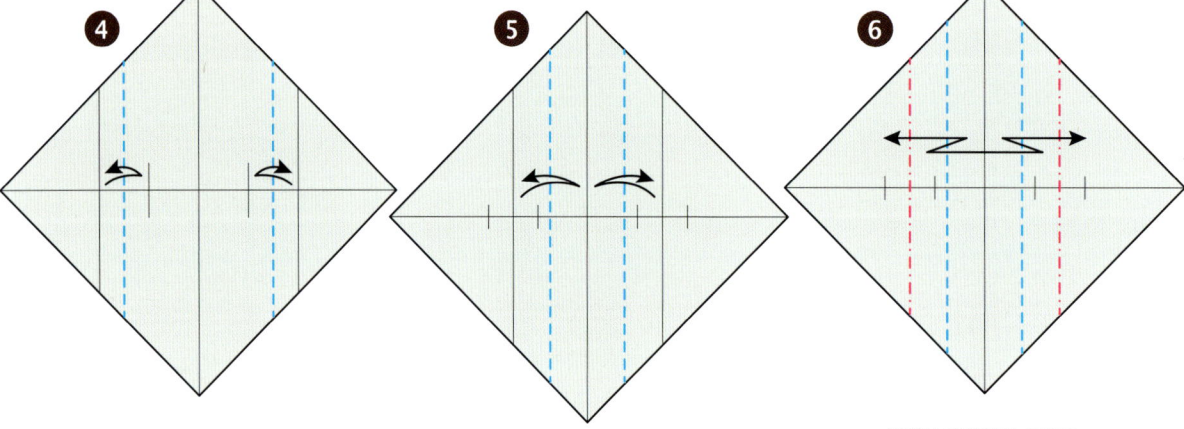

양쪽을 계단접기 하세요.

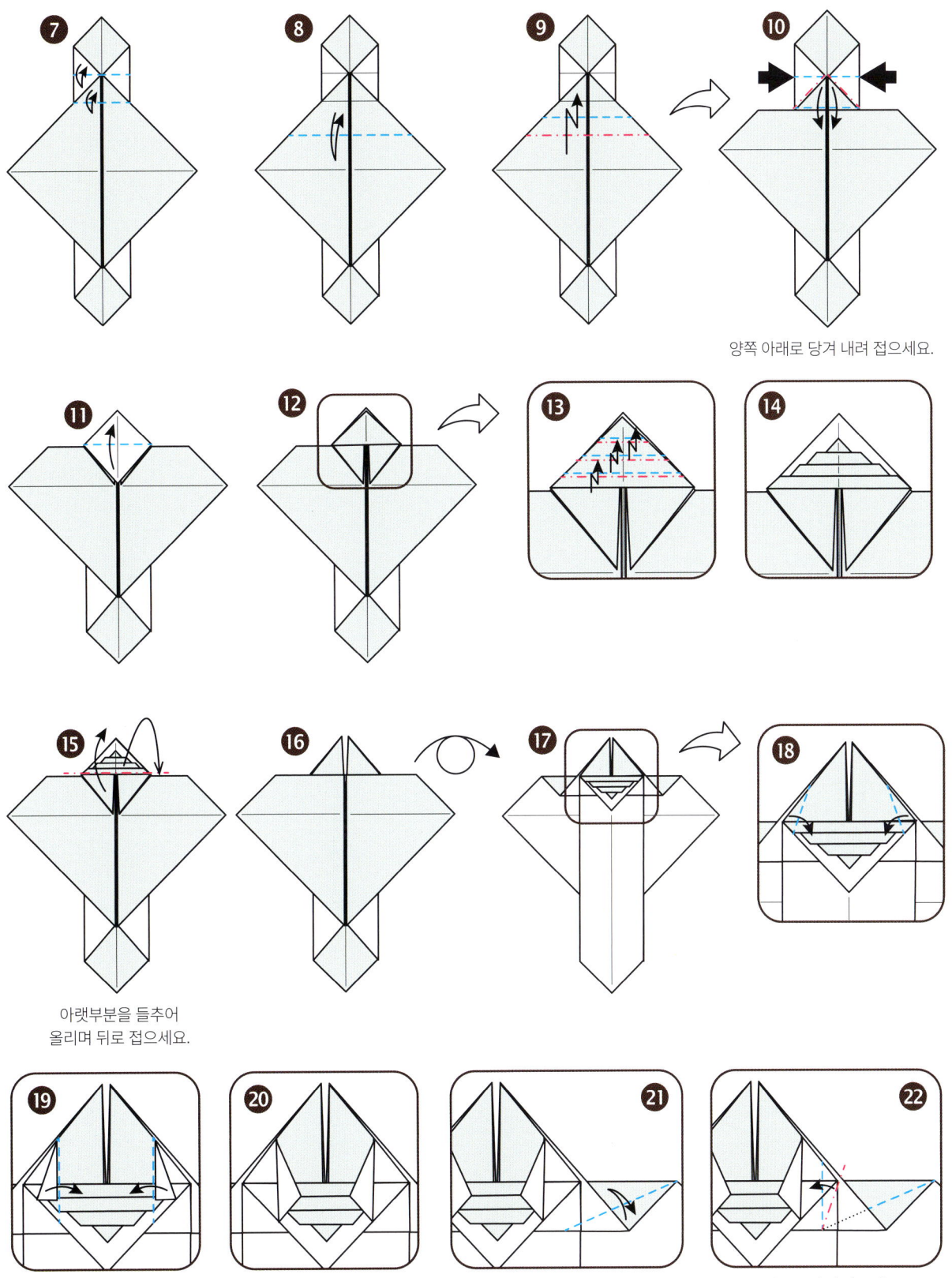

양쪽 아래로 당겨 내려 접으세요.

아랫부분을 들추어
올리며 뒤로 접으세요.

옆으로 당겨 접으세요.

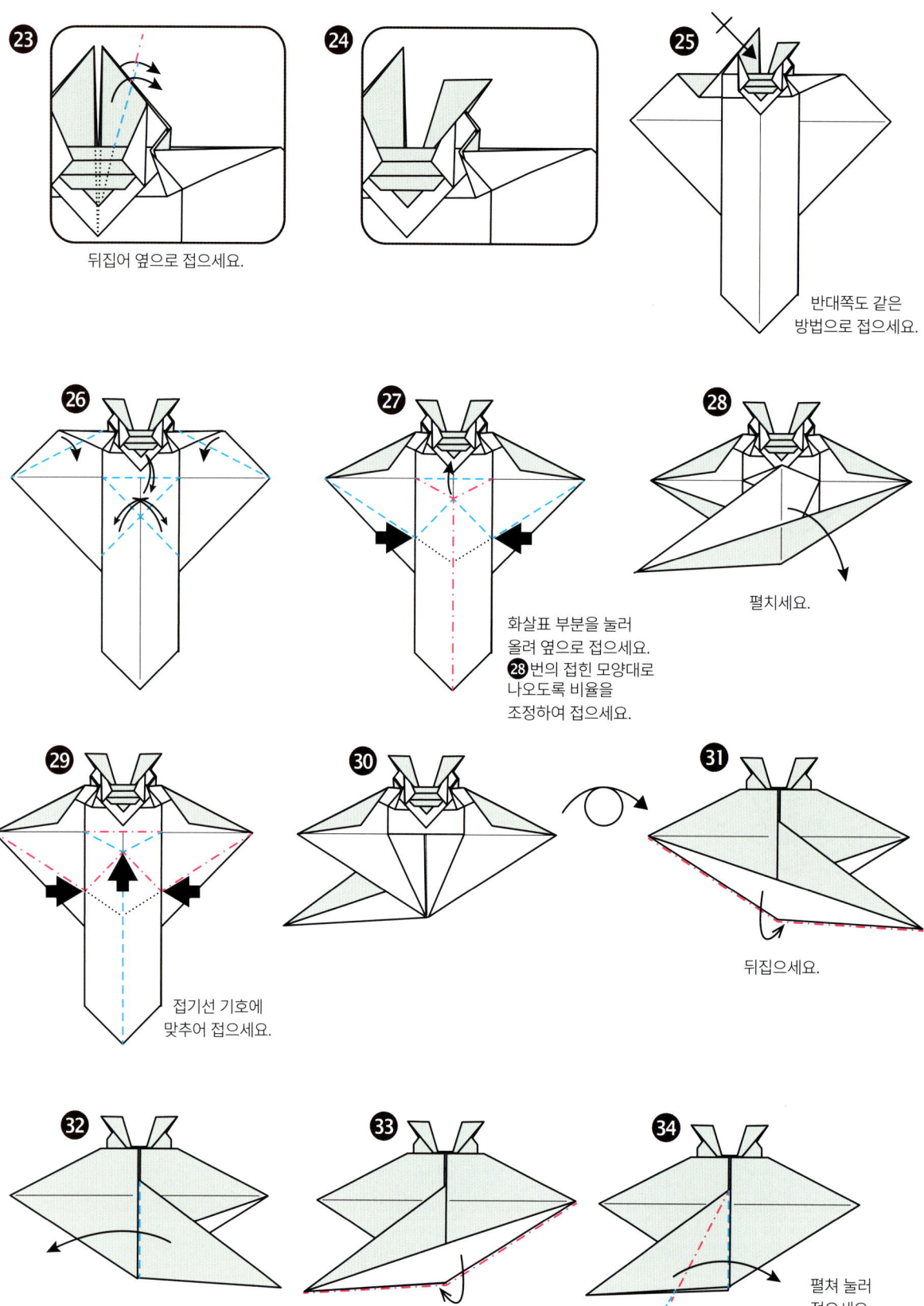

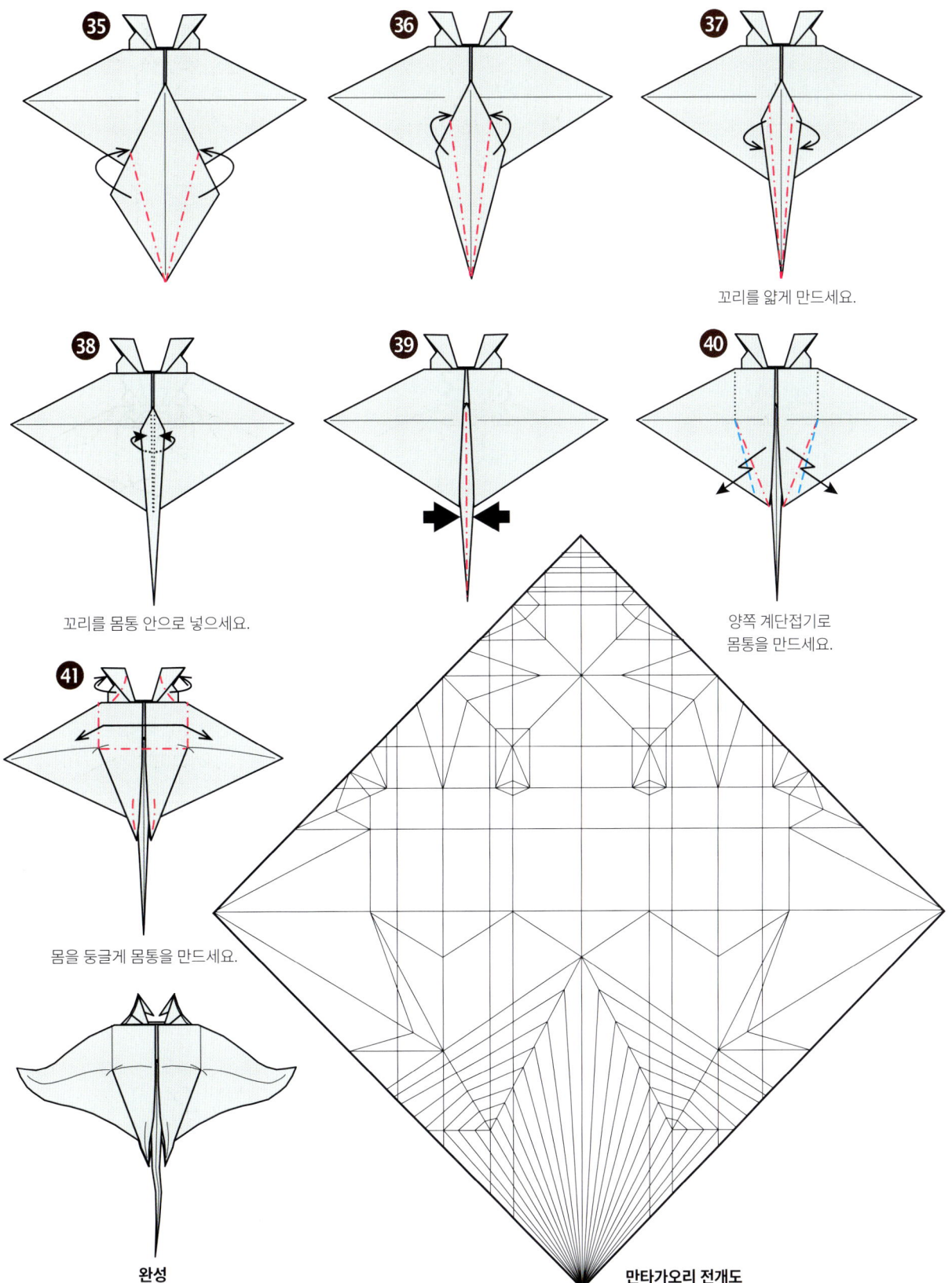

꼬리를 얇게 만드세요.

꼬리를 몸통 안으로 넣으세요.

양쪽 계단접기로 몸통을 만드세요.

몸을 둥글게 몸통을 만드세요.

완성

만타가오리 전개도

움직임(동세) 표현
캥거루
Kangaroo

종이 | 종이나라《유제지》또는《다물 클래식》30㎝

캥거루의 머리 모양의 변형과 뒷다리의 힘찬 움직임, 꼬리의 균형감, 앞다리의 섬세한 포즈 등을 표현하는 것에 주목하세요.

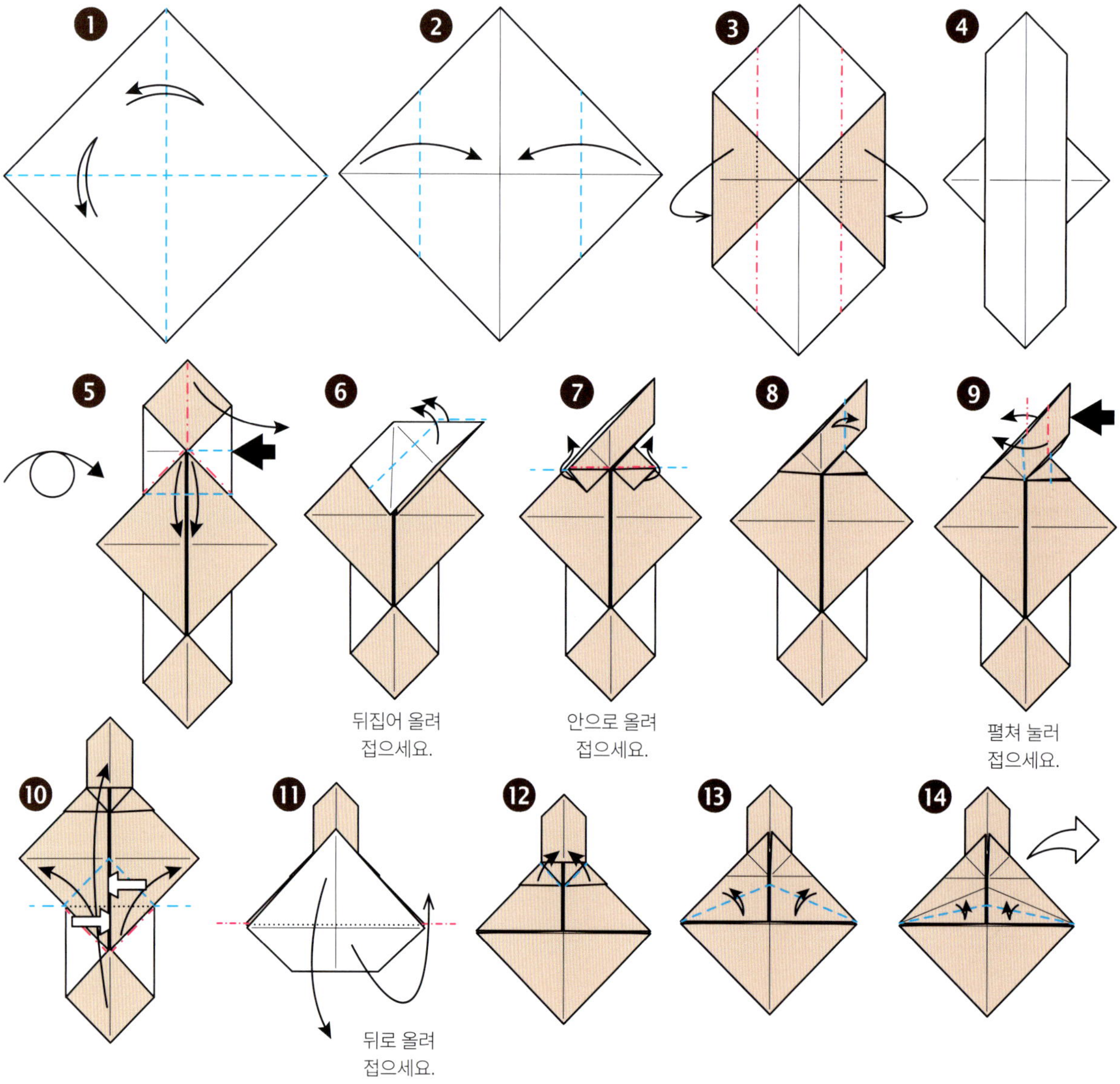

❶ ❷ ❸ ❹

❺ ❻ 뒤집어 올려 접으세요. ❼ 안으로 올려 접으세요. ❽ ❾ 펼쳐 눌러 접으세요.

❿ ⓫ 뒤로 올려 접으세요. ⓬ ⓭ ⓮

84

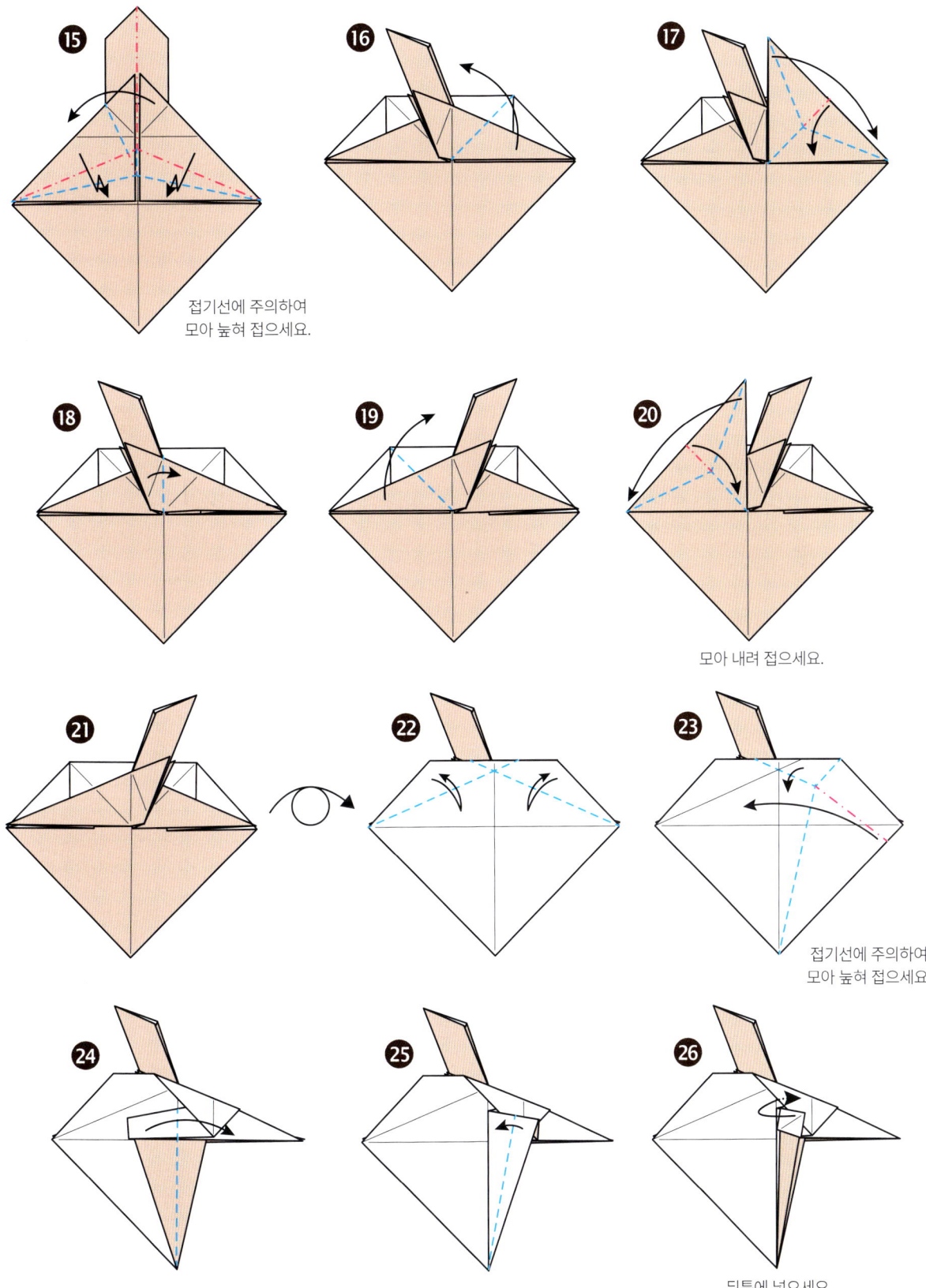

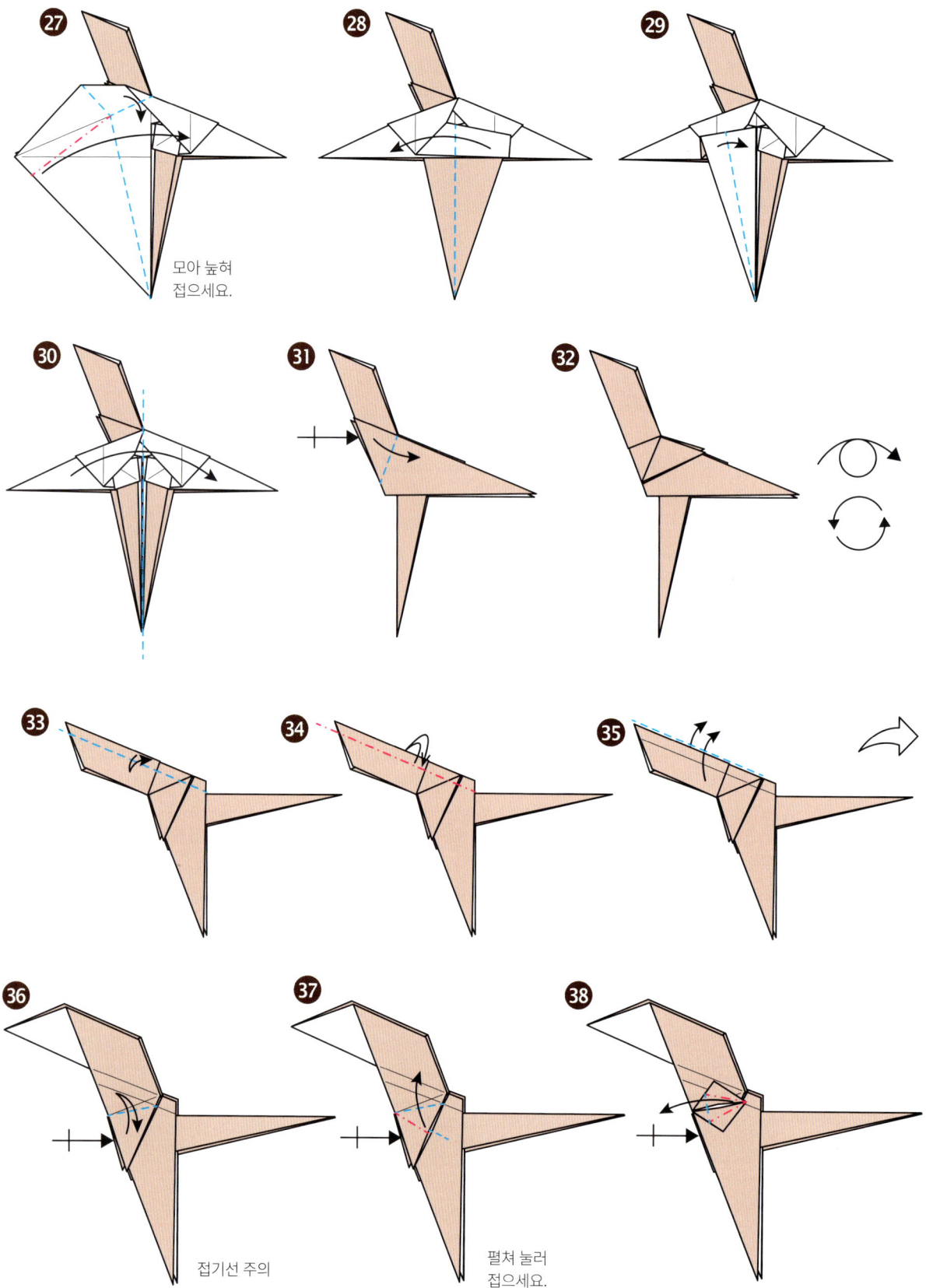

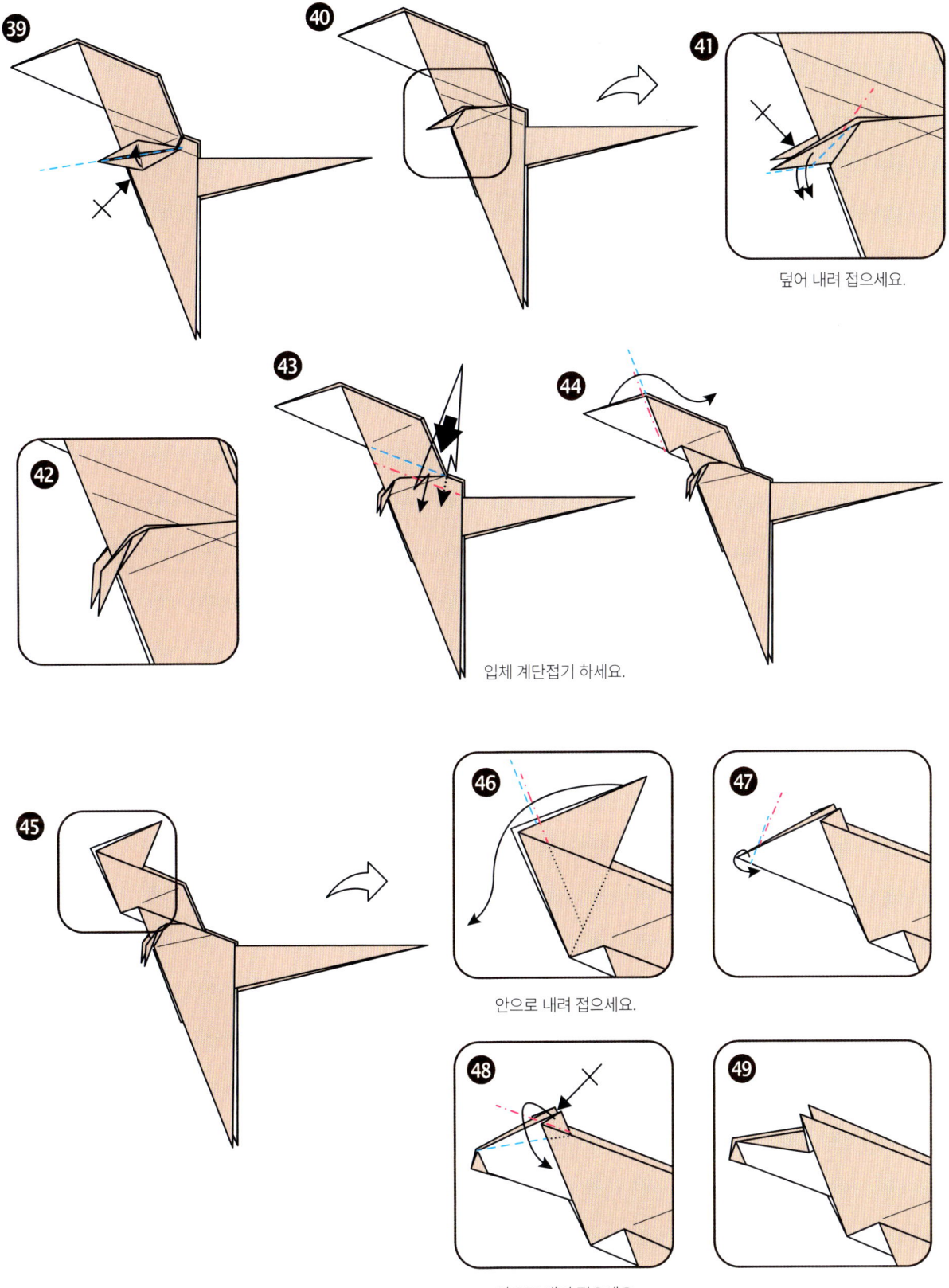

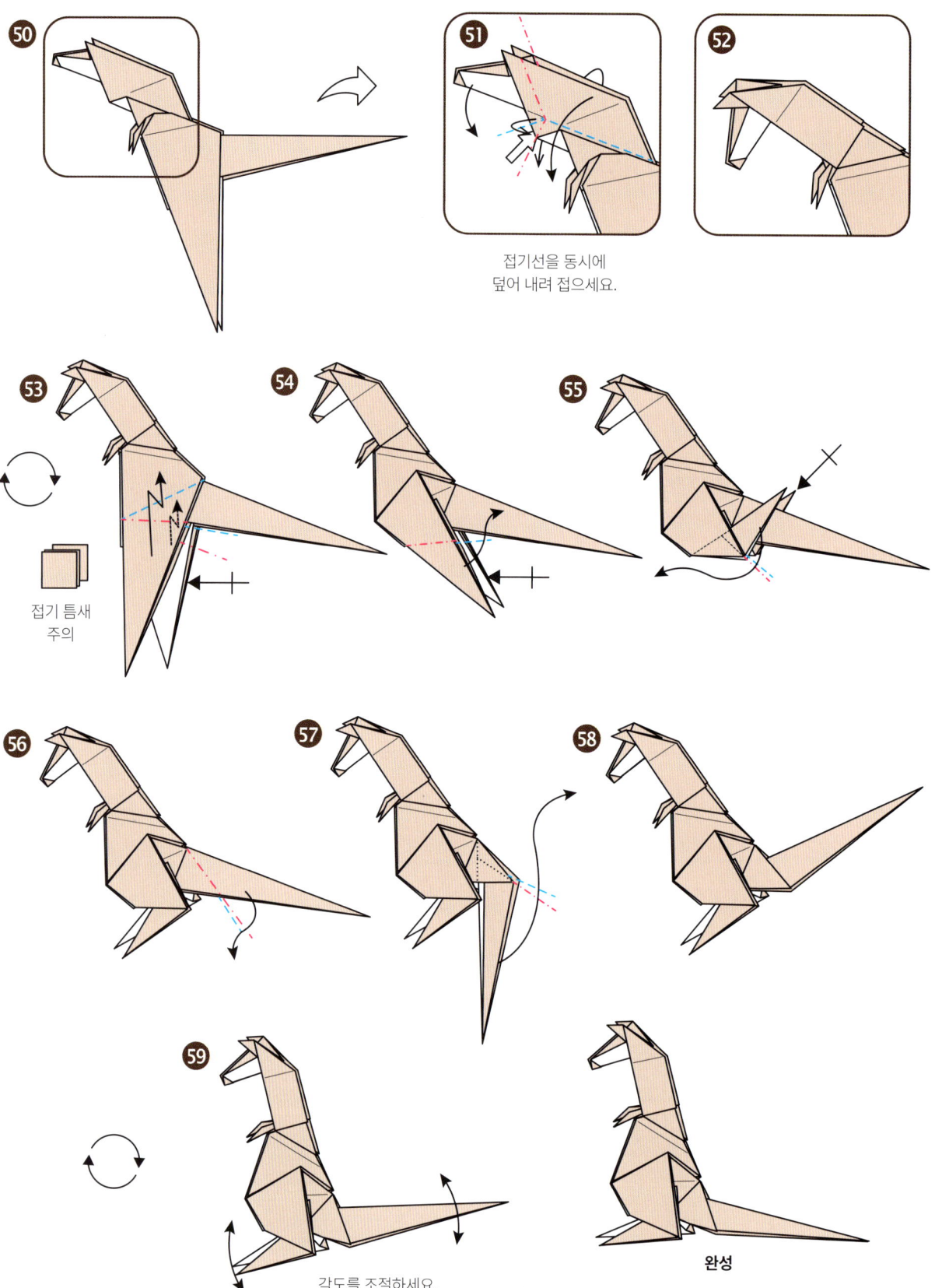

손의 위치를 변경할 경우

86쪽 ③⑨ 번에서 시작하세요.

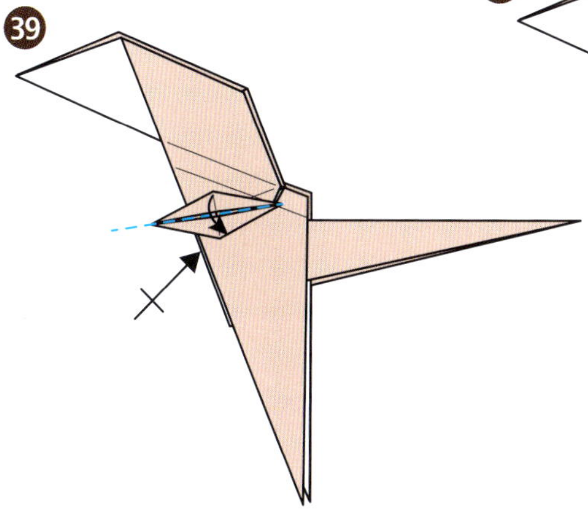

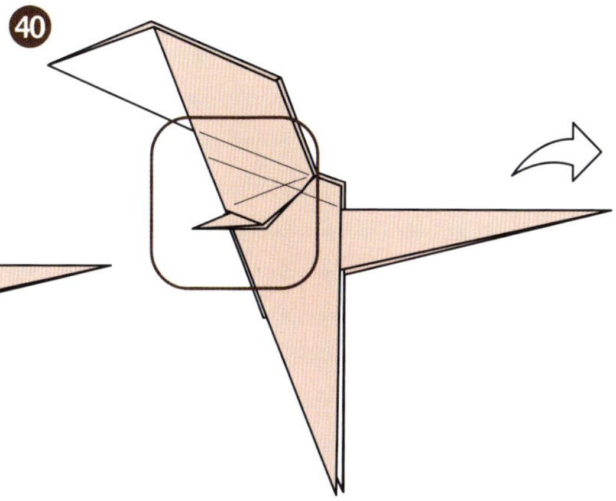

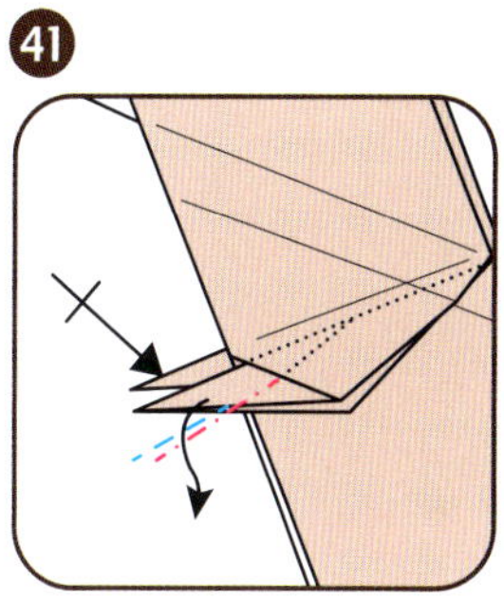

안으로 내려 접으세요.

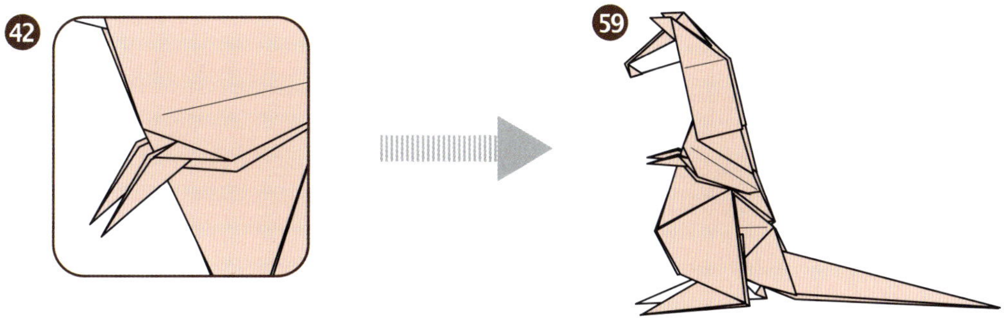

동세 표현 (머리 방향 바꾸기)

뒤로 덮어 씌우세요.

완성

동세 표현 1 87쪽 ④③ 번에서 시작하세요.

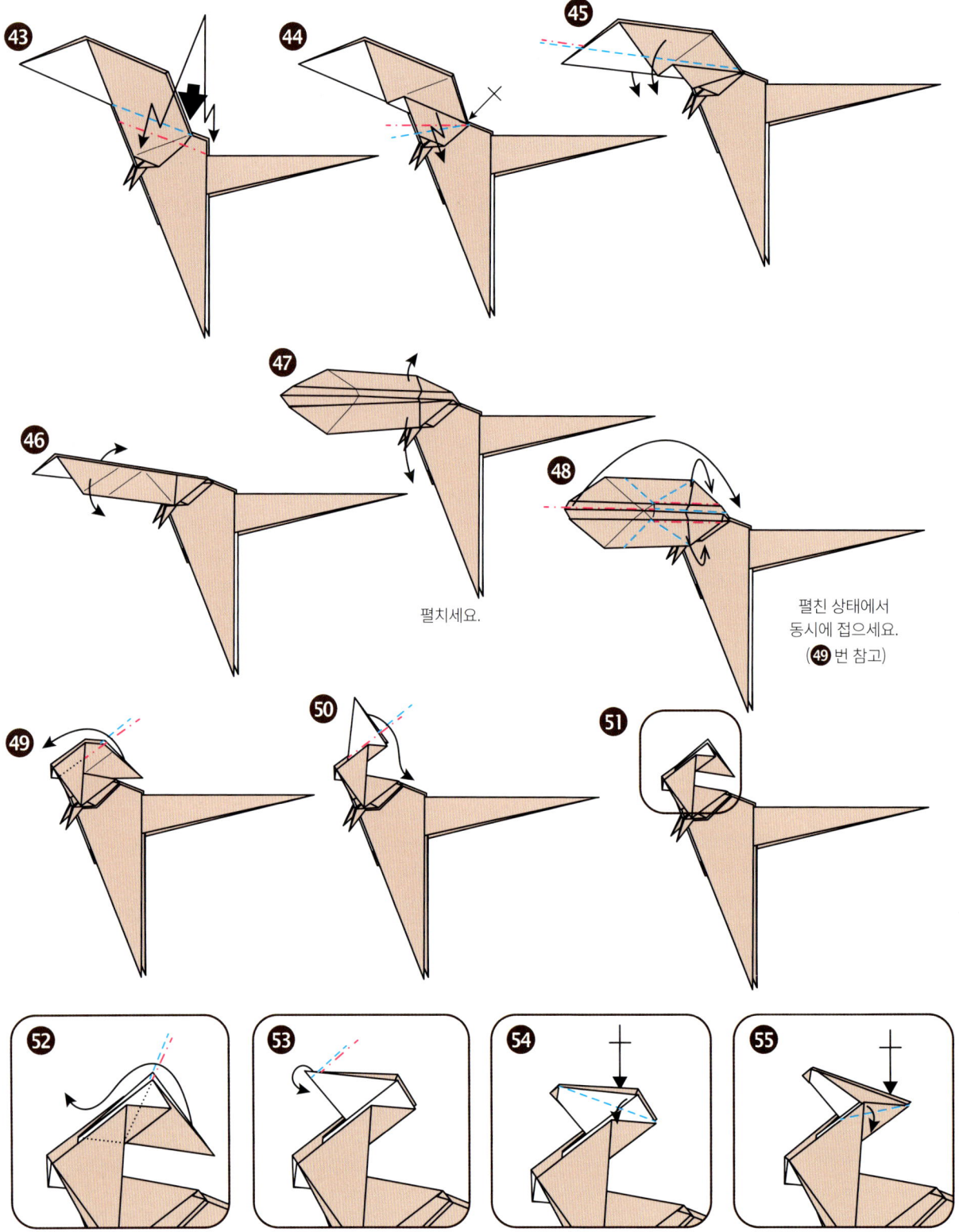

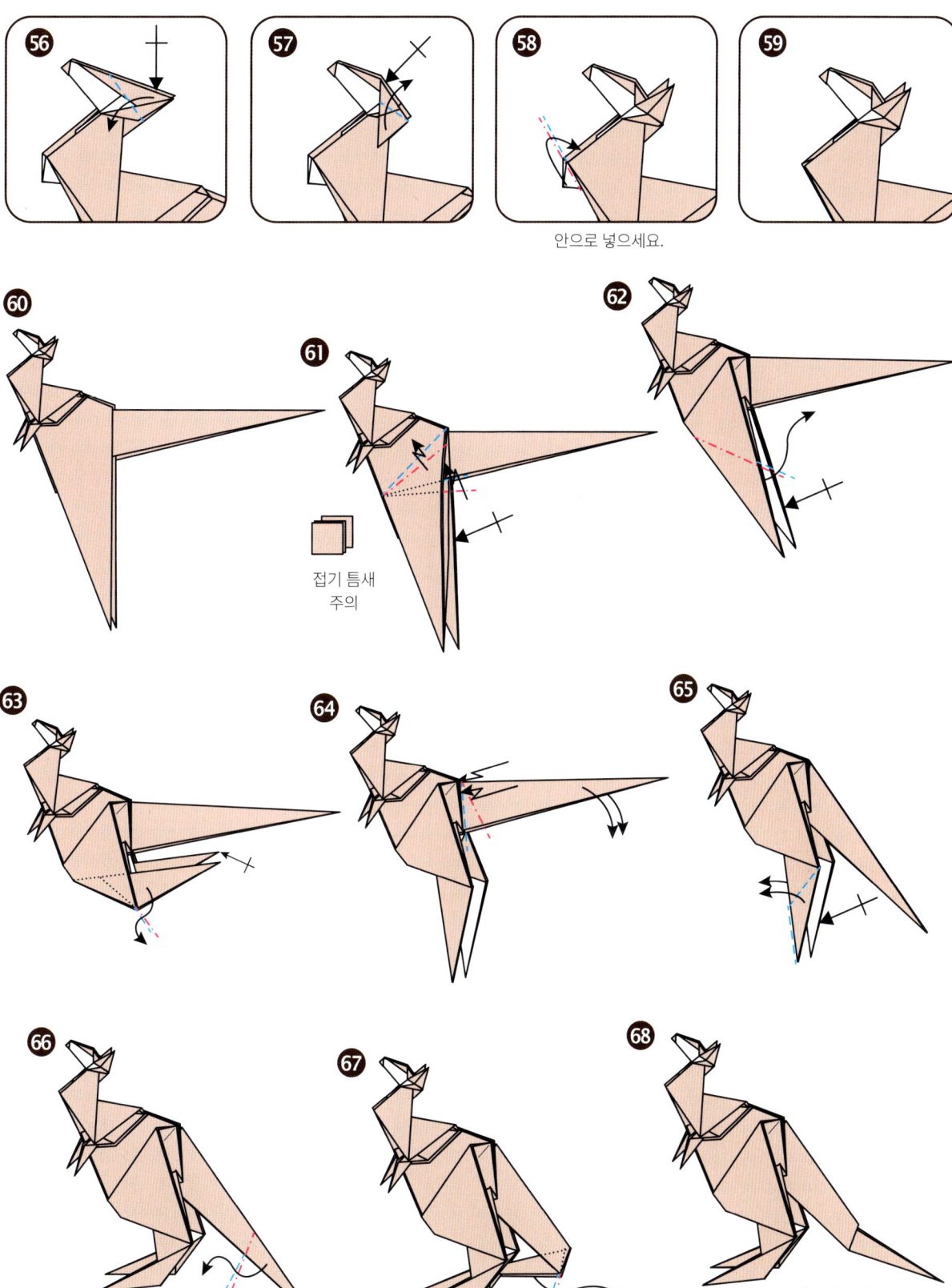

안으로 넣으세요.

접기 틈새 주의

동세 표현 1 완성

동세 표현 2
91쪽 동세 표현 1 56번에서 시작하세요.

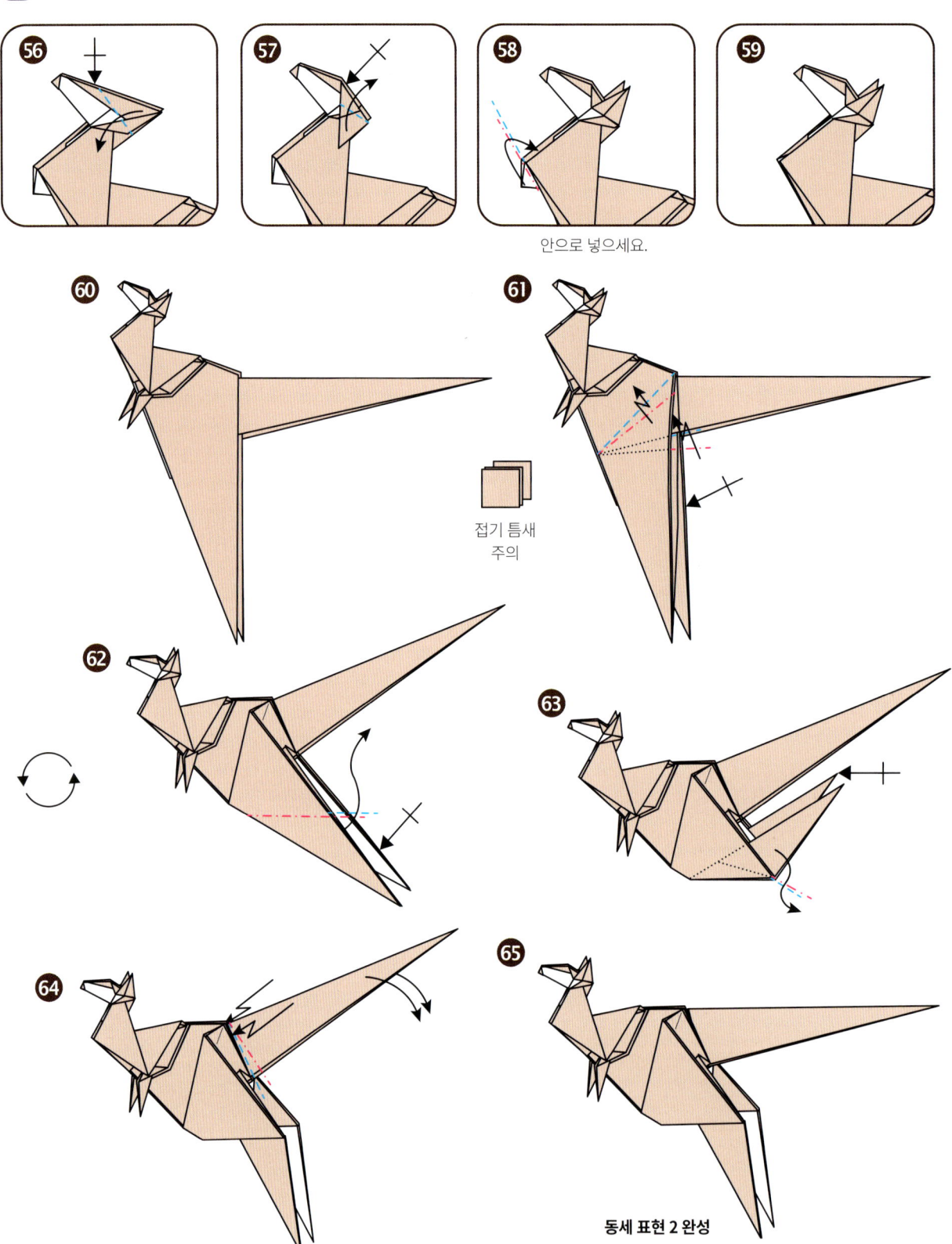

안으로 넣으세요.

접기 틈새 주의

동세 표현 2 완성

동세 표현 3

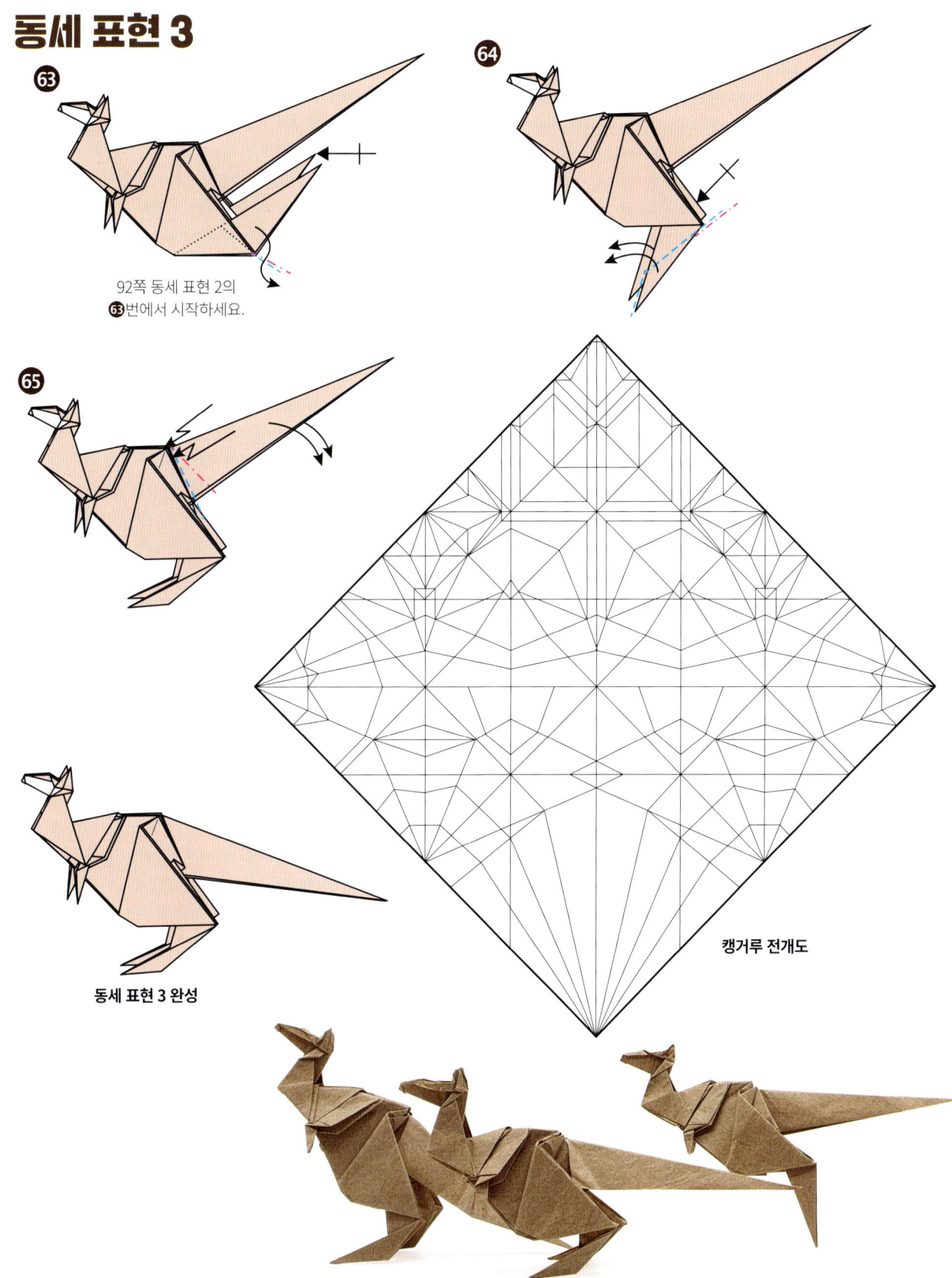

92쪽 동세 표현 2의 ❻❸번에서 시작하세요.

동세 표현 3 완성

캥거루 전개도

움직임(동세) 표현
아프리카 물소
African Buffalo

종이 | 종이나라《유제지》45cm

동세표현에 주목하세요.
동일한 몸의 형태이지만 목을
어떻게 꺾는가에 따라 커다란
차이가 생깁니다.
각각의 차이를 느껴봅시다.

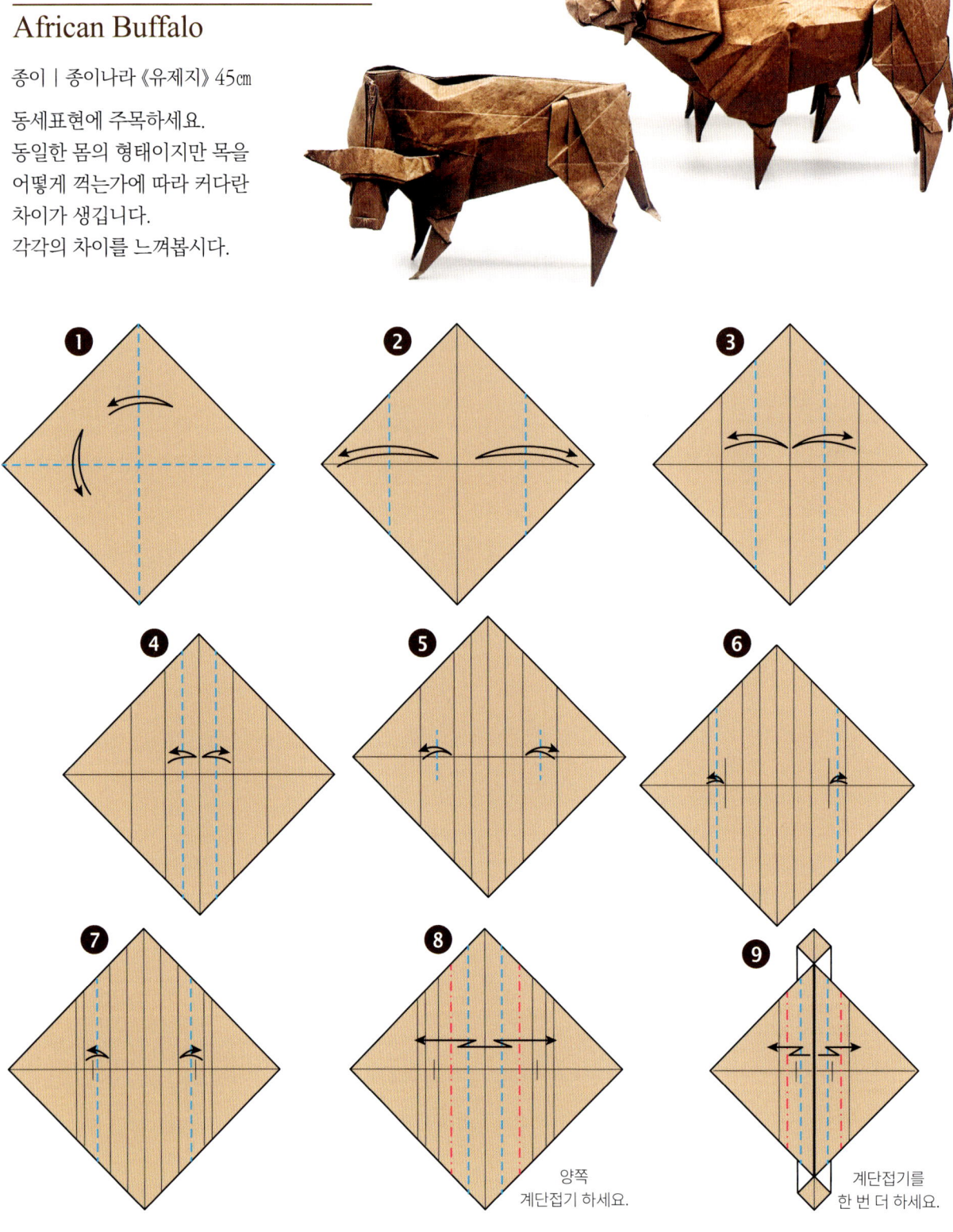

❽ 양쪽 계단접기 하세요.

❾ 계단접기를 한 번 더 하세요.

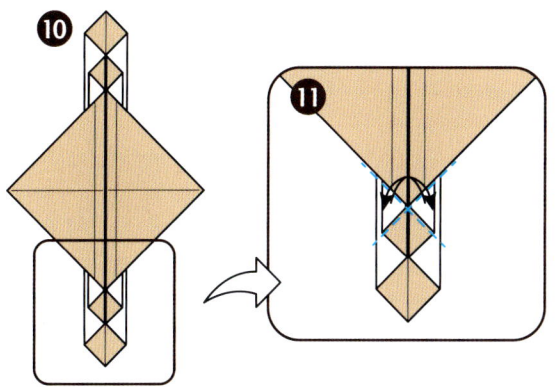
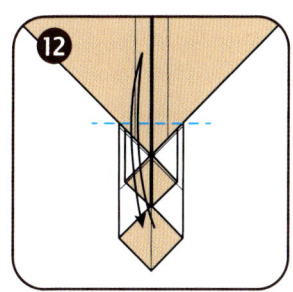
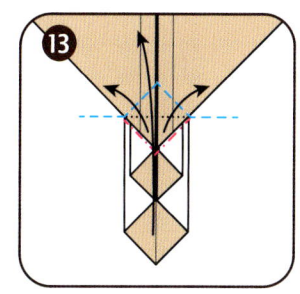

위로 펼쳐 올려 접으세요.

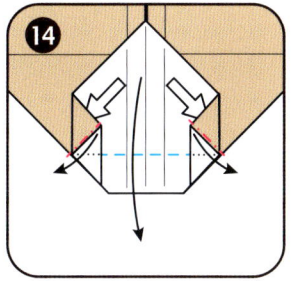

펼쳐 내려 접으세요.

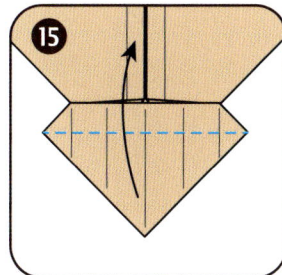
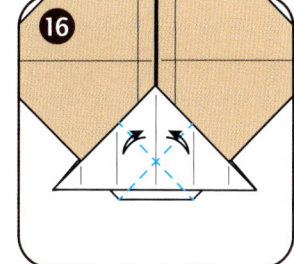
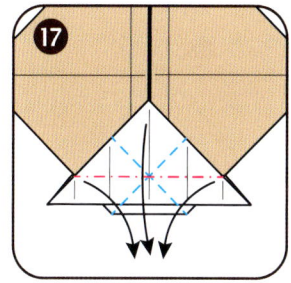

모아 내려 접으세요.

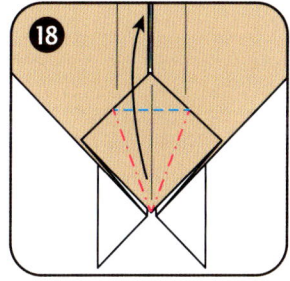
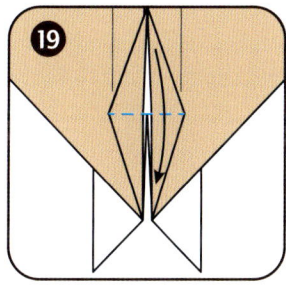
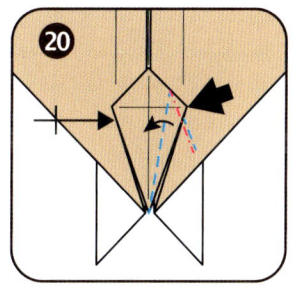

옆으로 눌러 접으세요.

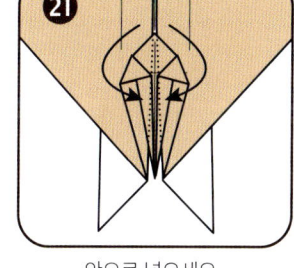

안으로 넣으세요.

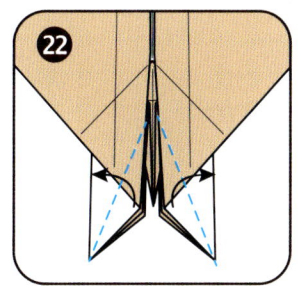
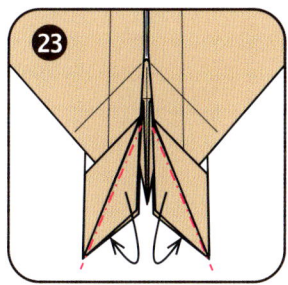
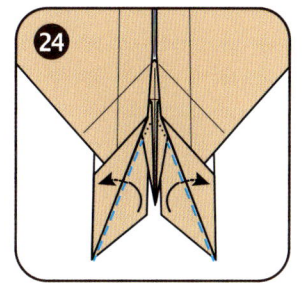

틈새로 넣으세요.

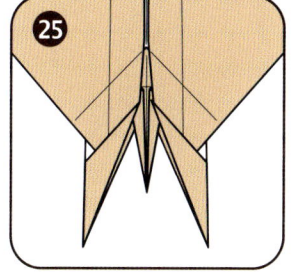

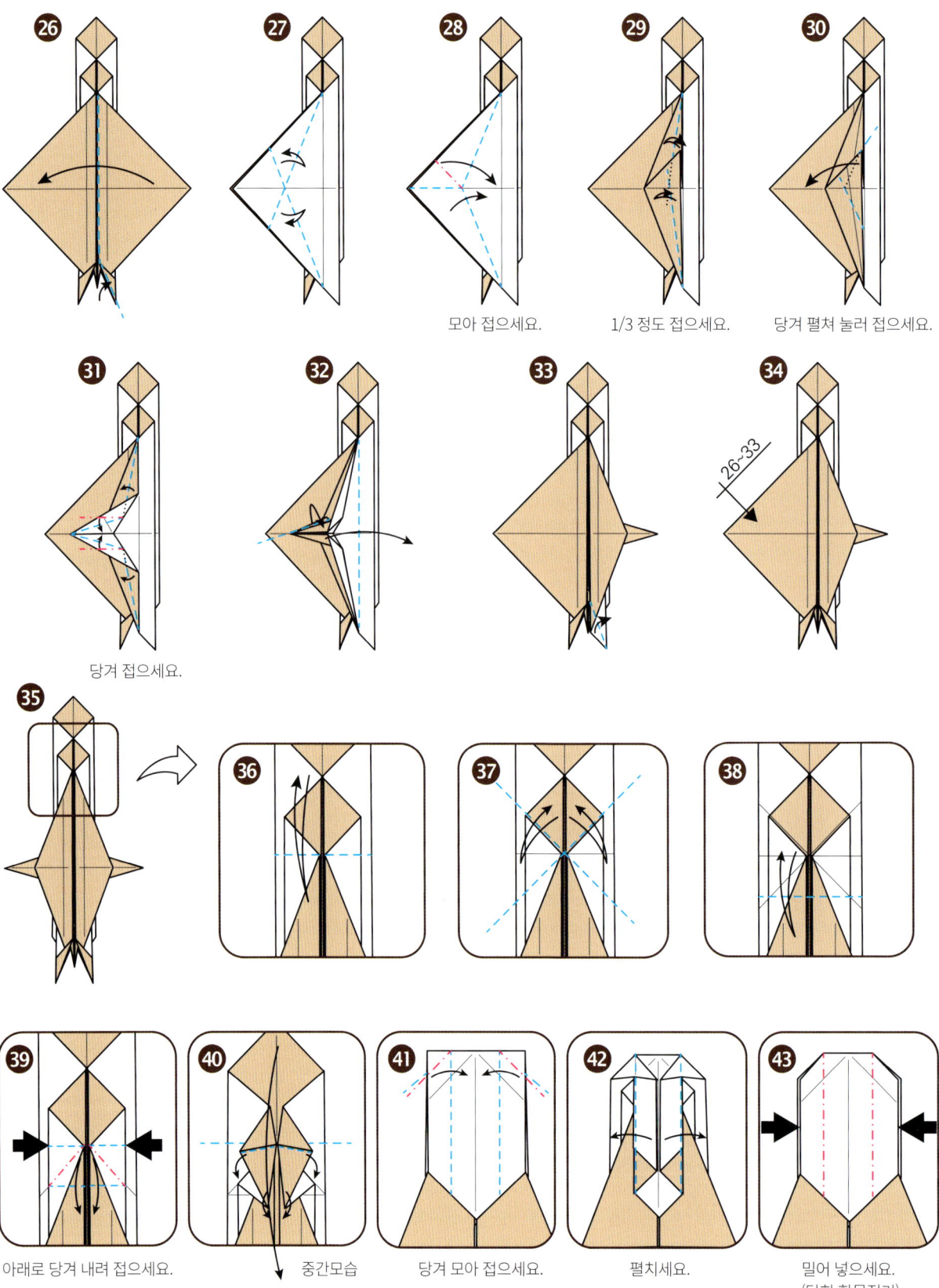

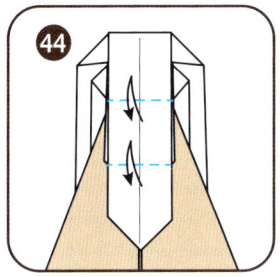
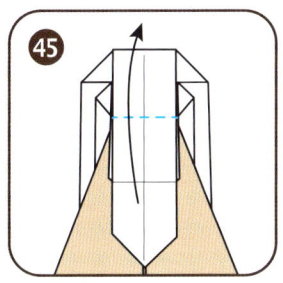
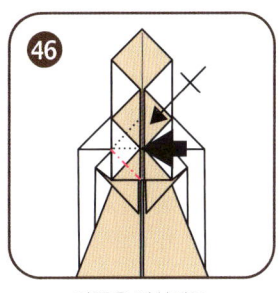
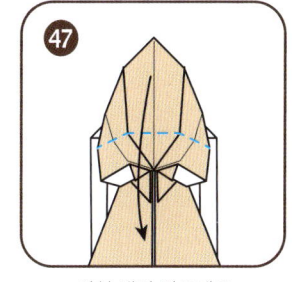

안쪽을 펼치세요.   덮혀 내려 접으세요.
중간모습

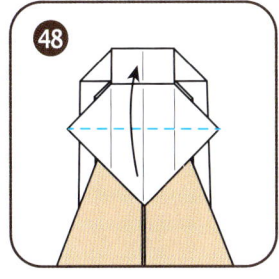

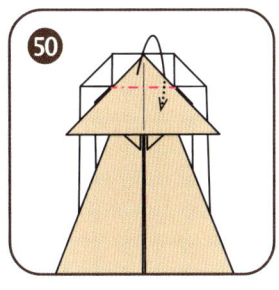
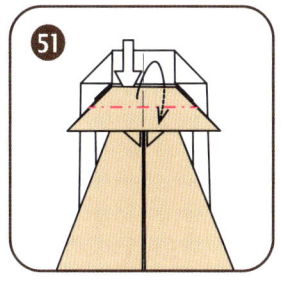

올려 넣으세요.   뒤로 접으세요.

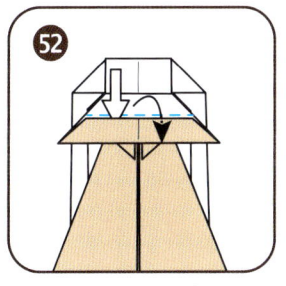
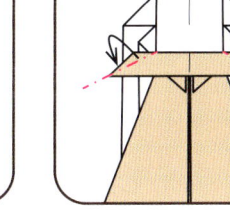
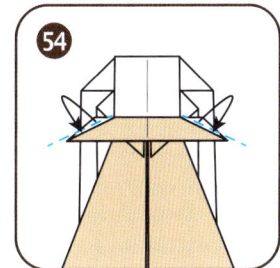
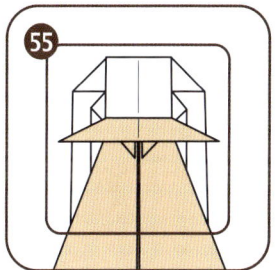

내려 넣어 접으세요.

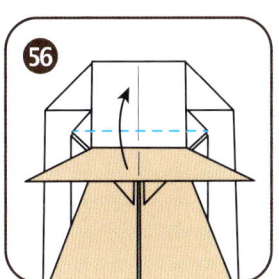
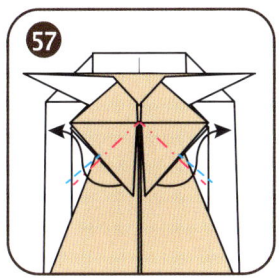
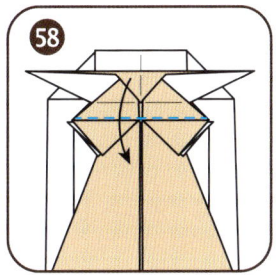
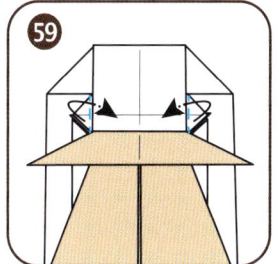

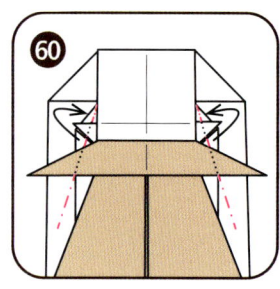
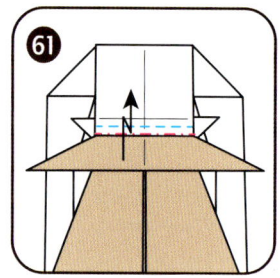
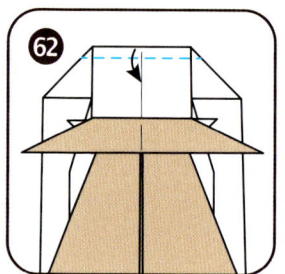

계단접기 하세요.

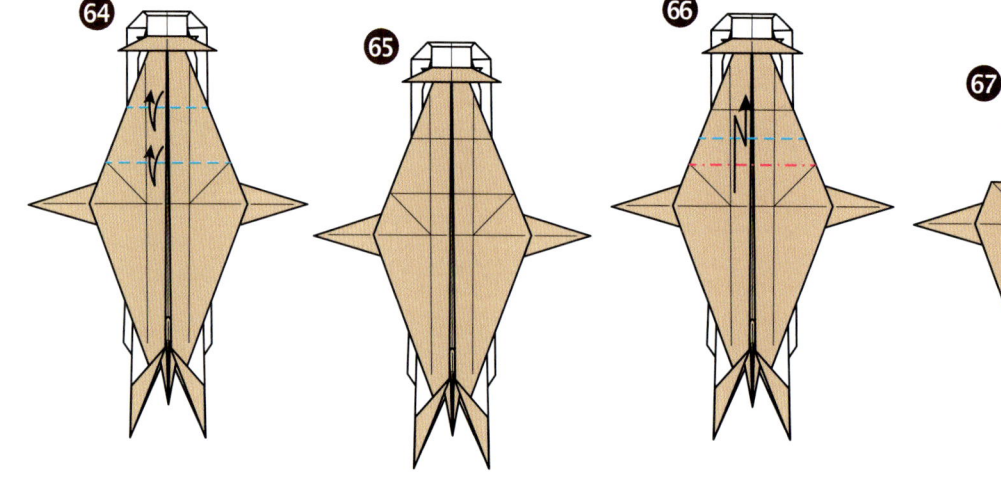
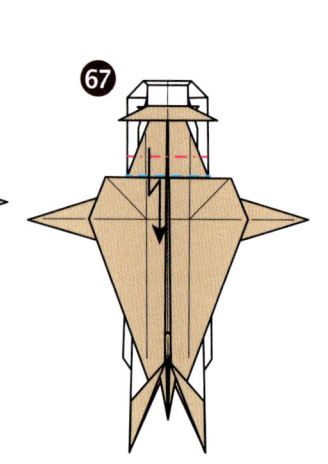

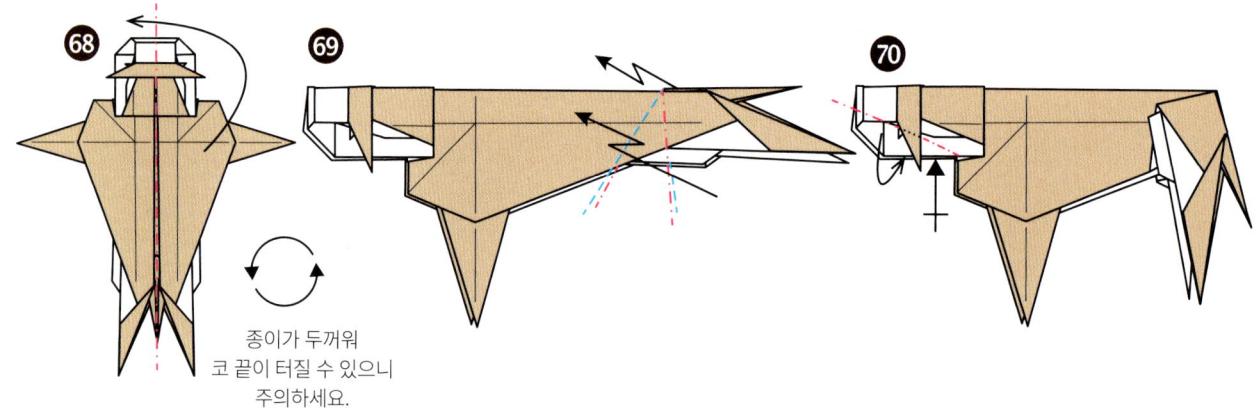

종이가 두꺼워
코 끝이 터질 수 있으니
주의하세요.

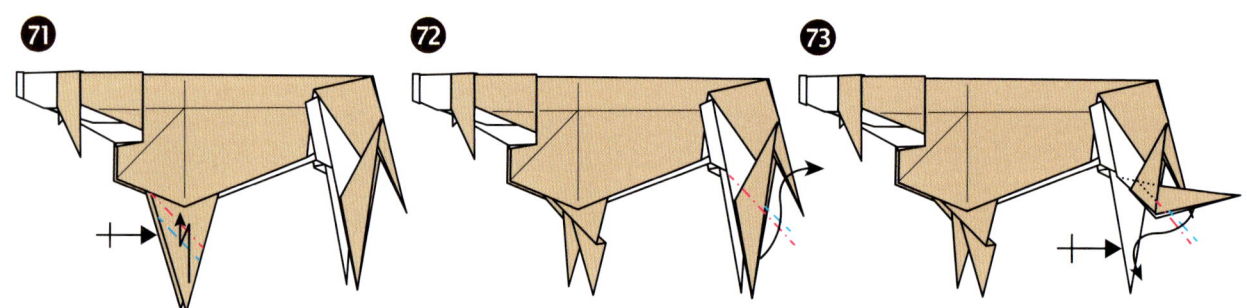

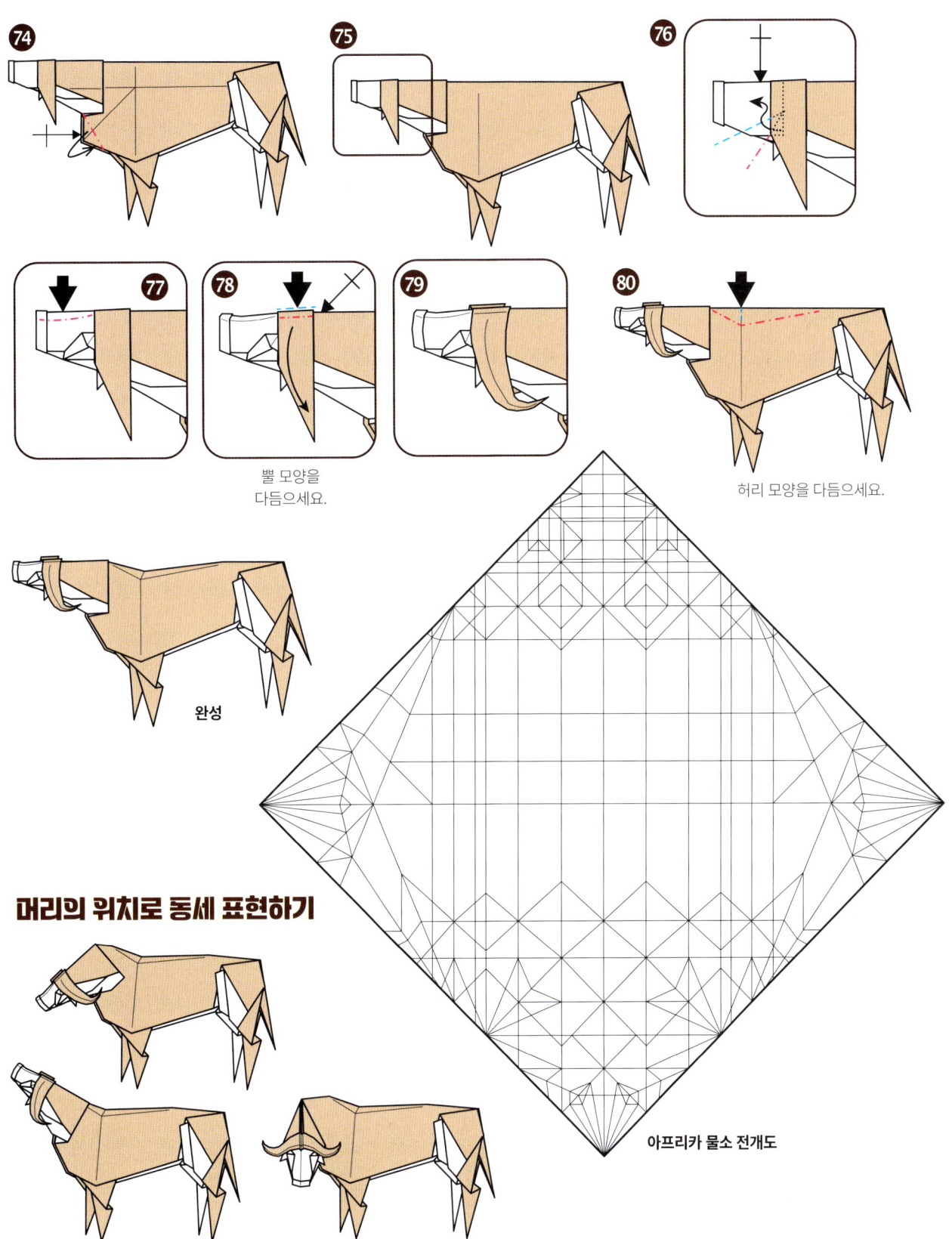

뿔 모양을
다듬으세요.

허리 모양을
다듬으세요.

완성

아프리카 물소 전개도

머리의 위치로 동세 표현하기

머리 부분을 조정하여 다양한 동세를 표현해 보세요.

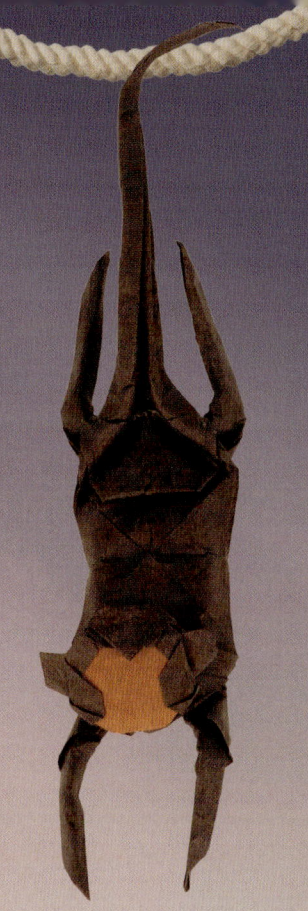

5

특이한 형태 표현하기

기본형에서 발전해 나가는 종이접기를 경험해 보세요.
한 장으로 접는 종이접기의 매력을 느낄 수 있습니다!

특이한 형태 표현하기
긴꼬리제비나비
Papilio Macilentus

종이 | 종이나라 《양면 색종이》 15㎝

일반적인 나비에서 볼 수 없는 긴 꼬리를 표현한 나비입니다. 색종이의 앞과 뒷면의 색상을 잘 이용하기 바랍니다.

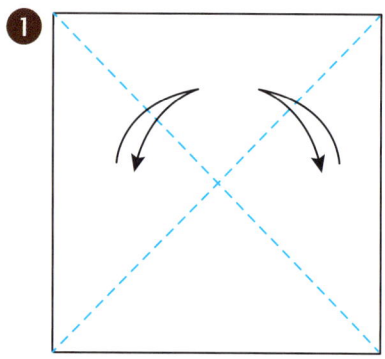
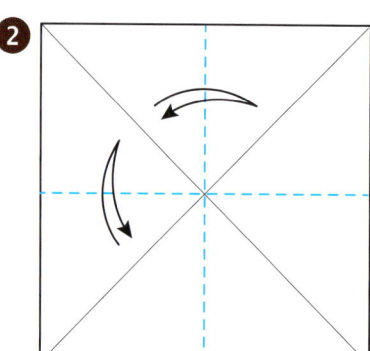
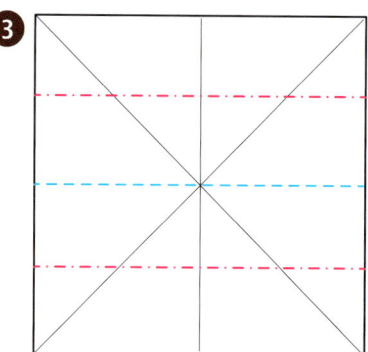

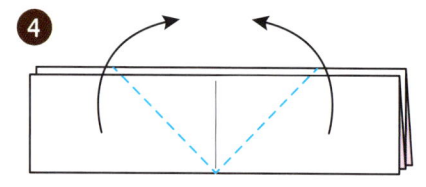
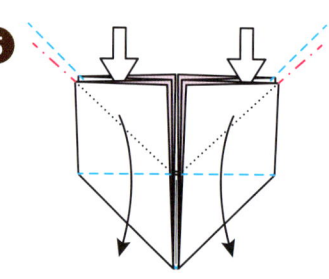

가운데를 펼쳐 내려 접으세요.

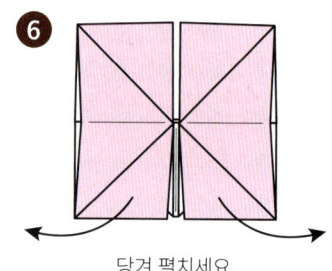

당겨 펼치세요.

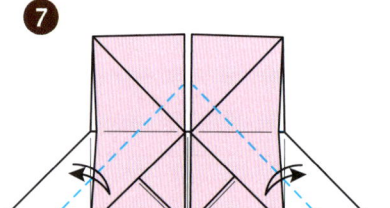
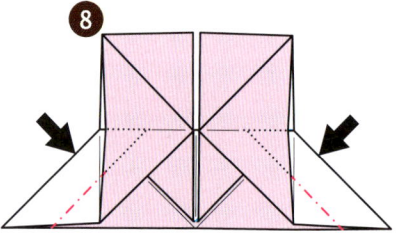

열린 함몰접기로 접으세요.

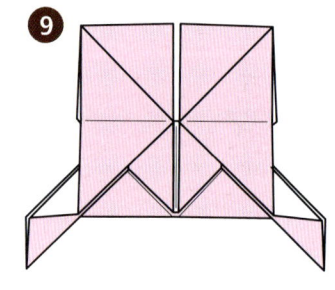

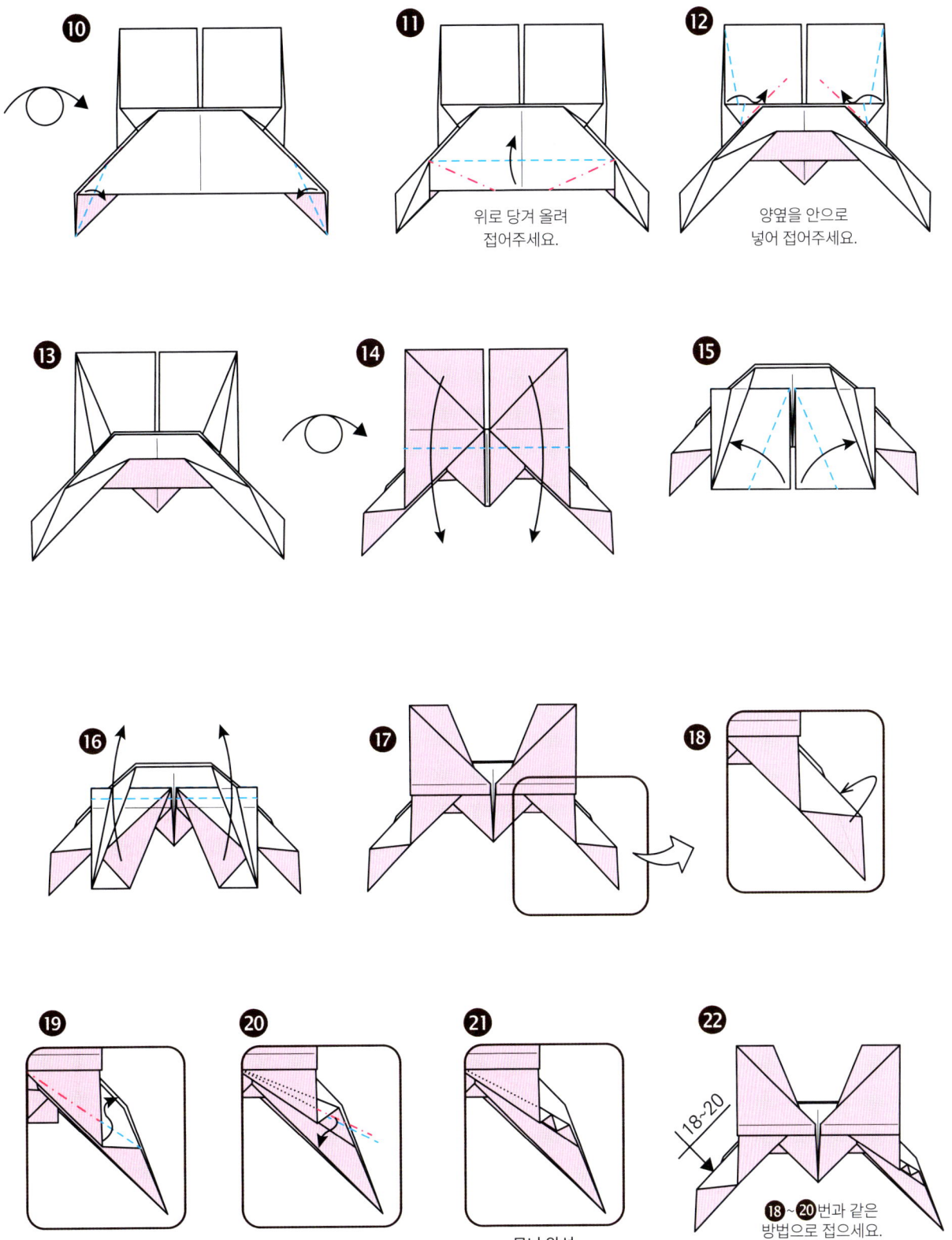

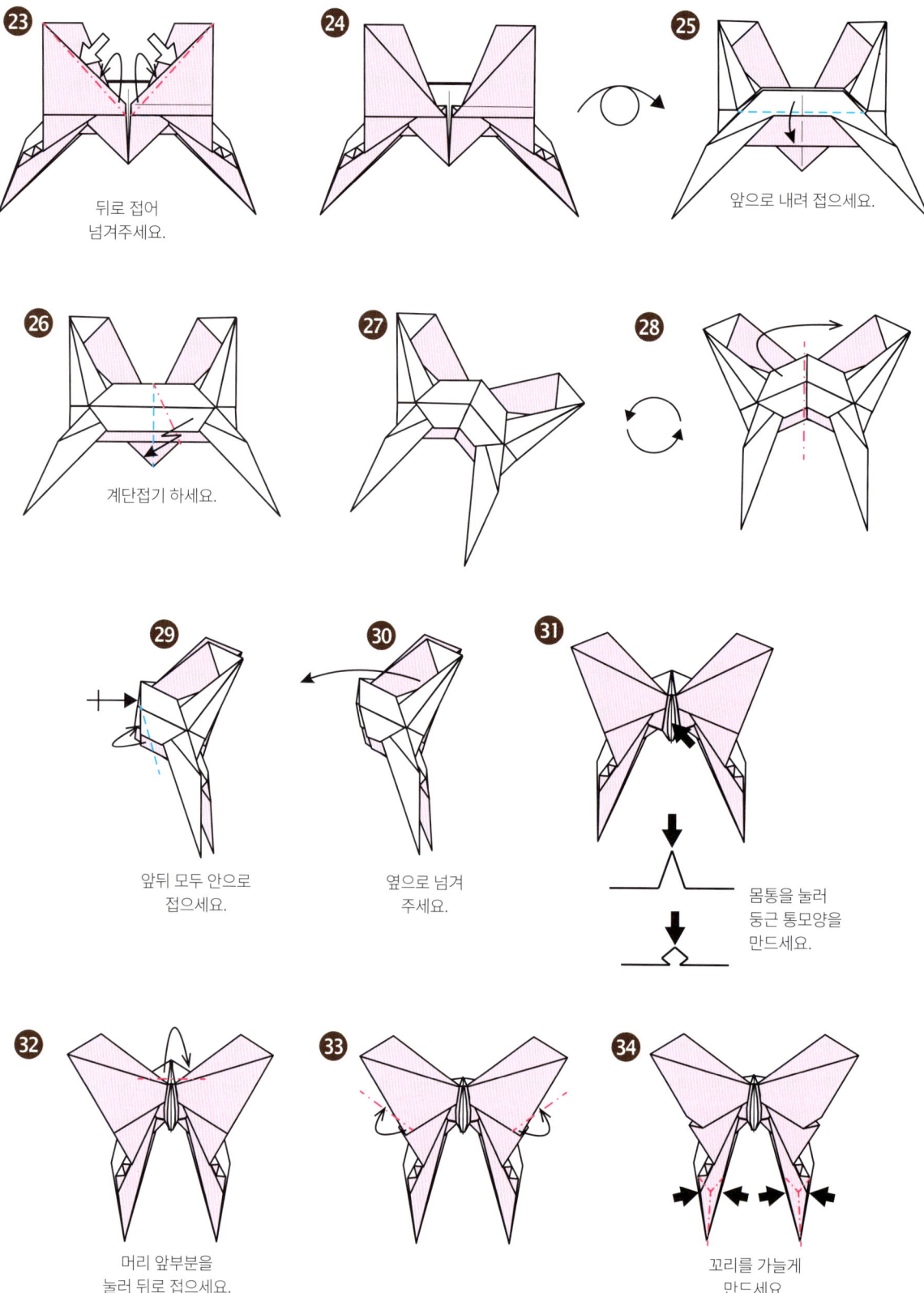

㉟ 끝부분을 둥글게 만들어 주세요.

완성

특이한 형태 표현하기
아프리카 코끼리
African elephant

종이 | 종이나라《유제지》 45㎝

종이의 탄력과 늘어짐을 활용해야 하므로
다양한 종이로 여러 차례 접기를 시도하며
적절한 비율과 각도를 찾아내는 것이 중요합니다.
코끼리는 긴 상아와 큰 귀,
그리고 긴 코를 가진 복잡한 형태의 동물입니다.
따라서 이러한 특징들이 어떤 과정을 통해 구현되는지에
주의를 기울여야 합니다. 마무리에 풀을 사용합니다.

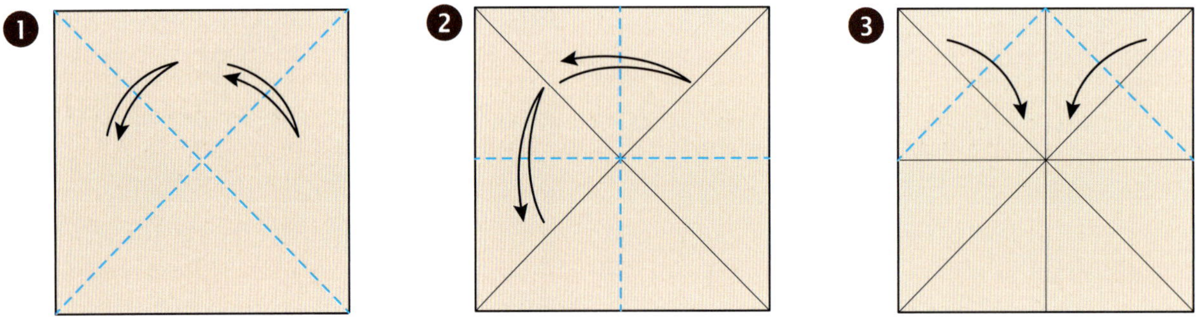

❶ ❷ ❸

앞으로 모아 내려 접으세요.

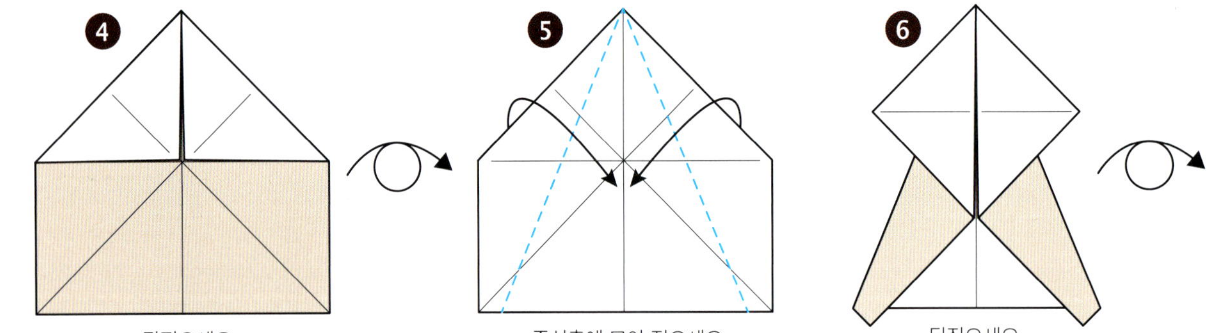

❹ ❺ ❻

뒤집으세요. 중심축에 모아 접으세요. 뒤집으세요.

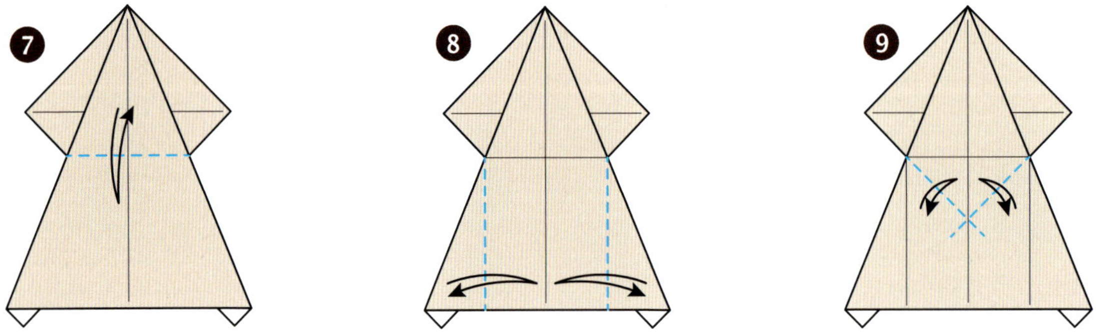

❼ ❽ ❾

106

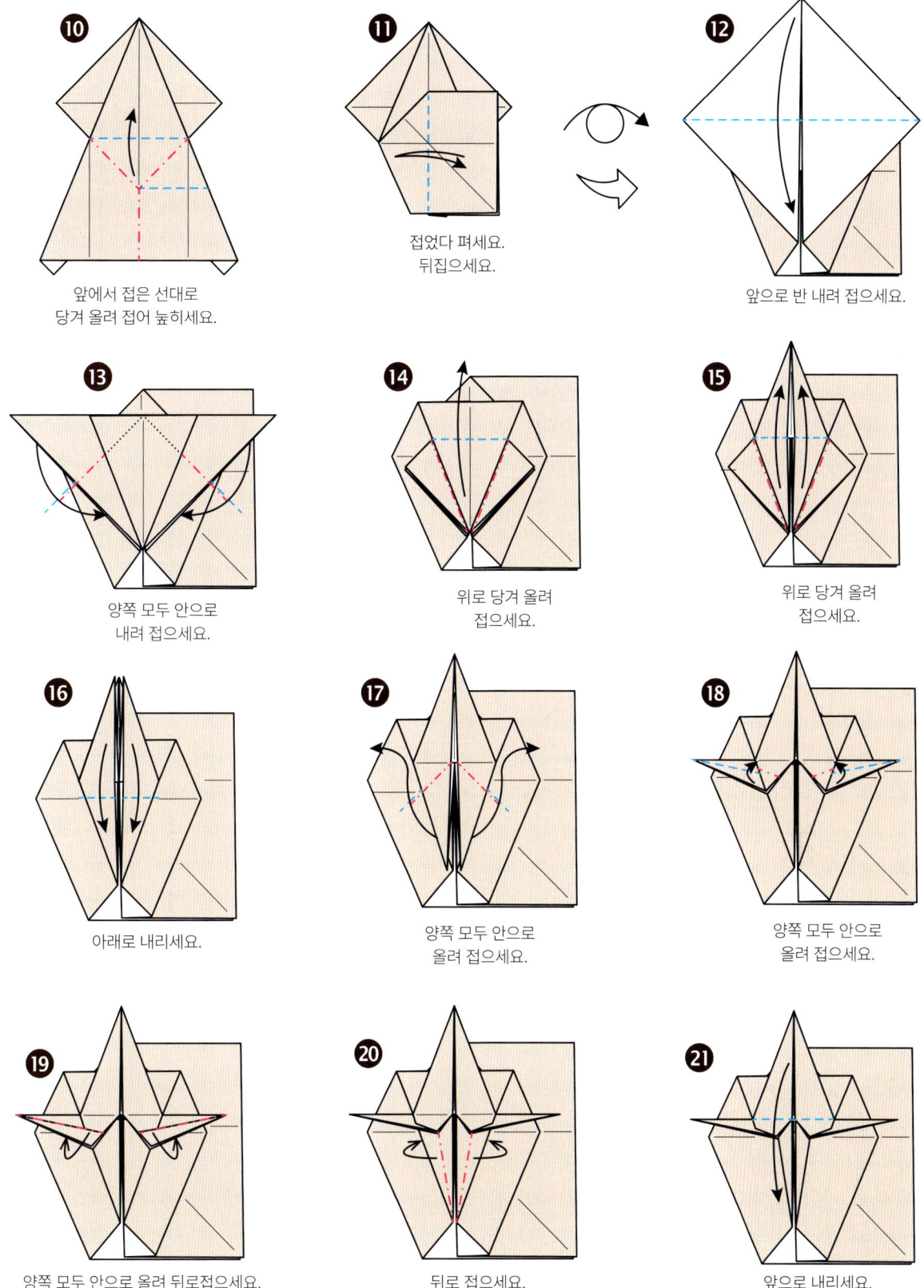

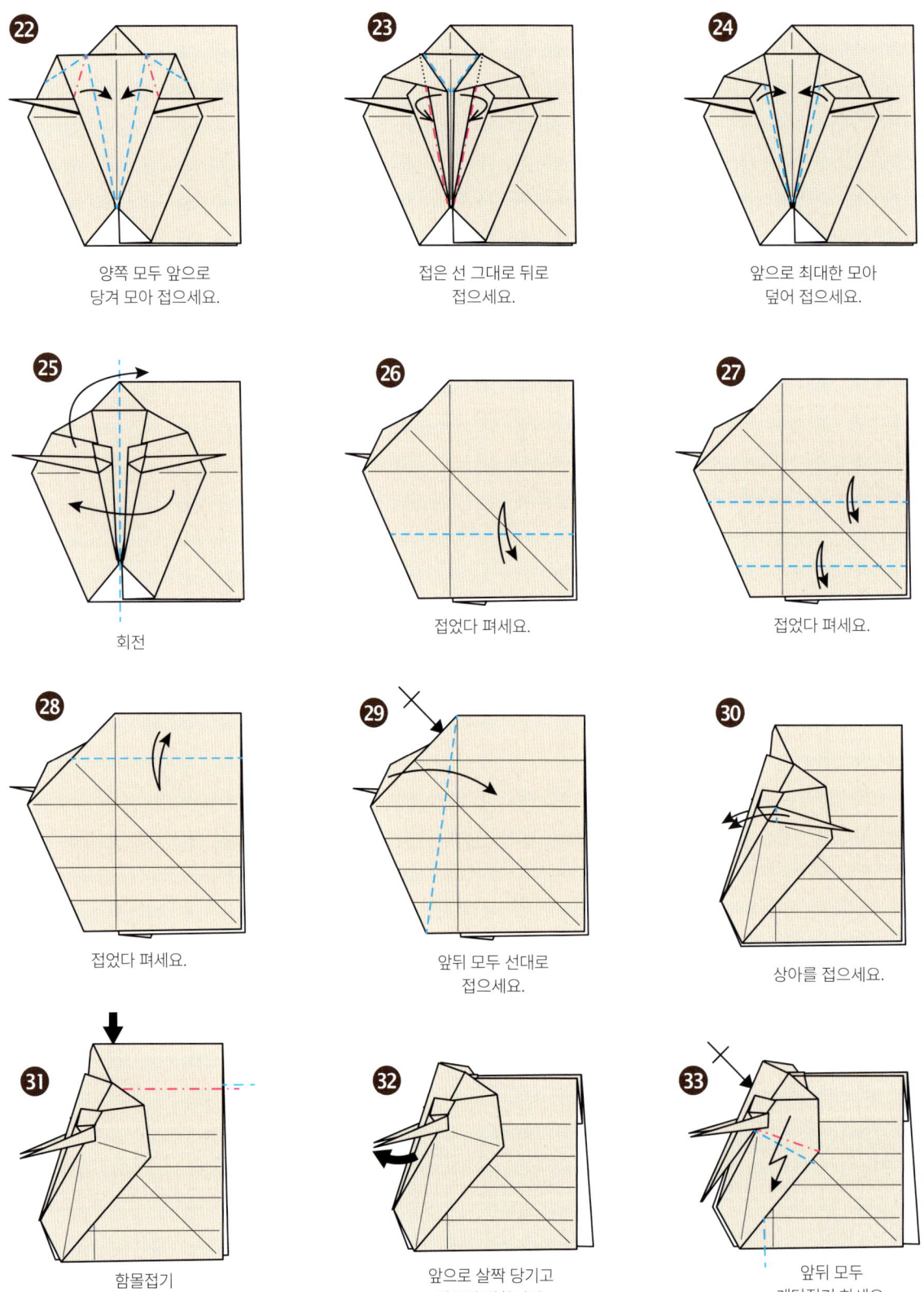

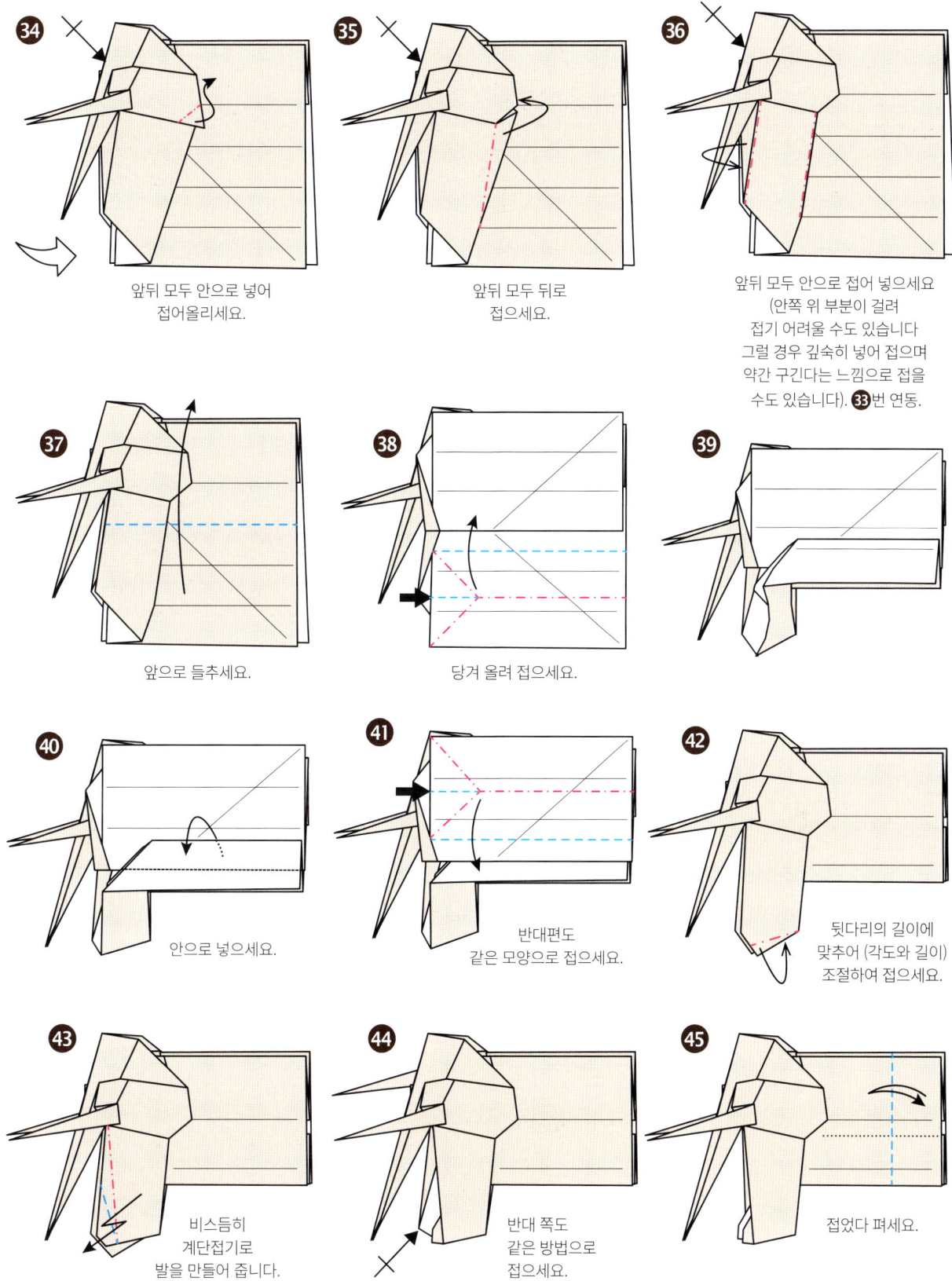

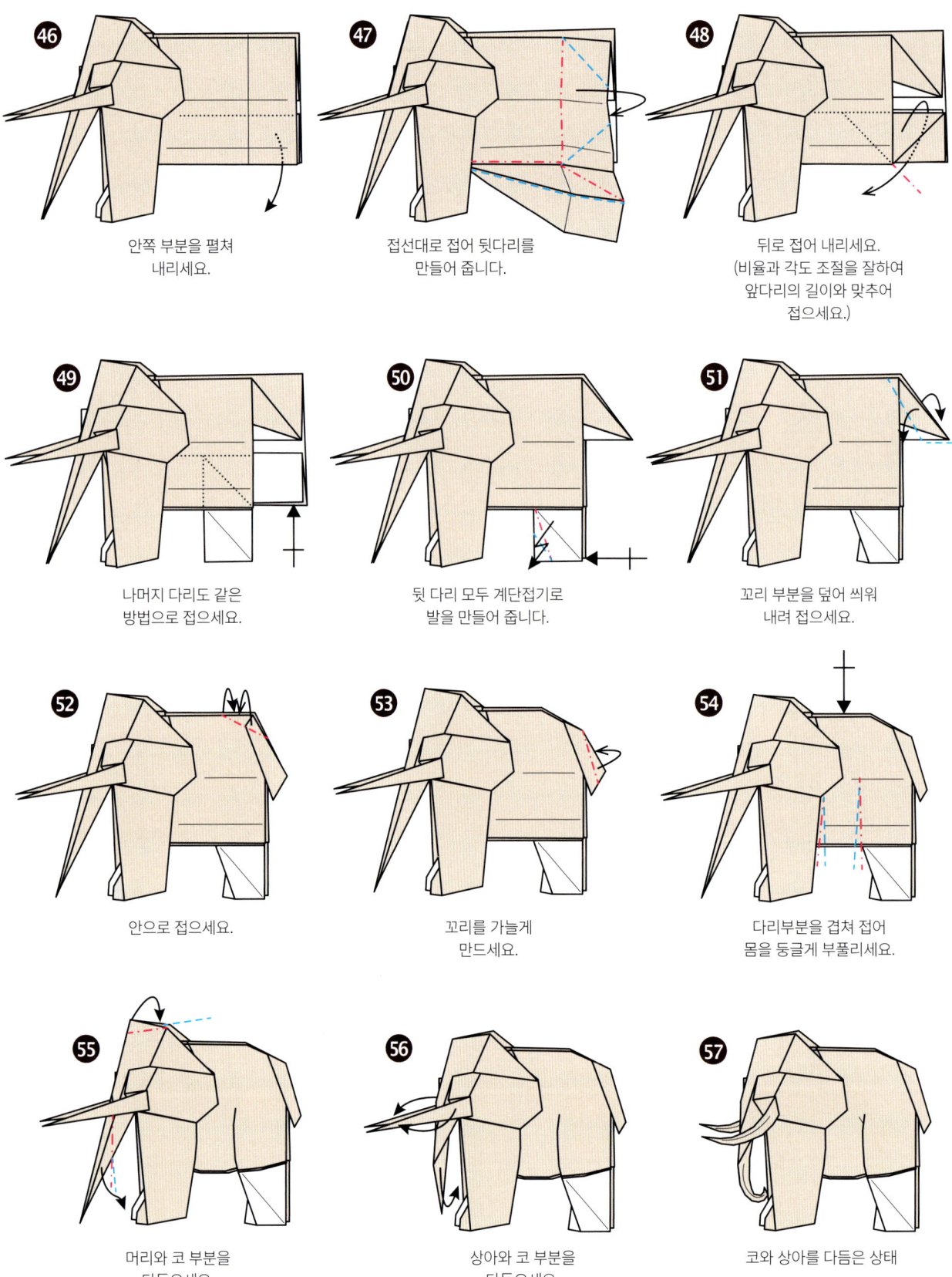

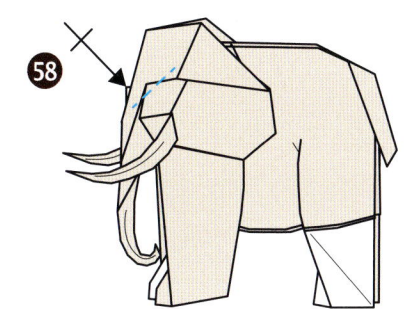
눈을 접으세요.

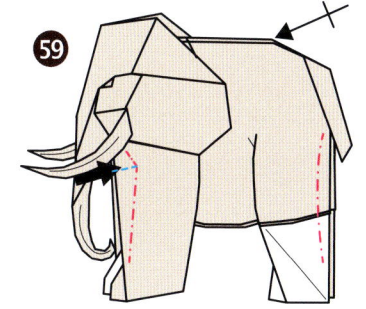
다리를 다듬으세요.

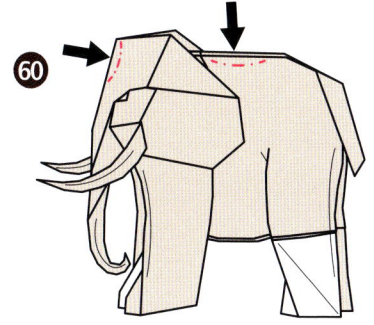
머리와 등을 다듬으세요.

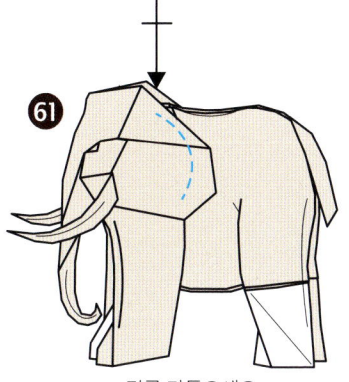
귀를 다듬으세요.

완성

아프리카 코끼리 전개도

앞뒤가 같은 색의 유제지 혹은
한지로 접어 주어야 합니다.

특이한 형태 표현하기
하마
Hippopotamus

종이 | 종이나라 《유제지》 40㎝

큰 머리에 큰 아래턱과 눈, 코, 귀를 표현한 작품입니다. 상대적으로 다리가 짧은 것은 아쉬운 부분이니 여러분들은 좀 더 긴 다리를 연구해보시길 바랍니다.

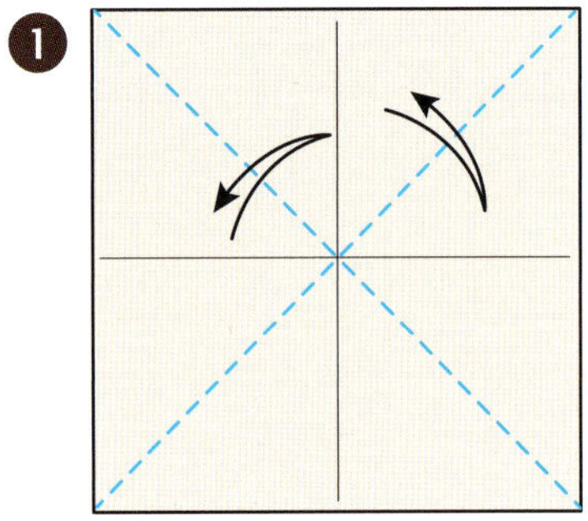

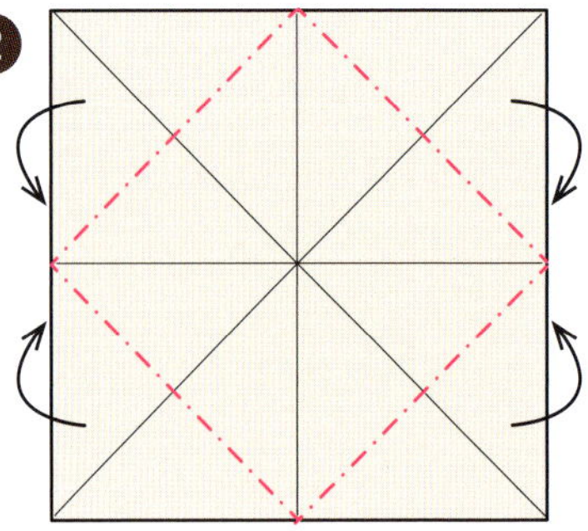

뒤로 접어 방석접기 하세요.

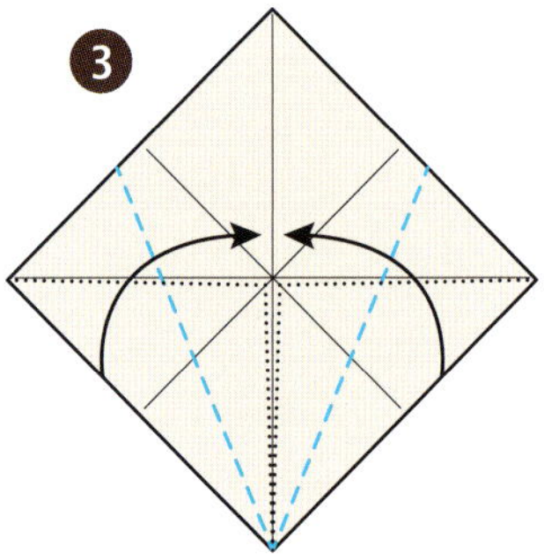

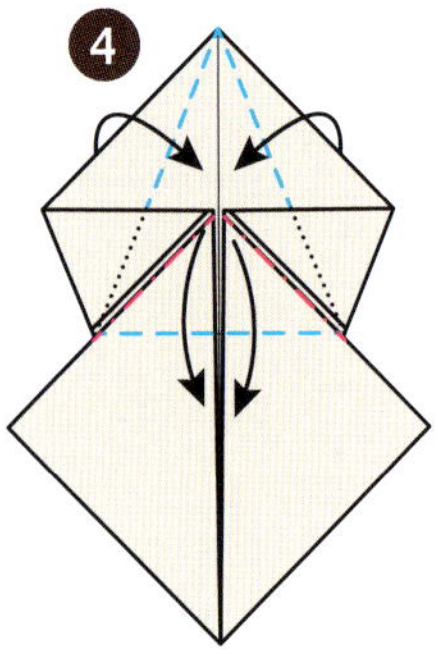

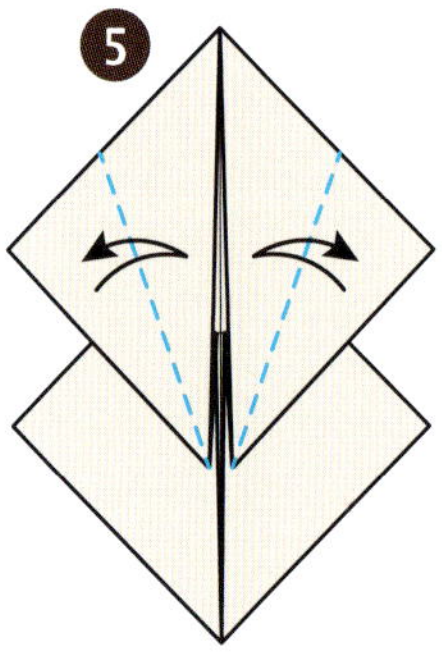

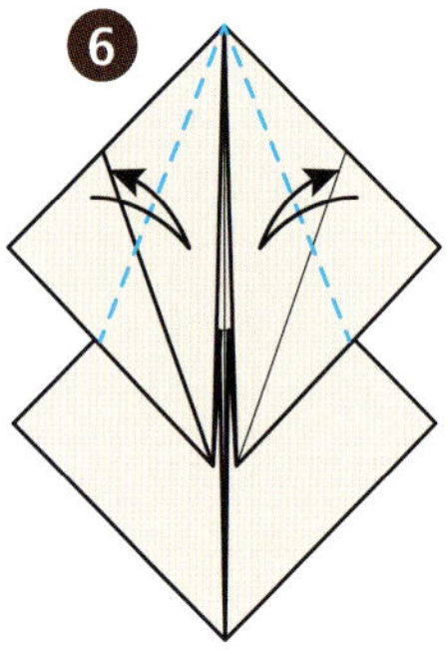

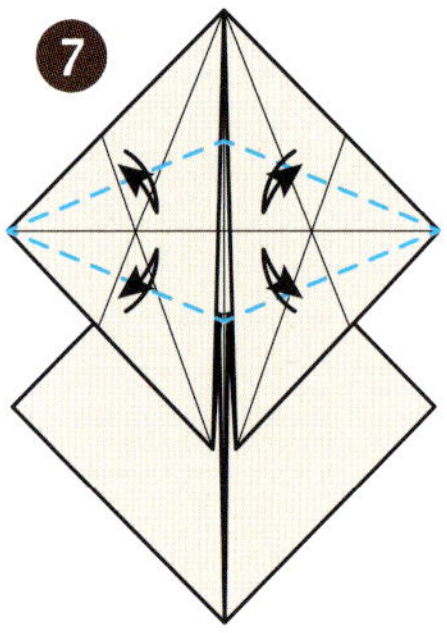

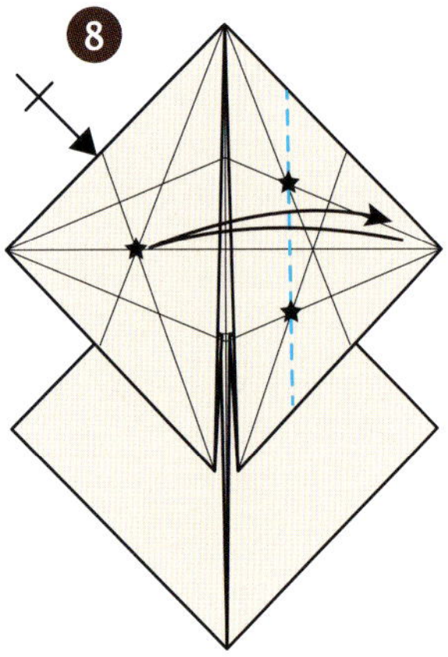

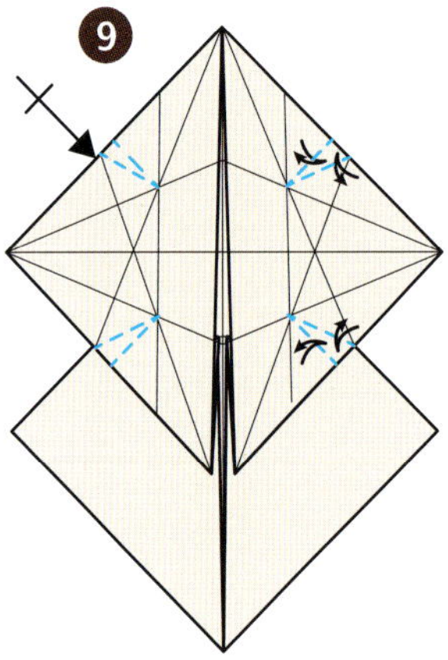

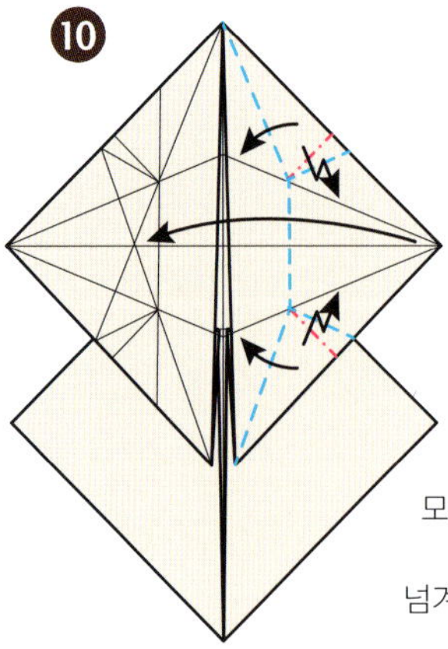

모아 접으며 옆으로 넘겨 접으세요.

112

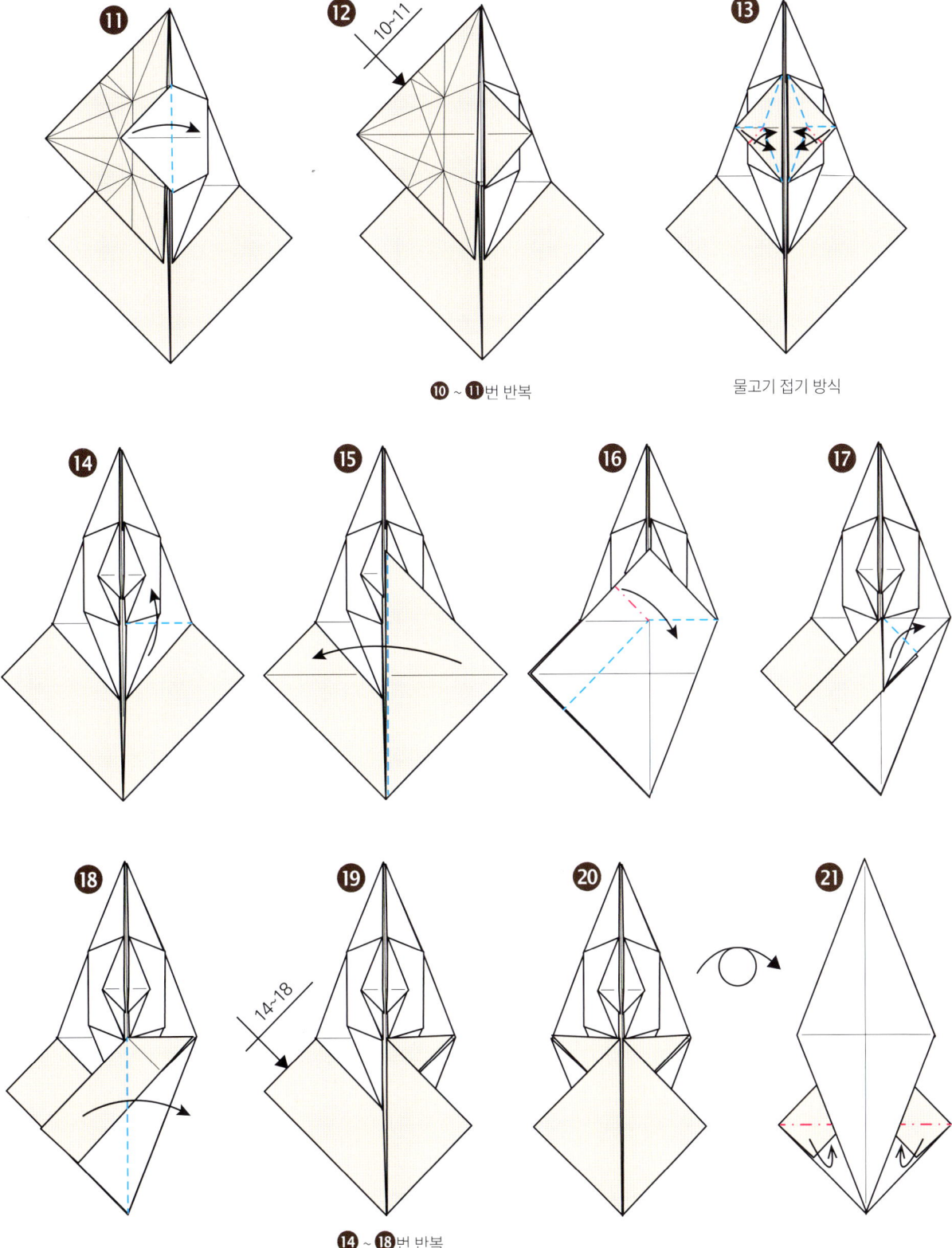

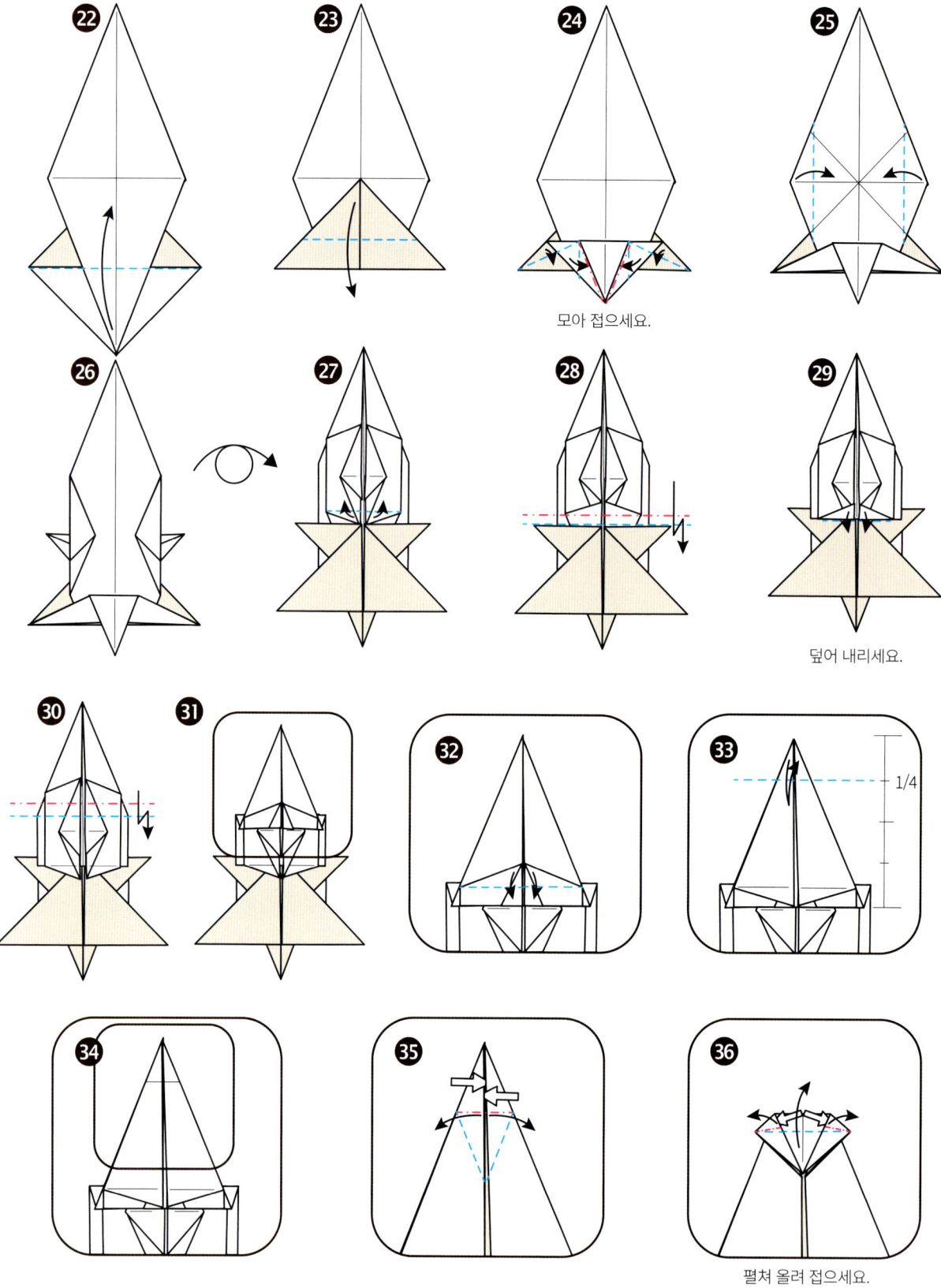

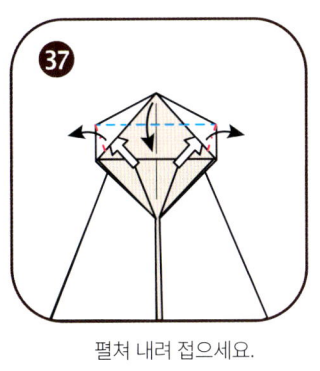
펼쳐 내려 접으세요.
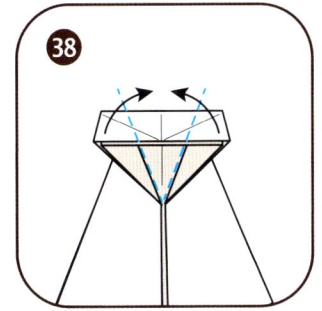
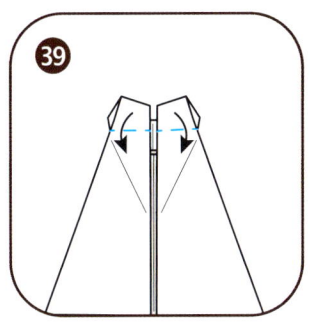
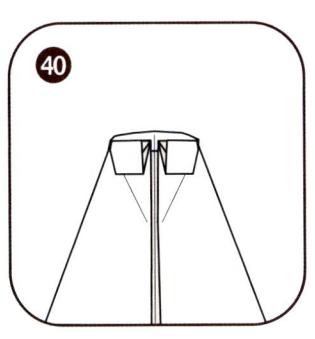
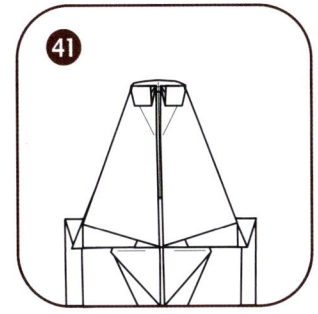
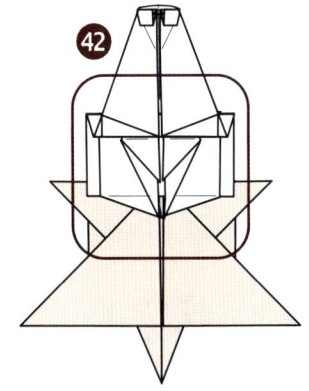
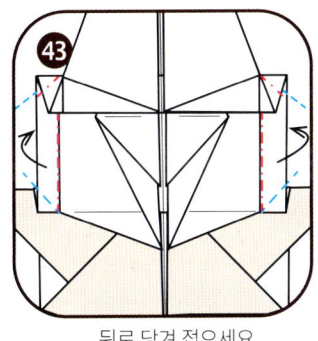
뒤로 당겨 접으세요.
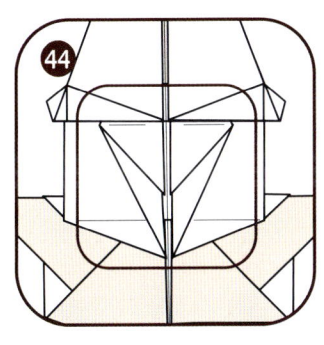
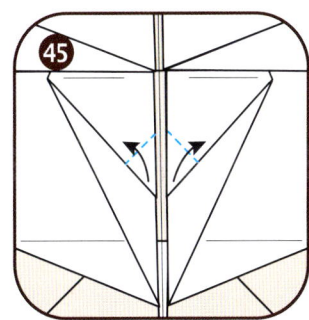
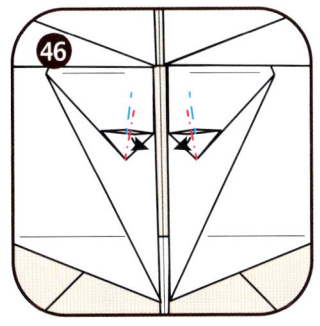
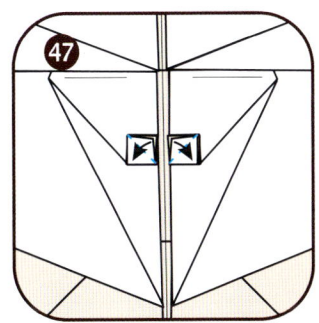
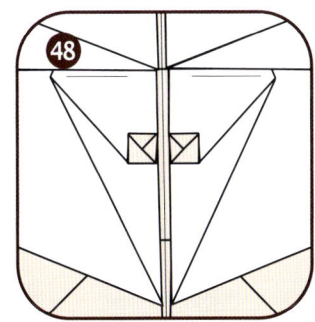

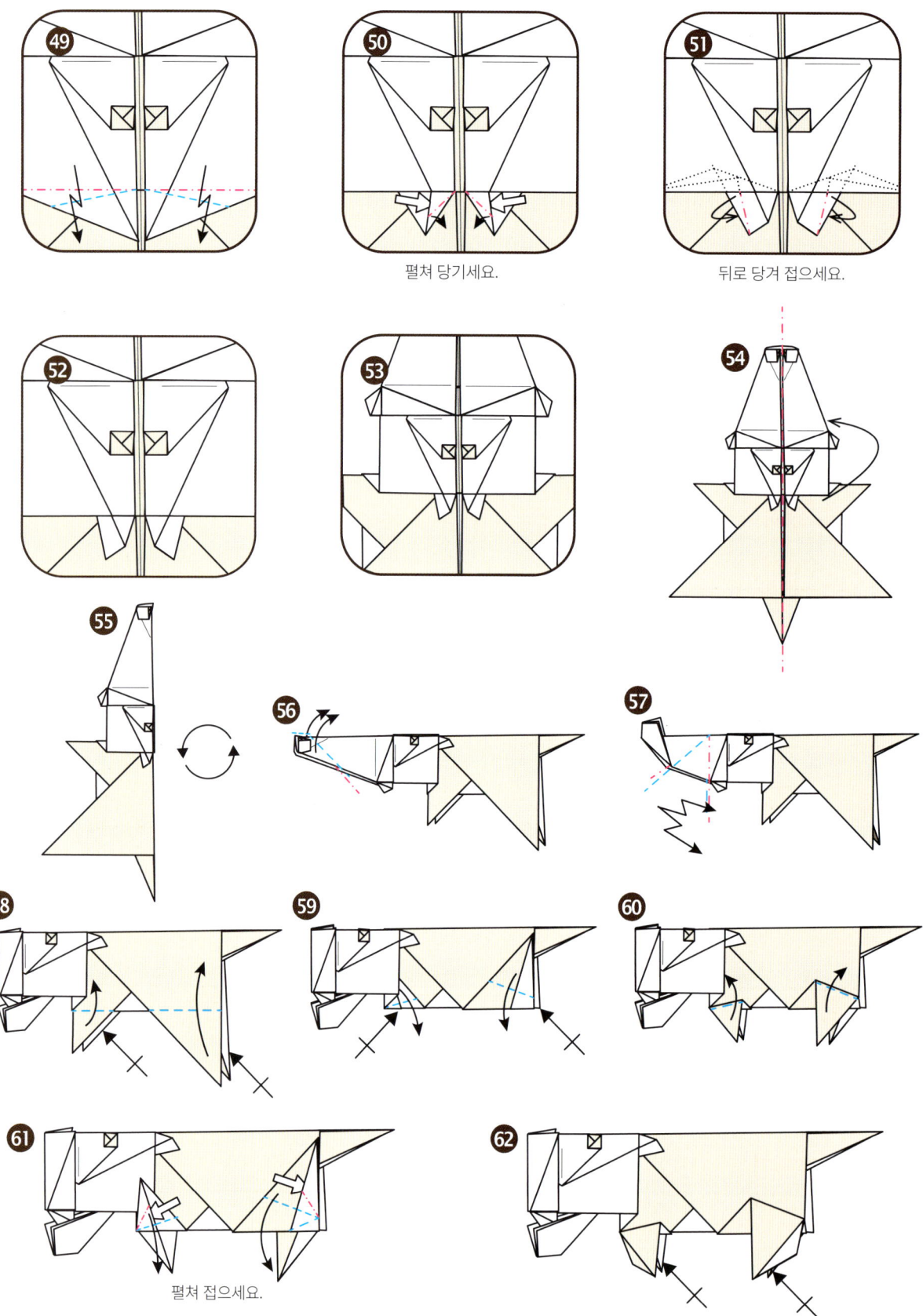

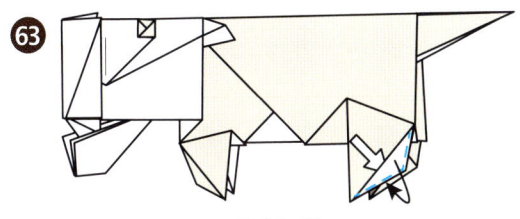
뒤집으세요.

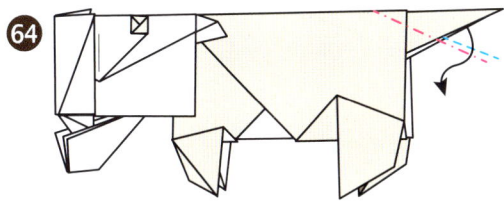

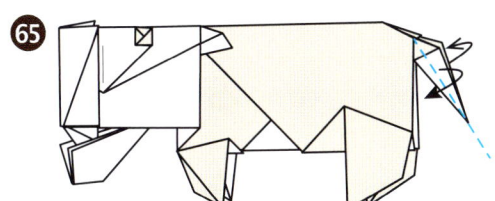

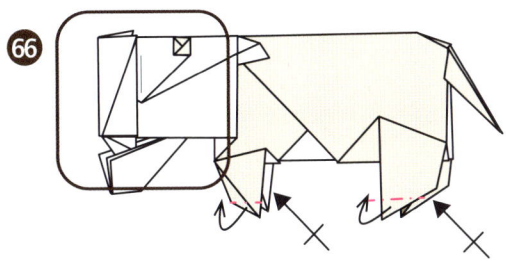
다리의 길이를 맞추어 접으세요.

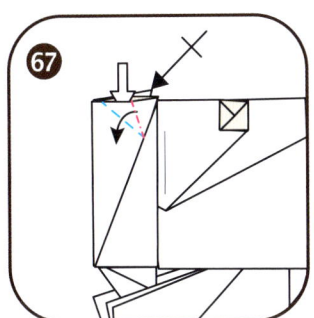
화살표 안쪽을 펼쳐 눌러 접으세요.

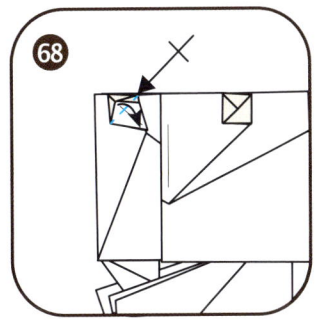
화살표 안쪽을 펼쳐 눌러 접으세요.

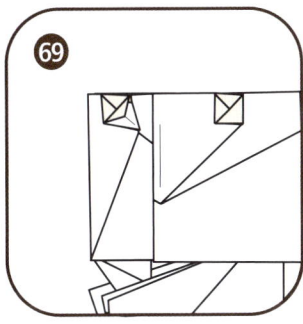

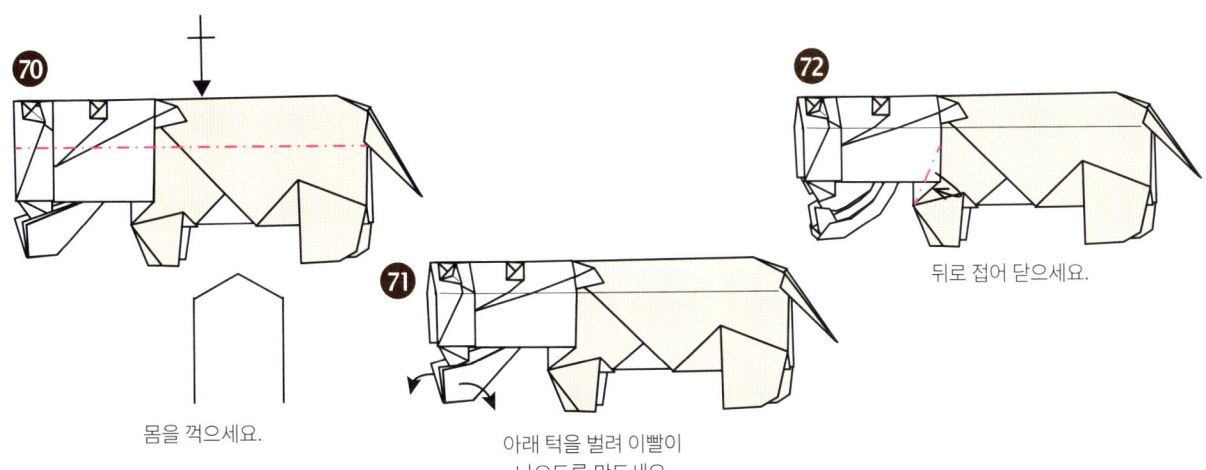

몸을 꺾으세요.

아래 턱을 벌려 이빨이
나오도록 만드세요.

뒤로 접어 닫으세요.

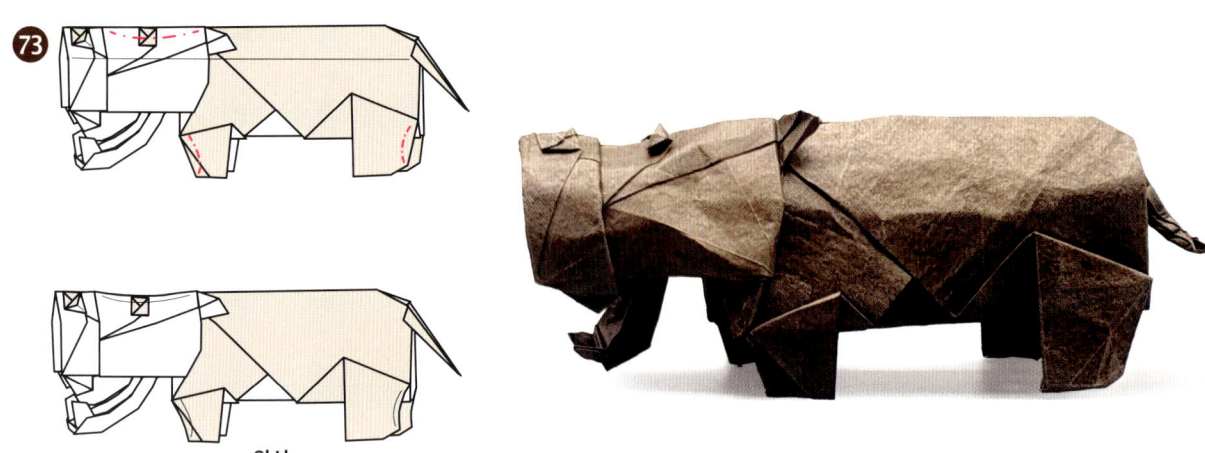

완성

하마 전개도

특이한 형태 표현하기
독수리
Eagle

종이 | 종이나라《유제지》 40㎝

독수리의 큰 날개와 힘찬 다리를 표현한 작품입니다. 간결한 표현으로 더욱 웅장한 느낌을 표현할 수 있습니다.

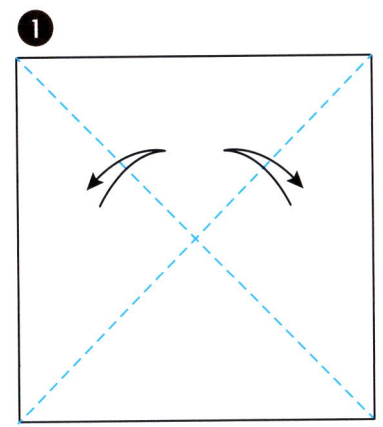
❶

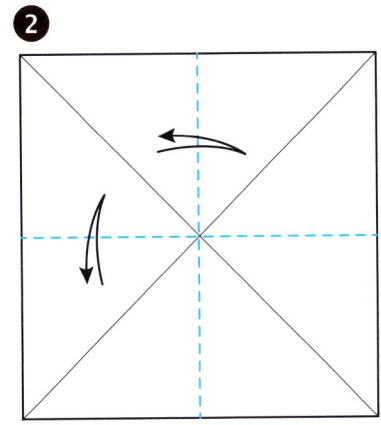
❷

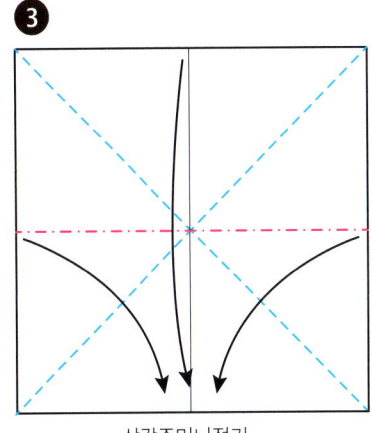
❸
삼각주머니접기

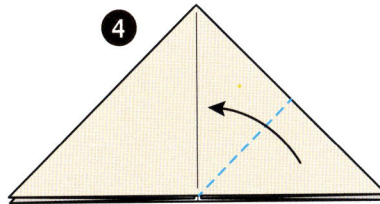
❹

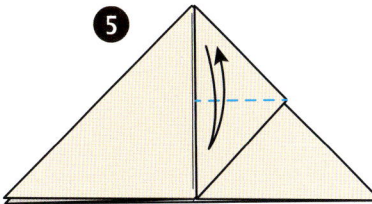
❺

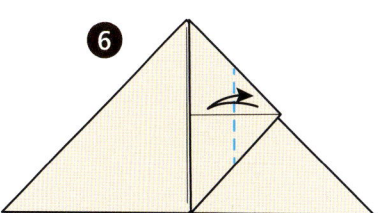
❻

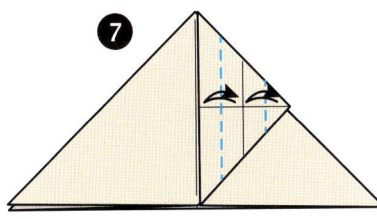
❼
4등분 하세요.

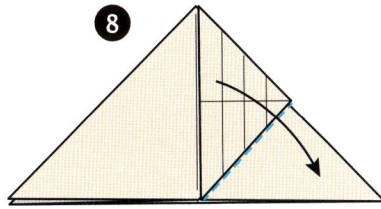
❽

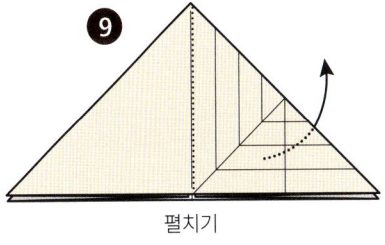
❾
펼치기

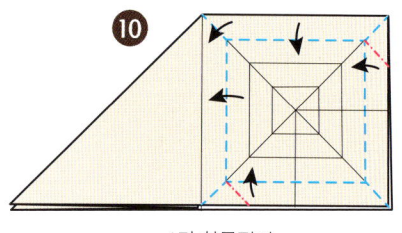
1단 함몰접기

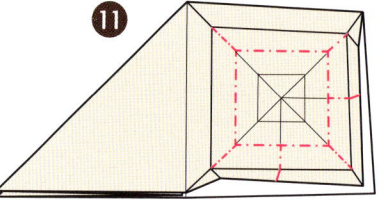
2단 함몰접기

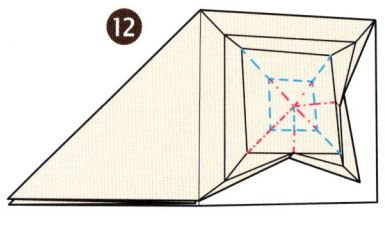
3단 함몰접기

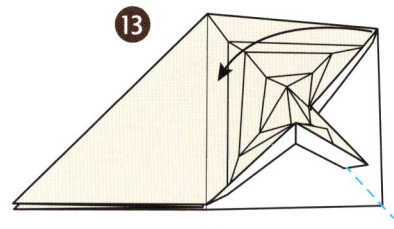
1~3단 함몰접기

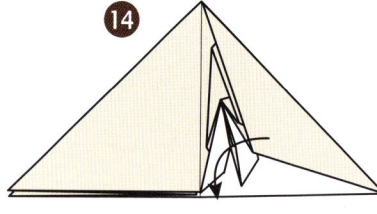

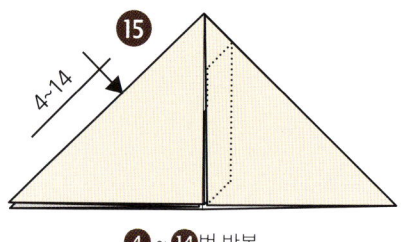
❹ ~ ⓮번 반복

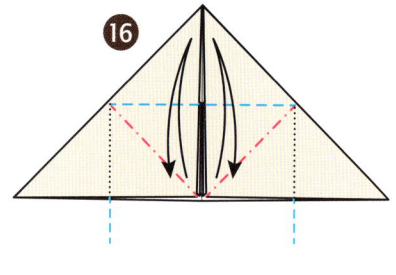

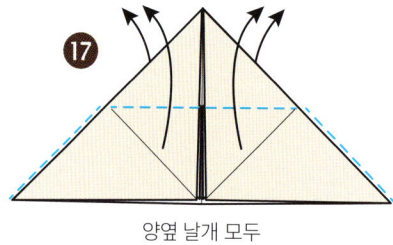
양옆 날개 모두
뒤집어 올리세요.

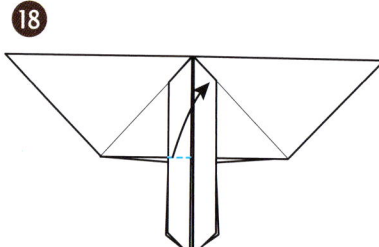

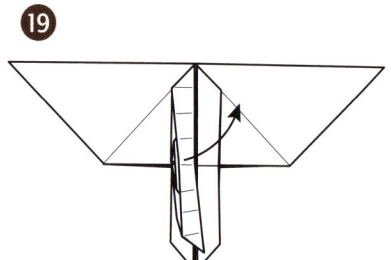

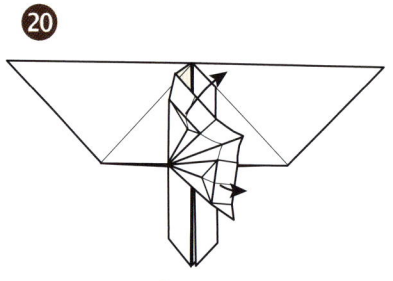
펼쳤다 ㉑번처럼 주름
접기를 하세요.

두 칸을 펼쳐 내려
접으세요.

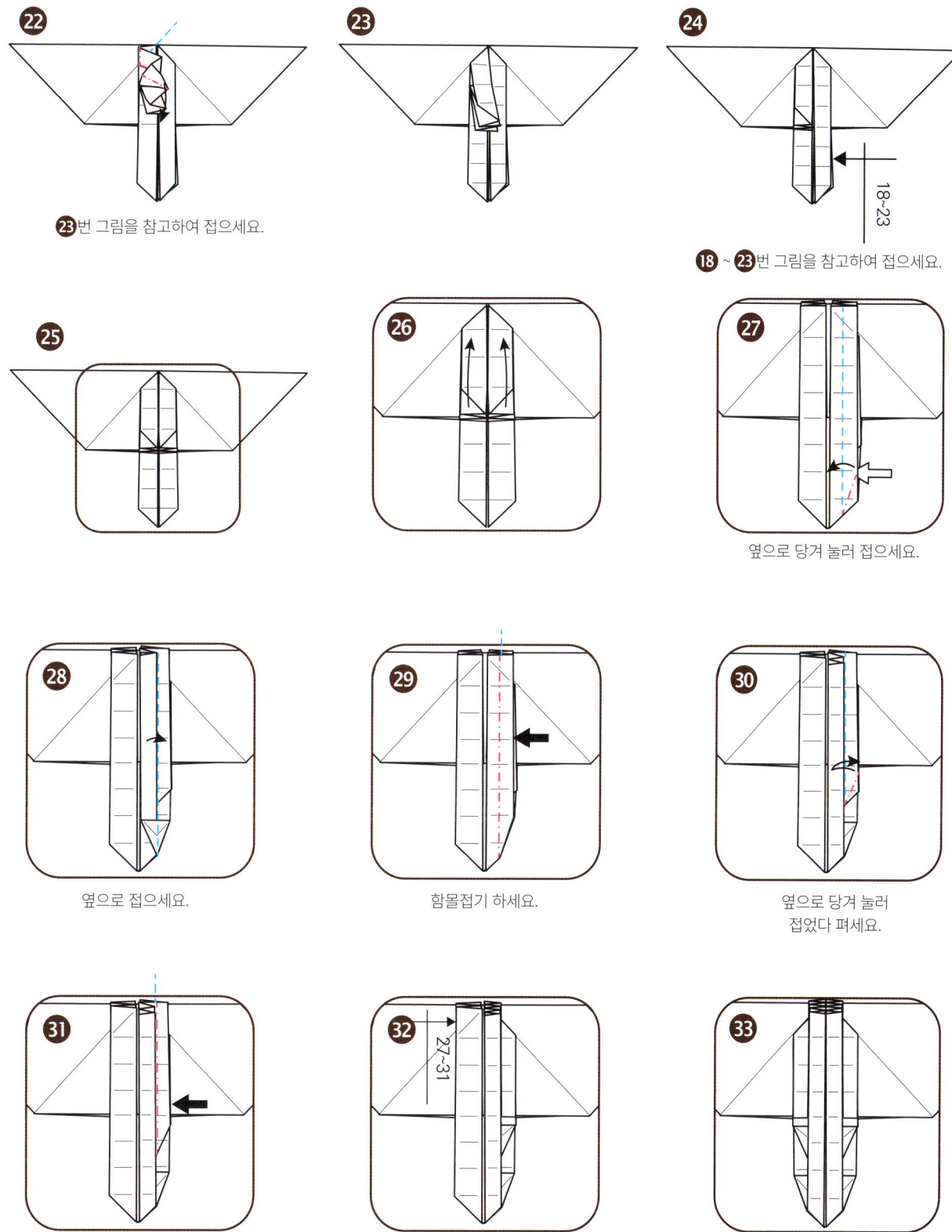

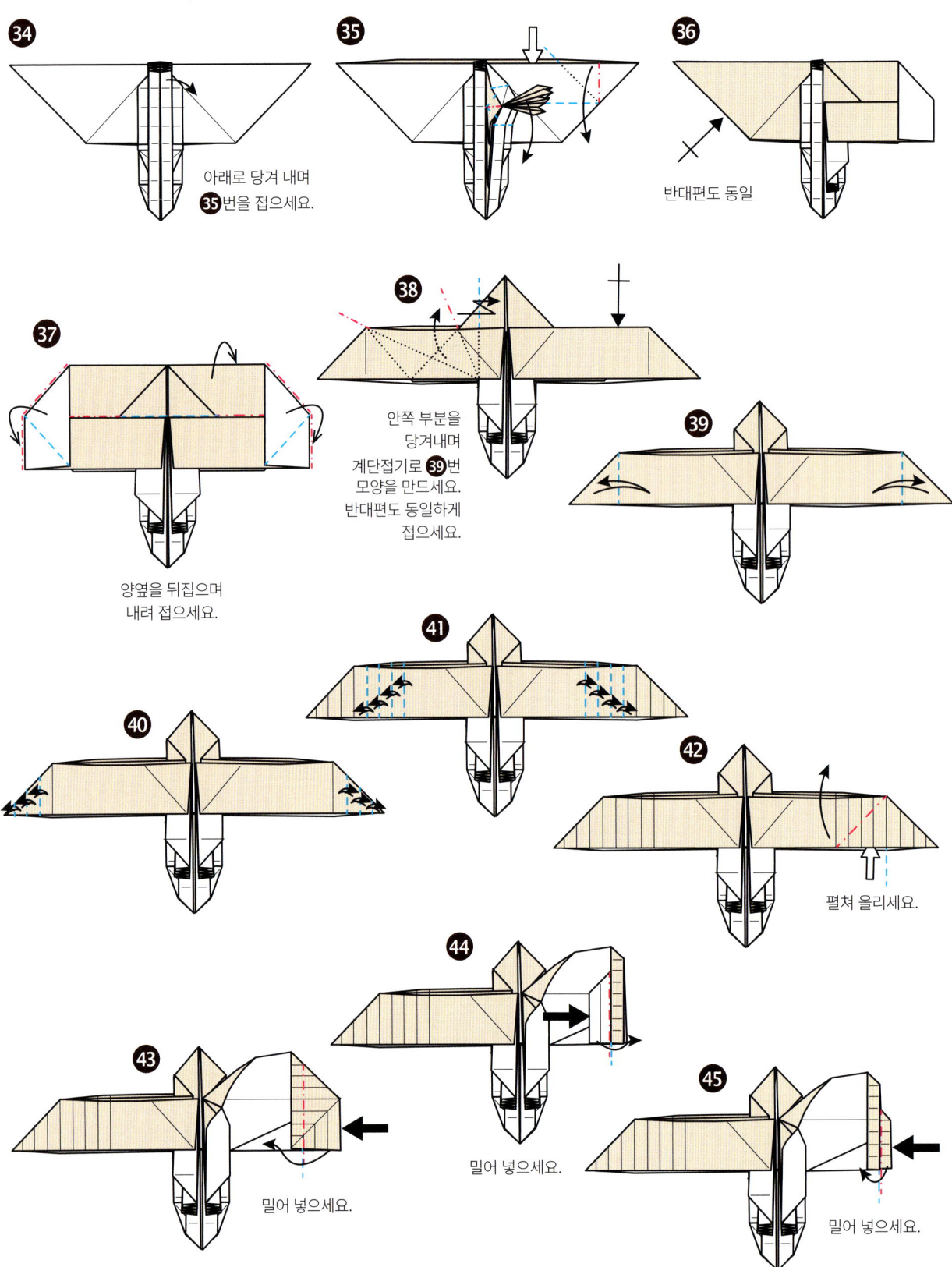

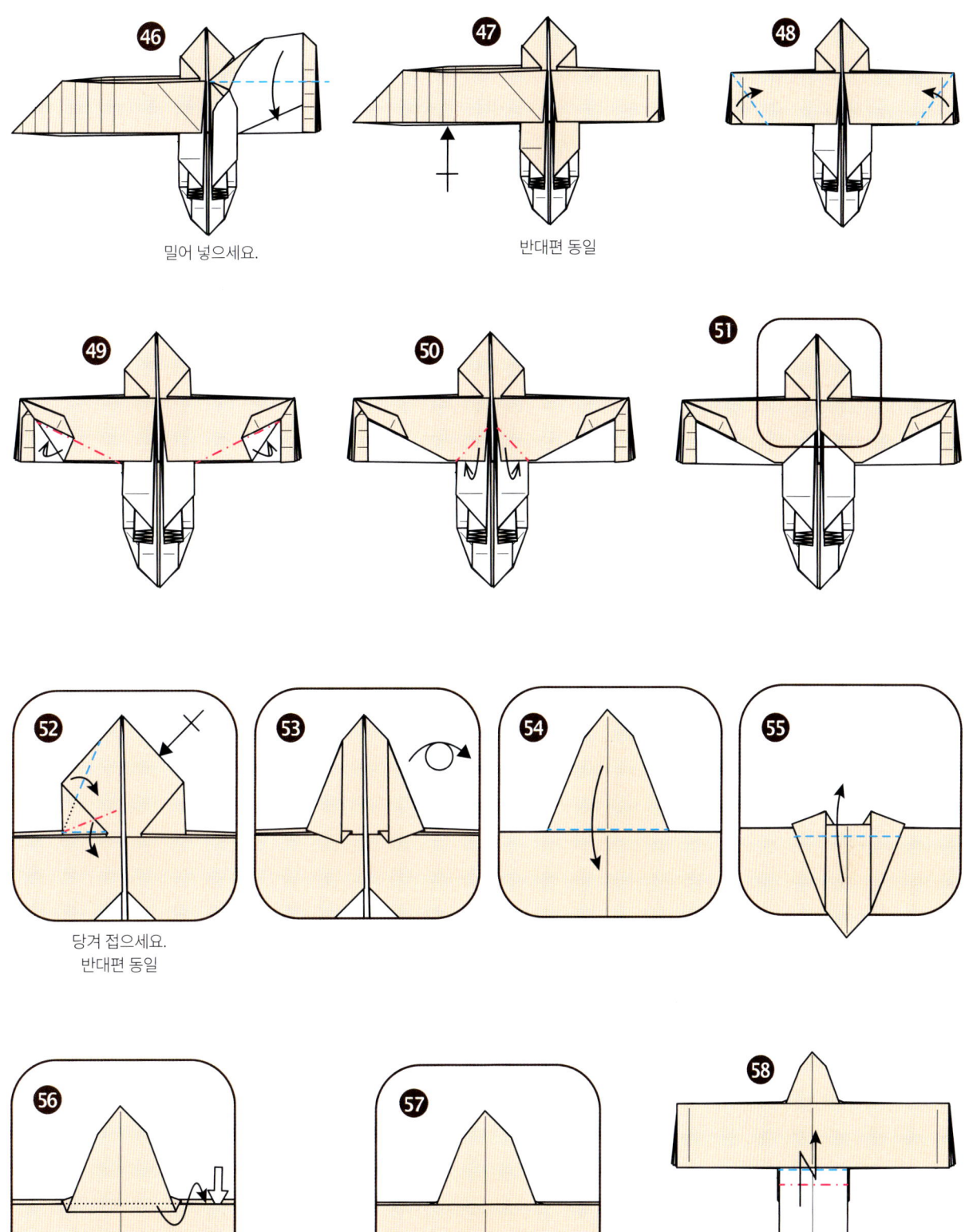

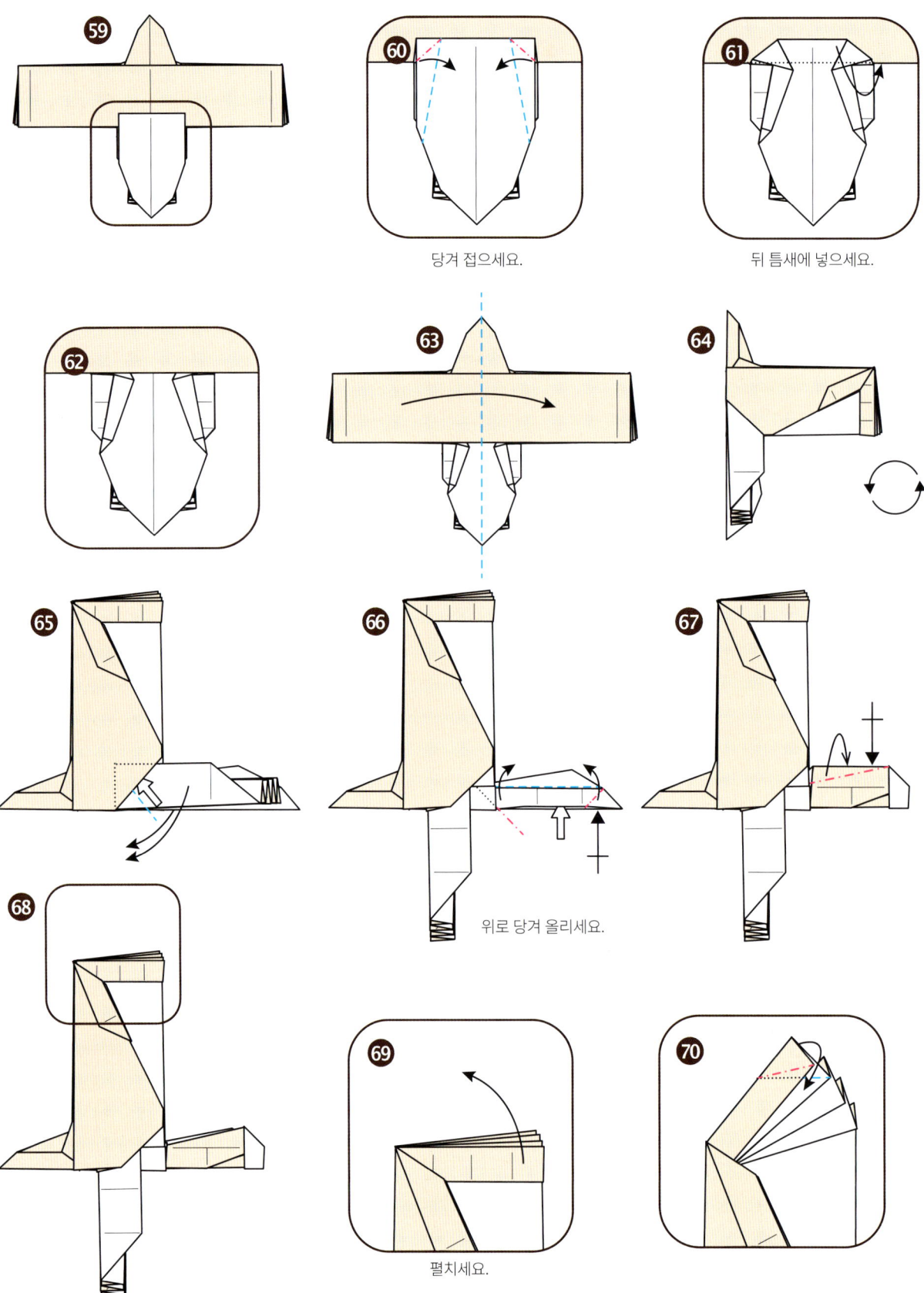

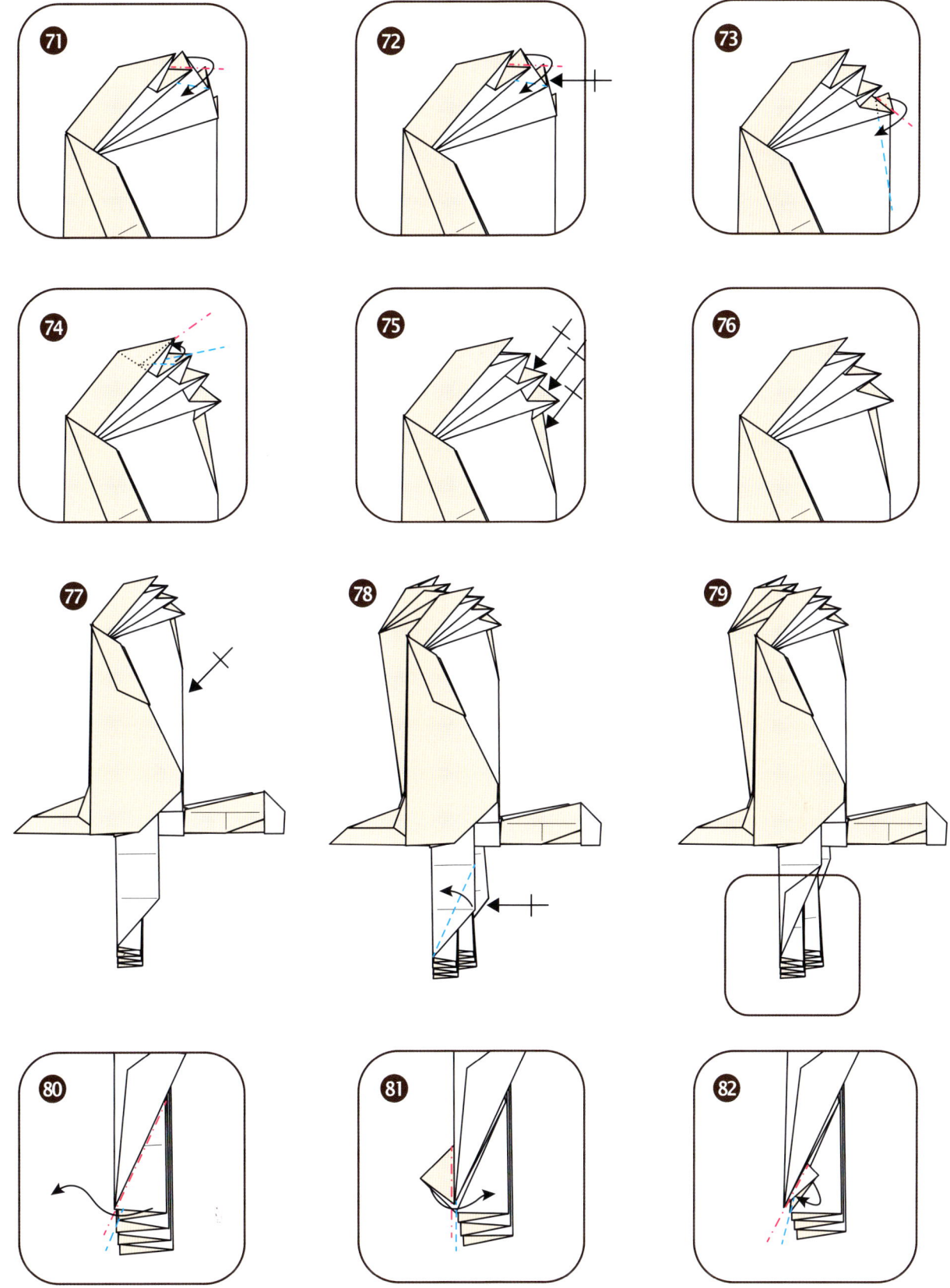

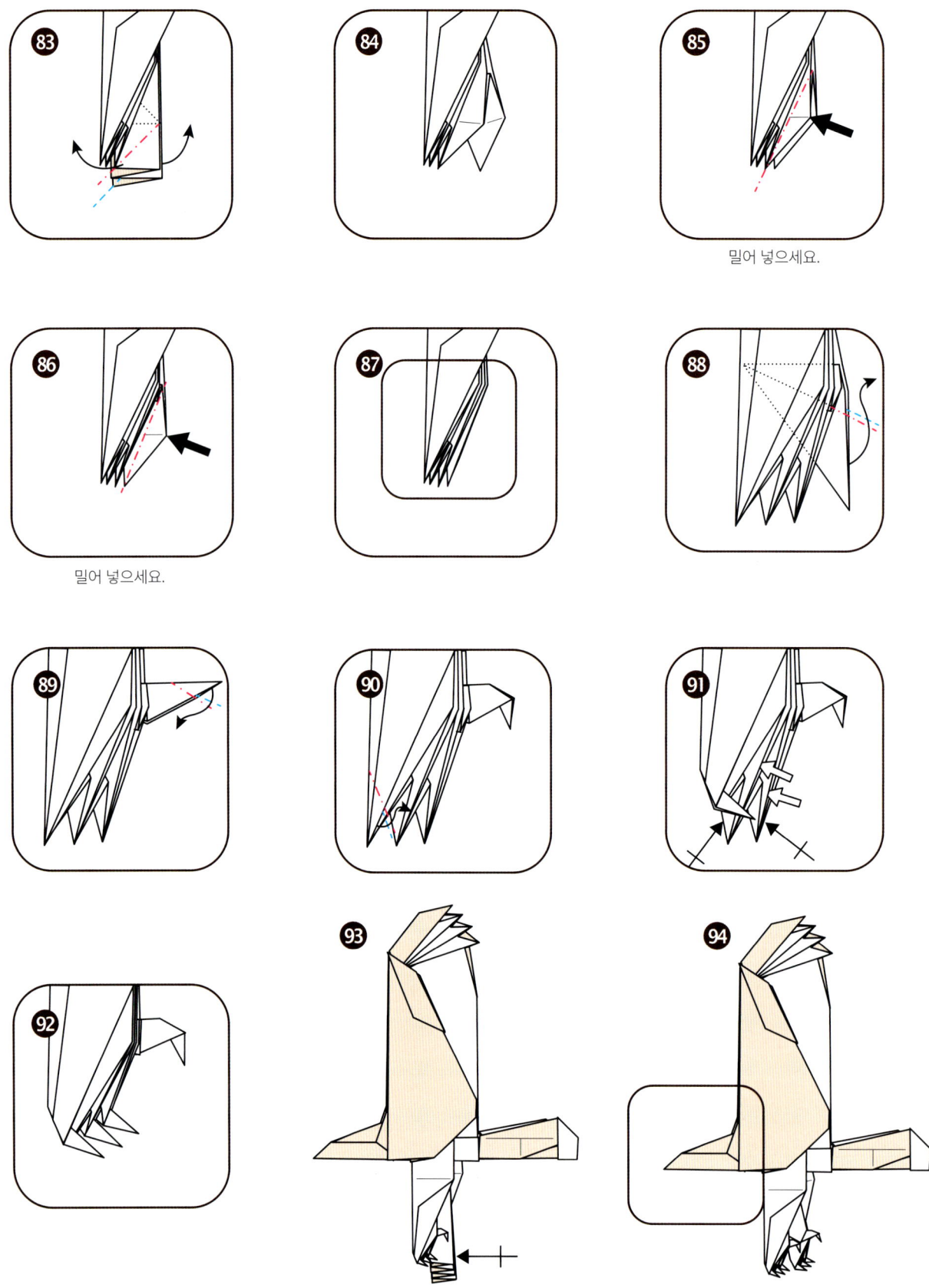

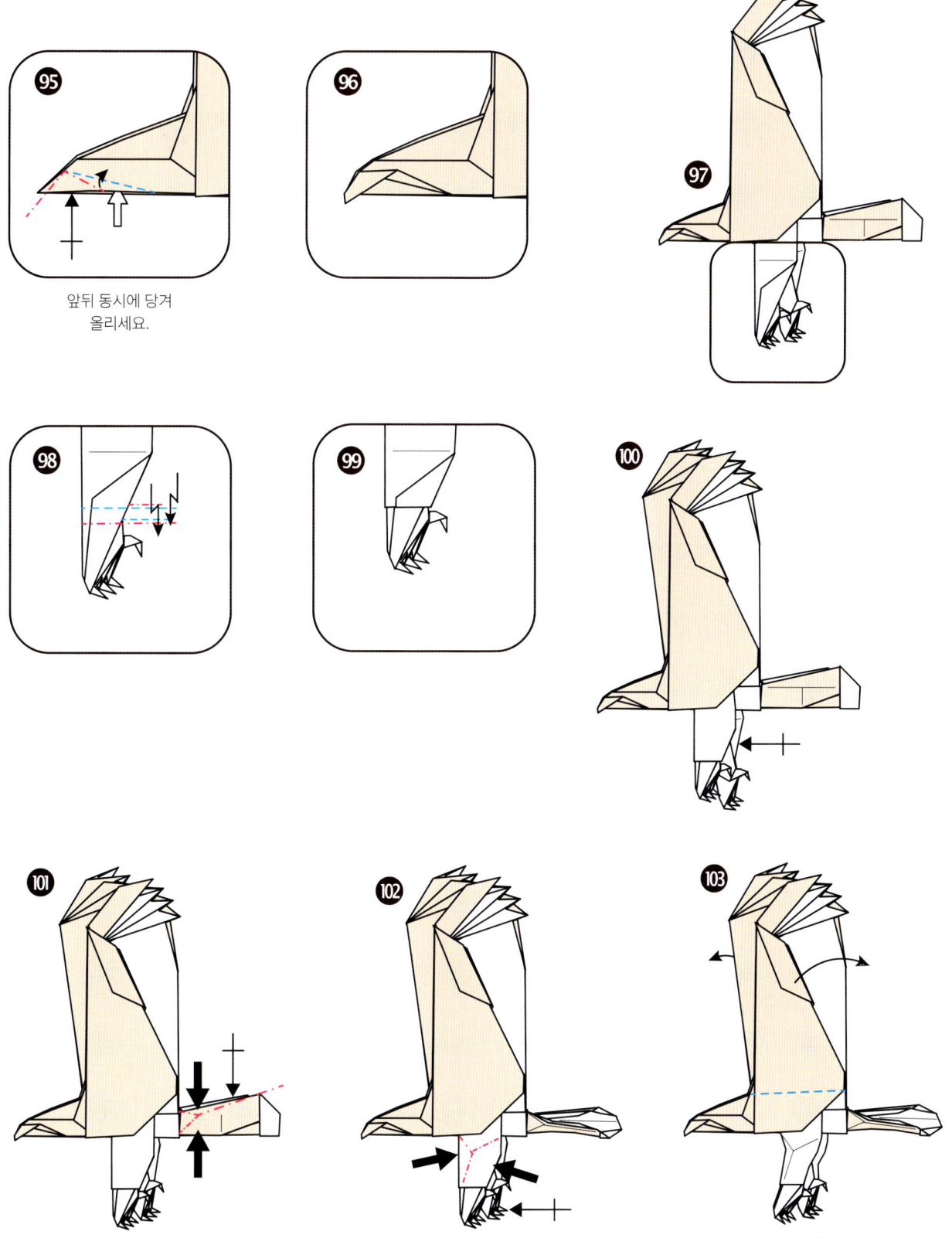

95. 앞뒤 동시에 당겨 올리세요.

102. 다듬기

103. 날개를 펼치세요.

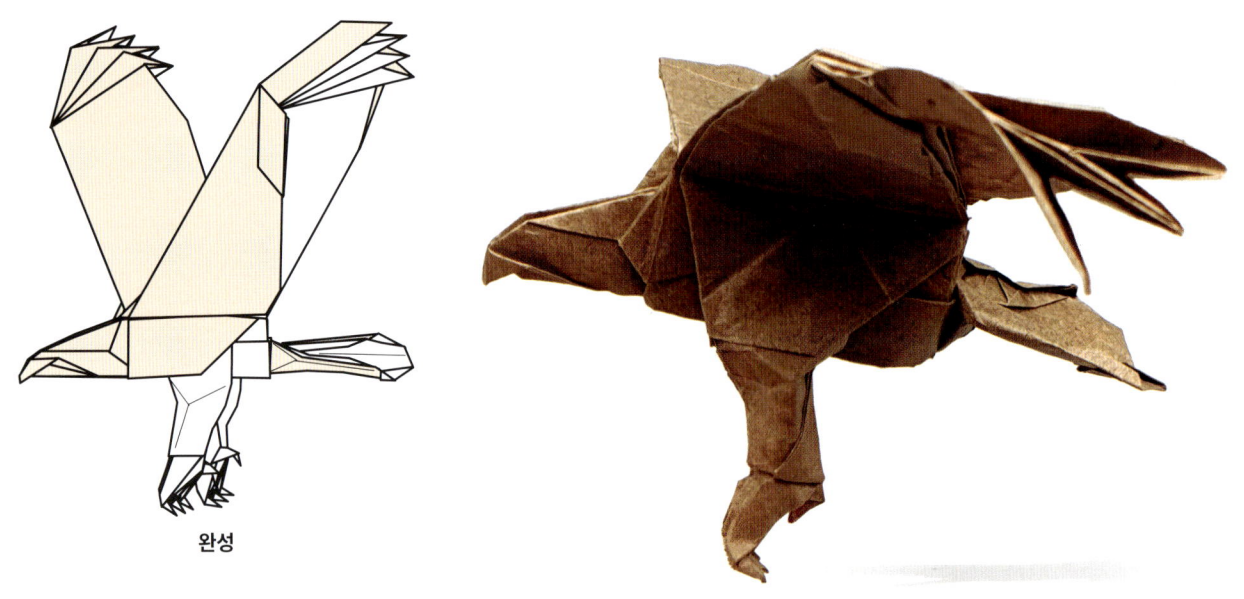

완성

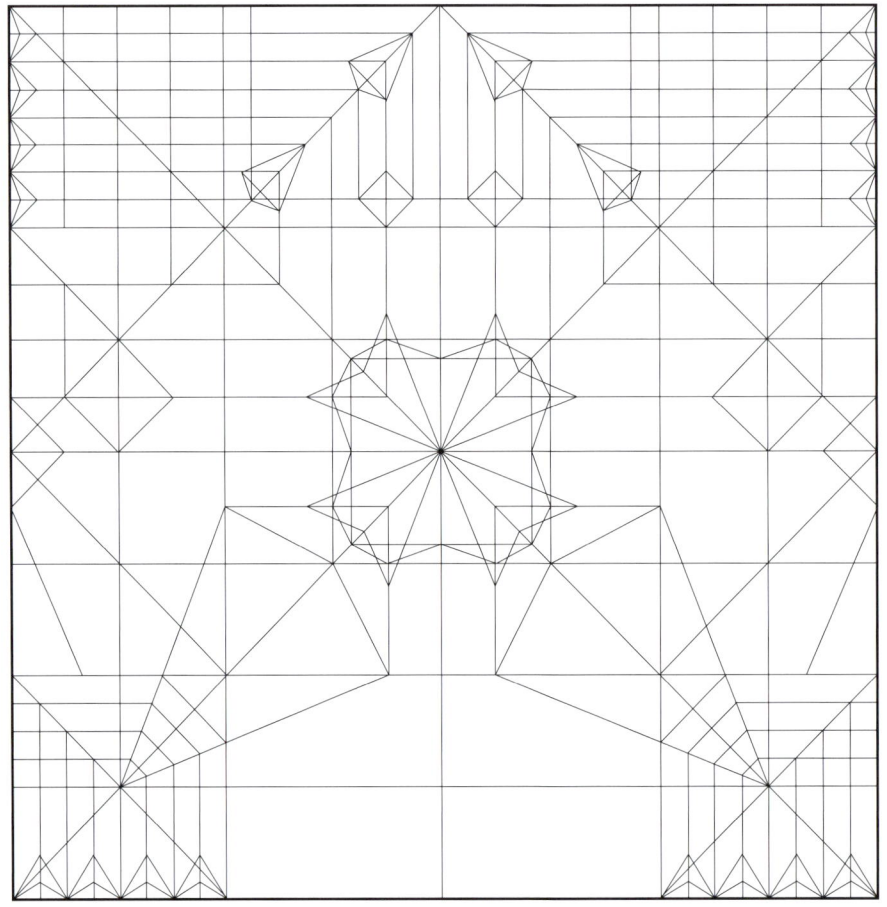

독수리 전개도

특이한 형태 표현하기
두꺼비
Toad

종이 | 종이나라《유제지》30㎝

실제 두꺼비 크기처럼 접어보세요.
다듬기가 매우 까다롭고 어려운 작품입니다.
본 과정을 통하여 다듬기의 중요성을
느껴보시기 바랍니다.

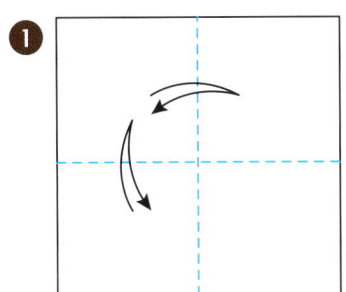 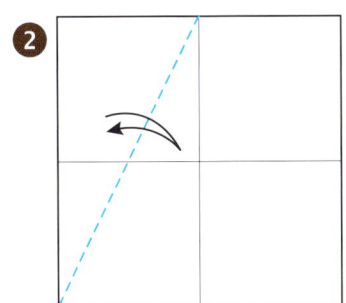 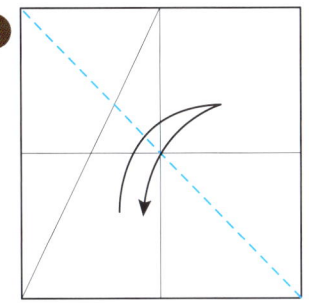

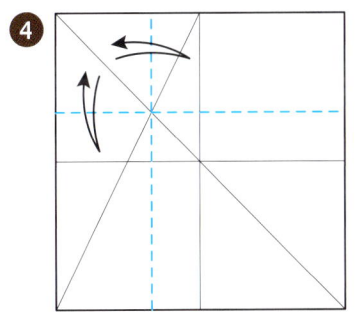 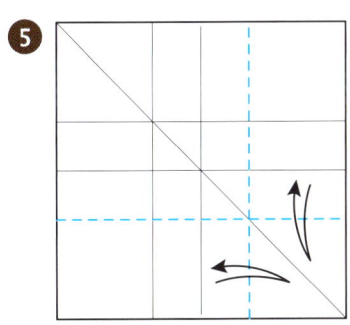 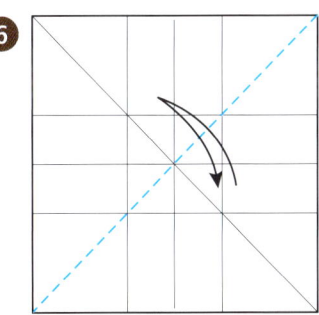

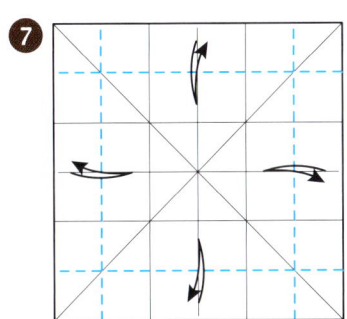 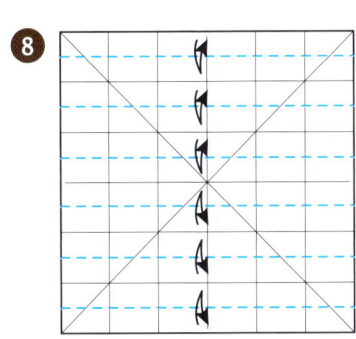 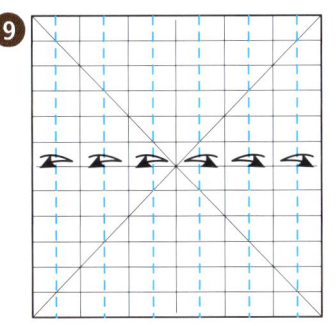

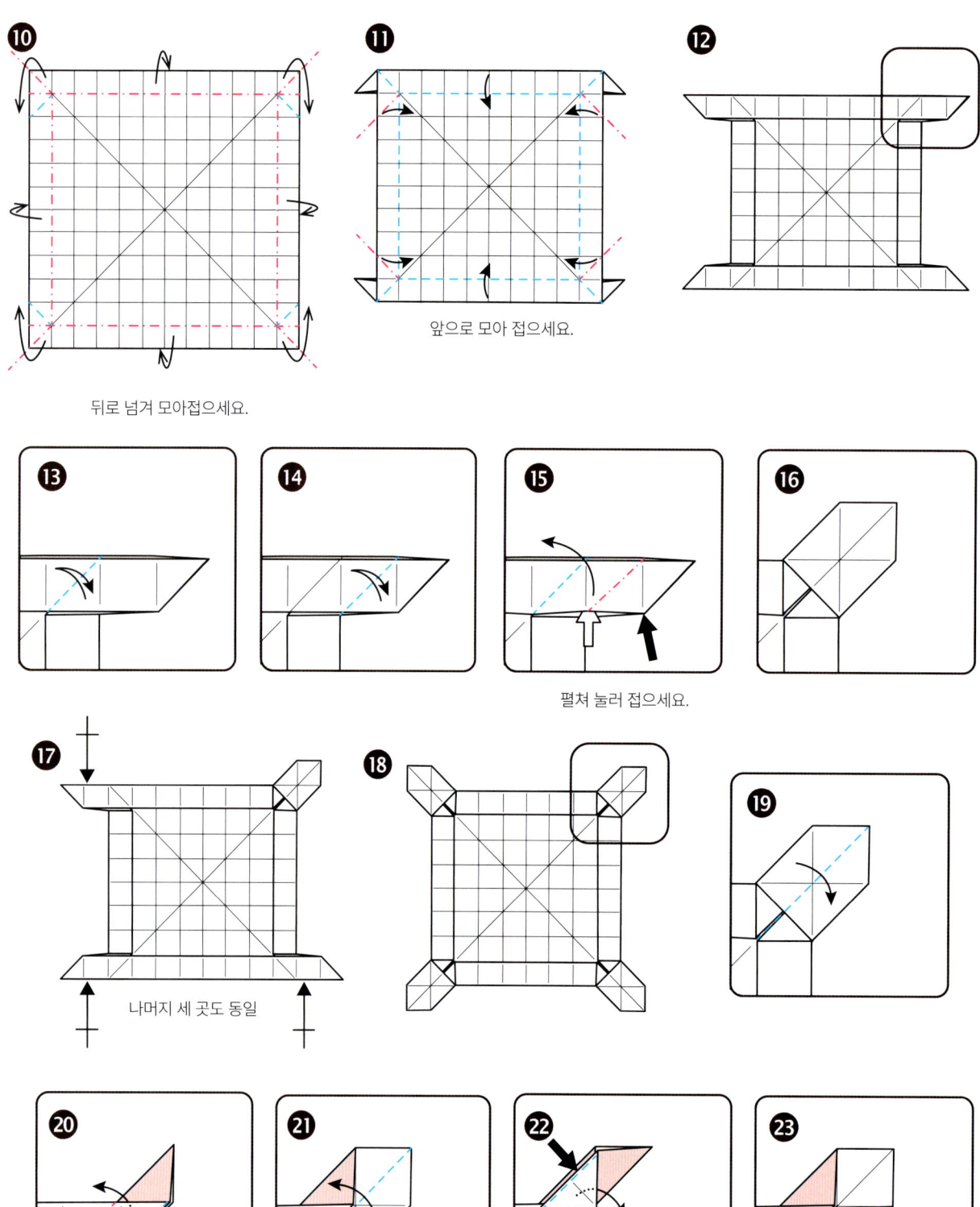

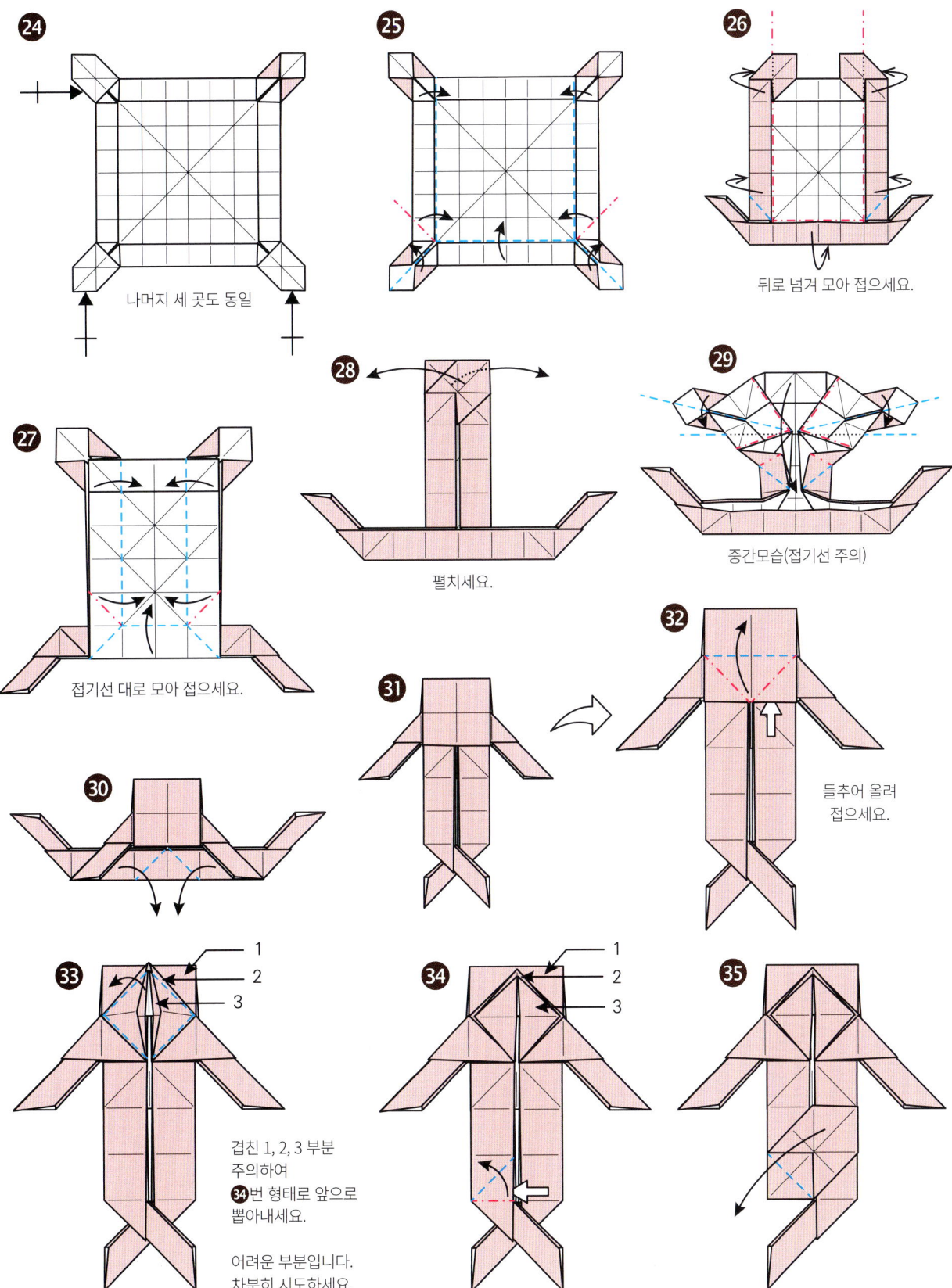

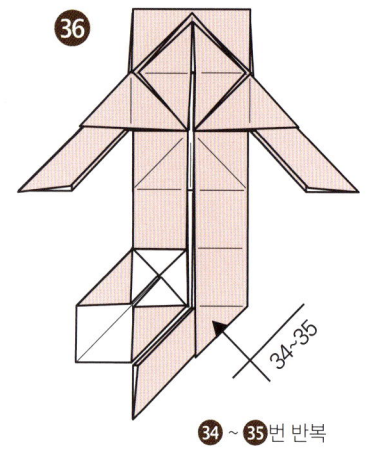
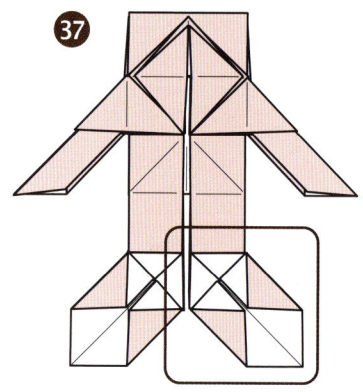
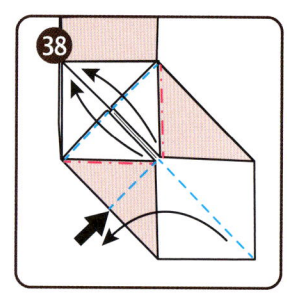

당겨 올리며 모아접어
높히세요.

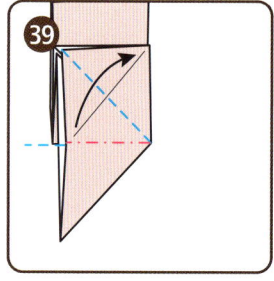

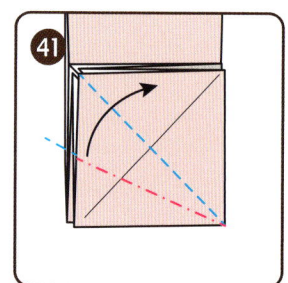
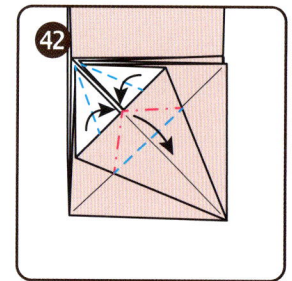

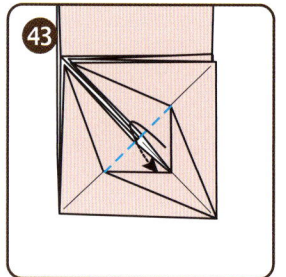
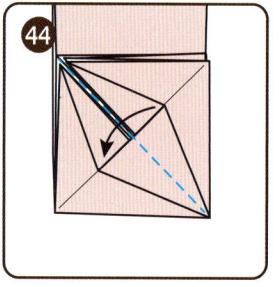
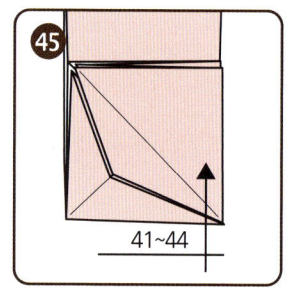
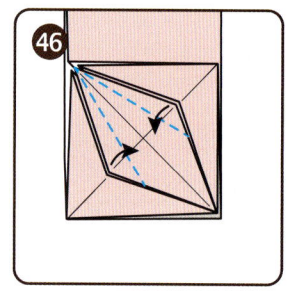

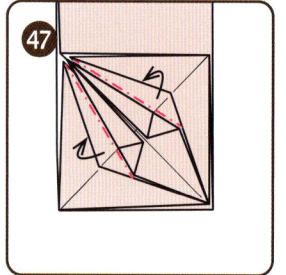
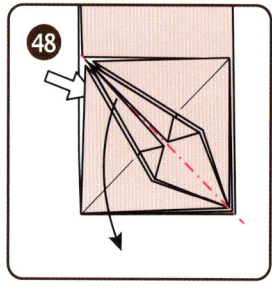
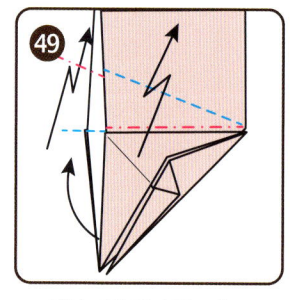

덮어 씌워 올려 접으세요.

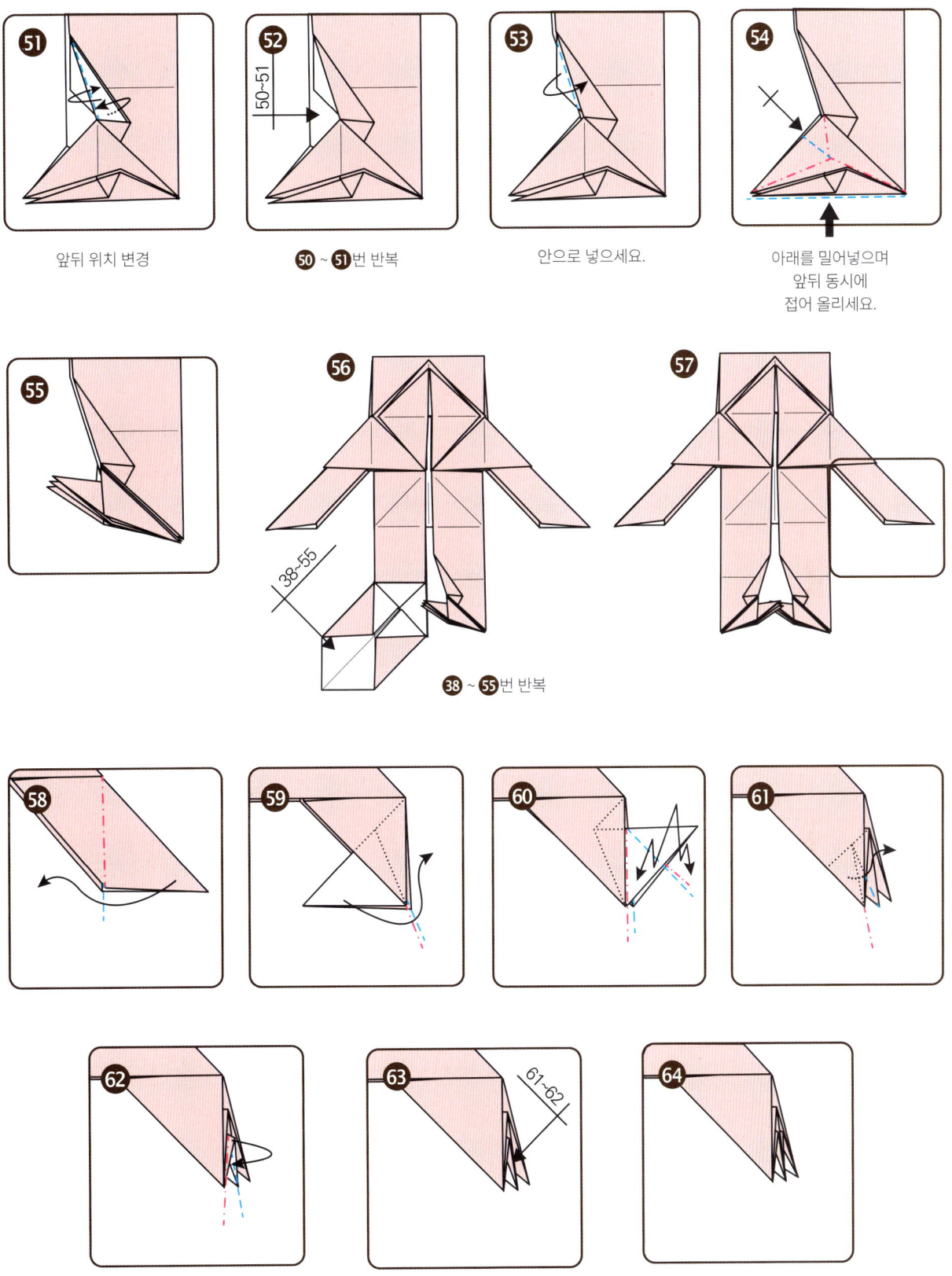

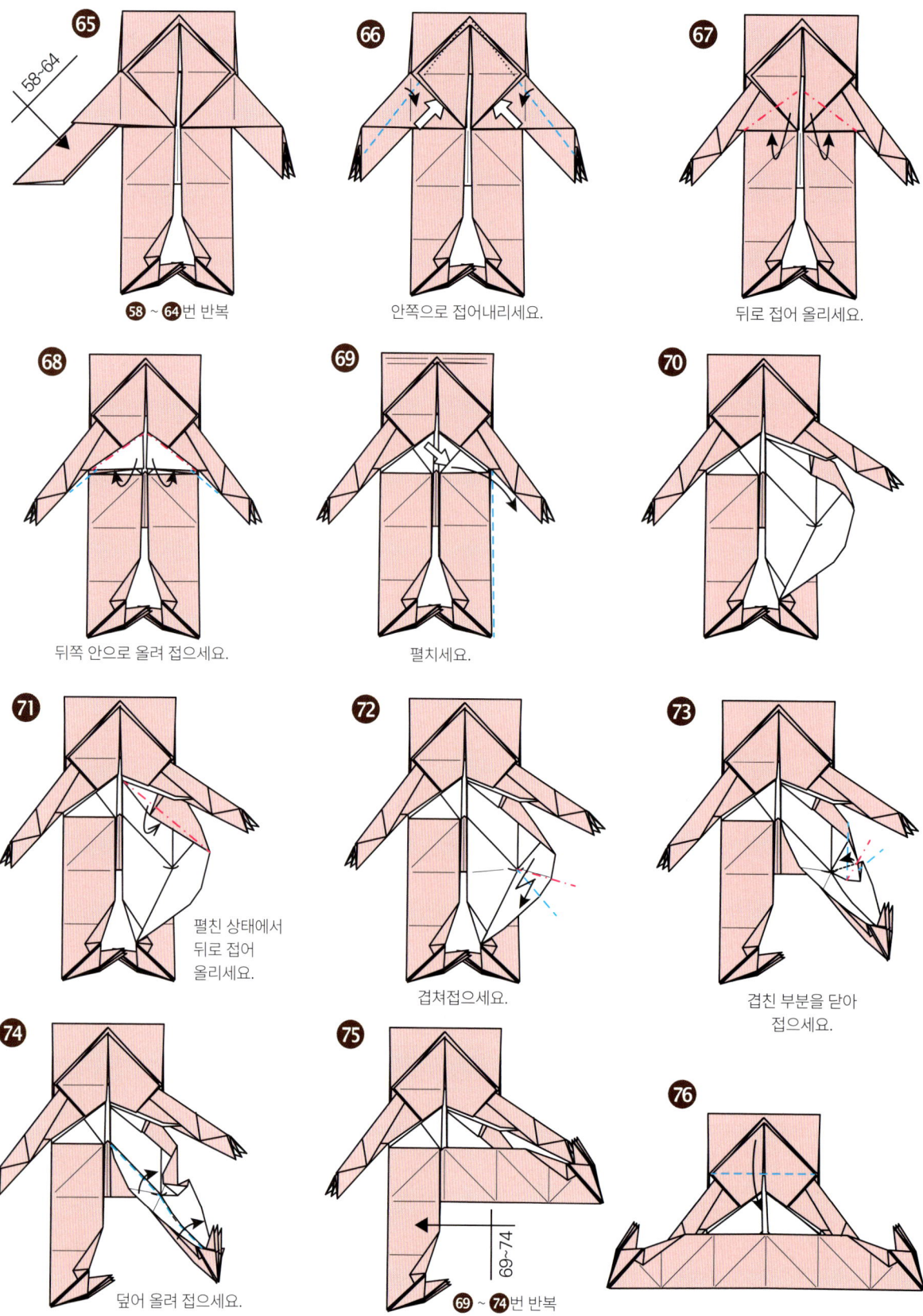

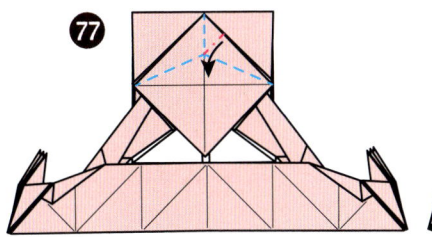
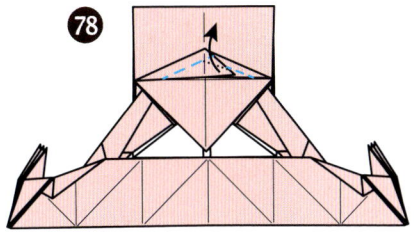
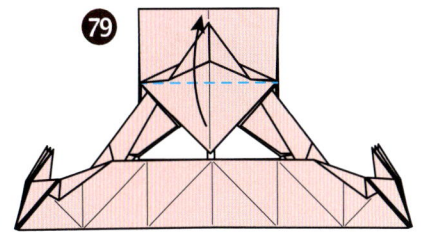

겹쳐 올려 접으세요.
(혀가 되는 부분입니다.)

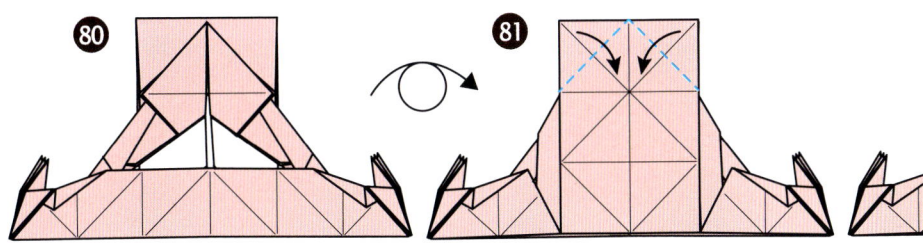
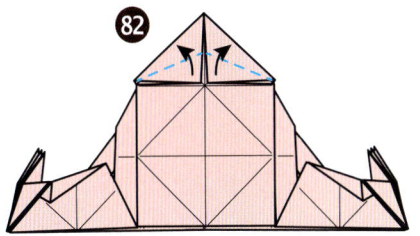

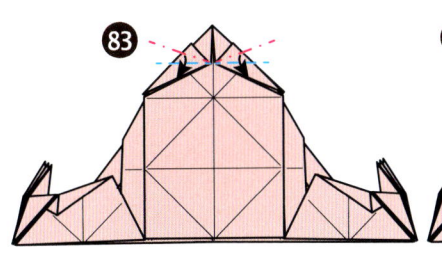
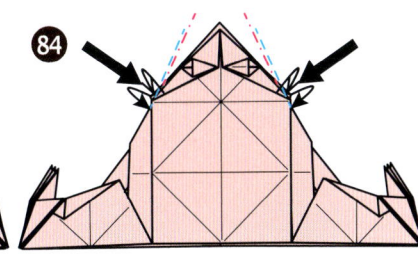
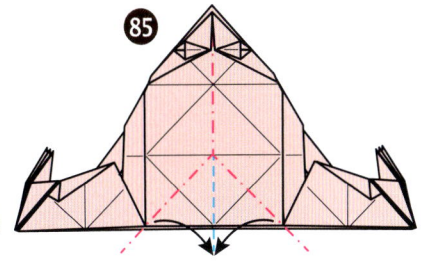

모서리 부분을 안으로 넣어
정리하세요.

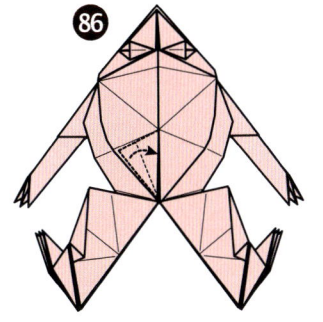
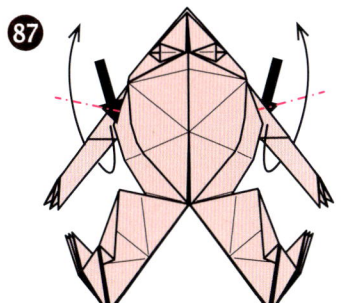
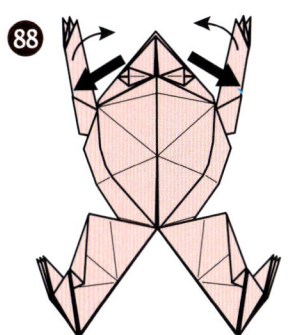

안쪽 겹친 부분을
꺾어 접어 닫으세요.
(풀 고정 가능)

앞 다리를 꺾어 접으세요.

앞 다리를 꺾어 접으세요.

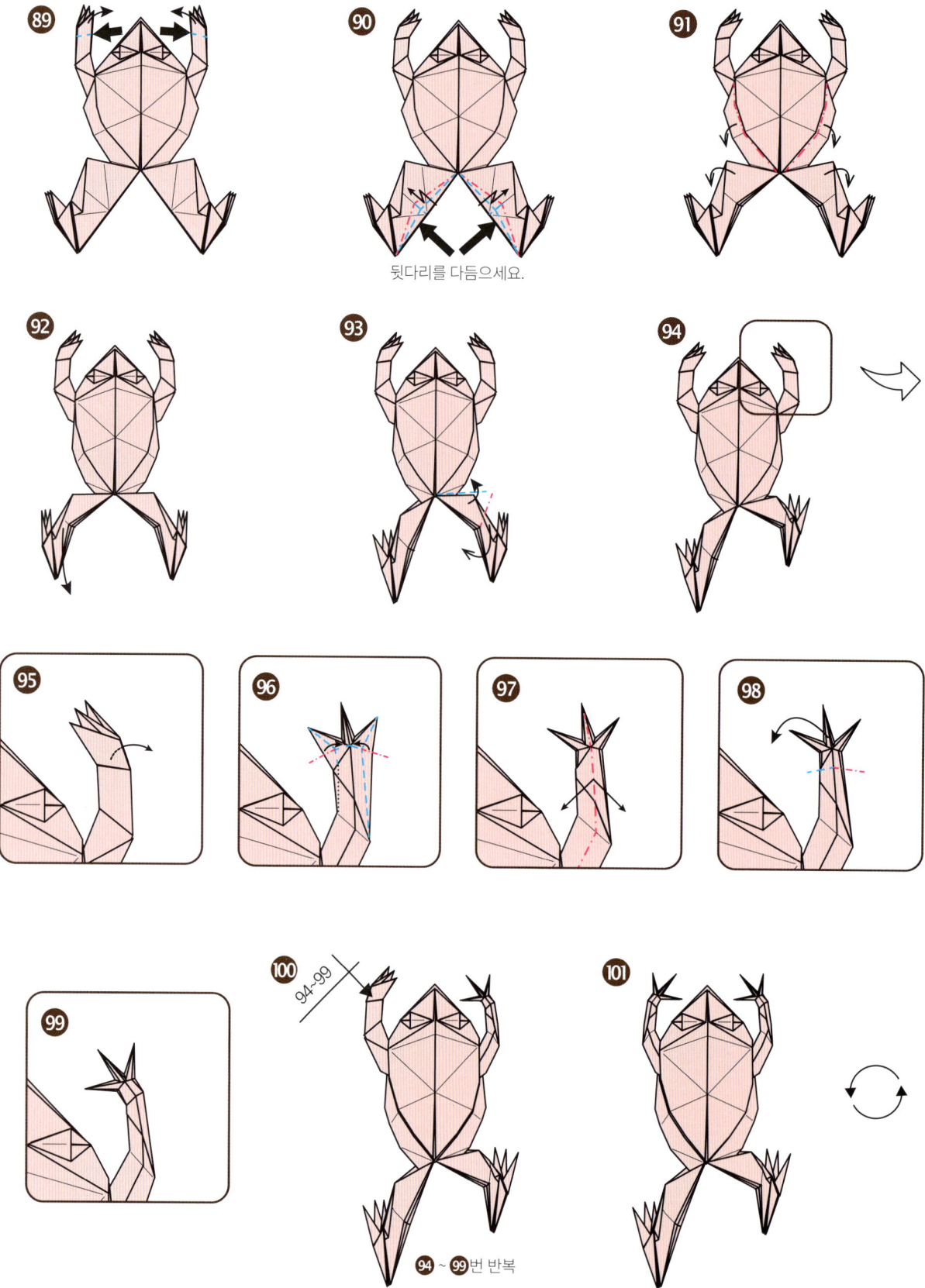

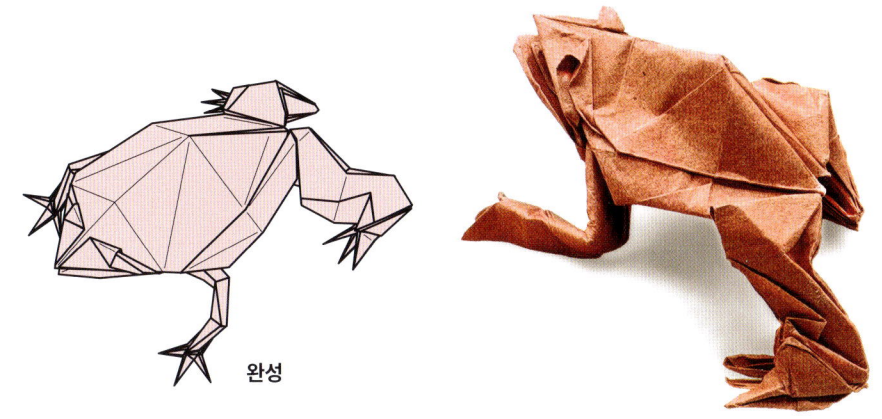

완성

두꺼비 전개도

특이한 형태 표현하기
긴꼬리원숭이
Long-Tailed Monkey

종이 | 종이나라《다물 클래식》 또는《유제지》 30㎝ (얼굴 부분 합지)

매우 긴 꼬리를 가진 작품입니다.
종이의 안배를 어떻게 했는지 숙지하며 접어 보세요.

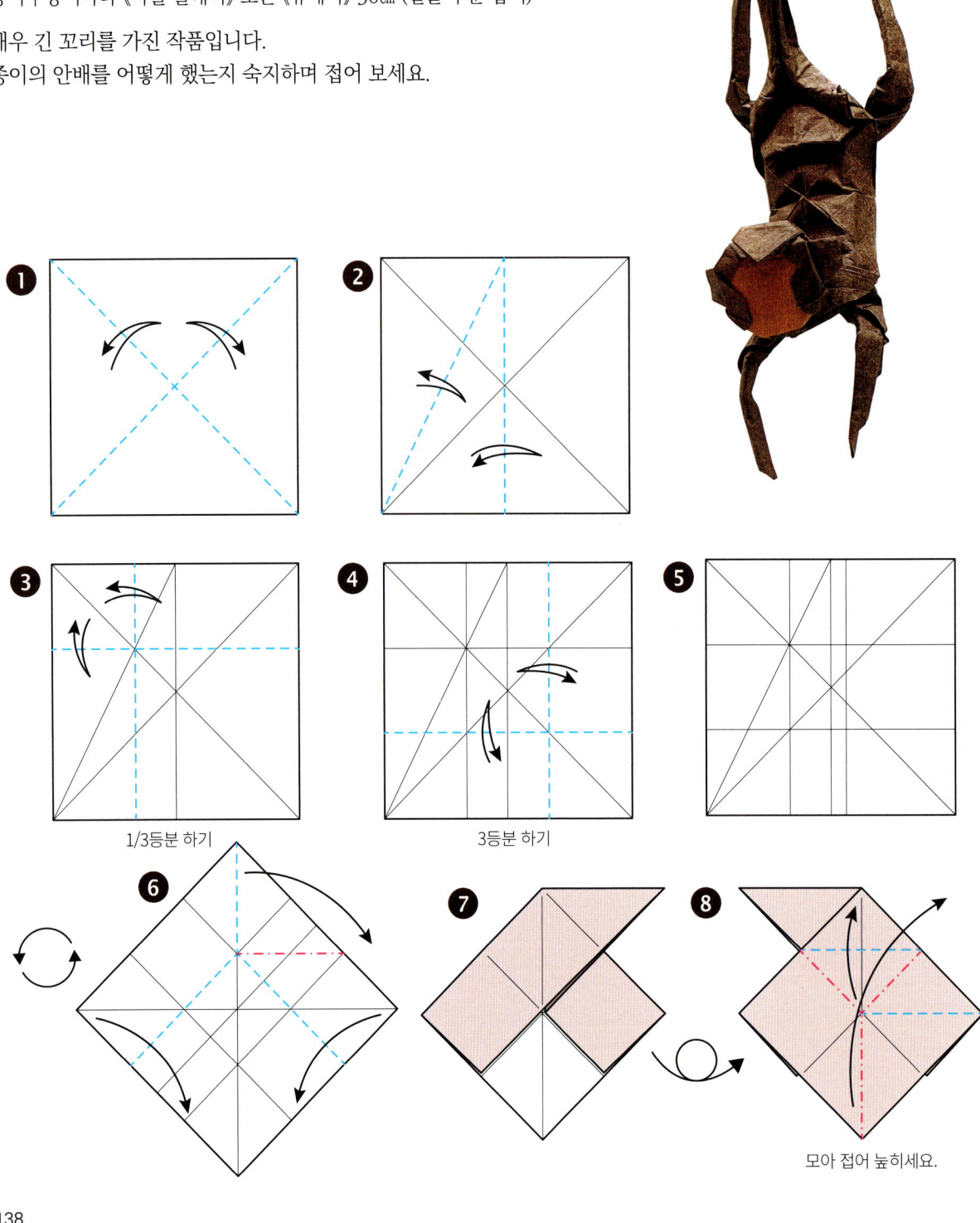

1/3등분 하기

3등분 하기

모아 접어 높이세요.

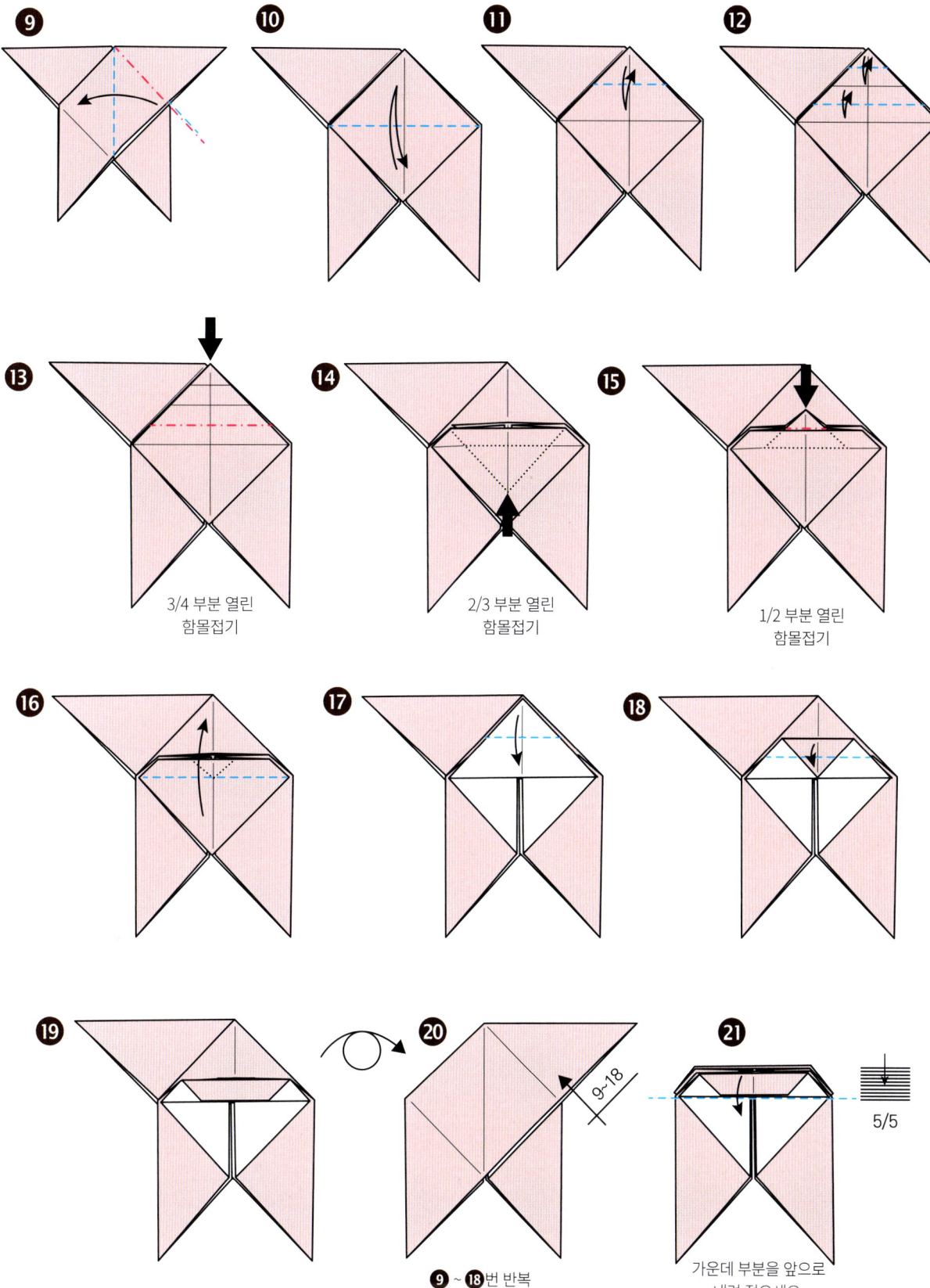

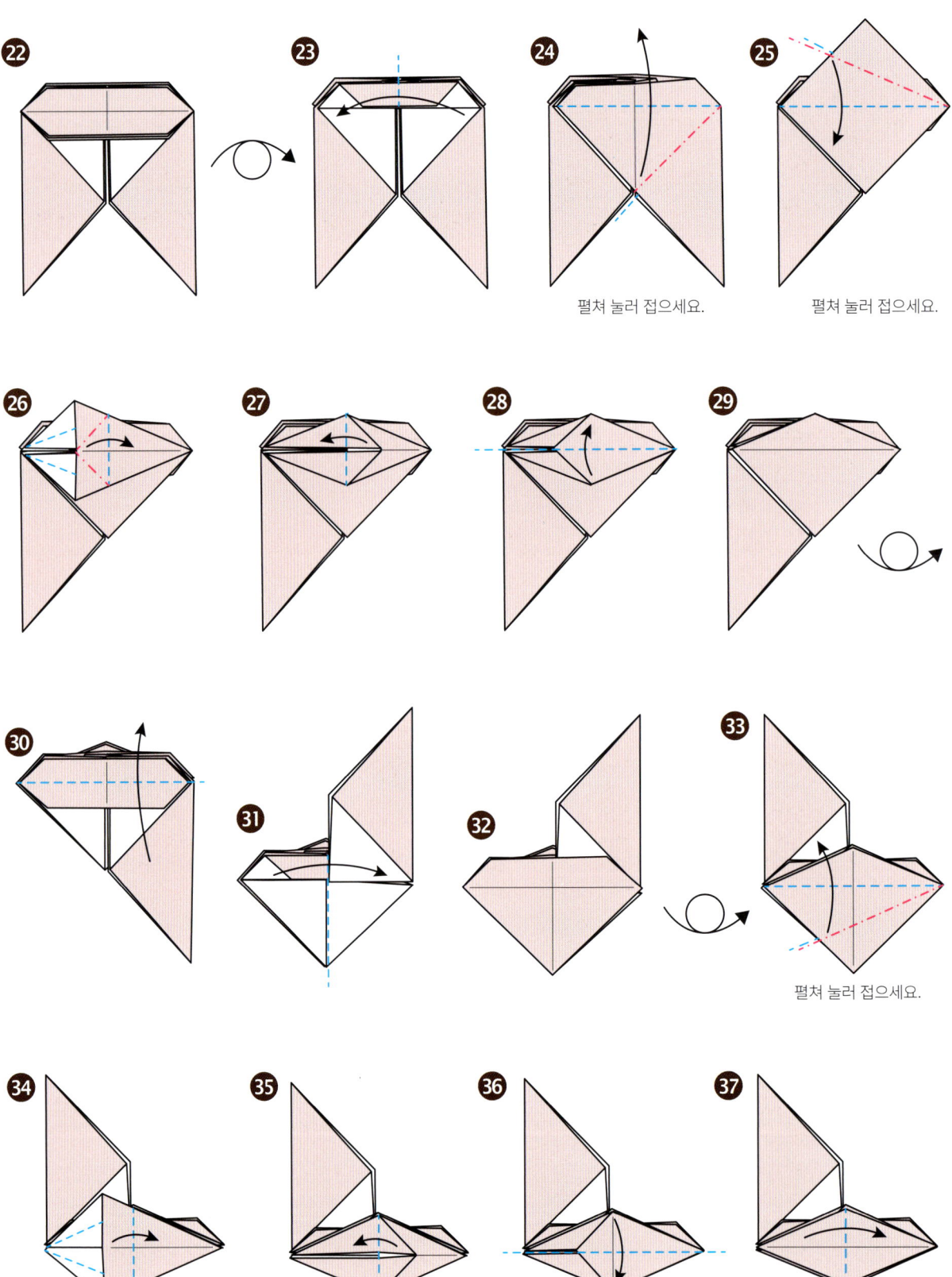

펼쳐 눌러 접으세요.

펼쳐 눌러 접으세요.

펼쳐 눌러 접으세요.

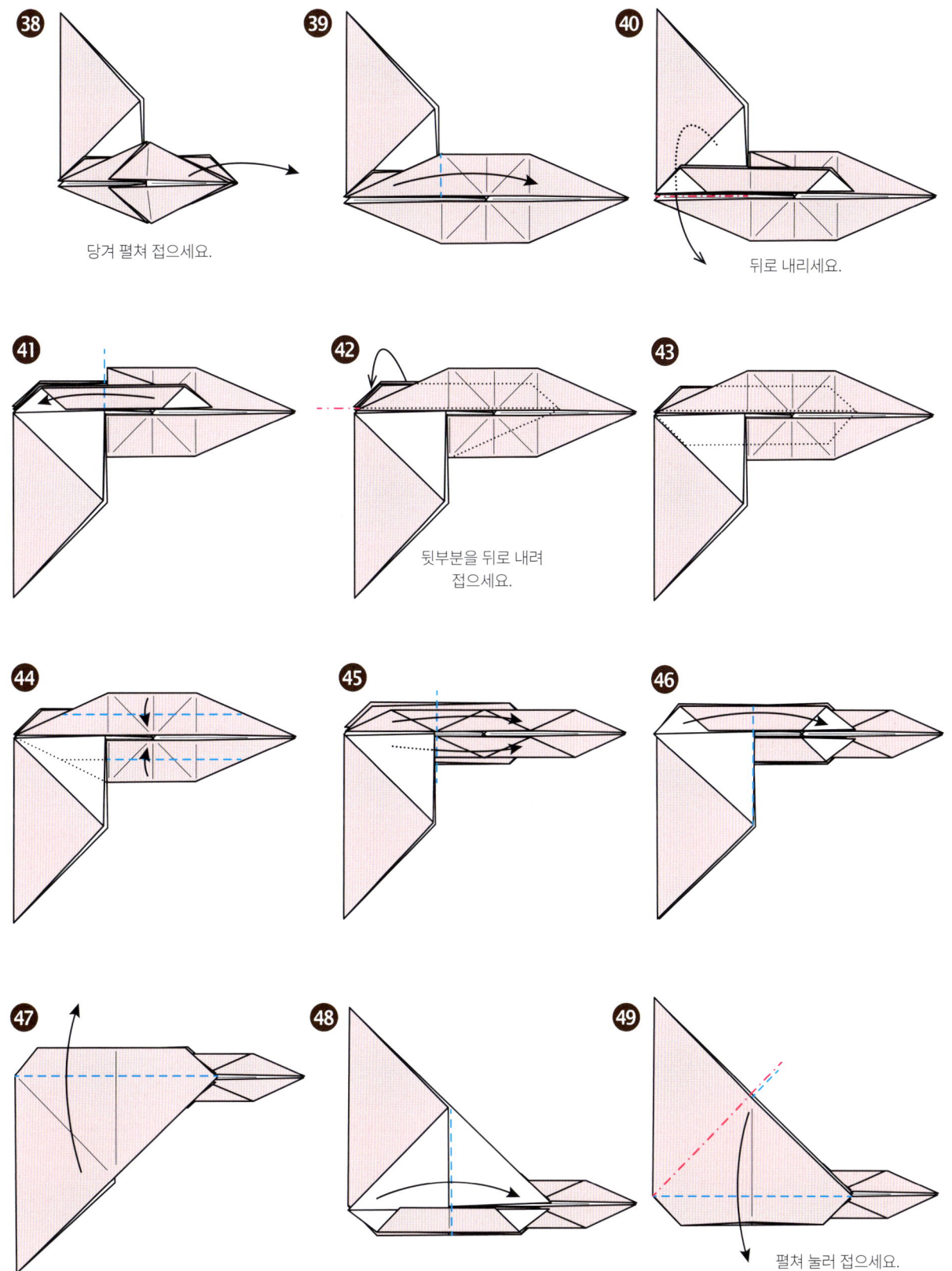

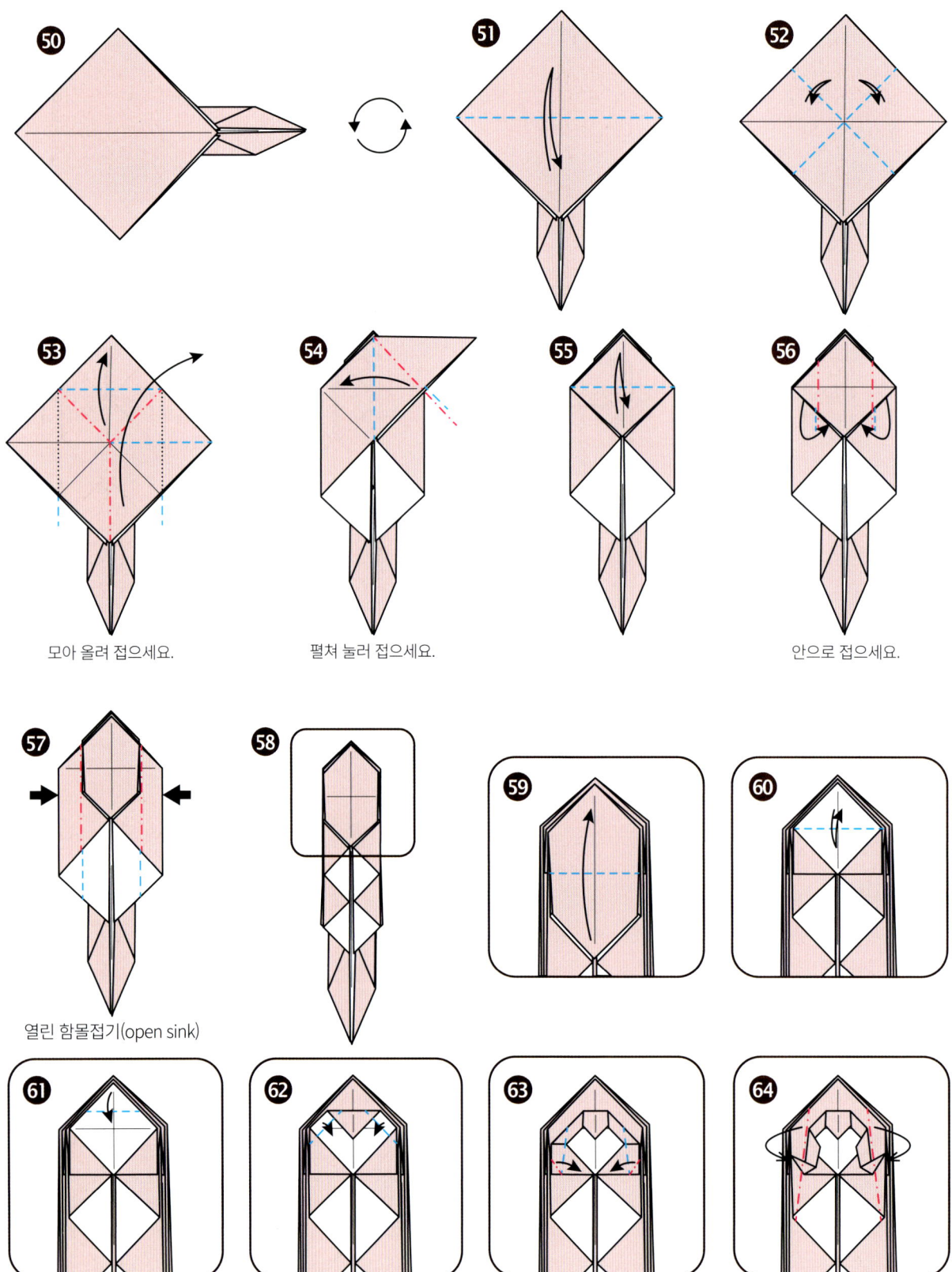

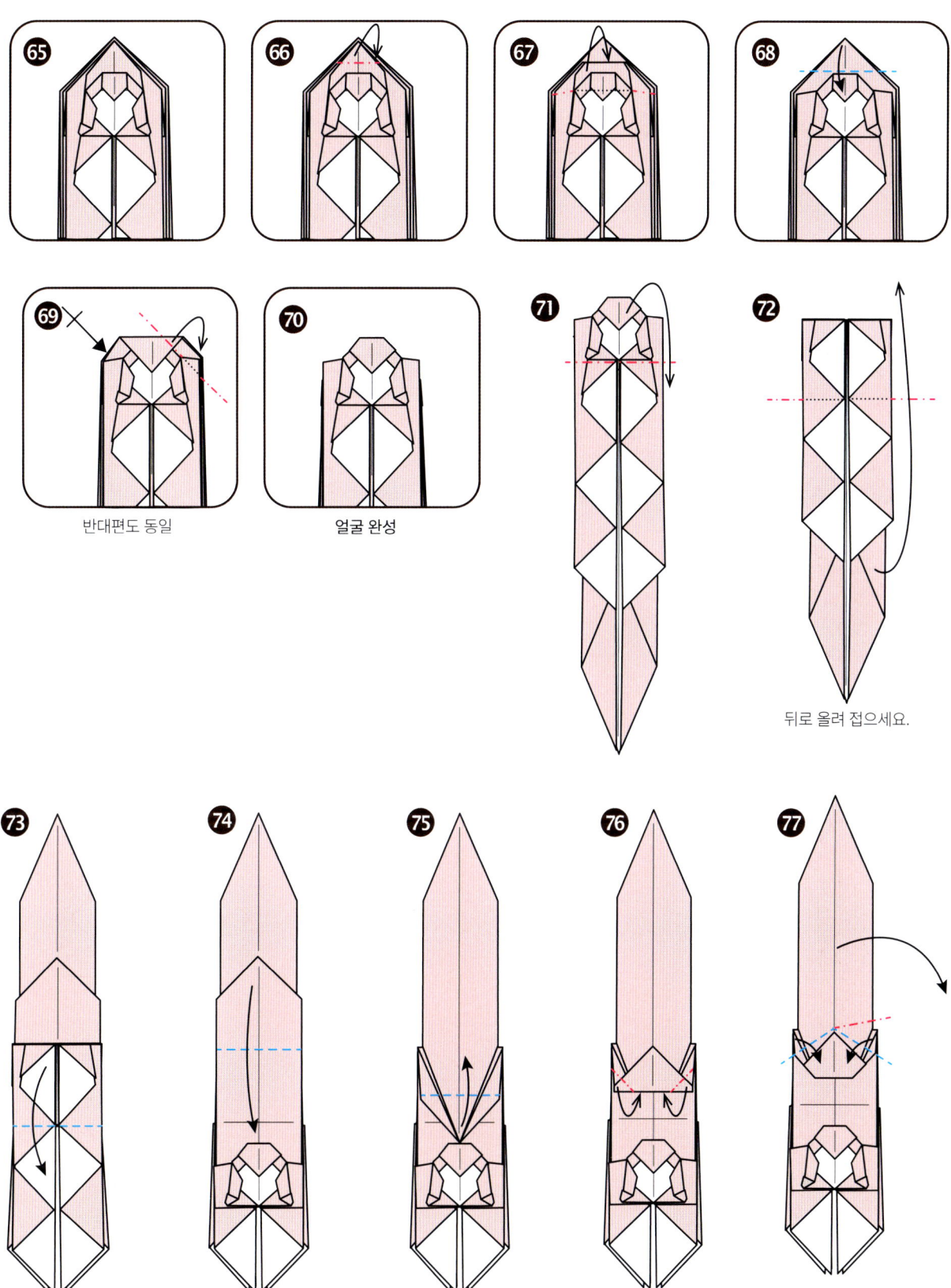

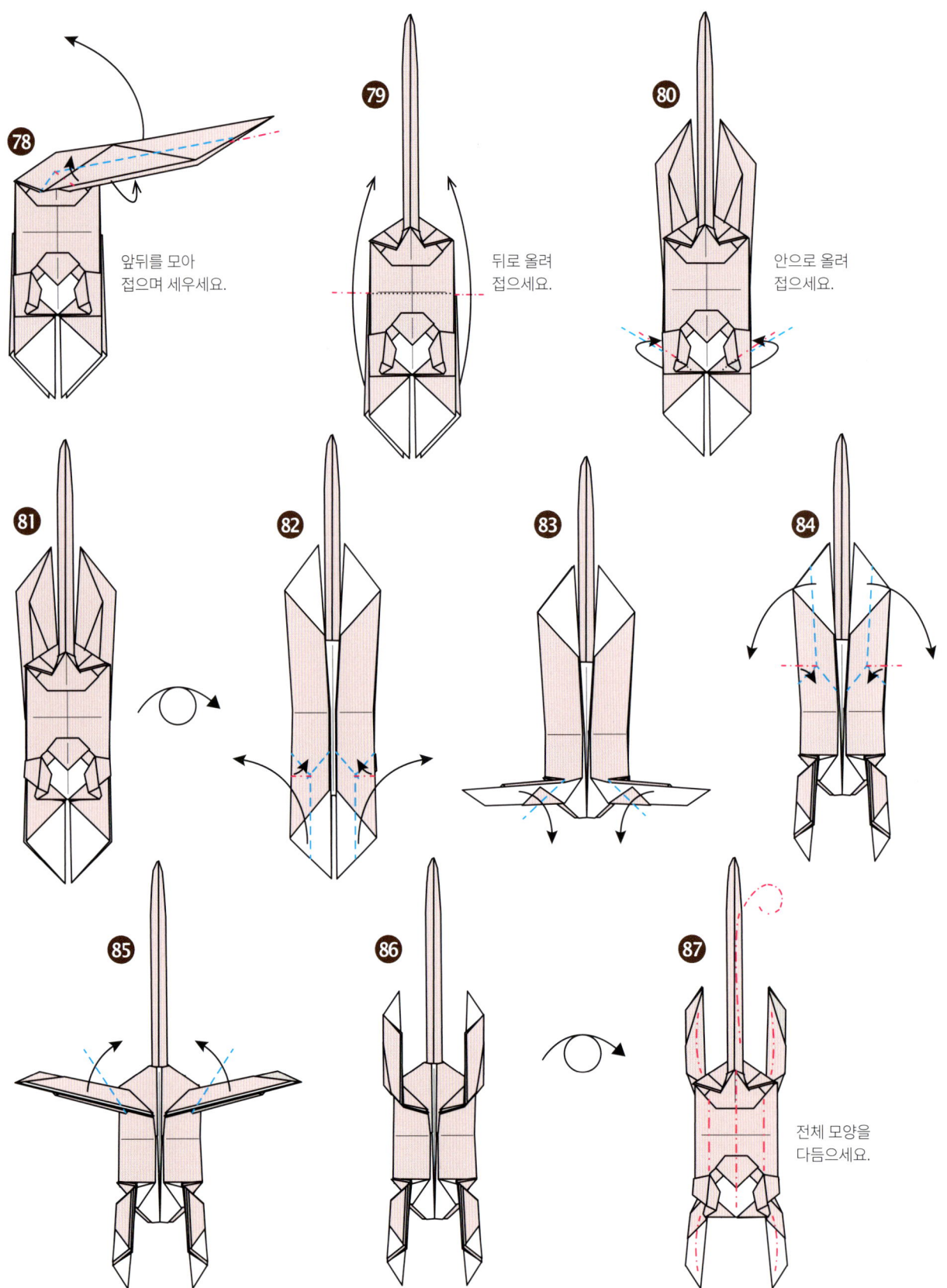

완성

긴꼬리원숭이 전개도

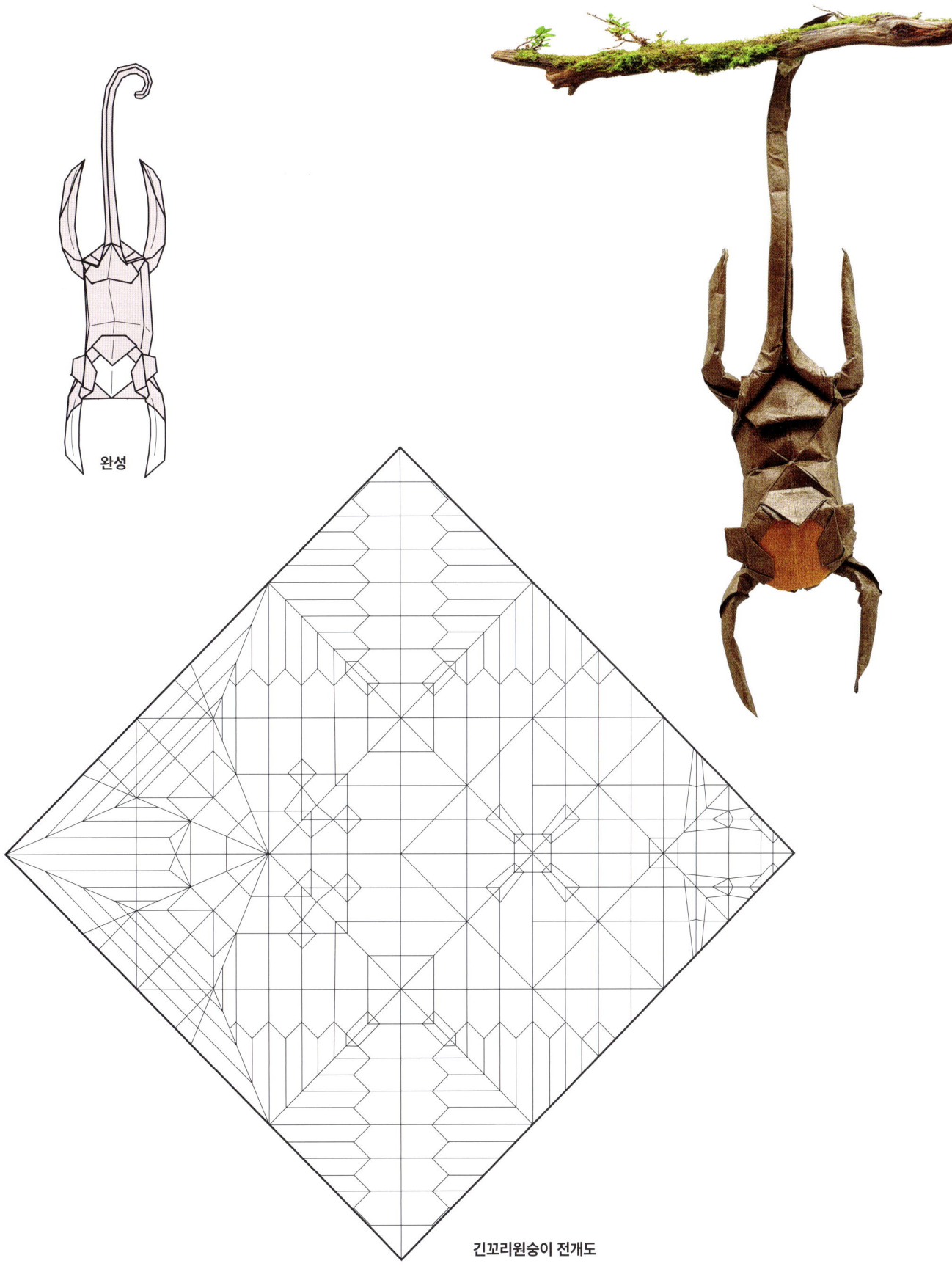

K종이접기 마에스트로 칼럼

낭만적 종이접기 시대의 마지막 파수꾼 제라드 타이 소반

제라드 타이 소반 (Gerard Ty Sovann)

누구나 종이접기를 시작할 때는 특별한 동기기 있다. 나에게도 여러 동기부여의 경험이 있지만 지금도 머릿속에 떠오르는 한 장의 사진은 내 인생의 종이접기 여정에 커다란 이정표가 되어 주었다.

"실물 크기의 종이접기 기린과 몇몇 아프리카 동물들 그리고 그 사이에 앉아 있는 한 동양인 작가" 이 사진은 삼십여 년이 지난 지금도 나의 종이접기 인생에 나침반과 같은 모습으로 기억되고 있다. 그 사진 속의 작가가 바로 그가 오늘 이야기하려는 작가 Ty Sovann(타이 소반)이다.

그를 소개하기 위해 오래된 기억을 되살려 그를 찾고 알아내는 데에는 다른 작가에 비하여 좀 더 많은 시간이 필요했다. 그만큼 그는 요즈음의 종이접기 트렌드와는 약간은 거리를 둔 작품 세계를 가지고 있기 때문이 아닐까 싶었다. 환타지적이거나 복잡, 정밀한 접기보다는 각 동물의 특징을 확대하고 큰 덩어리의 객관적 형태를 잡아내며 표면에 물감 등으로 개체의 특징을 입혀주는 방식과 가장 큰 특징인 라이프 크기(실물 크기 종이접기)의 작품이라는 점이 아마도 그러한 이유일 듯 싶었다. 하지만 이는 나의 큰 착각이었다. 그는 자신의 자리에서 꾸준히 자신의 작품 세계를 만들어 내어가고 있었지만 우리는 아니, 나는 시대적 흐름에 빠져 그를 보지 못하고 느끼지 못하고 있었을 뿐이었다. 어찌 됐건 그에 대한 공개된 정보는 그리 많지 않기도 하지만 그를 찾아가는 과정에서 그러한 정보는 그리 중요치 않음을 그의 작품을 찾아보며 느낄 수 있었다. 그가 어떻게 살아왔고 어디 출신이며(캄보디아 출신 1944년생 정도) 무엇을 공부하였는지는 그리 중요치 않음을 깨닫는다. 그가 만든 작품의 눈과 귀 그리고 몸통과 다리, 거기에 더해진 불규칙한 종이의 주름들 그것

Lion de : 8m de long 4,50m de haut et pèse 130kg

Un carré de 25mX25m

만으로도 나는 깊은 감동과 그가 말하려 하는 것들을 충분히 느낄 수 있었다. 어찌보면 기괴한(grotesque) 혹은 해학적인 모습의 작품들을 보며 그는 종이접기 최후의 낭만적 시대를 살아가는 종이접기 예술가일지도 모른다는 생각이 들었다. 이제 더 이상 종이접기에 낭만은 사라지고 여유와 여백이 없어진 시대적 흐름 앞에 그의 존재에 한없이 감사함을 느끼게 된다. 나는 그를 더 알아보기 위해 인터뷰에 몇 가지 도식적인 질문들을 던졌지만, 그의 답변은 내가 생각했던 답변이 아니라 아래의 짧은 글을 보내주었다.

"(중략) 어린 시절 할머니의 민첩한 손과 손가락 사이에 종이새가 나타났을 때 할머니의 활짝 웃는 얼굴이 기억납니다. 1970년대 고국 캄보디아를 떠날 때 전통적인 종이접기 예술에 대한 경이로움에 매료되었습니다. (중략)" - 어린 시절의 추억, 무슨 이야기가 더 필요할까? 그의 이 짧은 기억의 단편만으로 나는 생략된 인터뷰를 읽지 않음에도 그의 종이접기를 느끼기에 충분했다. 추측건대 그 시절 그곳 현실의 막막함과 이국에서의 생활에 종이접기는 충분히 그의 보호처이며 삶의 의미였으리란 생각이 든다. 그러한 역사적 배경을 뒤로하고서라도 그는 종이접기를 통해 자연을 이야기함으로써 우리에게 많은 위로를 전달하려 노력한다. 종이접기의 특성을 잃지 않으면서도 접고 또 접어 살아 움직이는 종이접기를 만들어내며 가능한 한 가장 비유적인 방식으로 형태를 변형, 표현하는 그의 작품은 생태계 유지와 자연 보전이라는 그가 소통하고자 하는 관심사를 표현하기 위해 자연에 최대한 가깝게 표현하고자 노력해 왔음을 알 수 있다. 하나의 작품에도 충분히 스토리가 읽히는 작품들, 더군다나 그것들이 실물의 크기이며 군집을 이루었을 때의 장엄함은 종이접기의 의미 전달이라는 관점으로 보았을 때 최대의 효과를 나타내어주는 방법이다. 그렇기에 그가 종이를 접고 전시를 하는 이유를 충분히 이해할 수 있었다. 그는 프랑스와 유럽의 다양한 쇼핑센터, 영화관, 박물관 등에서 전시했으며 3mm ~ 25m 다양한 크기의 종이로 작업을 하기도 한다. 하나의 예로 1,500마리의 종이동물로 구성된 '에덴동산'은 기네스북에 등재되는 등 많은 업적과 기록을 가진 작가이기도 하다. 알면 알수록 경이로운 작가이다.

이렇듯 오랜 세월을 종이접기에 몰입하며 이 많은 활동과 기량을 가진 작가를 우리 세대에 다시 만날 수 있을까? 그의 시대가 조금 더 연속되길 진심으로 바래본다. 이제 종이접기의 낭만이 춤추던 시대는 끝나간다… 아니 이미 끝났을지도 모른다. 다시는 그런 시대가 다시 돌아오기는 어려울 듯싶다. 하지만, 이 시대를 그와 함께 보낼 수 있어서 그리고 그와 함께 할 수 있음에 감사를 드린다. ℗

6

세밀한 표현 기법

물고기의 비늘, 거북 등의 문양을 표현하는데 테셀레이션 기법이 필요합니다.
이러한 방법은 촉수나 여타의 세밀한 부분을 얻어낼 수 있는 기회를 제공합니다.
이번 파트에서는 테셀레이션을 이용한 세밀한 표현을 경험해 봅시다.

세밀한 표현 기법
테셀레이션
Tessellation

종이 | 종이나라 《유제지》 또는 풀 먹인 한지 45㎝

테셀레이션은 도형이 서로 겹치지 않으면서 빈틈이 없이 평면 또는 공간을 전부 채우는 것으로 염색한 한지에 풀을 먹여 만들어 봅시다.

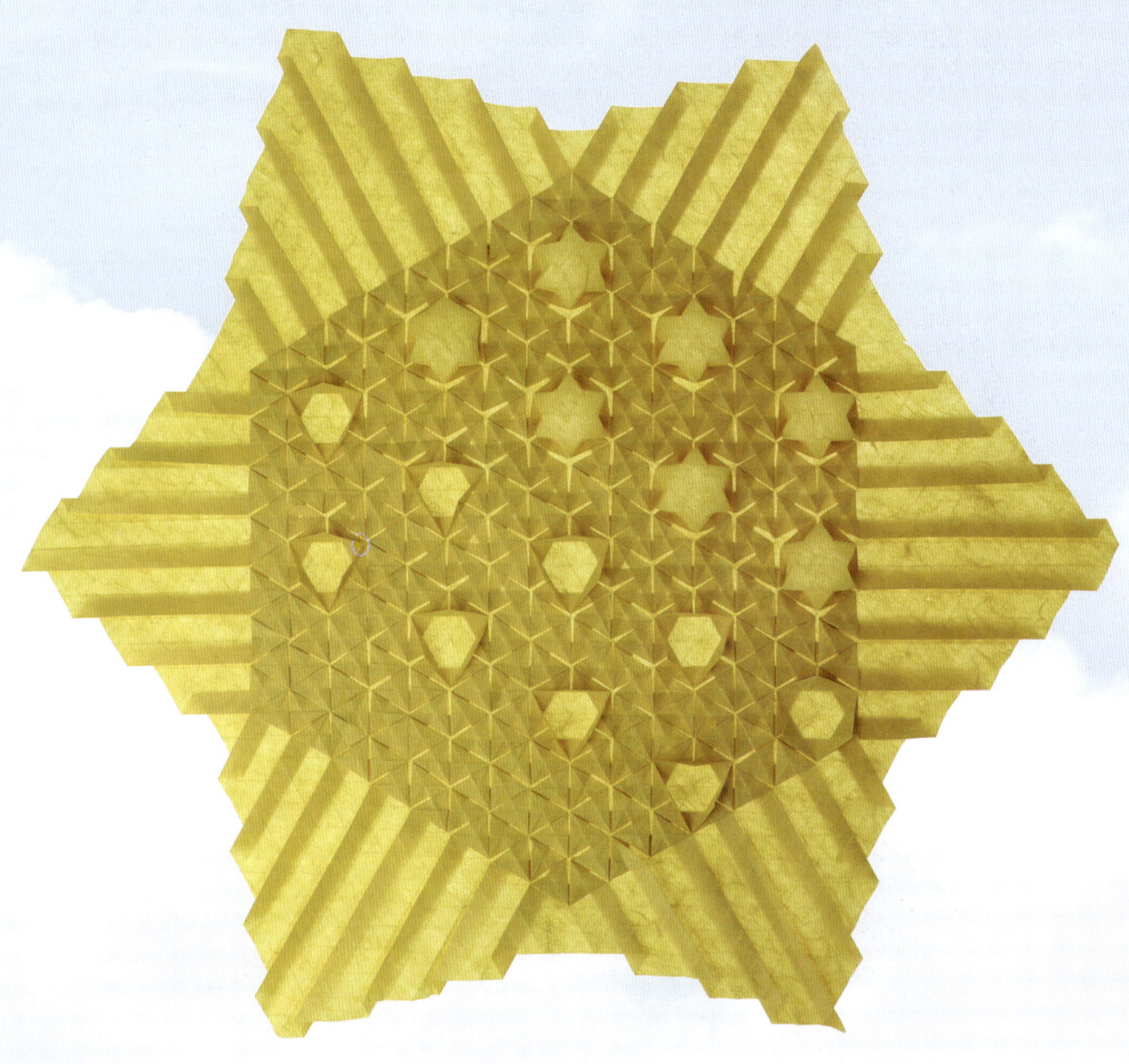

삼각형 비틀어 접기

레벨1에서는 아래와 같이 삼각형 비틀어 접기를 해보았습니다.

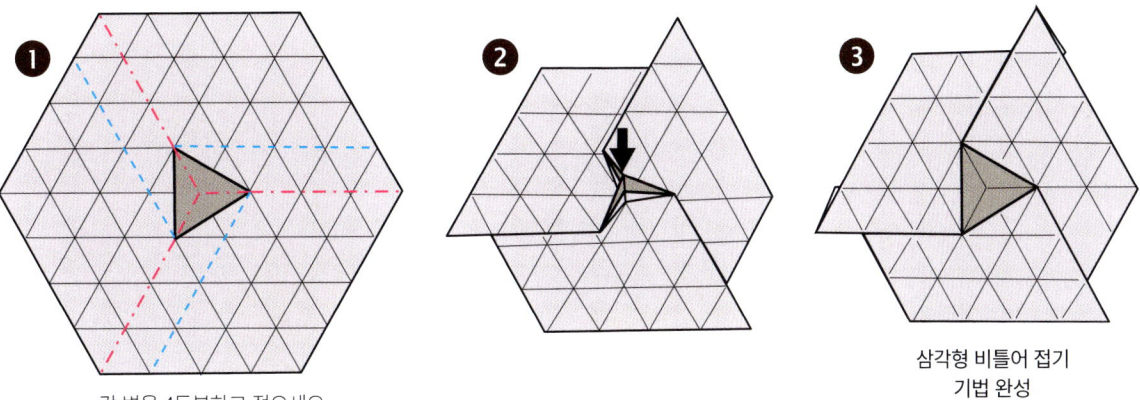

각 변을 4등분하고 접으세요.

삼각형 비틀어 접기
기법 완성

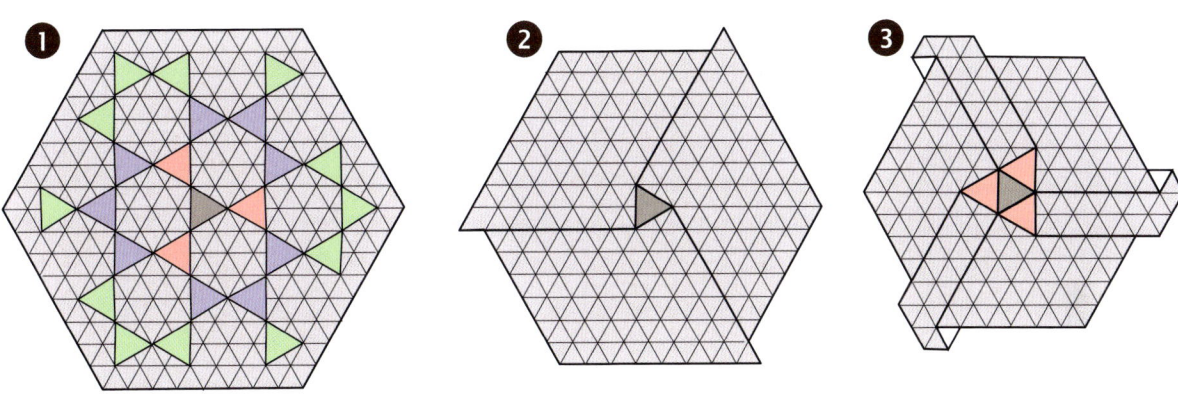

각 변을 8등분하고 접으세요.

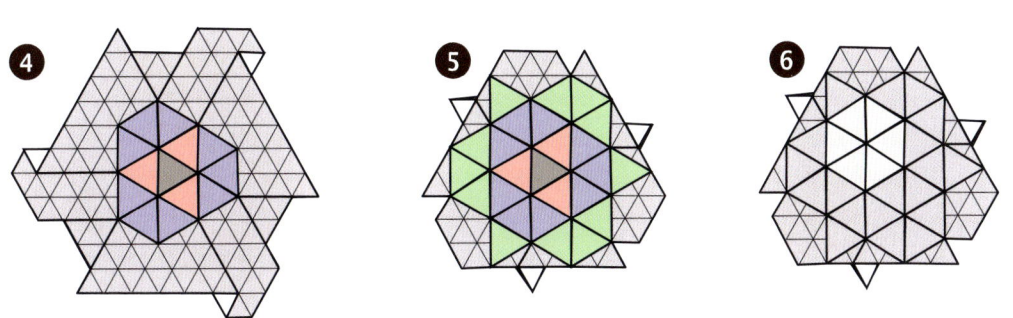

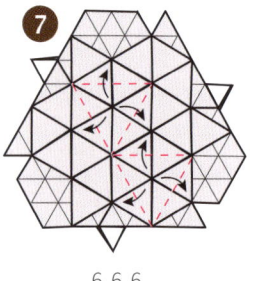
6.6.6

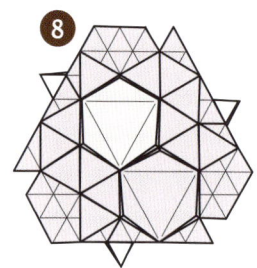

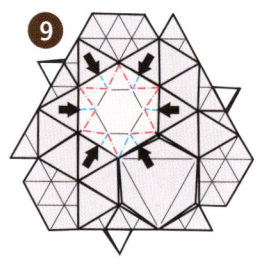

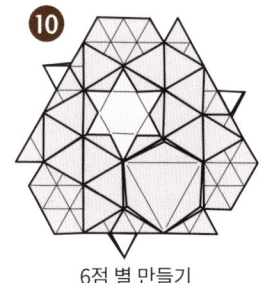
6점 별 만들기

사각형 비틀어 접기

사각형 비틀어 접기와 사각형접기(응용)을 해보도록 하겠습니다.

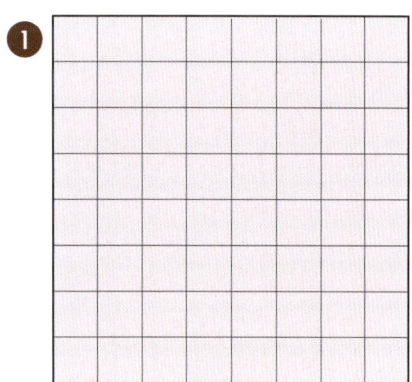
8×8등분 합니다.

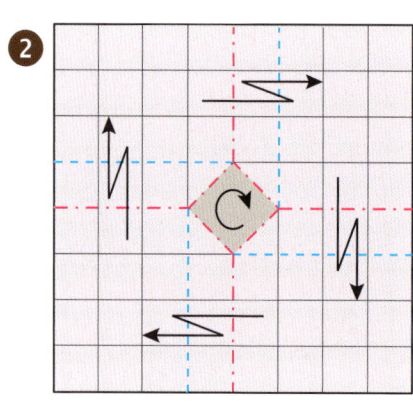
중심부분을 회전시켜 접으세요.

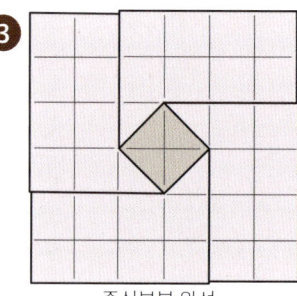
중심부분 완성

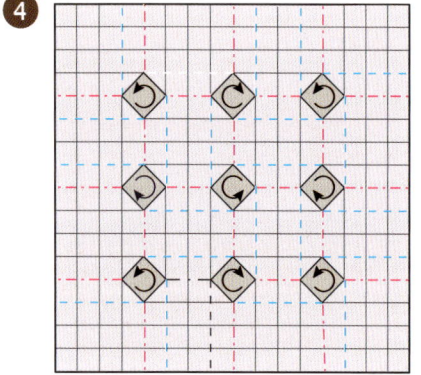
16×16 등분 합니다.

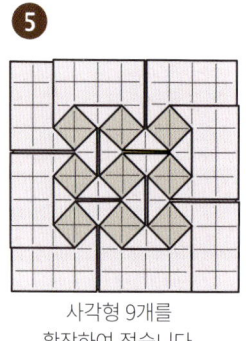
사각형 9개를 확장하여 접습니다.

사각형 접기(응용)

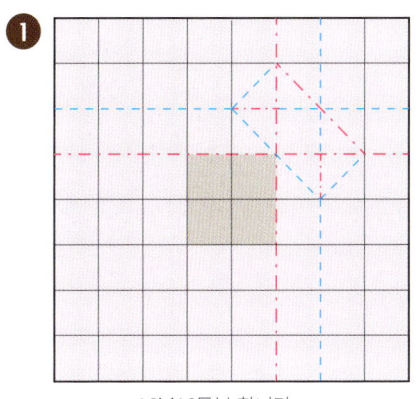

16×16등분 합니다.

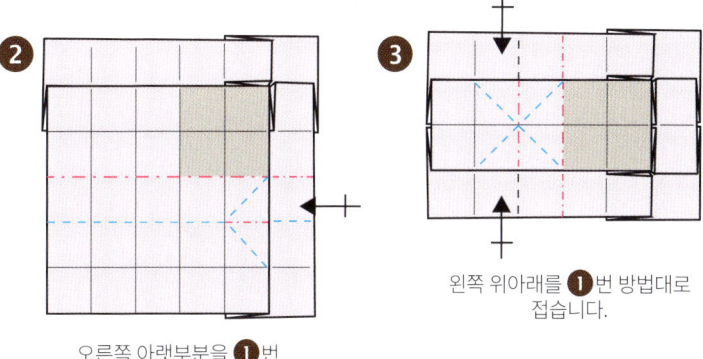

오른쪽 아랫부분을 ❶번 방법대로 접습니다.

왼쪽 위아래를 ❶번 방법대로 접습니다.

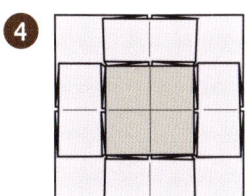
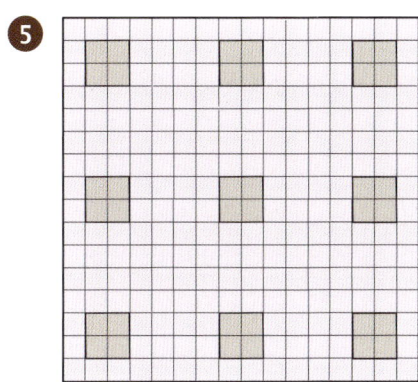

❶번의 접기 방식대로 모든 부분 (9개)의 사각형을 접습니다.

사각형 9개를 확장하여 접어 완성합니다.

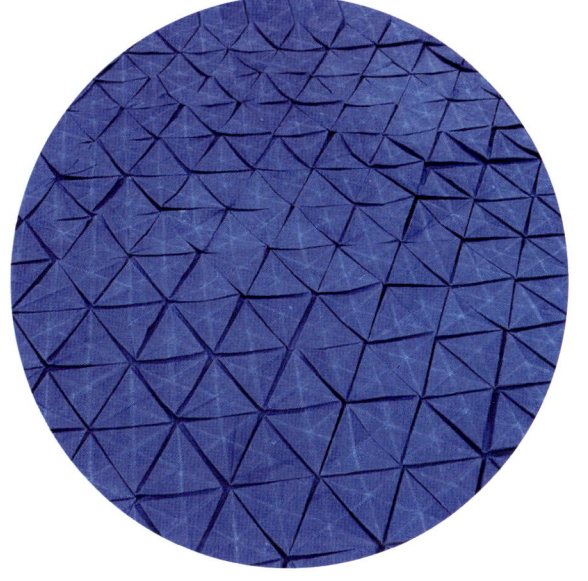

세밀한 표현 기법
거북이
Tortoise

종이 | 종이나라《유제지》 또는 풀 먹인 한지 45㎝

테셀레이션을 이용한 거북등과 등을 부풀리기 위해 접힌 부분을 당겨 벌리는 과정이 포함되어 있습니다. 종이접기의 표현 과정 중 한 방법입니다.

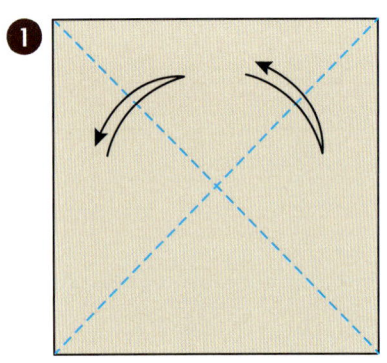
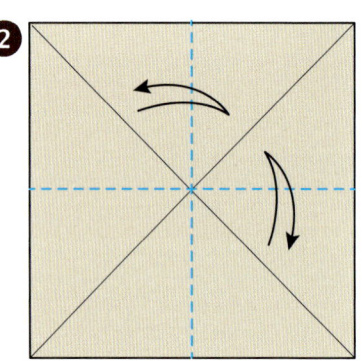
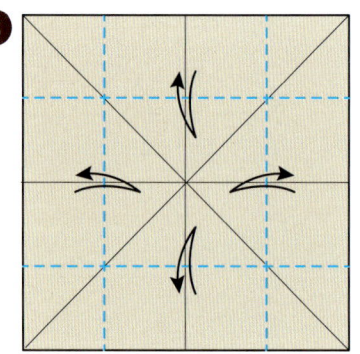
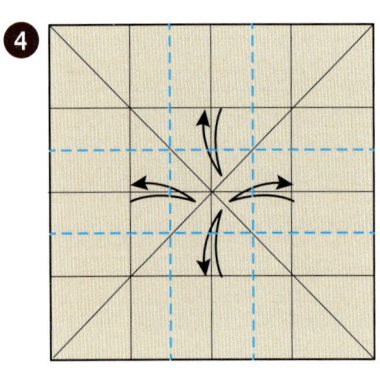
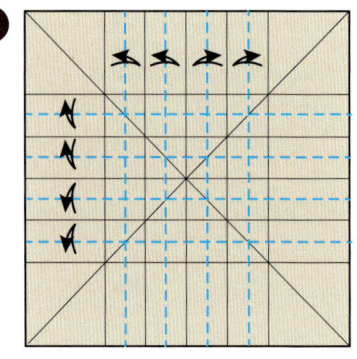
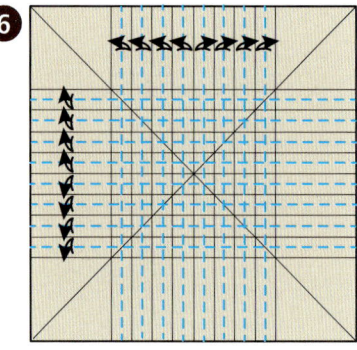
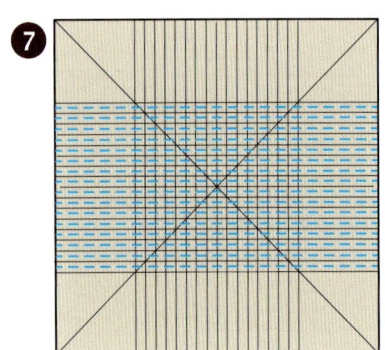
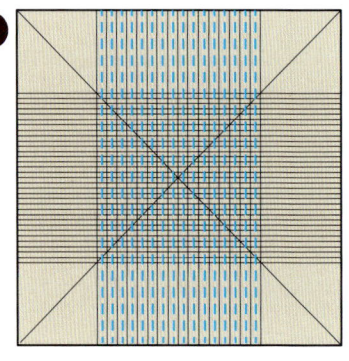
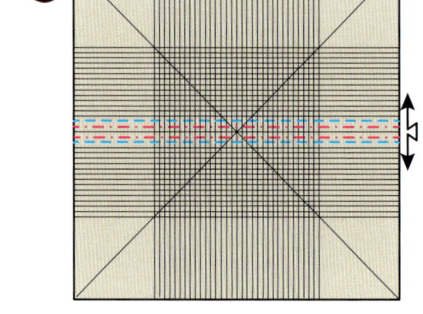

거북등의 모양을 만들기 위한 등분입니다.
정확한 선을 내는 것이 매우 중요합니다.

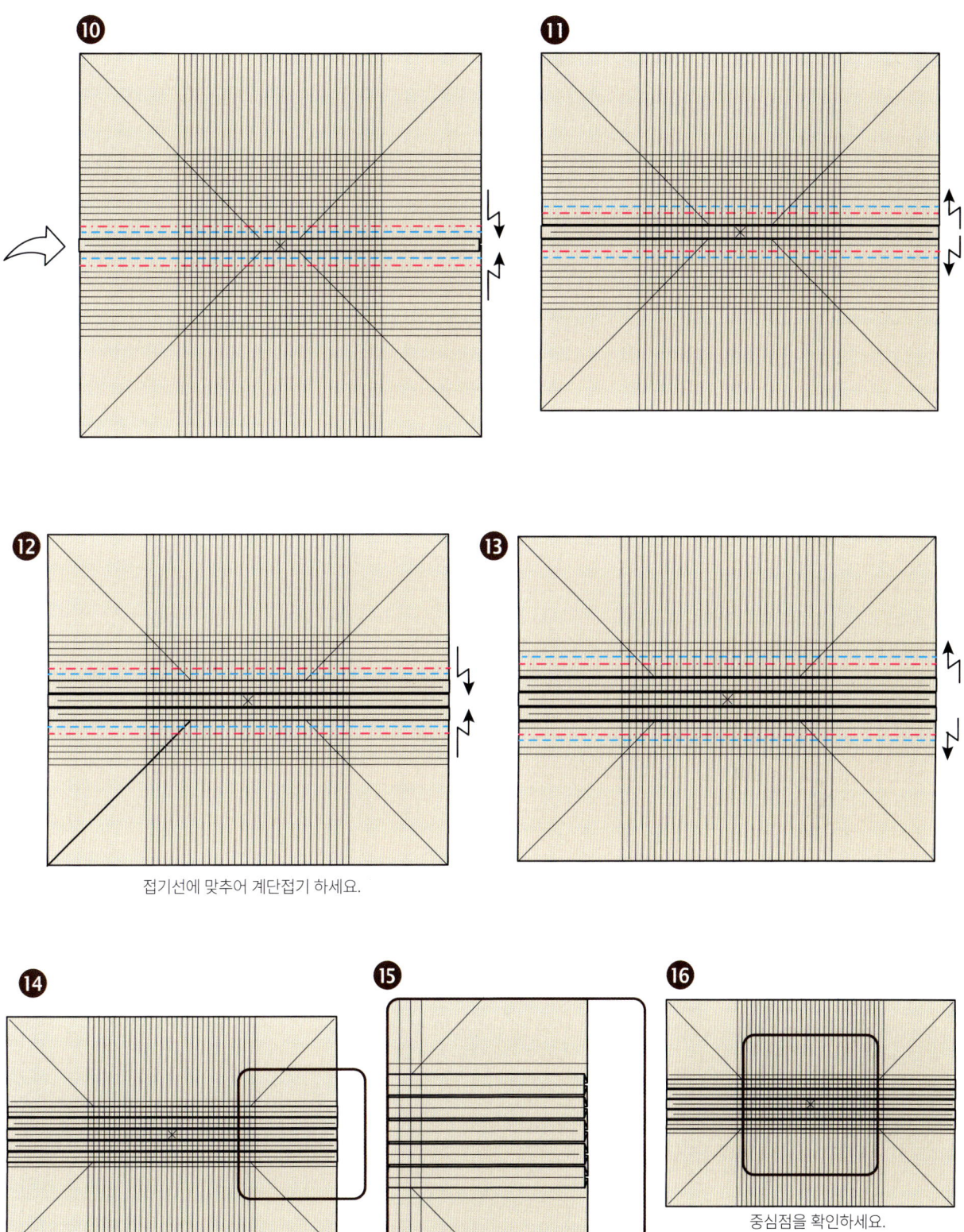

접기선에 맞추어 계단접기 하세요.

중심점을 확인하세요.

17

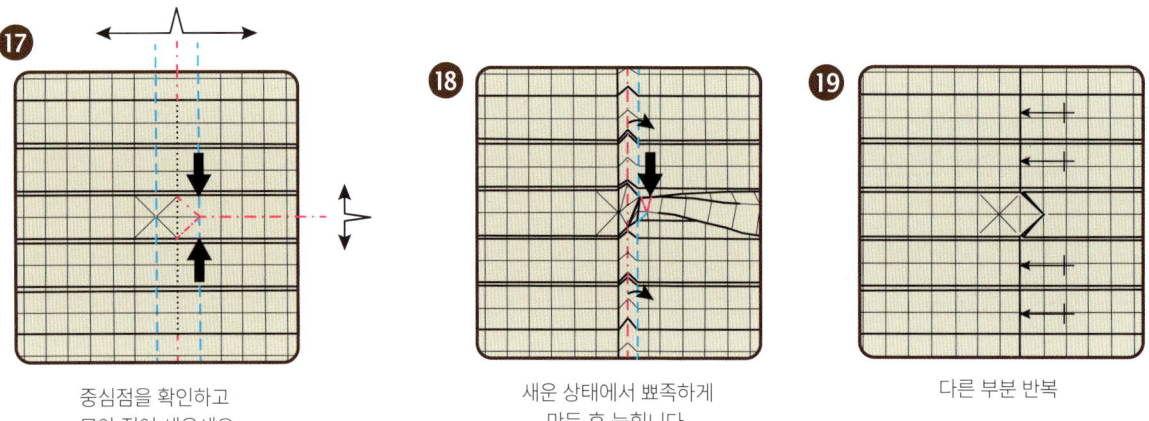

중심점을 확인하고
모아 접어 세우세요.

18

새운 상태에서 뾰족하게
만든 후 눕힙니다.

19

다른 부분 반복

20

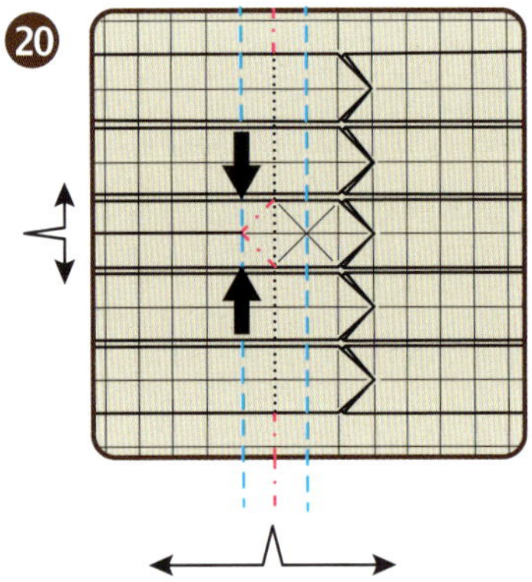

중심점을 확인하세요.
모아 접어 세웁니다.

21

새운 상태에서 뾰족하게
만든 후 눕히세요.

22

다른 부분 반복

23

24

25

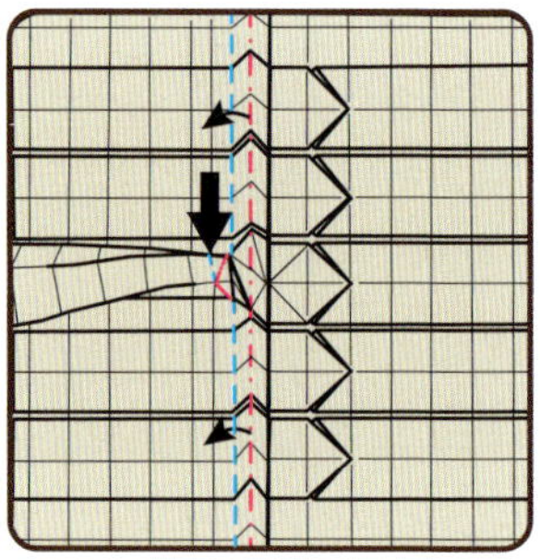

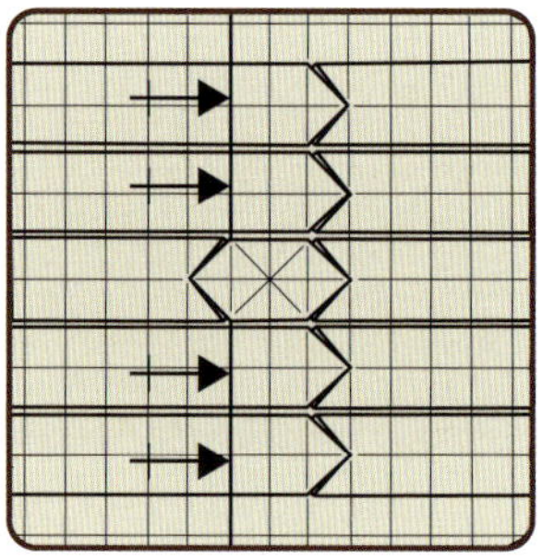

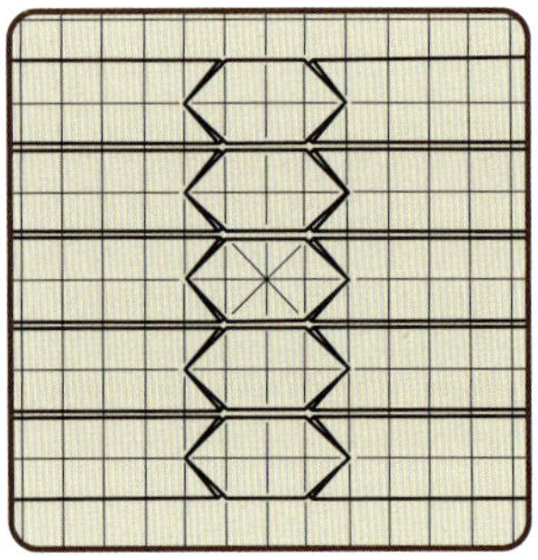

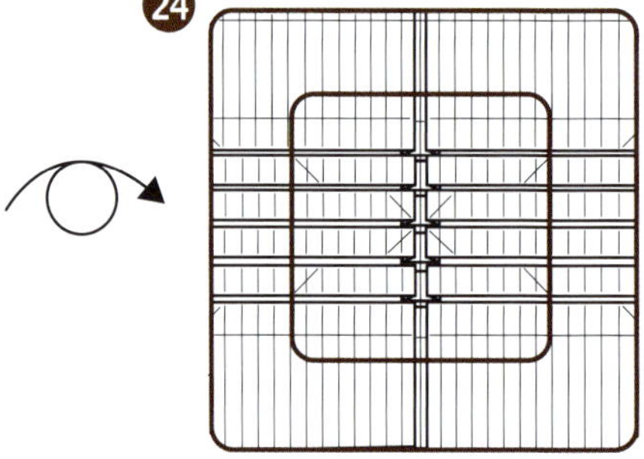

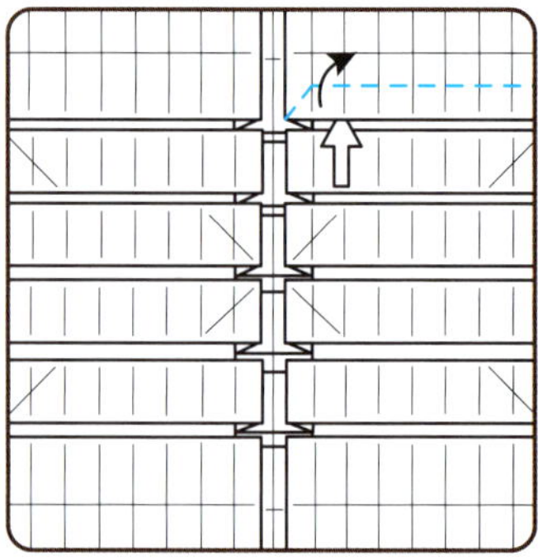

들추세요.

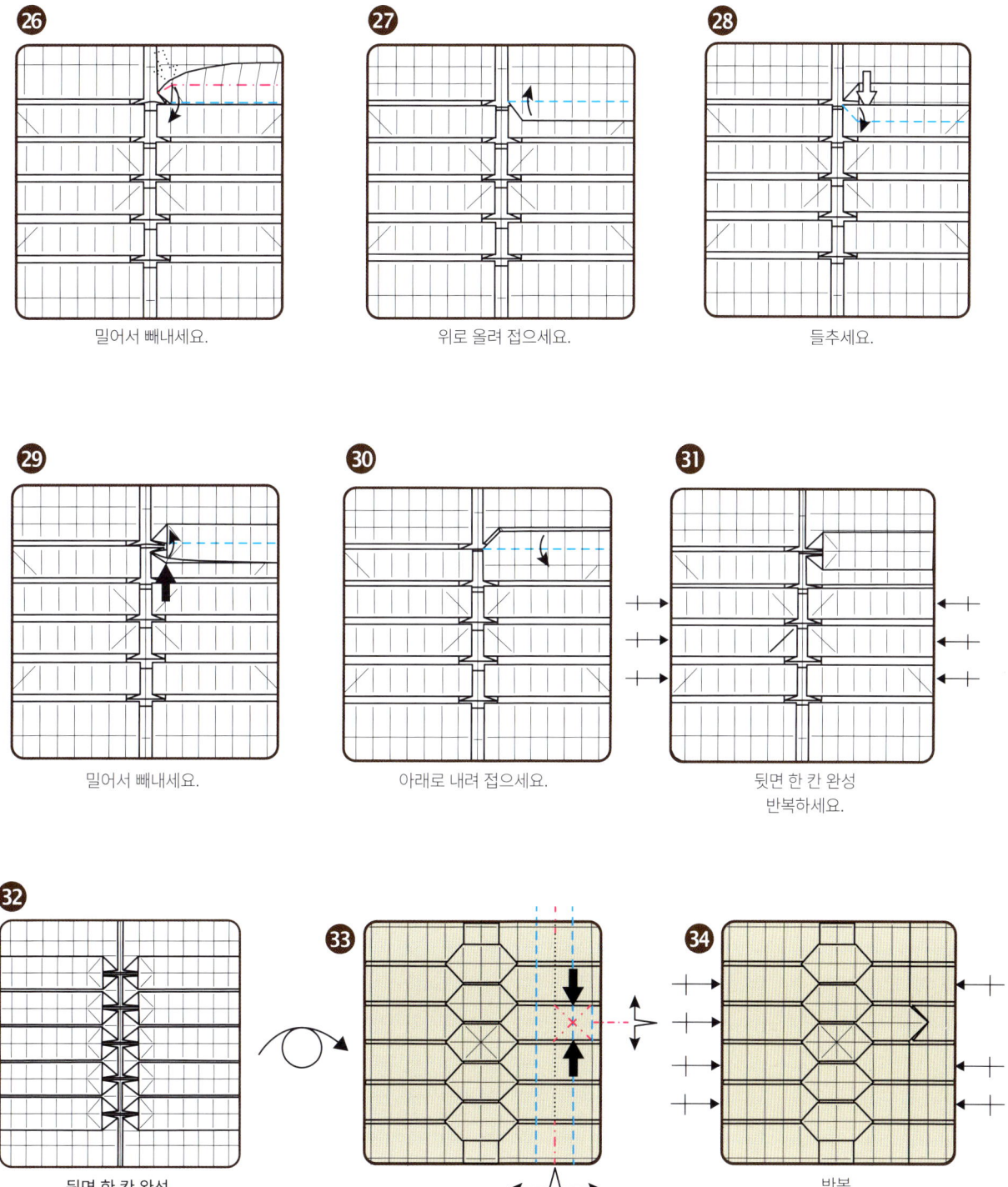

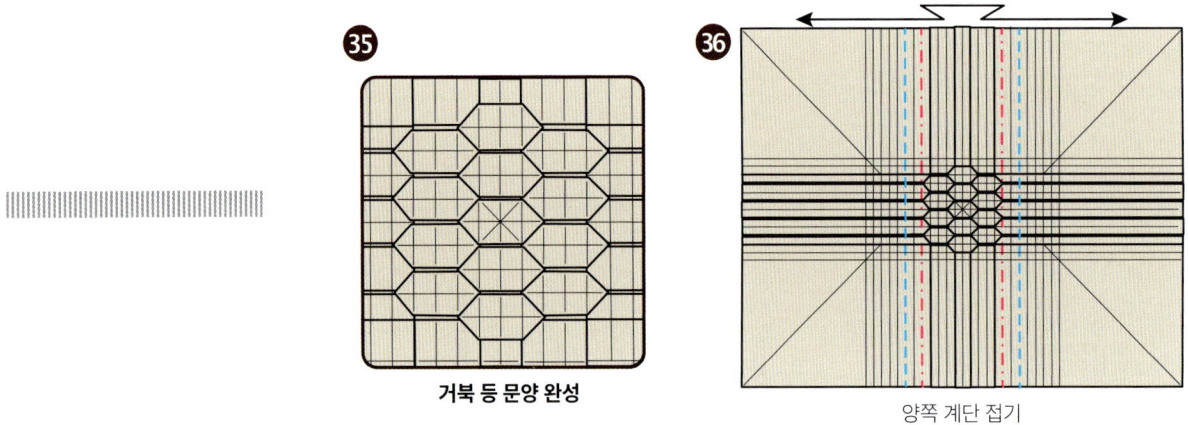

㉟ 거북 등 문양 완성

㊱ 양쪽 계단 접기

㊲

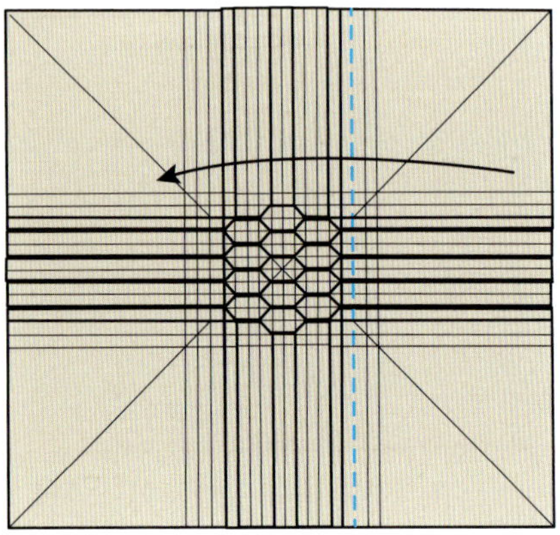

㊳ 문양 위치 확인

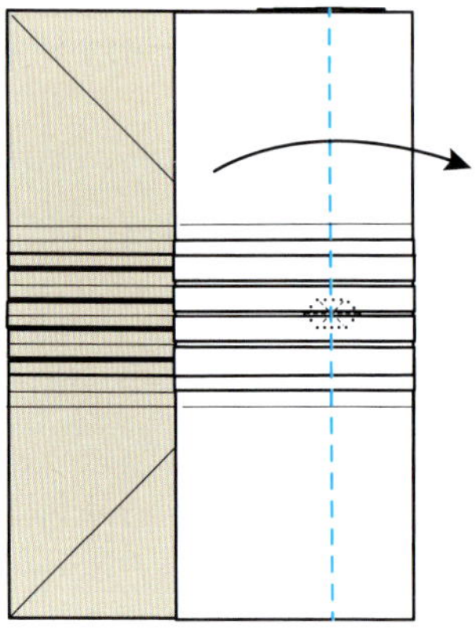

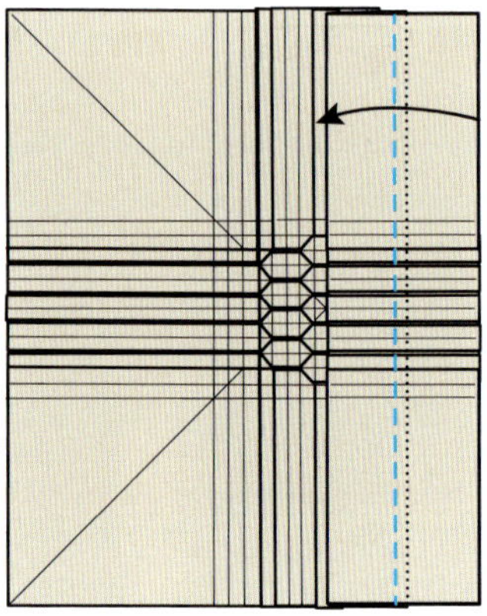

㊴

㊵ 펼치기

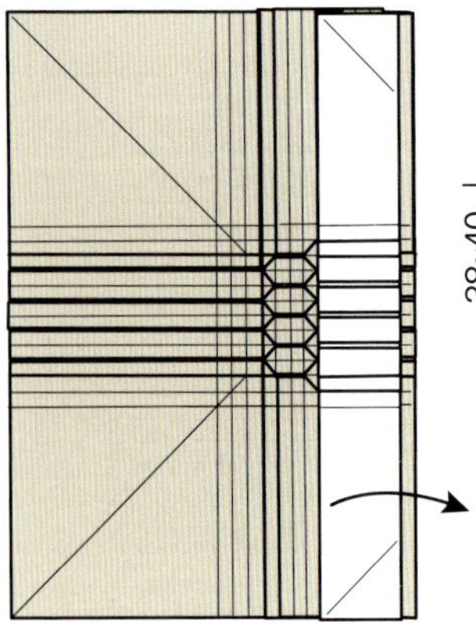

㊶ 38~40

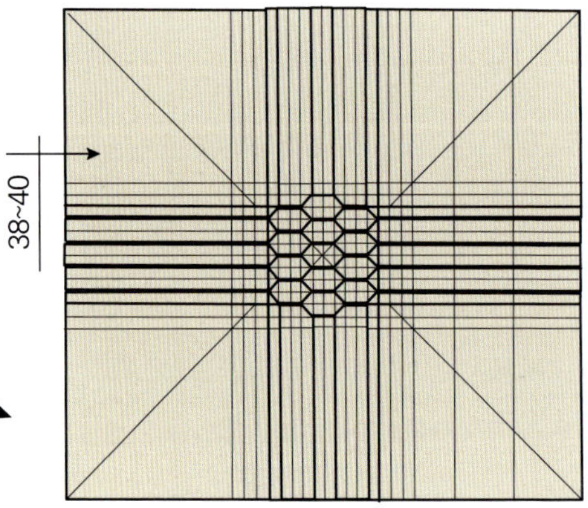

㊱ ~ ㊵번 반복

㊷ 양쪽 계단 접기

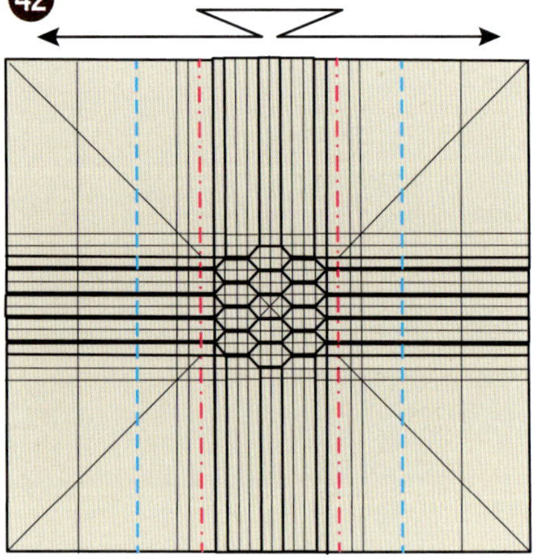

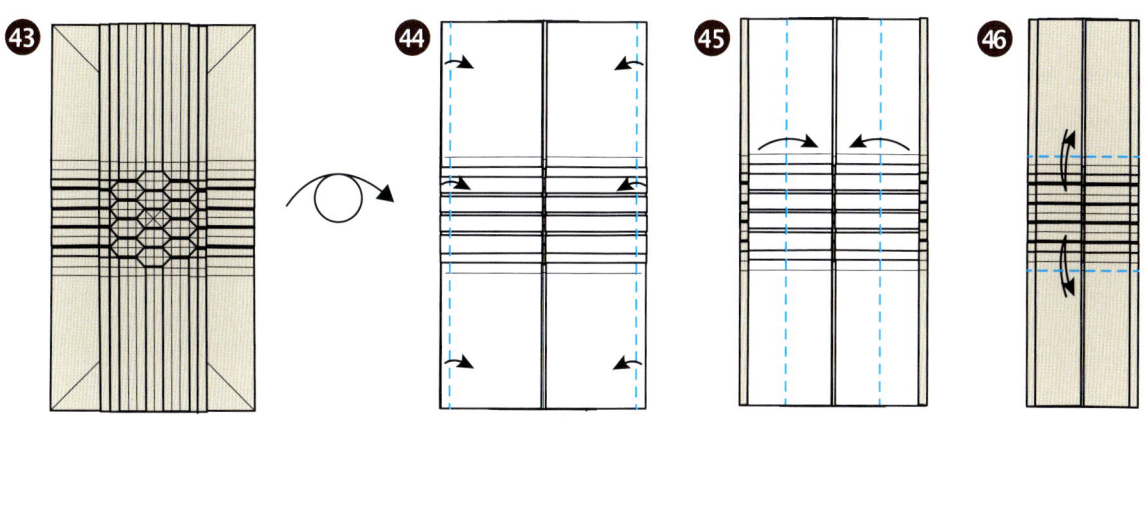

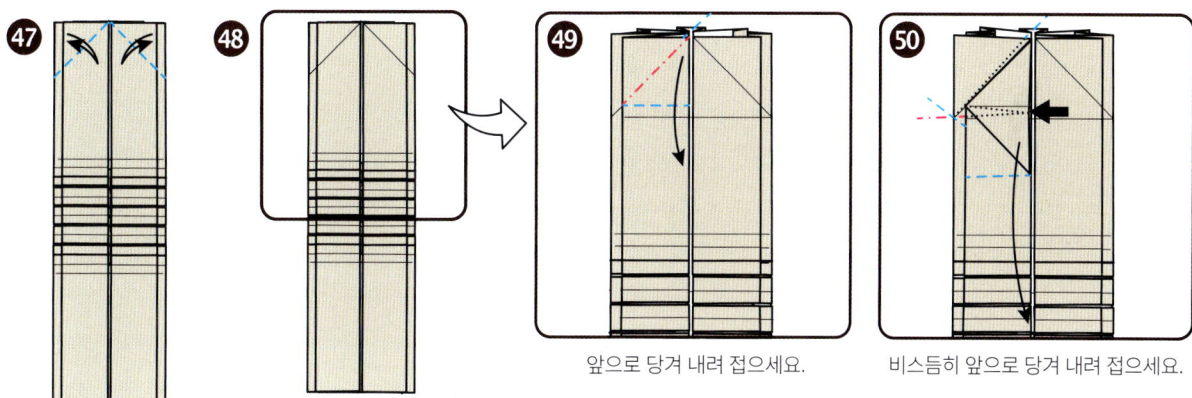

앞으로 당겨 내려 접으세요. 비스듬히 앞으로 당겨 내려 접으세요.

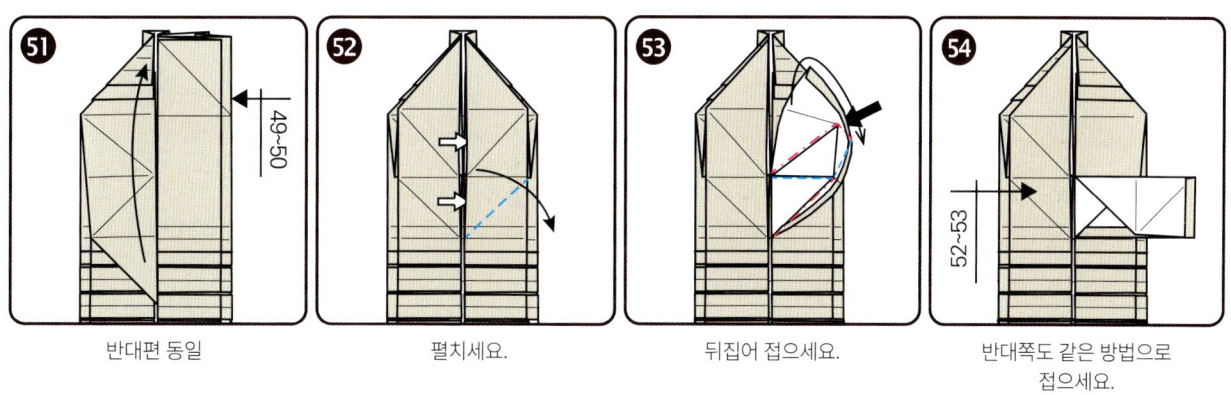

반대편 동일 펼치세요. 뒤집어 접으세요. 반대쪽도 같은 방법으로 접으세요.

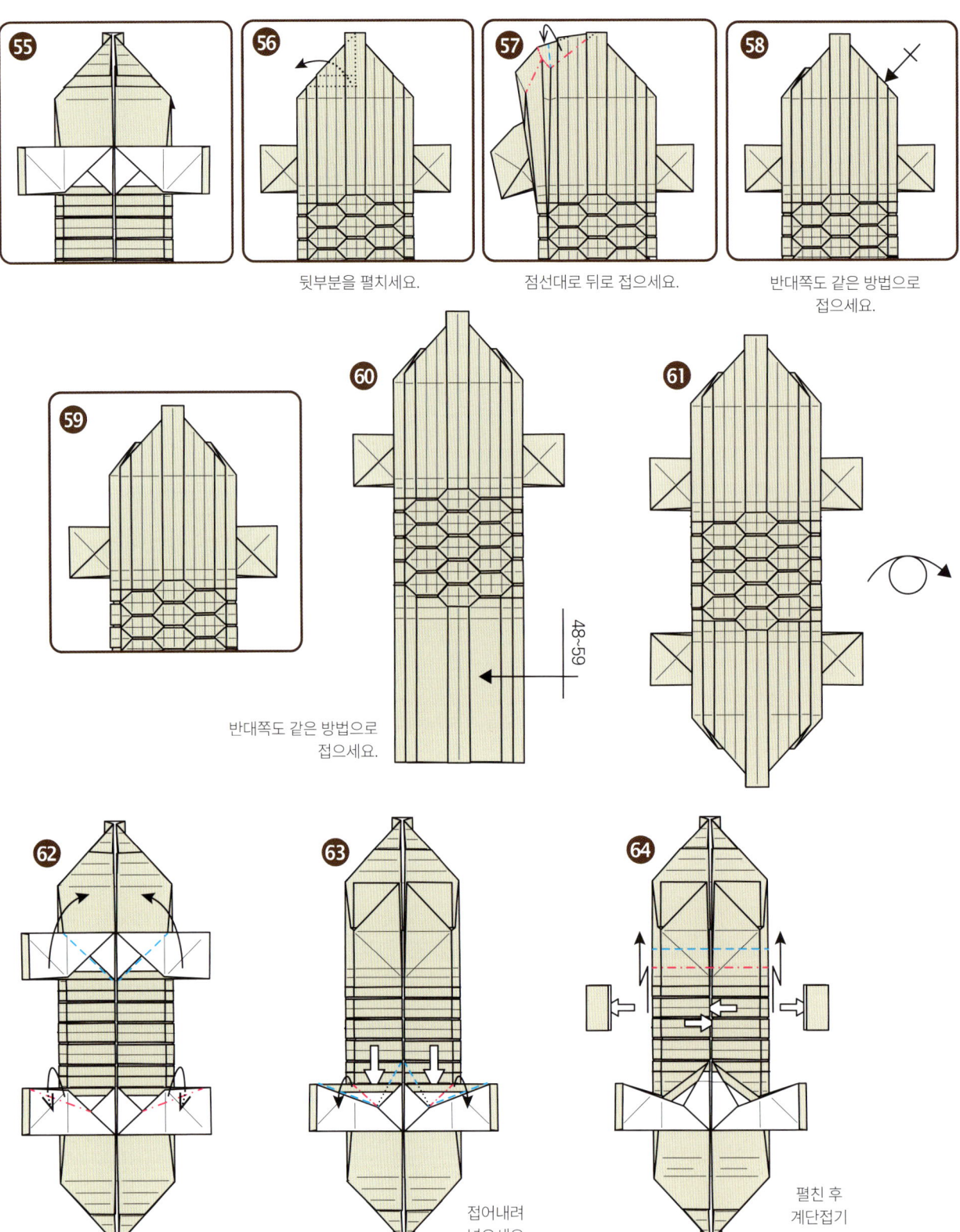

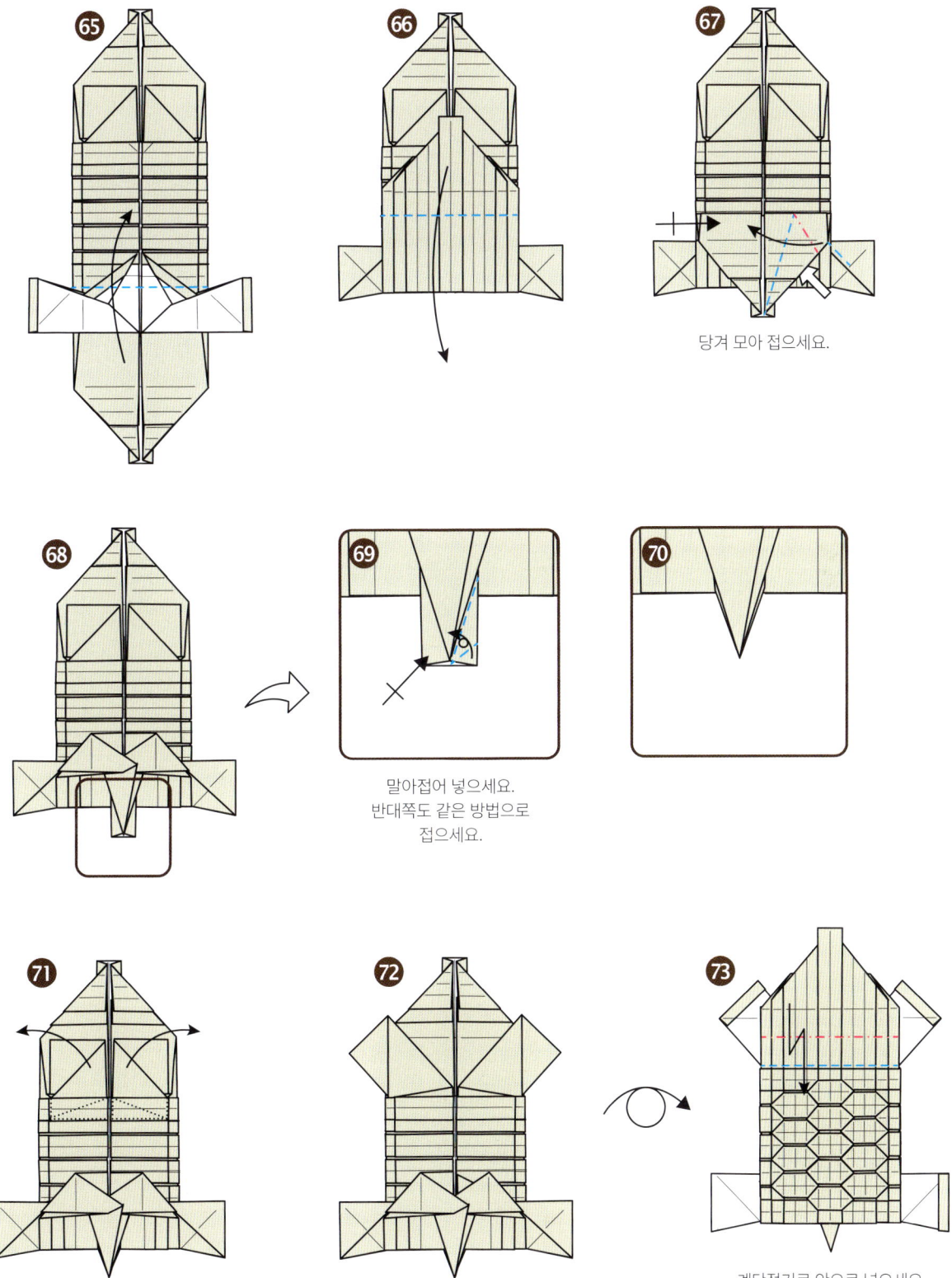

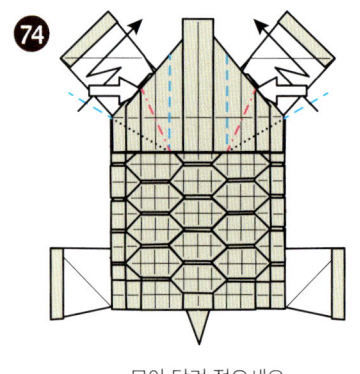
모아 당겨 접으세요.

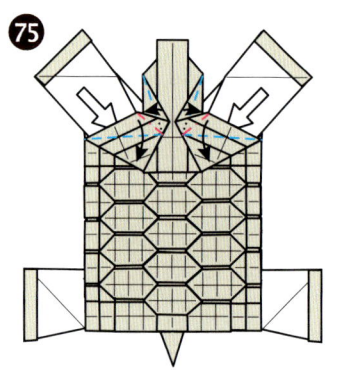

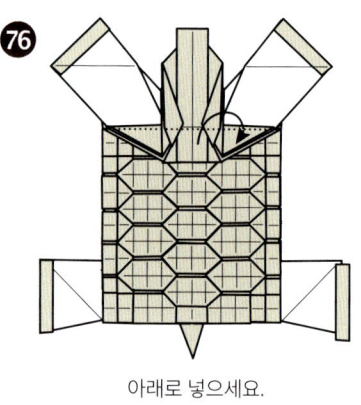
아래로 넣으세요.

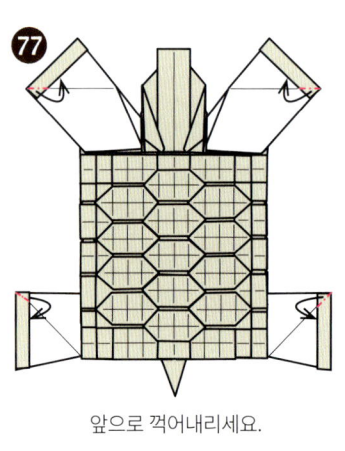
앞으로 꺾어내리세요.

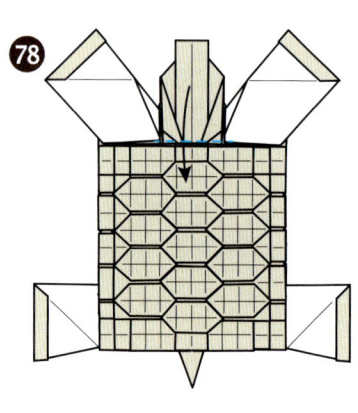

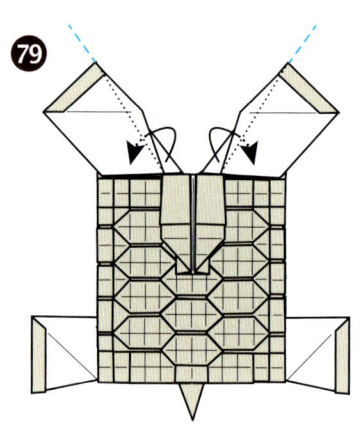

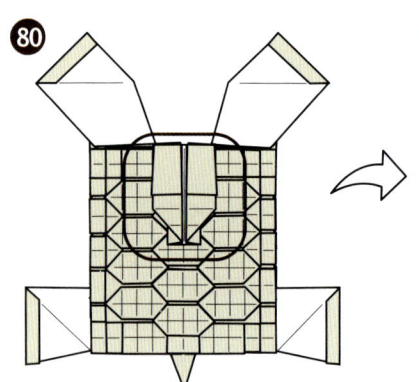

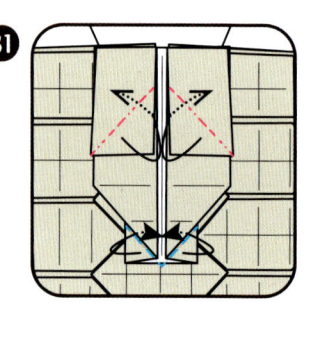

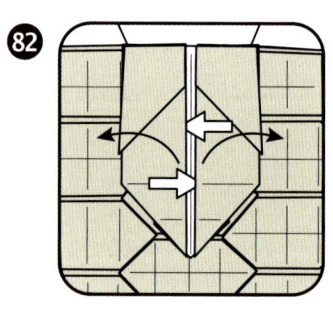
틈새를 펼치세요.

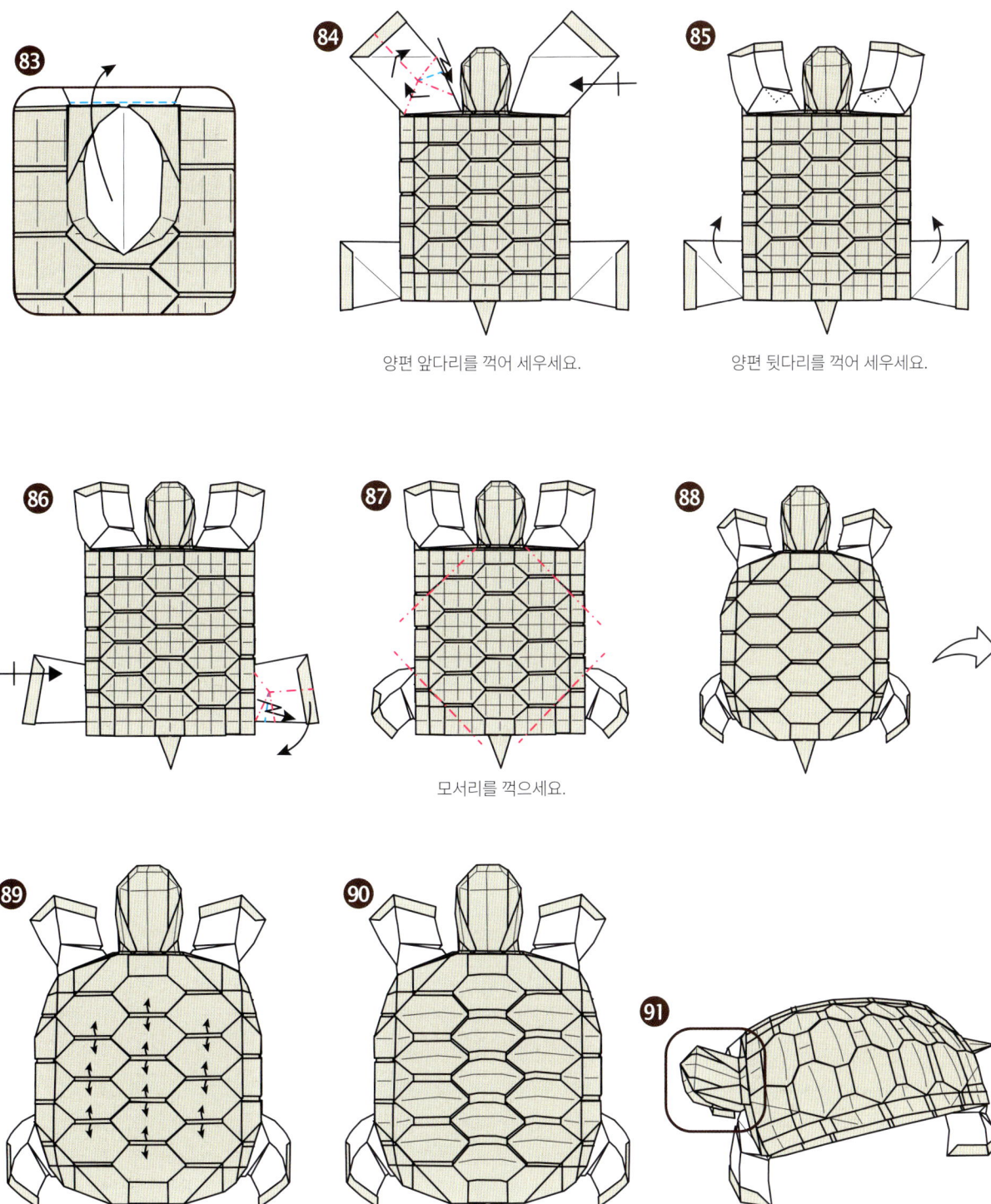

92

93

94

눈 부분을 눌러 움푹하게 만드세요.

95

다리의 뾰족한 부분을 눌러
둥굴리세요.

완성

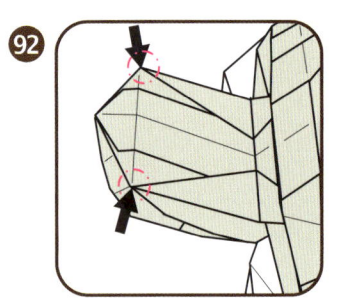

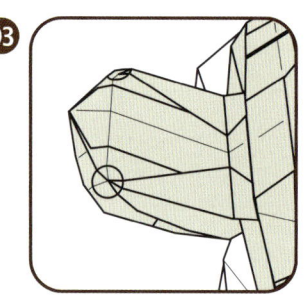

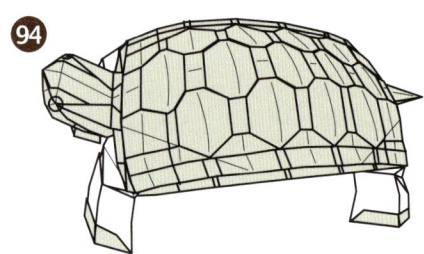

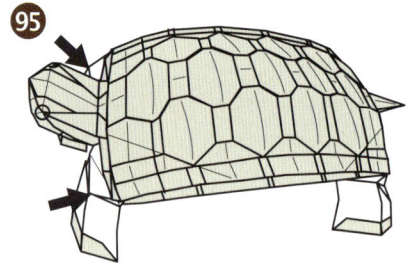

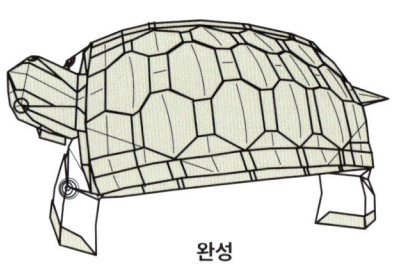

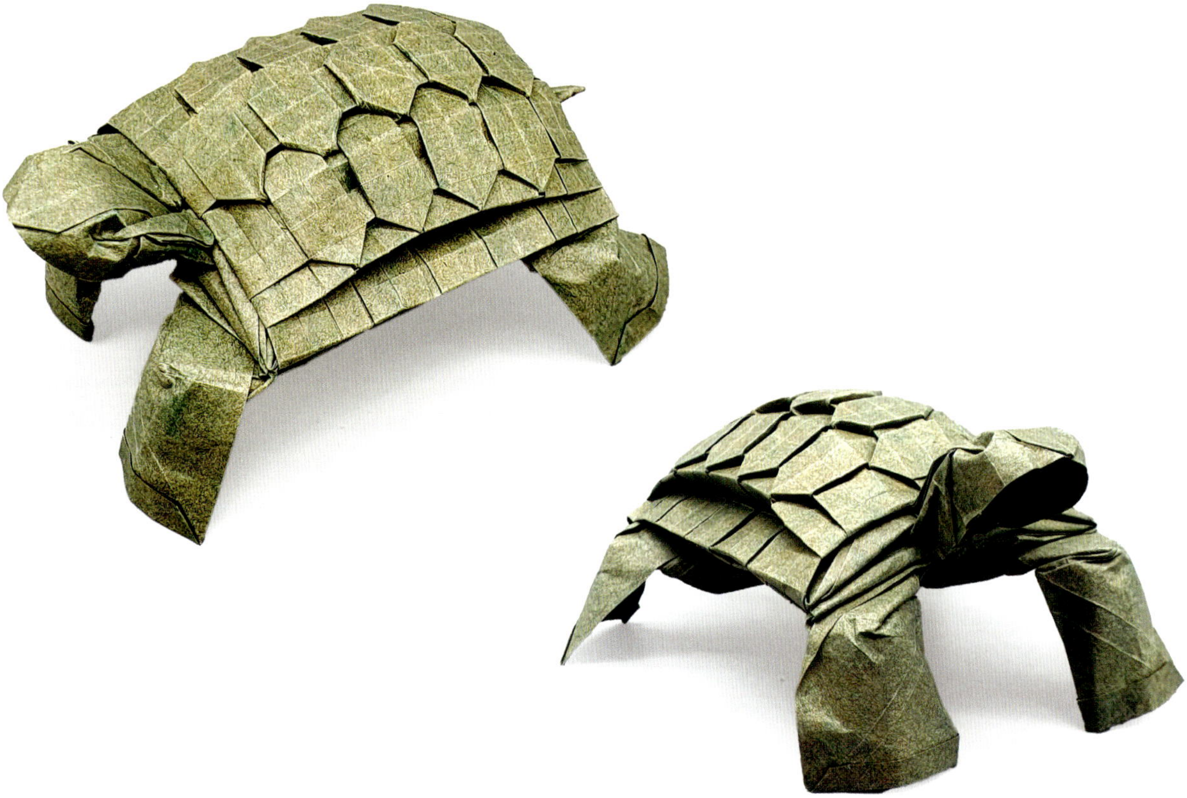

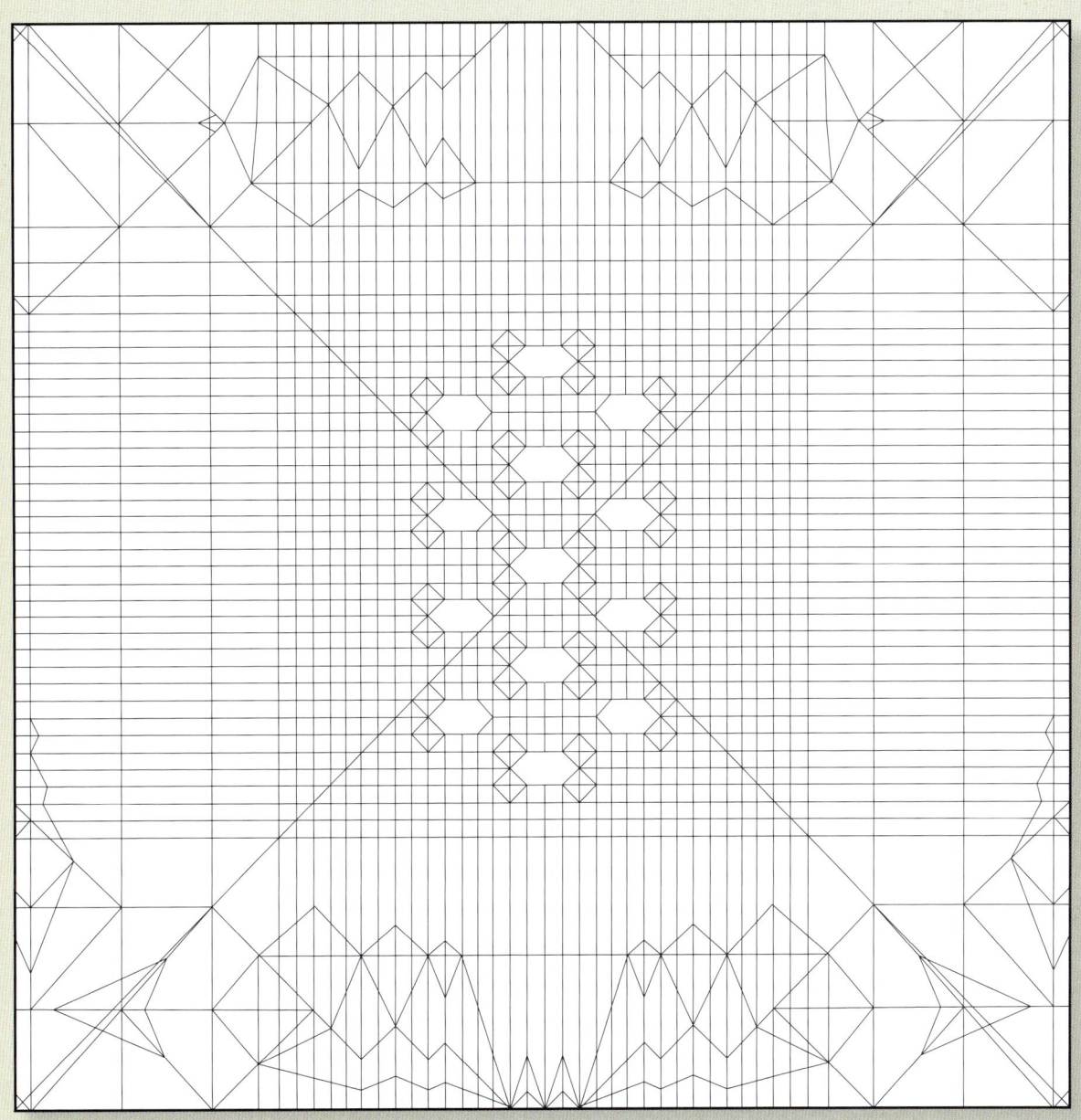

거북이 전개도

세밀한 표현 기법
아로와나 (비늘 없는 버전)
Arowana(non-scale ver.)

종이 | 종이나라 《다물 클래식》 또는 《유제지》 45㎝

비늘을 표현할 경우와 표현하지 않을 경우를 모두 접어 보며 종이접기의 진화 개념을 느껴보시기 바랍니다.

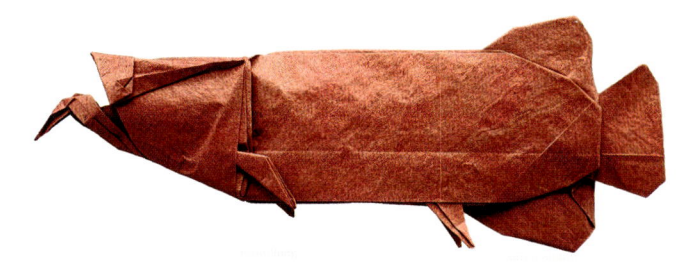

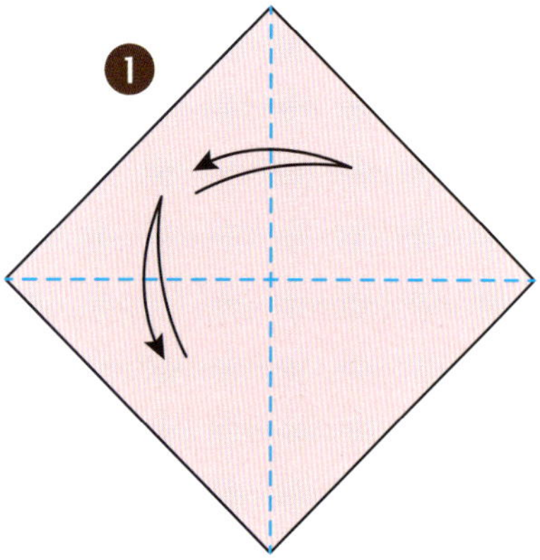

1.

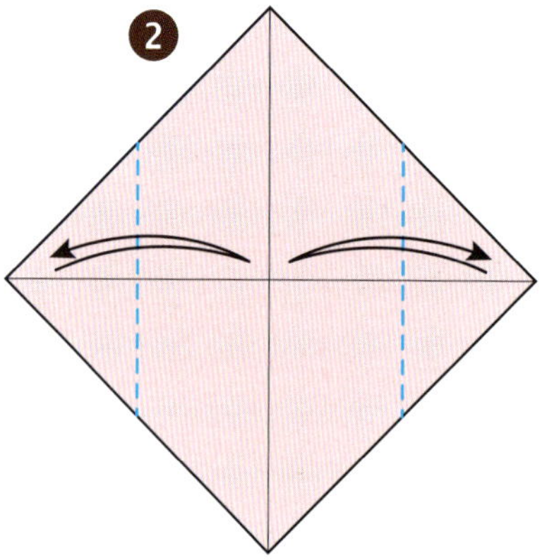

2.

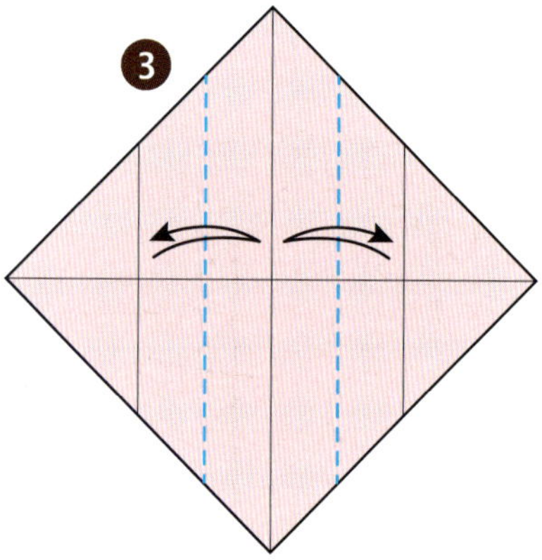

3.

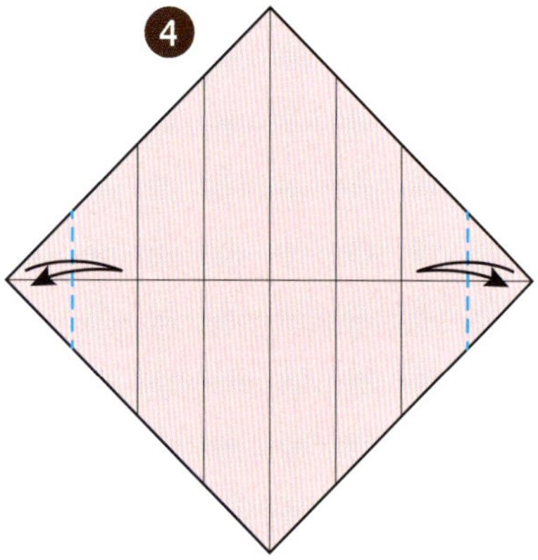

4.

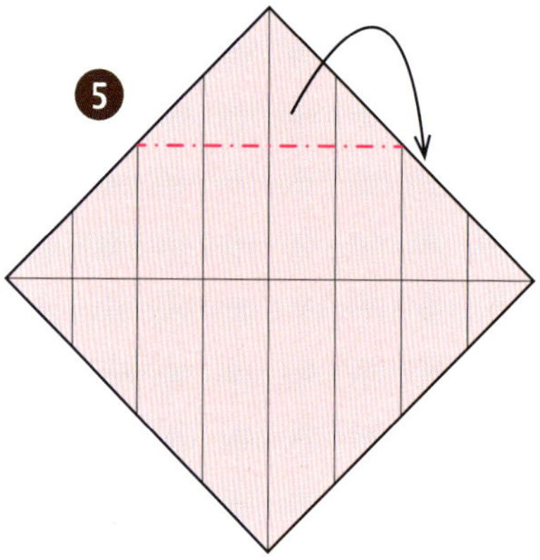

5.

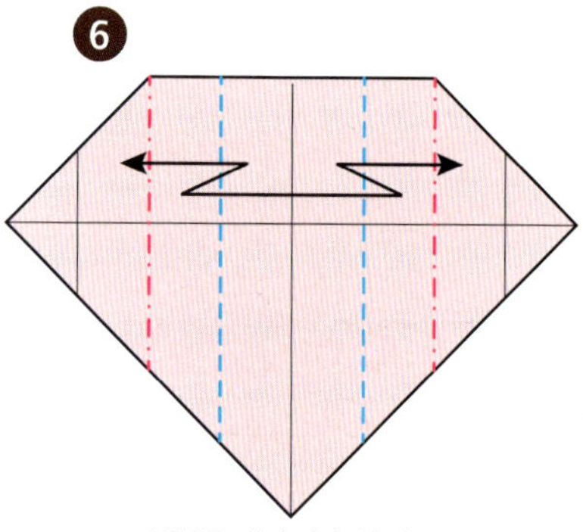

6.

양쪽을 계단접기 하세요.

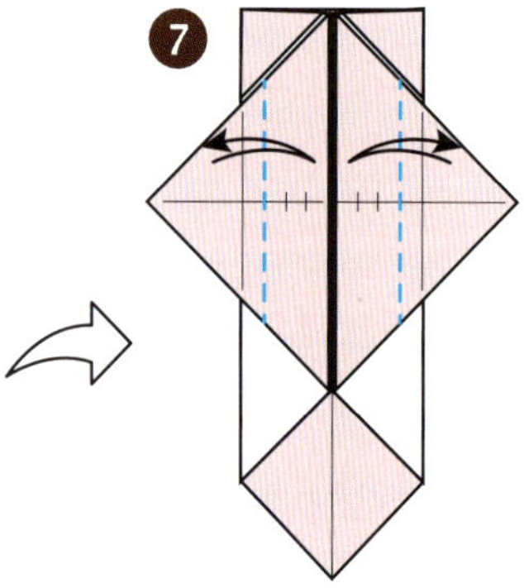

7.

1/4 등분 하세요.

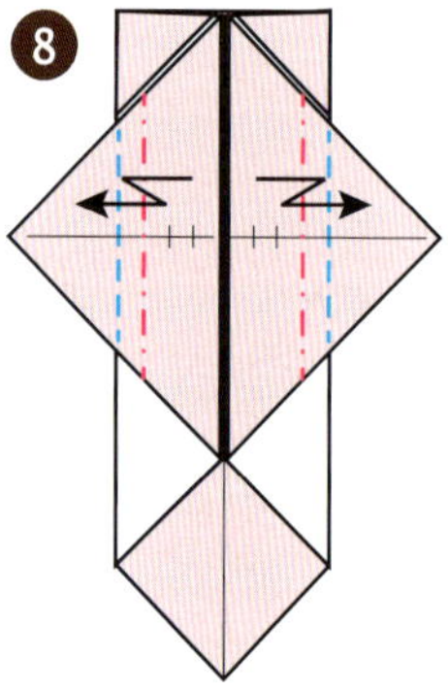

8.

양쪽을 계단접기 하세요.

9.

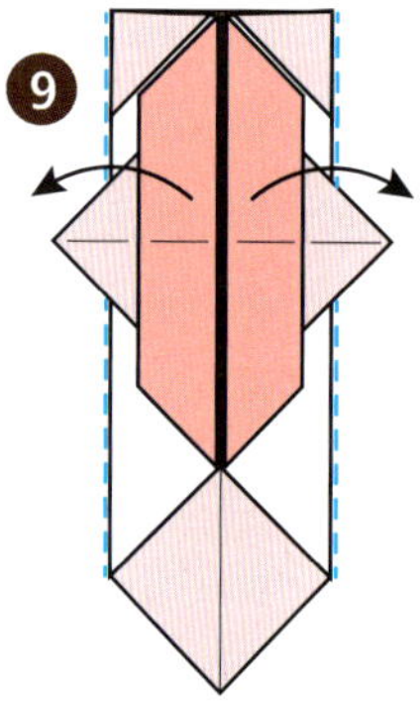

펼치세요.

비늘(몸통) 부분

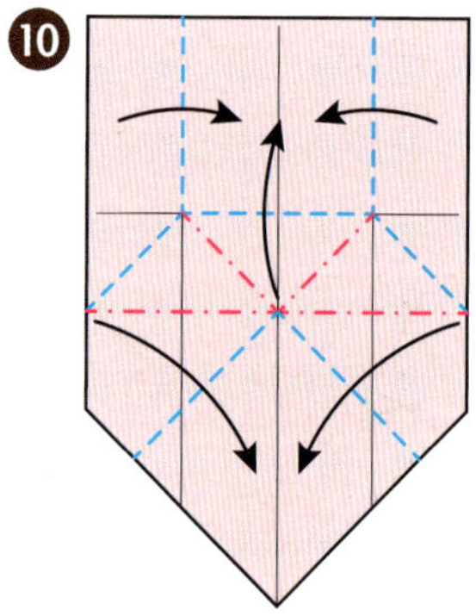

10.

접었다 편선을 만드세요.

166

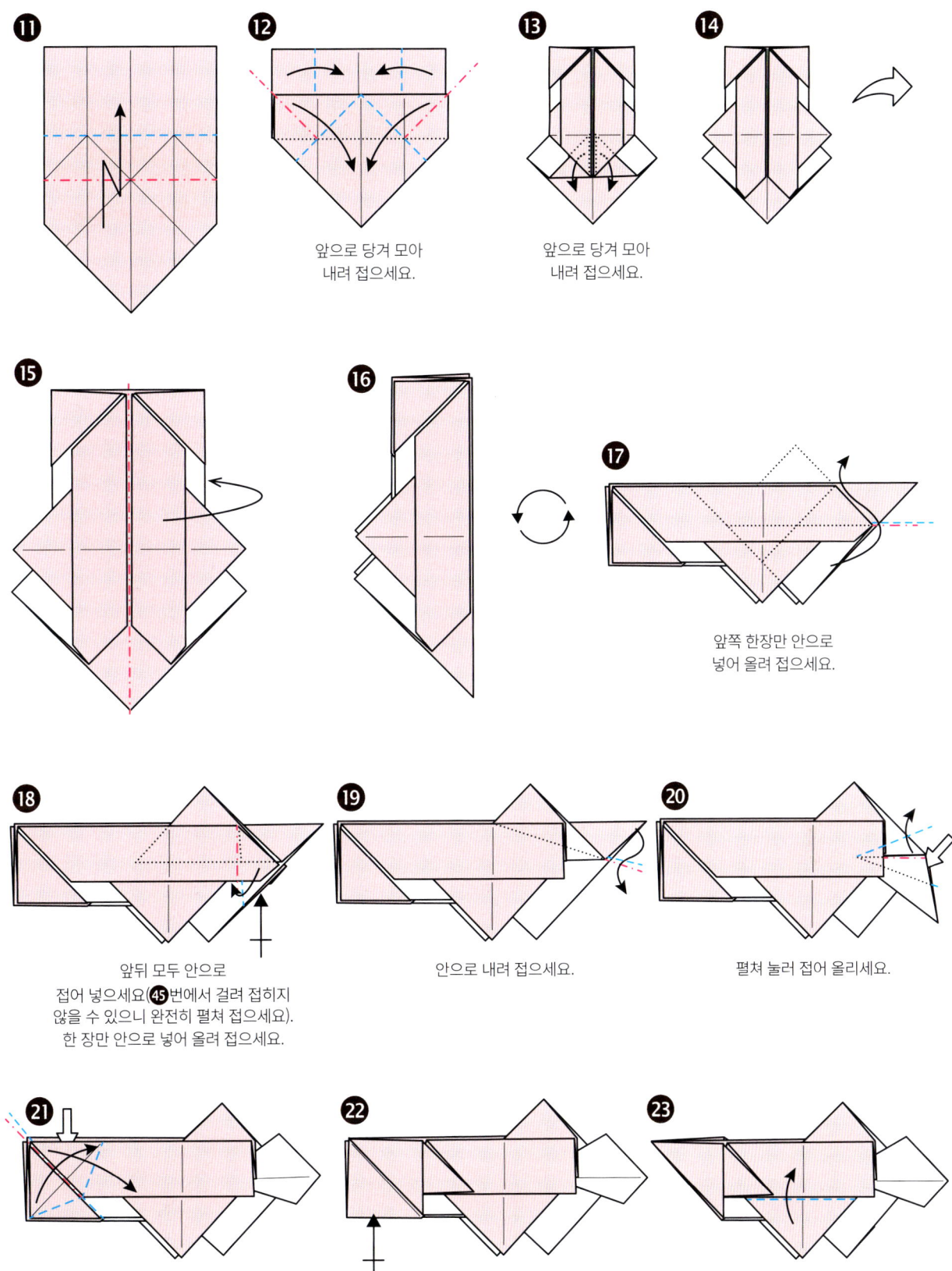

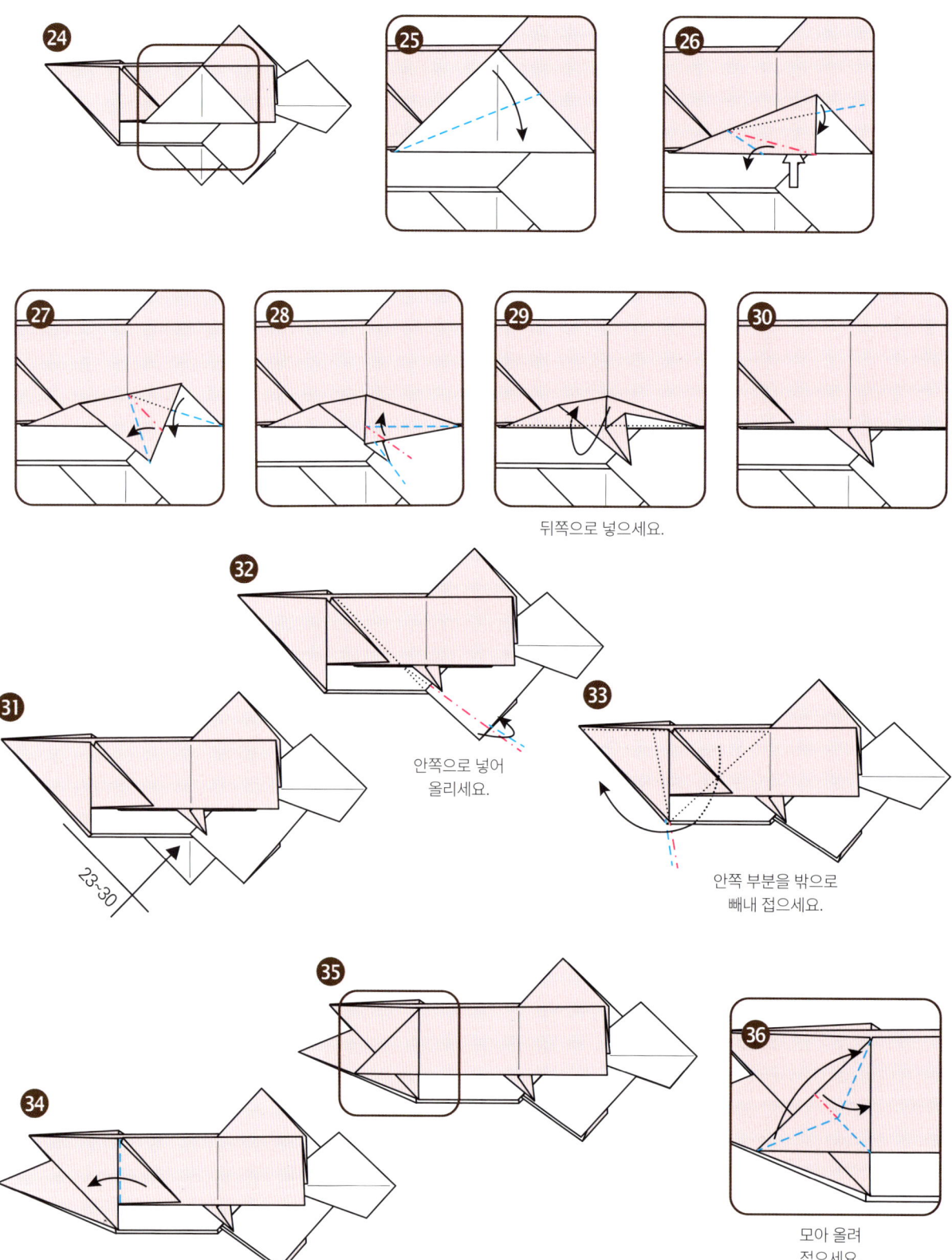

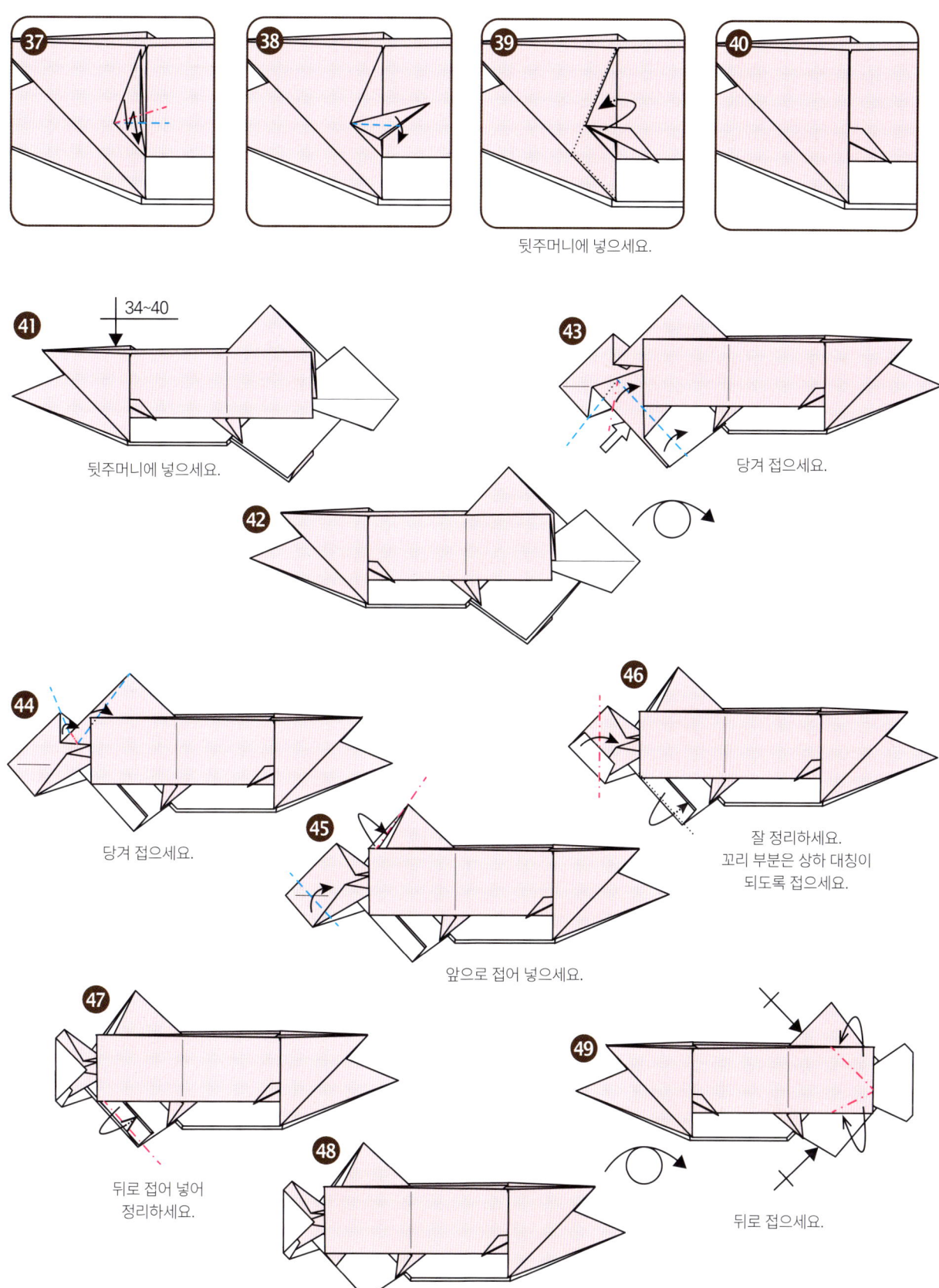

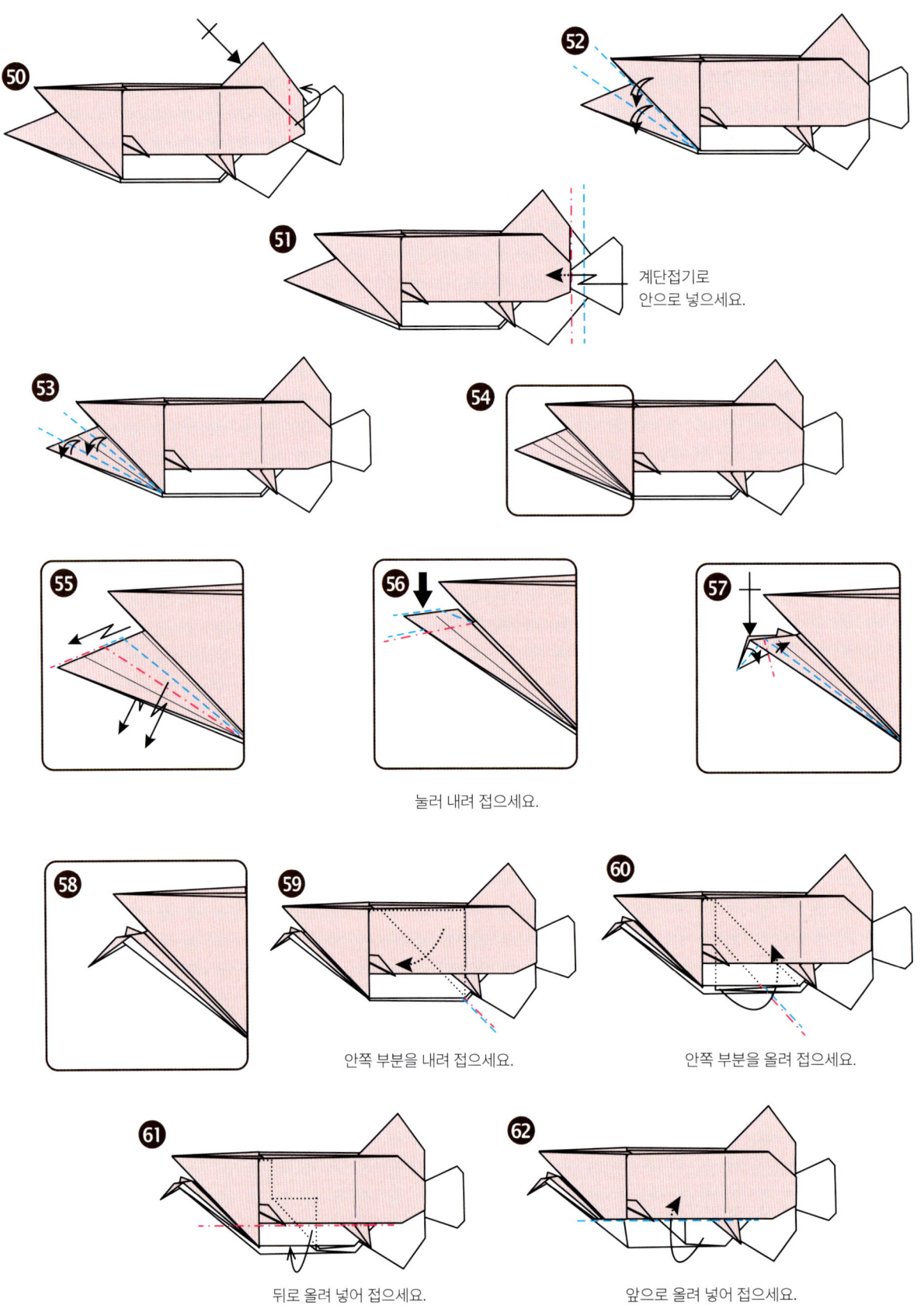

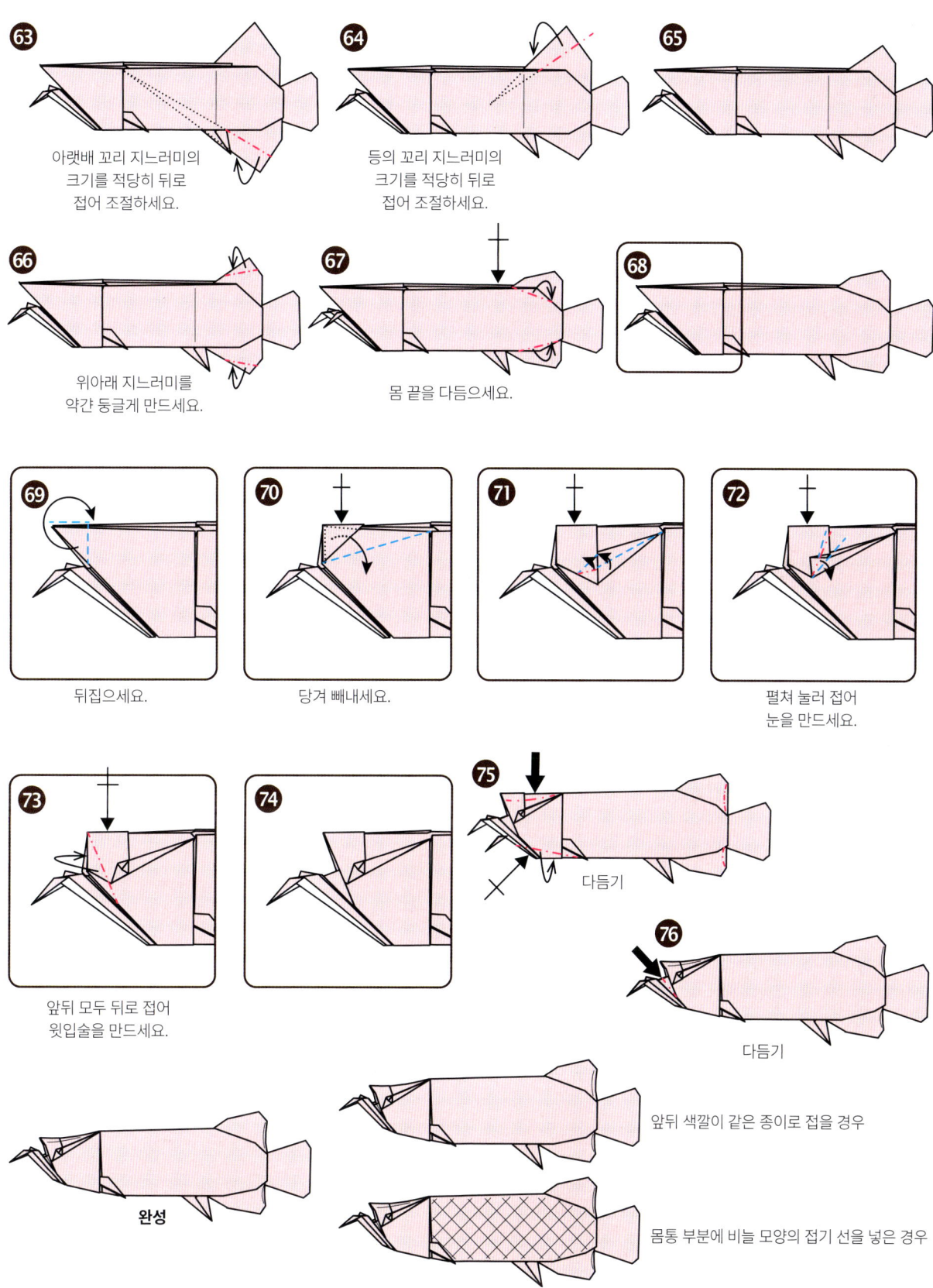

세밀한 표현 기법
아로와나 (비늘 있는 버전)
Arowana(scale ver.)

종이 | 풀 먹인 한지 60㎝ 이상

거북등에 사용된 테셀레이션의 진화된 작품입니다.
비늘을 넣을 경우와 넣지 않는 경우를 모두 접어보며
종이접기의 진화 개념을 느껴보시기 바랍니다.

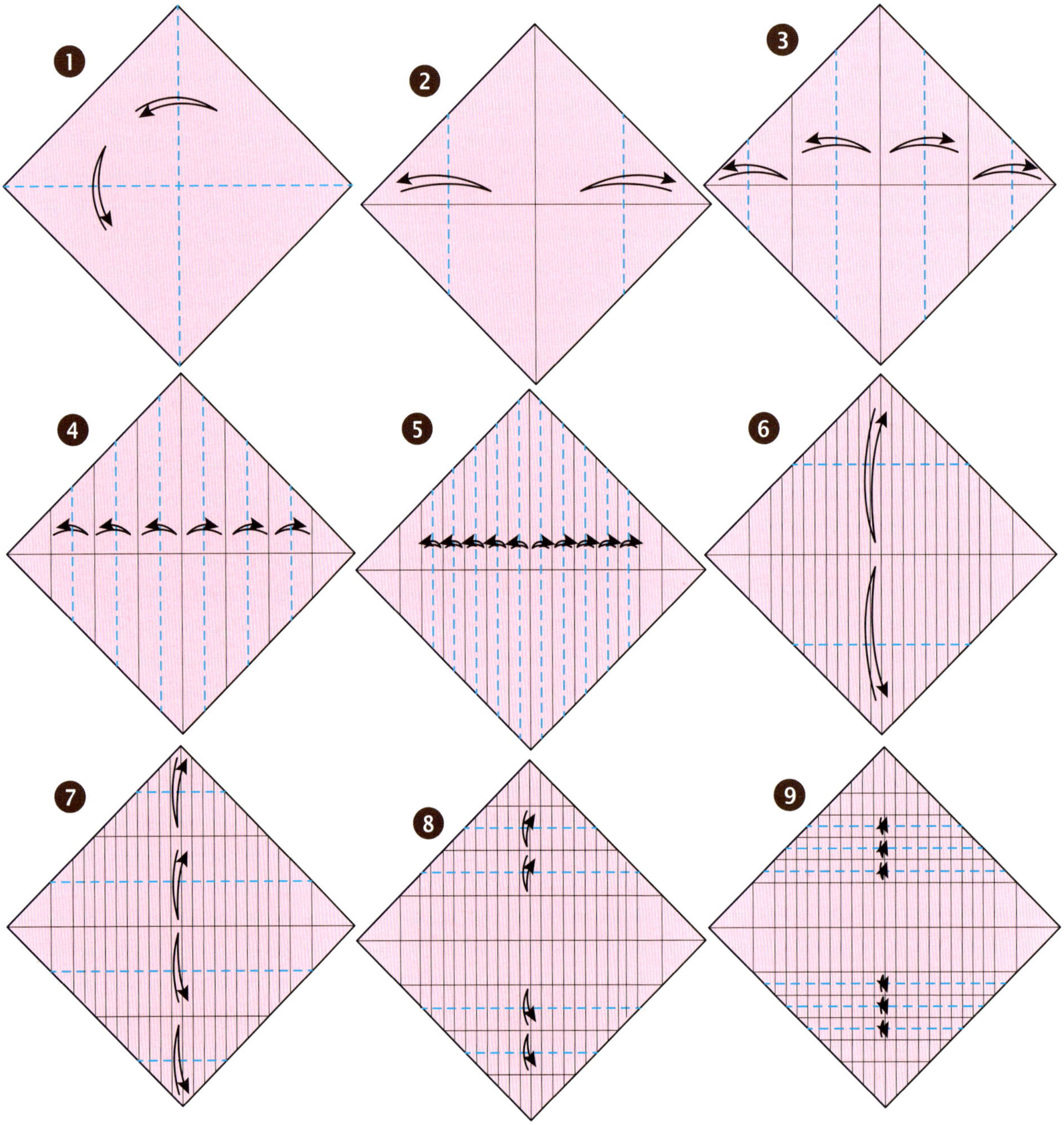

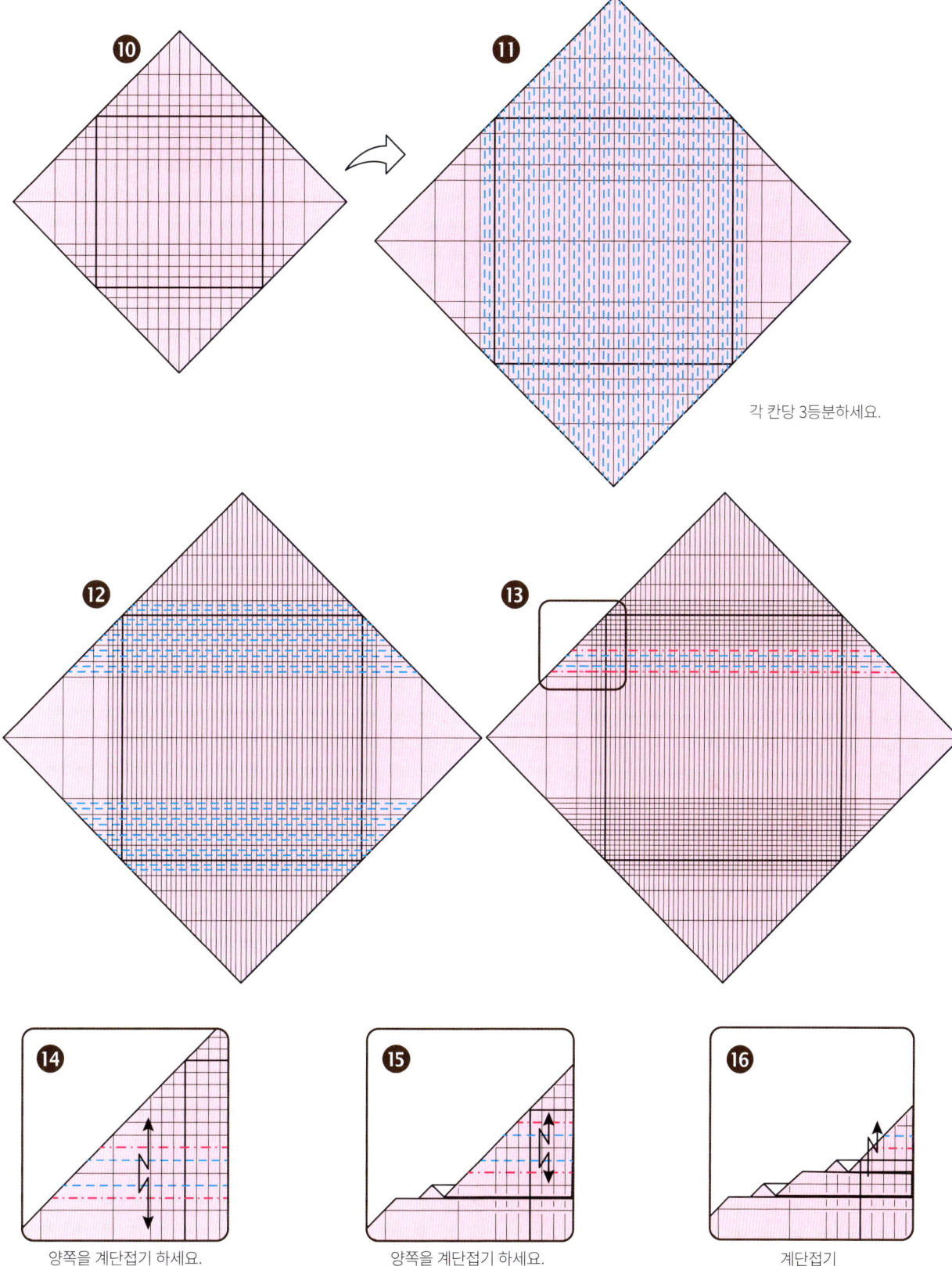

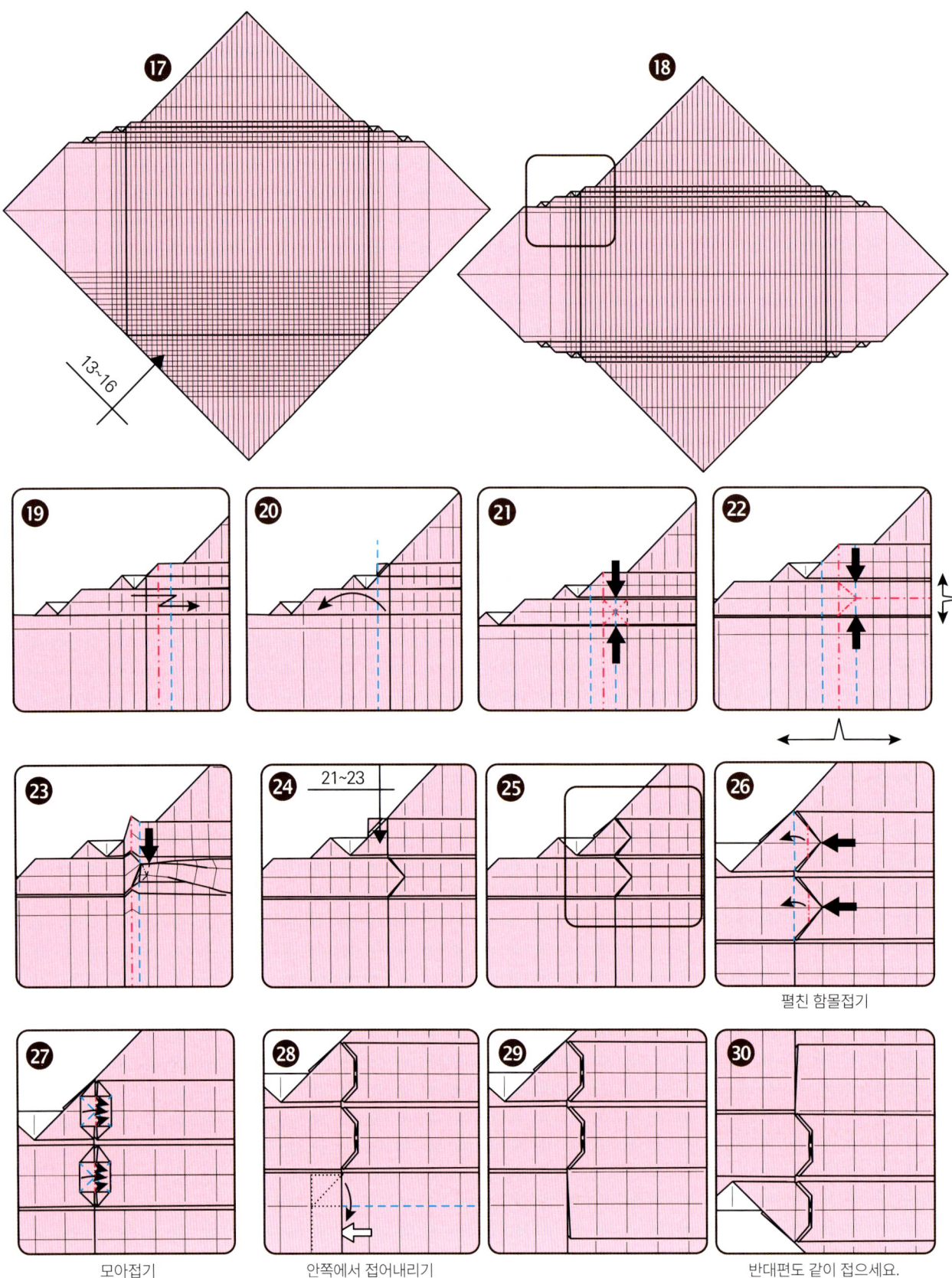

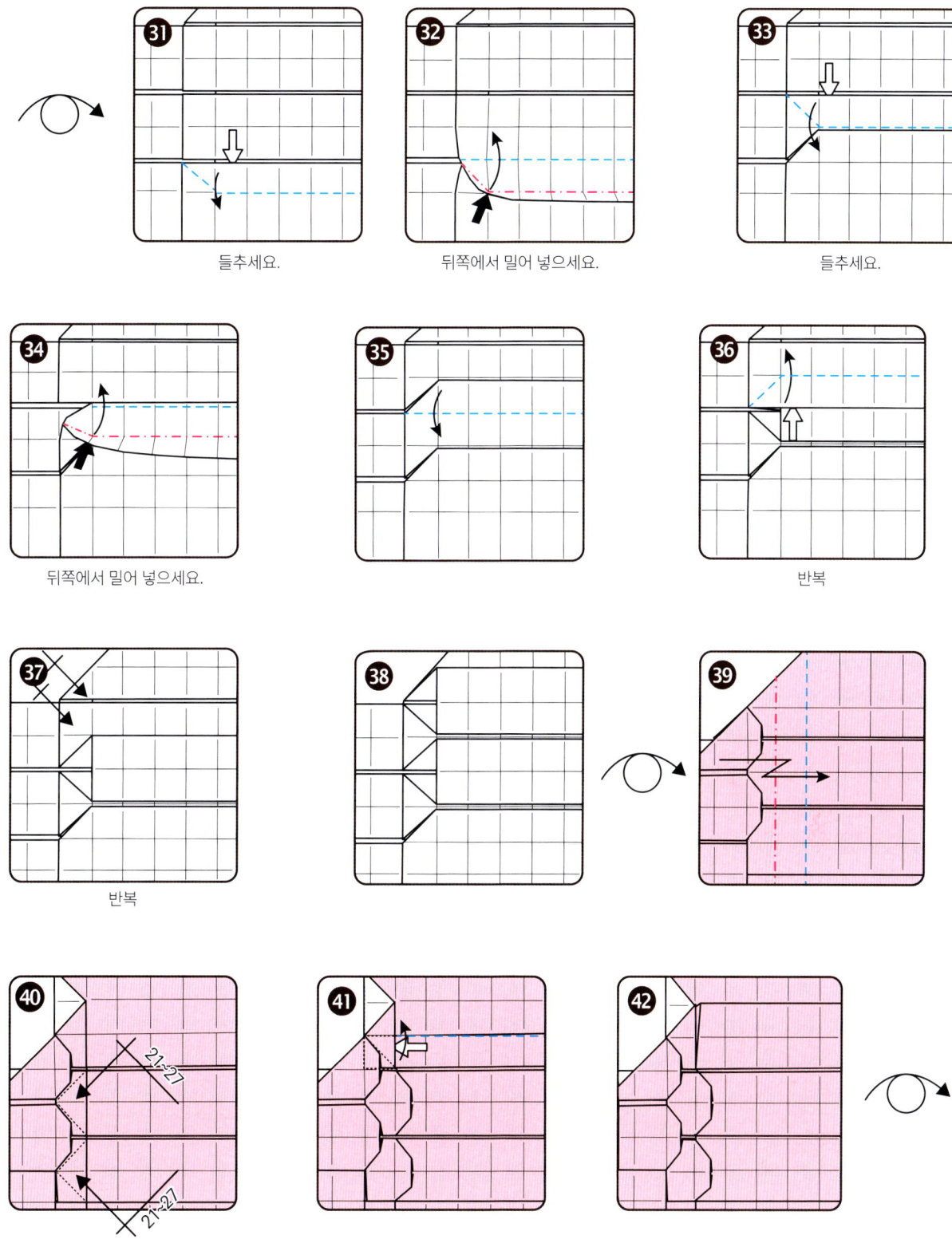

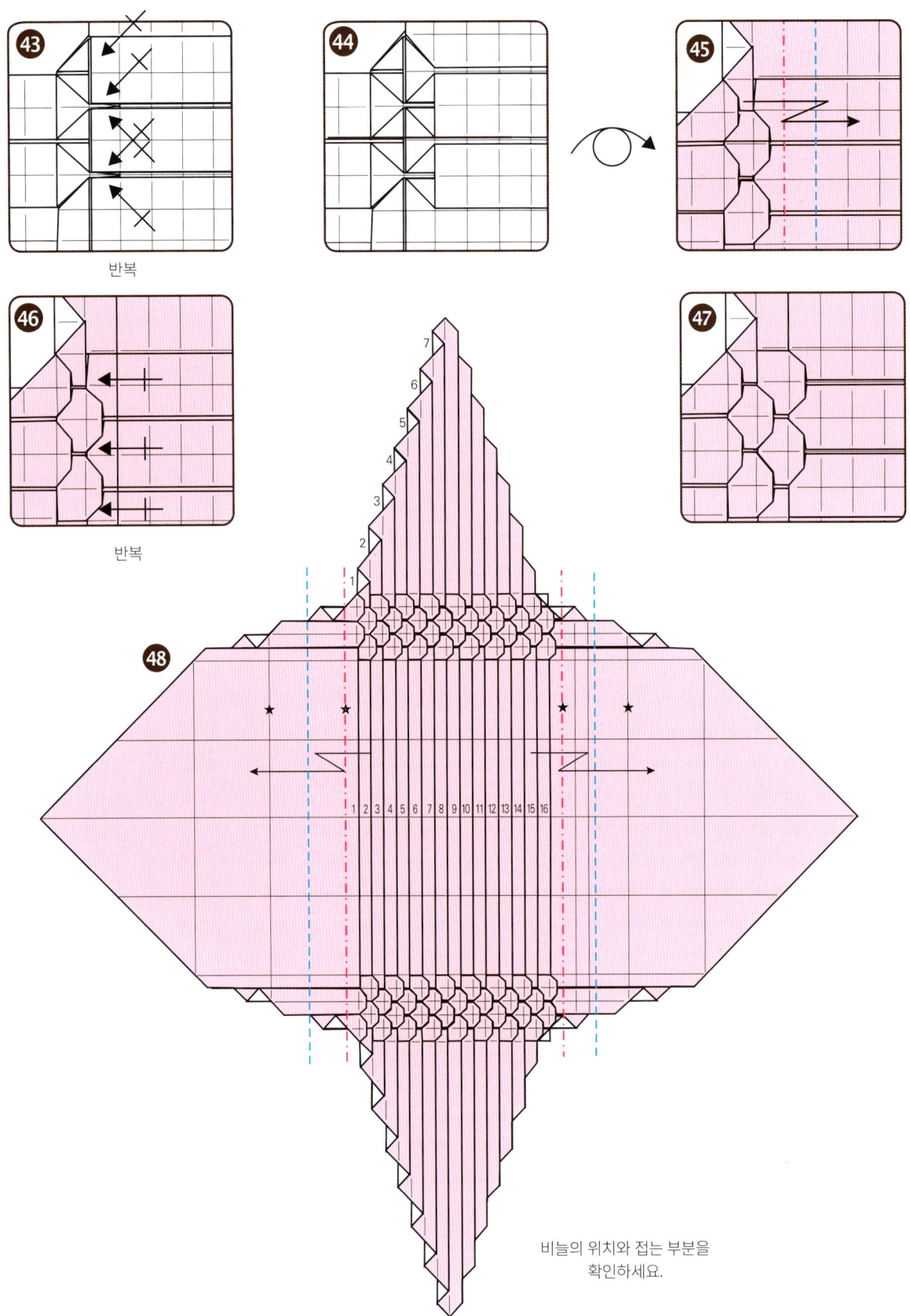

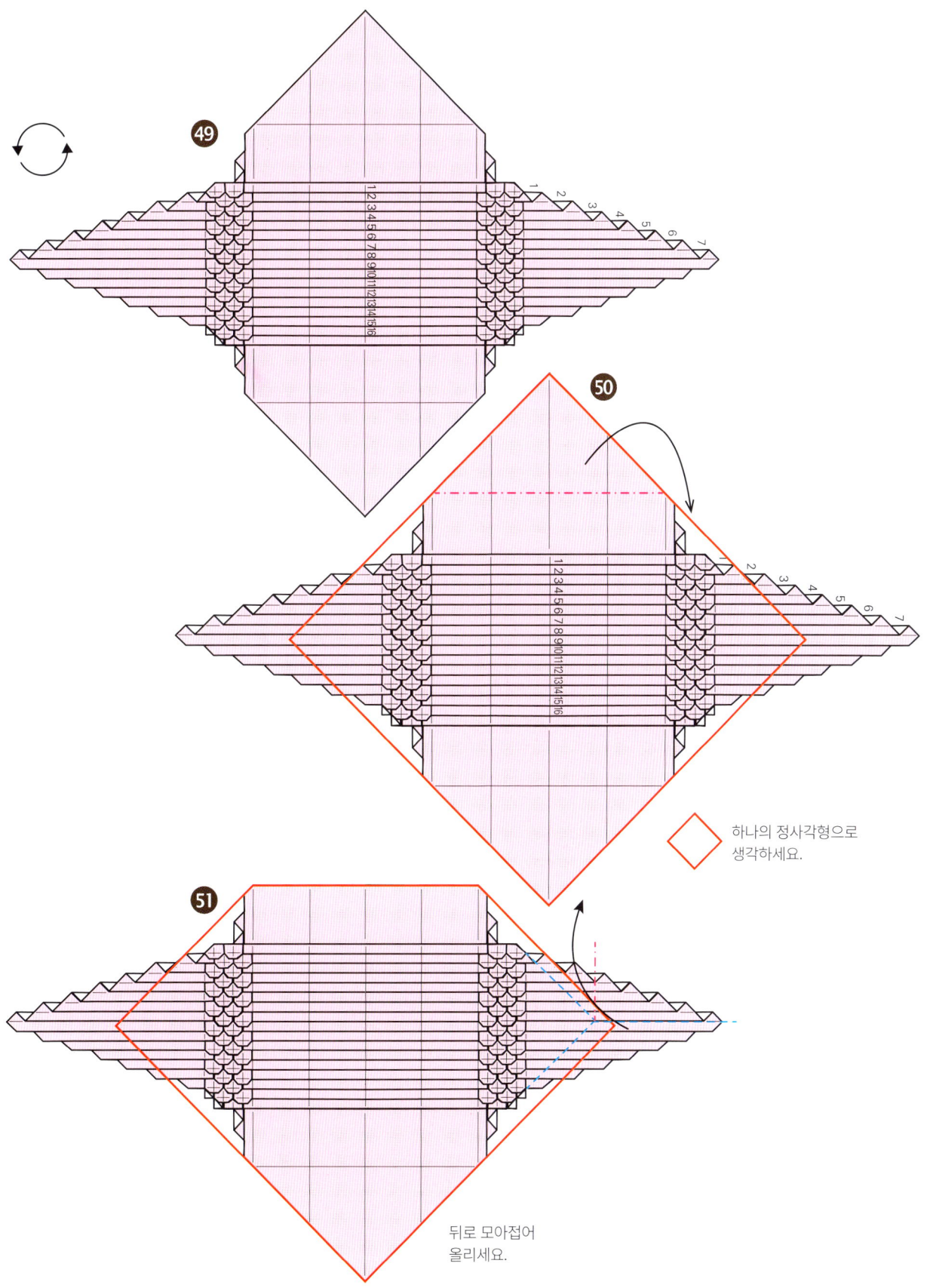

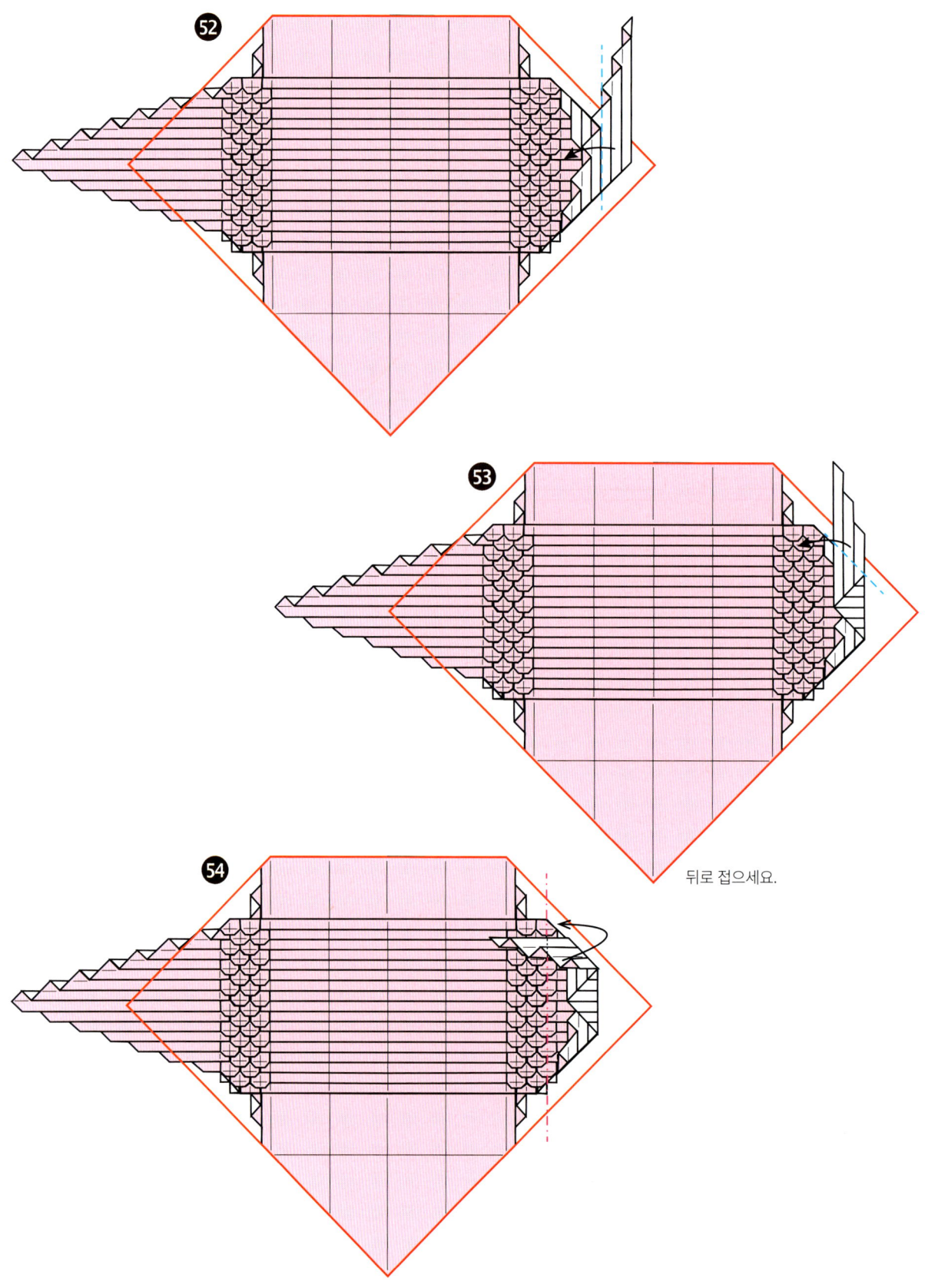

뒤로 접으세요.

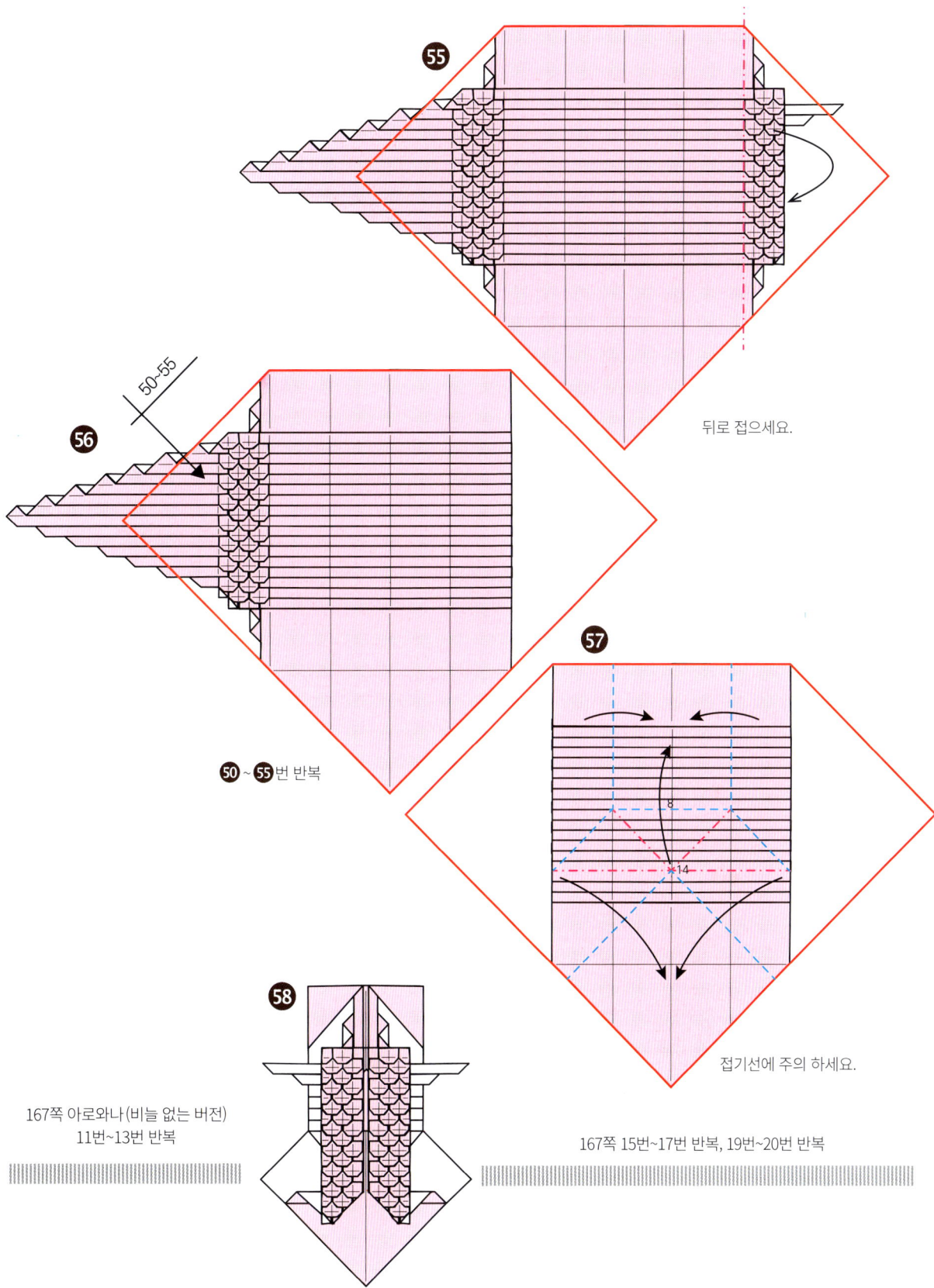

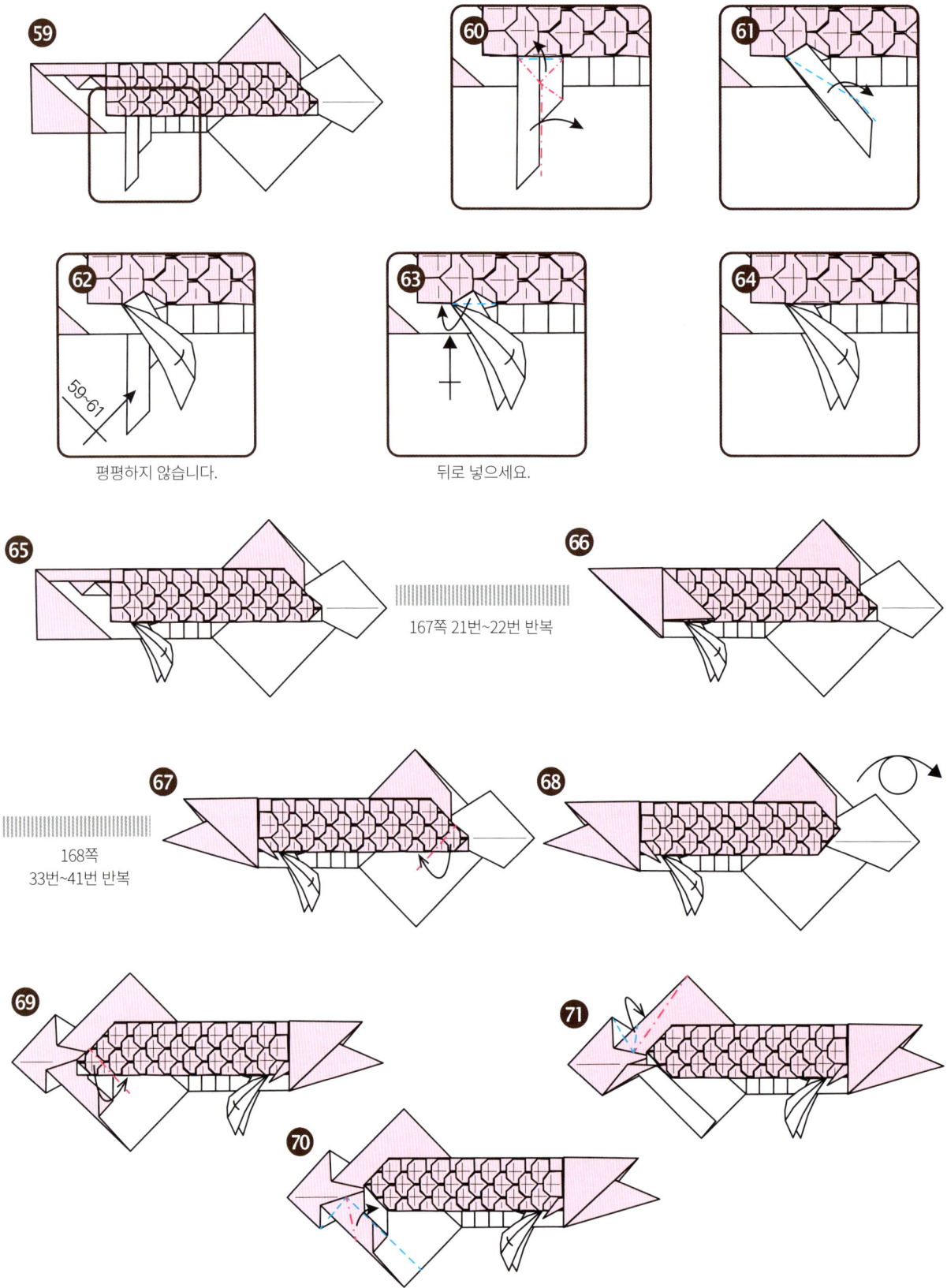

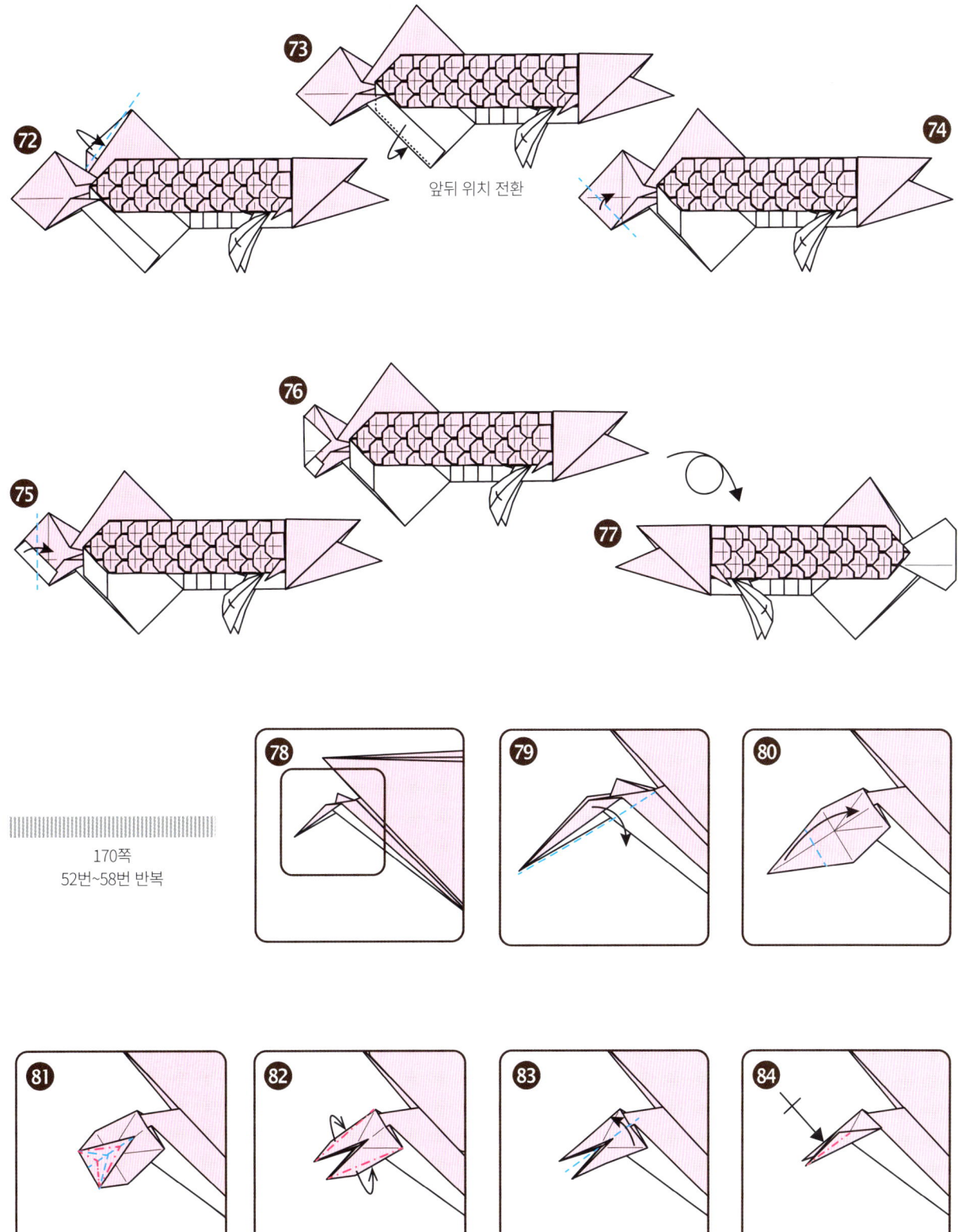

앞뒤 위치 전환

170쪽
52번~58번 반복

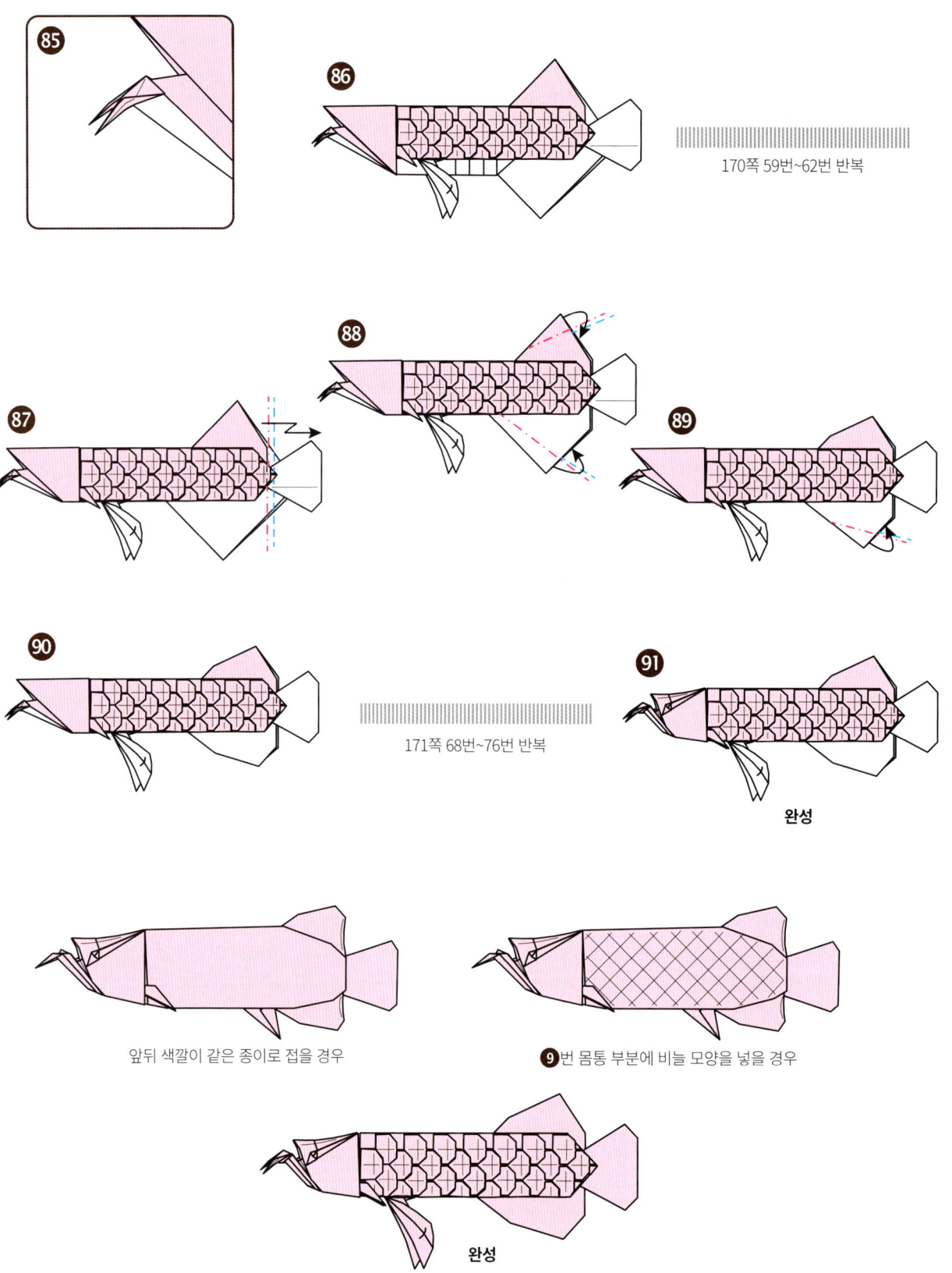

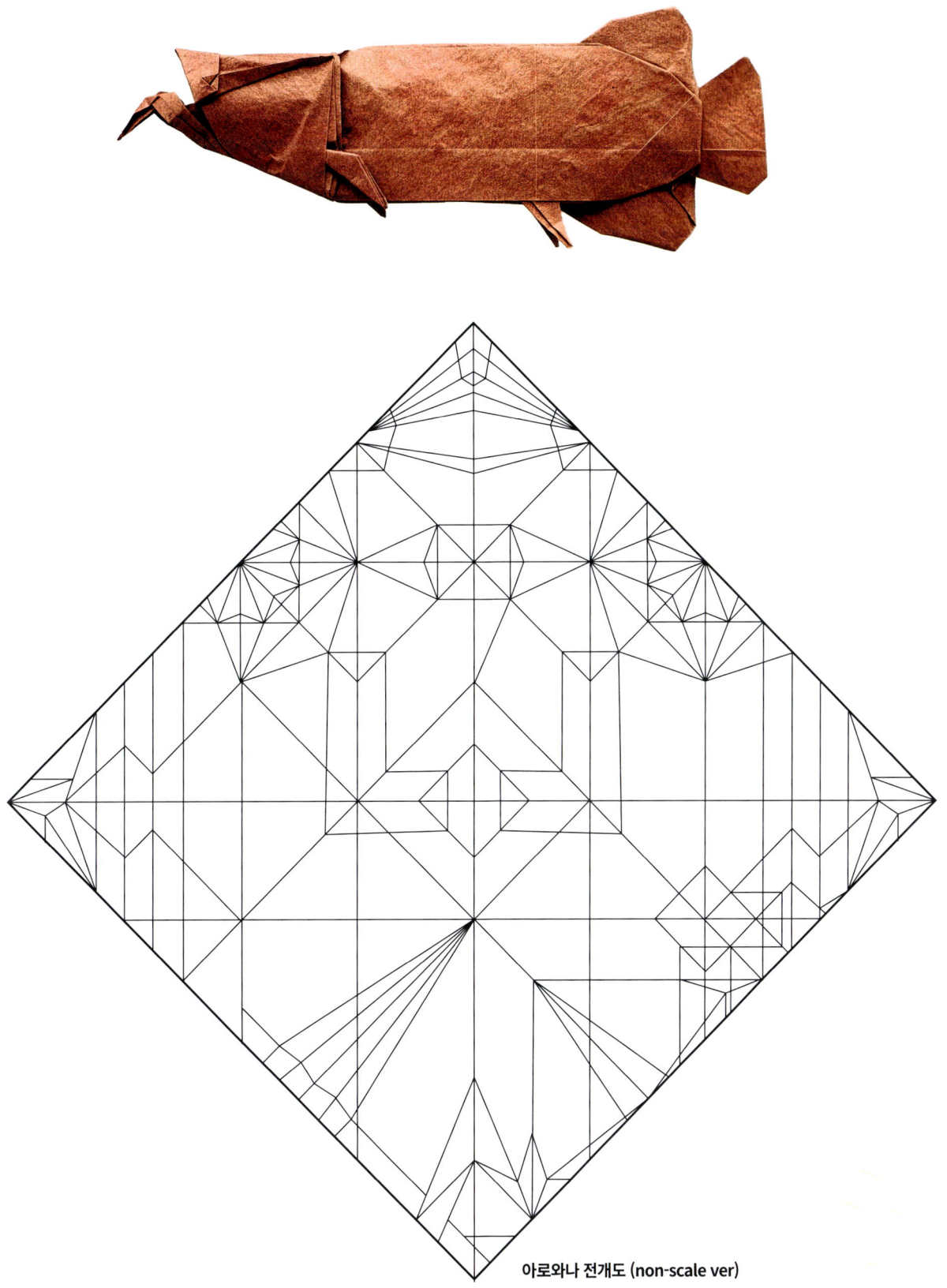

아로와나 전개도 (non-scale ver)

K종이접기 마에스트로 칼럼

종이접기 스타 유튜버 죠 나카시마

죠 나카시마 (Jo Nakashima) 작가

종이접기를 전달하는 방법으로는 전통적으로 직접 대면하여 따라 배우며 방법과 도면을 보고 접는 방법이 있었다.

하지만 인터넷 시대에 접어들면서 유튜브(www.youtube.com)를 통한 동영상 전달 방법이 대중화되었고, 이와 유사한 플랫폼 등이 속속 등장함으로 동영상을 이용한 전달 방법이 대세를 이루었고, 이에 특화된 종이접기 유튜버들이 등장하게 되었다. 물론 종이접기 작가와 유튜버를 굳이 구분할 필요가 있는가? 하는 것은 논외로 하더라도 해외에는 미국의 제레미 셰퍼(Jeremy Shafer : 57만)가 그리고 국내에는 네모아저씨(60만)가 유명하다. 하지만 종이접기 유튜버로 이번에 소개할 죠 나카시마(http://www.youtube.com/@jonakashima, Jo Nakashima : 209만)가 독보적이라 할 것이다. 물론 구독자 수가 종이접기의 가치와 수준을 평가하는 유일한 척도일 수는 없지만 그만큼 대중의 사랑과 관심을 받는다는 것은 분명 종이접기의 공유성이라는 측면에서 볼 때 매우 높은 가치를 갖는 척도임에는 분명하고 이런 점으로 비추어 그는 분명 최고의 유튜버이며 작가임에 틀림이 없다.

그는 1983년생 일본계로 상파울로 태생의 브라질인이다.

컴퓨터 공학을 전공하고 소프트웨어 개발을 하기도 하였으며 유튜브 채널에 종이접기를 올리는 유튜버이며 종이접기가 본업인 종이접기 작가이다. 사실 나는 그를 유튜버로 혹은 종이접기 작가로서 어찌 소개할 지 무척이나 고심했지만 그는 유튜버로서도, 종이접기 작가로서도 분명 한 위치를 가지고 있는 종이접기인이다.

2007년 처음 간단한 종이접기 동영상을 무심코 업로드하면서 시작된 유튜버로서의 인생은 그를 전업 유튜버로 변신하게 하였고 세계 최고의 자리에 다다르게 하였다.

사실 우리들처럼 인터넷, 유튜브, 동영상 등이 익숙지 않은 세대의 사람으로서는 그가 이루어낸 2백만 독자의 유튜버로서의 실적보다는 그의 한 작품 한 작품에 대한 높은 수준의 완성도와 간결한 표현력 그리고 해학적 표현에 더 큰 점수와 평가를 하고 싶지만 유튜버로서 이루어 놓은 그의 성과 또한 그 누구도 범접하기 어려운 것이기에 충분히 찬사받아 마땅하다고 생각한다.

그는 종이접기의 다양성(재료 방식 등 여러 면에 있어)에 주력하며 더 많은 사람들이 종이접기를 즐기기를 바라는 마음으로 작업을 한다고 한다. 역시 그다운 생각이다. 나는 그가 수많은 유튜버들과의 차이점이 무엇인지 살펴보았고 그 차이점이 그의 성공의 비결임을 알 수 있었다. 그는 종이접기 동영상이 갖는 한계성 안에서 가장 적절한 컨텐츠를 선택하는 탁월한 능력을 보여주었다. 그것이 그의 동영상의 성공 비결임을 확신할 수 있었다. 너무 복잡하

EMOJI (왼쪽부터 Heart eyes, Smiley, Smiling Face)

지도 너무 단순하지도 않은 좋은 접기 순서와 좋은 흐름의 작품을 선택하는 그의 안목! 바로 이것이 그의 성공의 비결임에 틀림이 없다. 그는 유튜버답게 종이접기를 완성된 작품 뿐만 아니라 책, 잡지, 비디오, 웹사이트에서 직접 복제하는 과정도 누구나 즐길 수 있기 때문에 독특한 예술의 형태로 정의하였고, 종이접기 작가들은 더 많은 사람들이 자신의 작품을 접하는 것을 보고, 공유하는 것을 좋아해야 한다고 주장한다. 역시 2백만 유튜버의 생각다움이다.

특별히 그는 한국의 종이접기 애호가들에게 언어 장벽에도 불구하고 더 많은 애호가들이 자신의 동영상을 찾을 수 있기를 바라며. 제목과 설명을 모두 한국어로 쓸 수는 없지만, 종이접기는 모두 화살표와 선으로 표시되기 때문에 자신의 튜토리얼(Tutorial)은 전 세계 모든 사람들이 이해할 수 있도록 만들어졌으므로 많은 구독이 이어지기를 희망하였다.

끝으로 그는 유튜브로 전달되는 종이접기의 미래에 대해 비디오 포맷은 튜토리얼 전반에 걸쳐 매우 유용하지만 플랫폼의 미래는 항상 불확실함으로 크리에이터는 항상 플랫폼 알고리즘의 변경에 좌우된다. 지금까지의 종이접기 튜토리얼은 YouTube가 훨씬 좋았지만 앞으로 어찌 변화할 지 알 수 없기에 지금의 방식을 미래에는 그다지 낙관적으로 보지 않음을 피력했다. 종이접기는 살아있는 생물처럼 내용이나 전달 방식에서 변화하여 왔다. 어느 날 갑자기 새로운 방식이 나타나면 우리는 누구보다도 먼저 그 방식에 적응할 수 있는 준비가 되어 있는가? 하는 질문을 해보고 싶다.

유튜브가 처음 시작되었을 때 그 처음을 놓치고 마냥 방관자로 지켜보다 결국은 후발 주자로서의 상실감을 맛보았던 경험이 있기에 우리는 항상 미래를 준비하여야 한다. 바로 그처럼…. Ⓟ

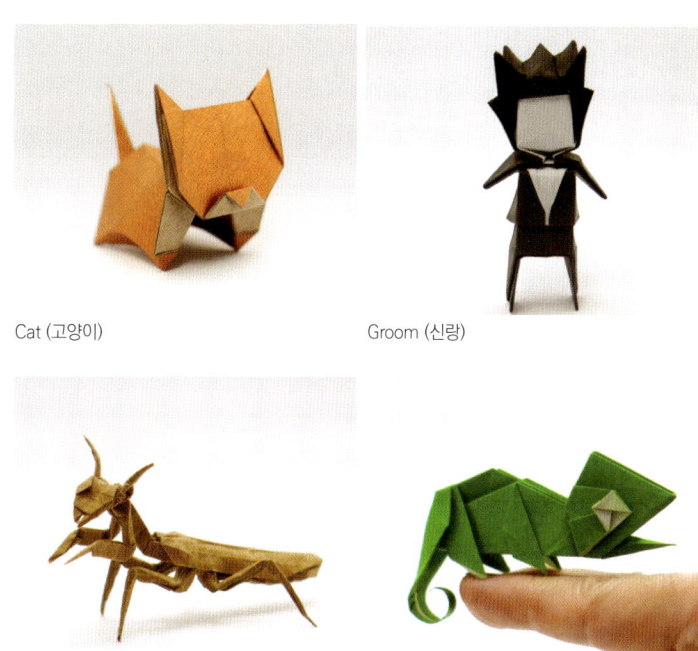

Cat (고양이)   Groom (신랑)

Praying Mantis (사마귀)   Chameleon (카멜레온)

Devil Dragon (데블 드래곤)

Flamingo (홍학)   Unicon (유니콘)

마스크 접기와 응용

마스크 접기를 통해 종이접기의 예술적 표현을 경험해 봅니다.
부분적 습식접기와 구기기로 표현 되는 접기를 통해 예술로서의
종이접기 가능성을 느껴보세요.

마스크 접기와 응용
에릭조엘 마스크
Eric Joel Mask

종이 | 풀 먹인 한지 45㎝

연습은 복사지 정도의 종이가 적당하며
숙지 후 두께와 크기를 키워나가기 바랍니다.

마스크 접기는 대체적으로 대표할만한 작가로 분류하면
'아키라 요시자와'형 마스크 접기(전통적 종이접기의 기법)와
'에릭 조엘'형 마스크 접기(주름접기와 wet folding, 구기기 기법),
그리고 '조엘 쿠퍼'형 마스크 접기(테셀레이션 기법)로 나눌 수
있습니다. 표현하는 방식이 서로 겹치기도
하지만 주로 사용하는 기법을 위주로 분류해 본 것이며
좀 더 많은 연구가 이루어져야 합니다.
마에스트로 3단에서는 우리나라의 하회탈 접기를 통해
구체적인 얼굴의 특징을 만들어 내는 과정을 접어 보고
'에릭 조엘'형 마스크 접기의 기초 표현법을 경험해 보도록 합니다.

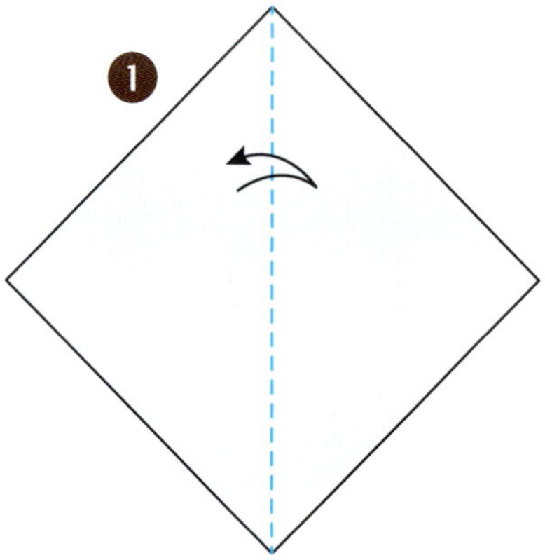

❶

❷ 코를 만들기 위한 부분입니다.

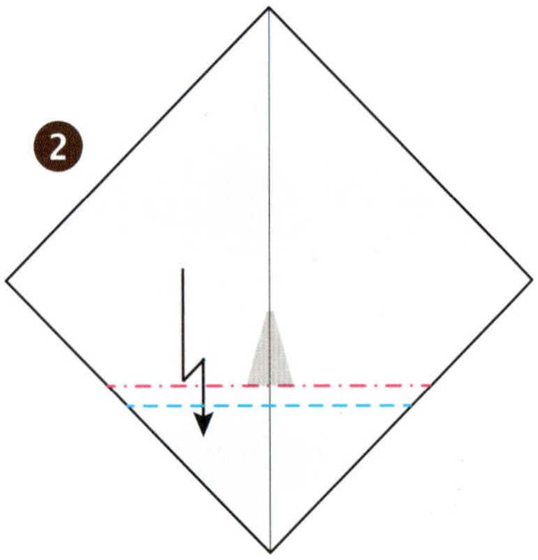

❸ 눈을 접기 위한 부분입니다.

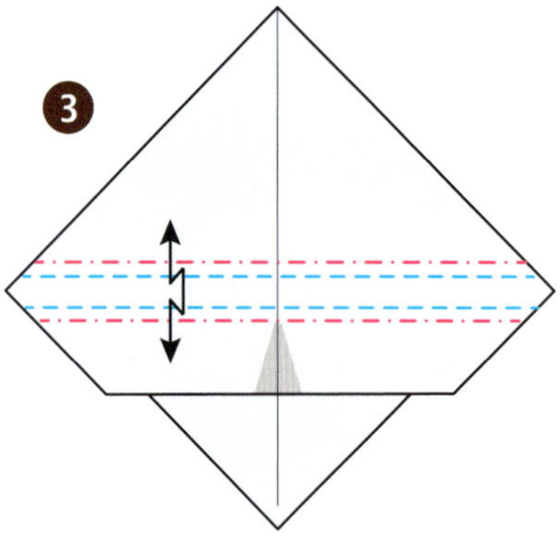

❹ 입을 접기 위한 부분 입니다.

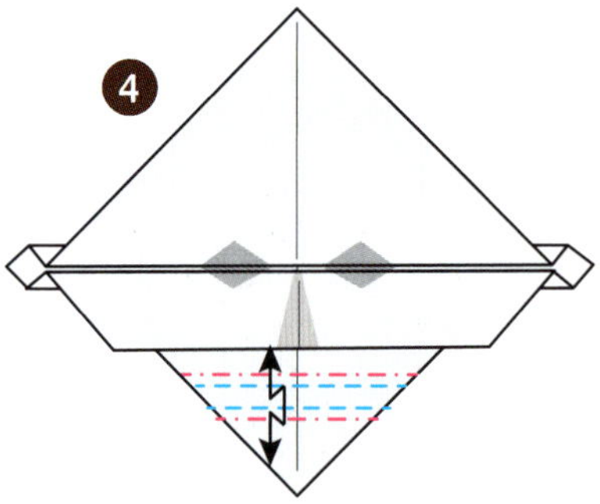

❺ 입을 접기 위한 부분 입니다.

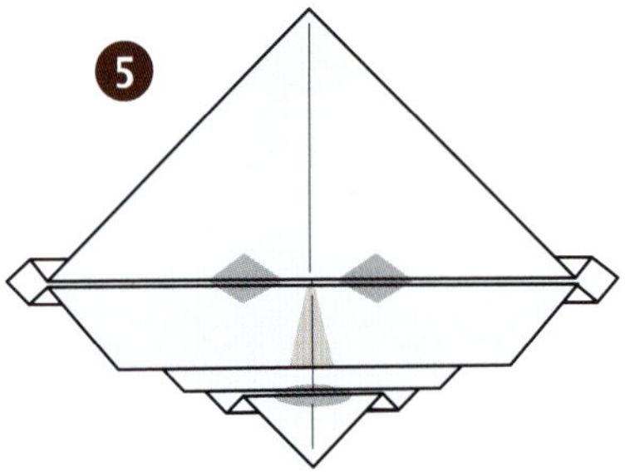

❻ 코끝을 들추며 인중을 만드세요.

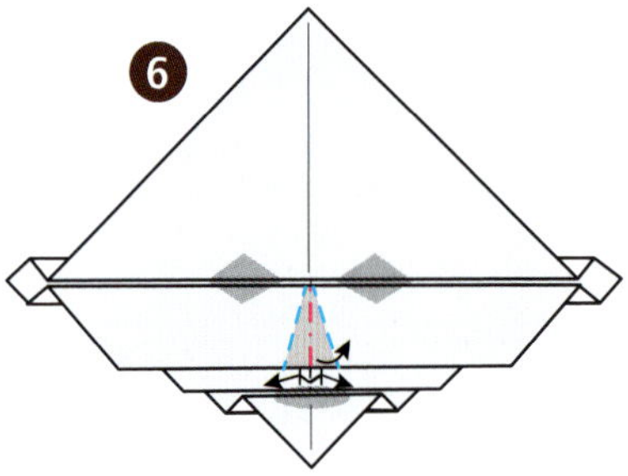

❼

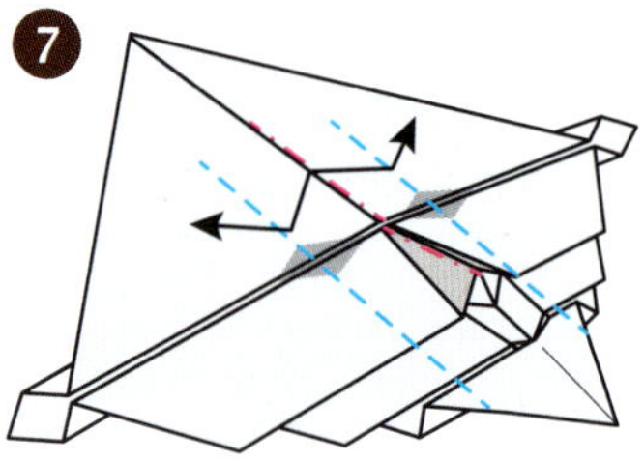

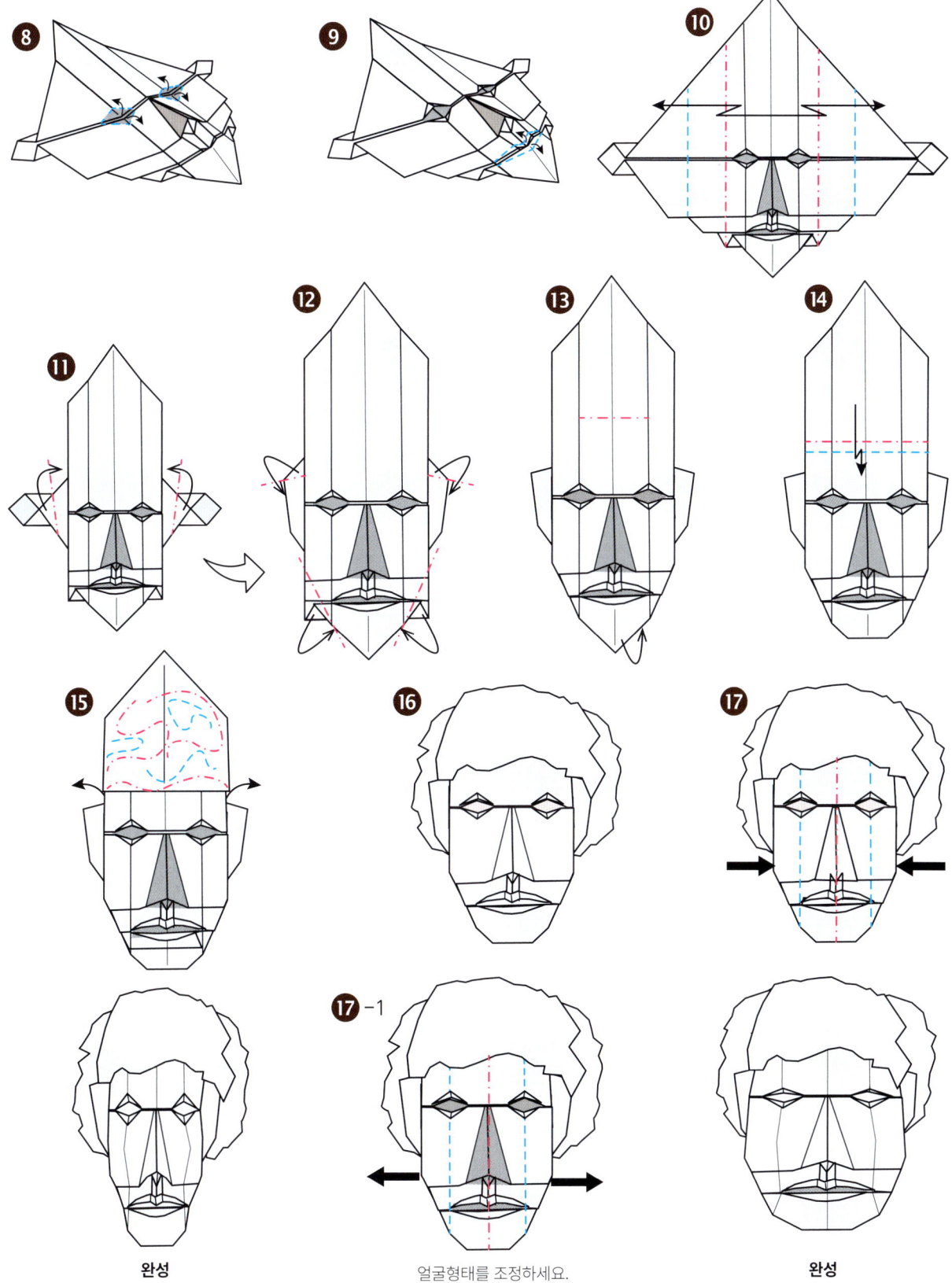

마스크 접기와 응용
하회탈
Hahoe Mask

종이 | 종이나라 《유제지》 45㎝

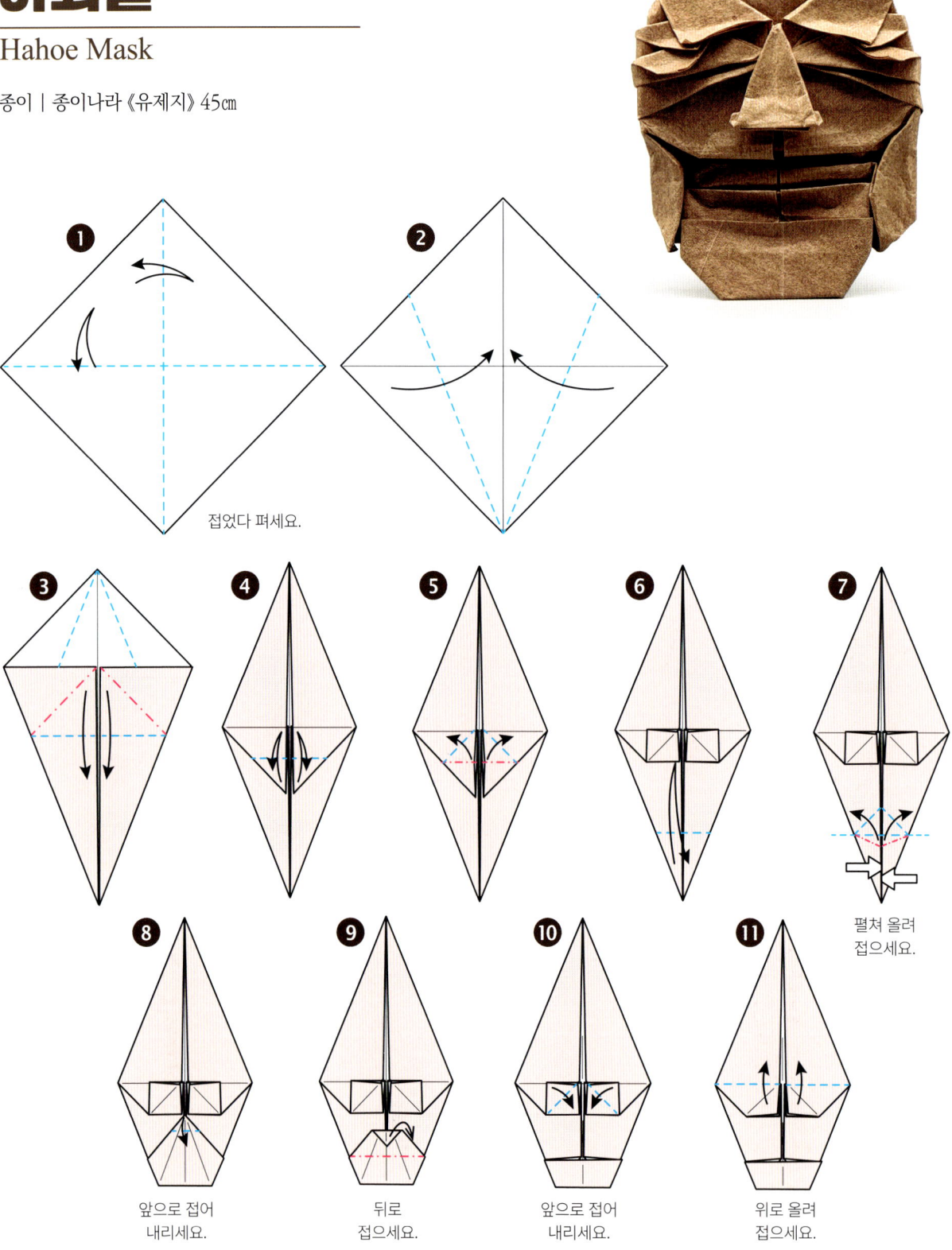

접었다 펴세요.

펼쳐 올려 접으세요.

앞으로 접어 내리세요.

뒤로 접으세요.

앞으로 접어 내리세요.

위로 올려 접으세요.

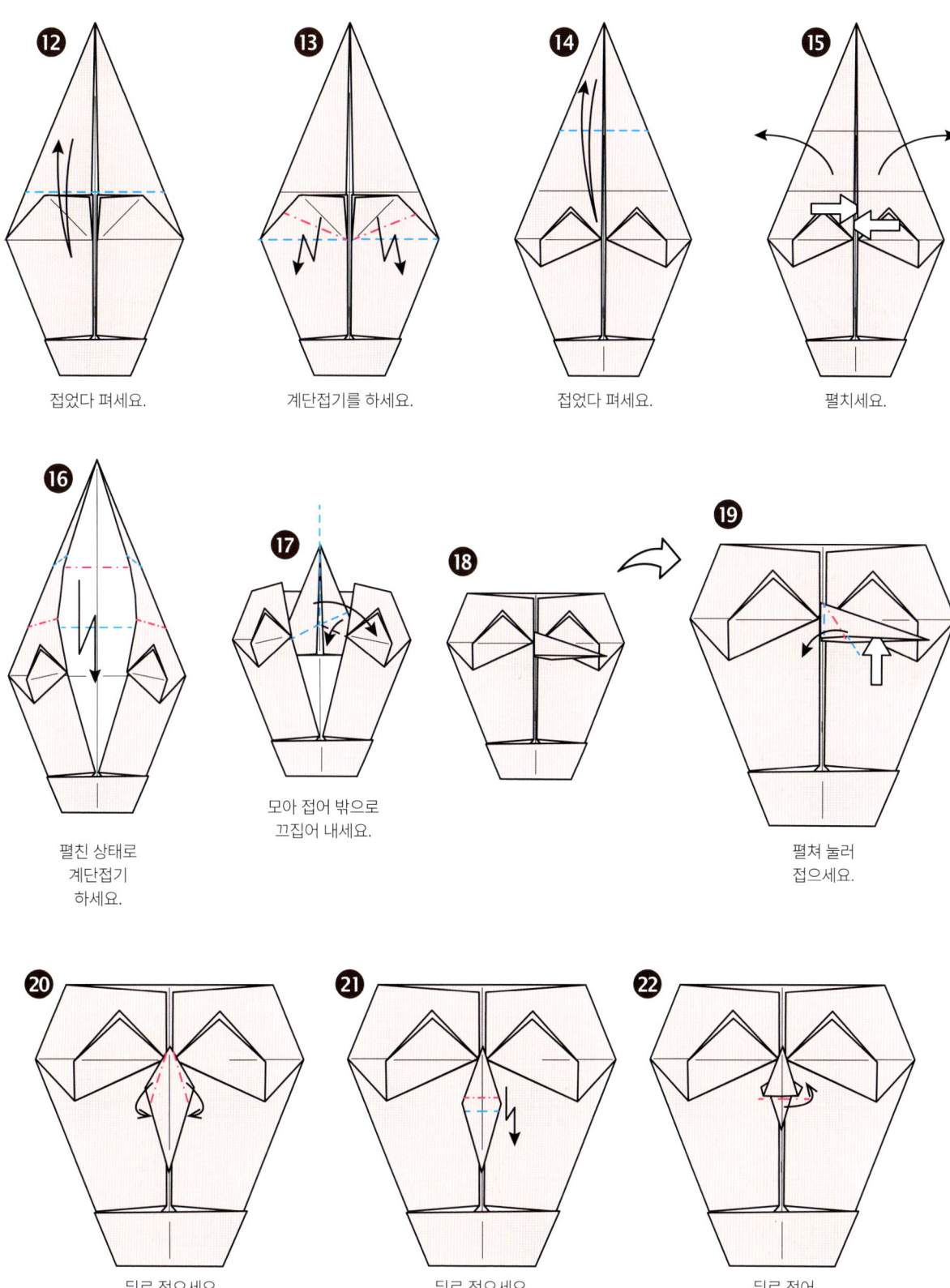

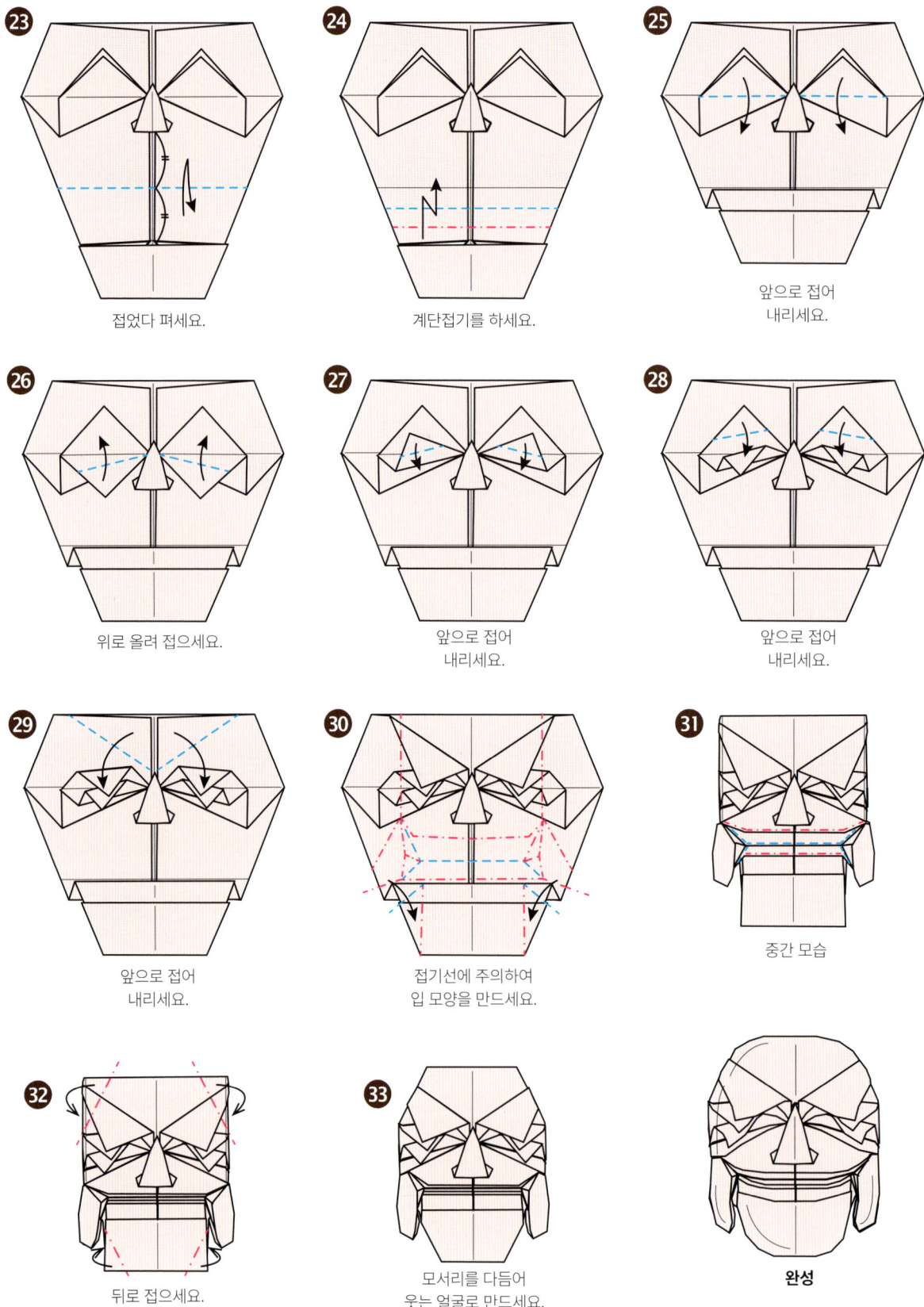

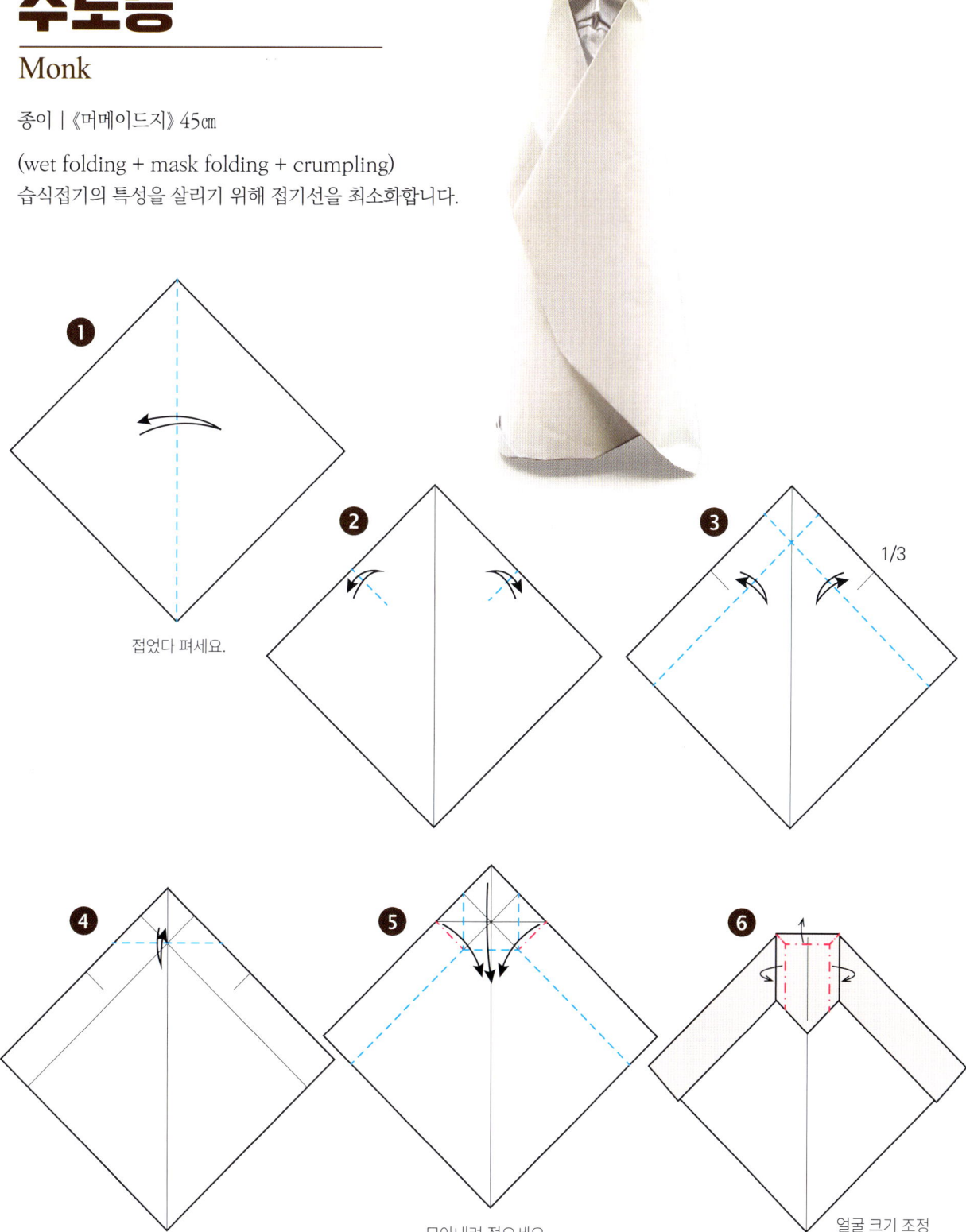

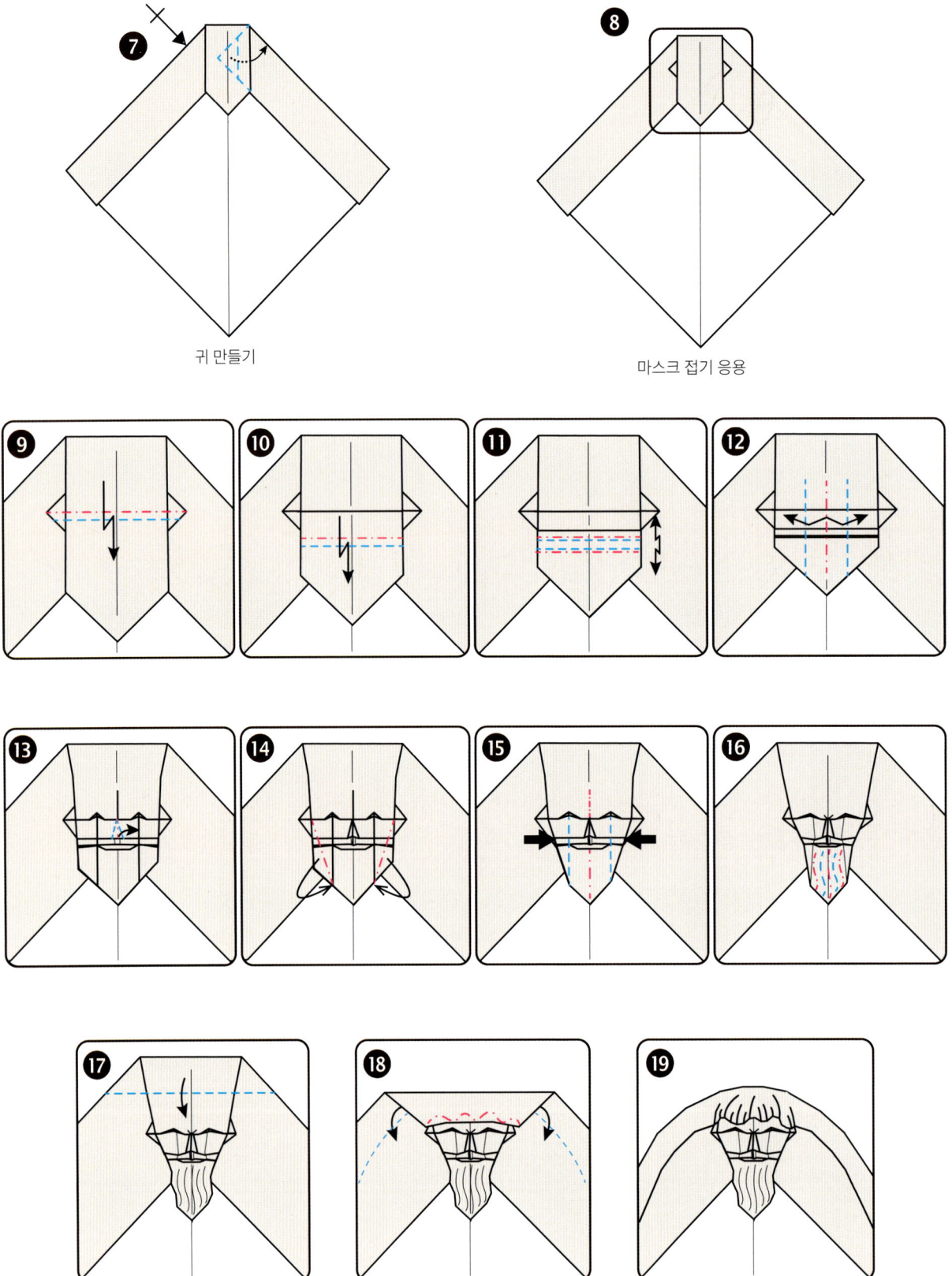

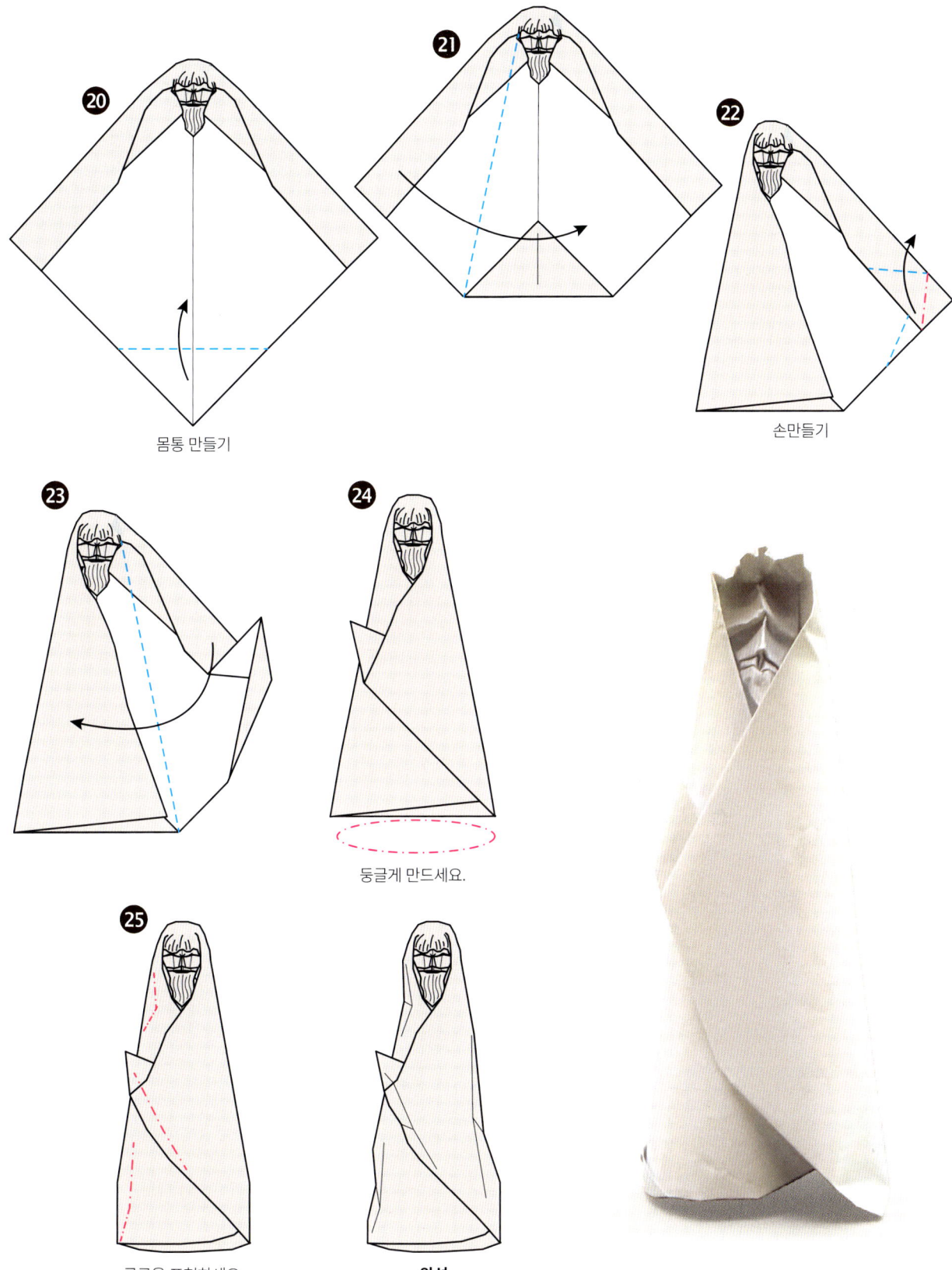

⑳ 몸통 만들기

㉒ 손만들기

㉔ 둥글게 만드세요.

㉕ 굴곡을 표현하세요.

완성

K종이접기 마에스트로 칼럼

종이접기와 사랑에 빠진 히만수 아그라왈

히만수 아그라왈 (Himanshu Agrawal) 작가

내가 그를 만난 것은 벌써 10년이 넘어가는 듯하다. 단 한 번의 만남이었지만 그에 대한 깊은 인상과 그가 가진 종이접기에 대한 사랑과 열정은 나라와 나이를 뛰어넘어 나와의 우정을 지속시켜 주고 있다.

10년 전에 처음 만났을때 그의 모습은 30대 초반의 청년 작가 이었지만 지금은 벌써 40대가 되었으니 세월의 흐름은 참으로 빠르기도 하다 .

인도인인 그의 유창한 영어와 멋진 톤의 음성은 인도 영화의 배우를 보는 듯한 느낌이었으며 거침없는 그의 친화력은 많은 이들에게 호감을 주는 청년이었다.

거기에 개성있는 작품을 접어내는 그의 모습에 많은 이들이 매료되기도 했던 기억이 아직도 선명하다.

우리는 정치적 혹은 경제적인 면에서 인도를 제3세계라 부르기도 한다. 지금에야 별 의미 없는 구시대적 표현이기도 하지만 적어도 종이접기 세계에서 인도는 아직도 제3세계라는 표현이 어울릴지도 모른다. 일본과 미국 그리고 유럽이 이끌어가는 종이접기 세계에서 인도는 제3세계를 대표하는 국가로 보는 것이 적절할 듯하다. 한편 생각하면 수많은 인구를 가진 중국이나 이에 버금가는 인구를 자랑하는 인도에서 아직까지 왜 종이접기가 그리 활성화되지 않았을까? 라는 생각을 해보면 분명 문화와 종교적인 이유가 있으리라는 추측이 가능하다.

지금의 인도 종이접기 상황은 우리나라의 초기 종이접기 활동 시절 정도의 단계가 아닐까 싶고 그 최전선에 그가 있다. 특별한 종이접기 단체가 아직은 없고 인구 수에 비해 origami식(협의의 종이접기)의 종이접기이므로 우리 식의 종이접기(광의의 종이접기)로 교육적 접근이 더 유리할 수도 있다는 점과 그동안 그가 인도의 여러 지역을 다니며 많은 학생들과의 수업을 통해 종이접기를 알리는 과정 등을 보면 특히 그러한 점을 느낄 수 있다.

물론 Origami와 종이접기 Jong ie jupgi를 구분한다는 것이 적절하지 않을 수도 있으나 각 나라마다의 특성을 고려할 때 특히 인도의 경우는 우리식의 종이접기 제도가 현장에서 훨씬 그 효용 가치가 있으리라고 확신해본다.

각설하고 나의 절친이기도 한 히만수 아그라왈(Himanshu Agrawal, 42세)의 직업은 종이접기 아티스트이면서 성우 혹은 나레이터(voiceover artis)이기도 하다. 그는 이 두 가지 직업에 모두 충실한 삶을 살고 있으며 영화나 TV 광고, 다큐멘터리를 통해 들을 수 있는 그의 멋진 목소리만큼이나 그의 종이접기 작업은 그 이상의 울림을 우리에게 준다.

히만수는 많은 작품을 진행하는 작가이기보다는 작품 하나하나에 영혼의 불씨를 심으려 노력하는 작가이며 매우 특이하게도 대형 종이접기 작품을 선호하는 작가이기도 하다. 대형 종이접기는 전 세계적으로도 매우 한정되고 선택된 작가들에게 가능한 작업(확실한 작품 해석 능력, 종이의 수급, 장소의 확보, 인력 동원 등)이라는 점을 본다면 분명 그는 세계적으로도 확실히 자신의 종이접기 세계를 인식시키는데 성공한 작가임에 틀림이 없다.

몇 년 전 코끼리접기로, 나와도 매우 친한 한 작가와 대형 작품 크기 기록에 대한 해프닝이 있기도 할 만큼 그는 대형 작품 접기에 큰 애착이 있는 작가이다. 그의 작품은 복잡함보다는 단순함 속에서 최대한의 조형성을 끄집어내는 것에 주력하고 있다. 그만큼 깊이가 있는 작품, 종이와 종이접기의 순수한 매력을 표현해내는 작가이다. 아마 이는 서양인보다는 아시안들의 정적인 감수성에서 나오는 현상일 수도 있다.(그의 작품과 활동은 http://www.orukami.com를 통해 볼 수 있습니다.)

그는 왕성한 종이접기 활동을 할 수 있는 젊음과 세계 종이접기인들과 소통할 수 있는 유창한 영어 능력 그리고 좋은 친분 관계를 맺을 수 있는 멋진 성격의 소유자이기에 제3세계를 뛰어넘는 세계적 종이접기 작가는 물론 종이접기를 이끌 지도자로서 충분한 능력을 갖추었음에 그의 향후 활동이 무척 기대가 된다. 만약 종이접기계에 UN이 있다면 나는 그를 서슴지 않고 사무총장으로 추천할 것이다. 그만큼 그는 많은 장점을 가진 친구이다.

끝으로 종이접기를 통해 얻은 나의 진정한 친구인 그를 우리 종이접기계에 소개할 수 있어 감사하며 인터뷰 중 "종이접기는 제 열정입니다. 종이접기가 내 삶에서 떼려야 뗄 수 없는 부분이기 때문에 종이접기를 합니다. 그것은 나를 평화롭고 행복하게 만듭니다" 라는 그의 말을 다시금 되새겨보며 나 또한 그의 마음과 다름이 없음에 한 번 더 감사의 말로 글을 맺는다.

Mask (가면)

Horse (말)

Swan (백조)

세계종이접기창작작품 공모전
Global Creative Paper Folding (Korea Jongie Jupgi) Contest

■ 취지 :
종이접기는 과학적 탐구심을 높이고 종이를 기하학적으로 접어 조형하는 예술, 디자인 활동으로 이를 통해 국내 및 국외의 종이접기 창작개발과 세계종이접기문화예술 발전에 이바지하고자 다음과 같이 공모합니다.

■ 출품자격 : 국내 및 국외 누구나
■ 출품부문 : 종이접기 단위 창작작품
■ 작품내용 :
 1. 창의적인 종이접기 작품
 2. 타인의 작품이나 모방 작품이 아닌 작품
 3. 작품이 종이접기의 과학적, 교육적, 문화예술적 가치가 있는 작품
■ 출품규격 :
 - 평면작품 : 4절 크기 이내
 - 입체작품 : 350mm × 350mm × 350mm 이내
■ 출품수/출품료 : 1인당 2점 이내 / 출품료 없음
■ 제출물 :
 완성작품, 작품컬러사진1매(3"x5"), 출품원서
 (종이나라박물관 홈페이지에서 다운받아 작성)
 ※종이접기 도면과 스크랩 제출 시 가산점
■ 접수기간 : 매년 9월 말~10월 초
■ 접수시간 : 09:00~17:30 / 직접제출 또는 우편접수
 (마감일 도착분에 한함/일요일,국가공휴일 휴관)
■ 접수장소 : 종이나라박물관
 서울시 중구 장충단로 166 종이나라빌딩 2층
■ 심사결과 발표 : 매년 10월 말
 종이문화재단 홈페이지 http://www.paperculture.or.kr
 종이나라박물관 홈페이지 http://www.papermuseum.or.kr
■ 심사 시 고려사항 :
 1. 한 장의 정사각형 종이를 자르거나 풀칠하지 않고 완성한 작품을 우선함
 2. 복합작품은 정사각형으로 매수가 적게 들어 접은 것을 우선함
 3. 모빌, 유닛 작품은 풀칠하지 않고 조립할 수 있는 작품
 4. 아이디어나 독창성이 있는 것
 5. 창작작품으로 구성한 모습이 과학적이고 문화예술적인 작품
 6. 접는 기법이나 용지 선택이 우수한 작품
 7. 2020년 신설된 국가유산청장상(금상) 부문은 우리나라 전통문화 콘텐츠와 연관되는 주제(문화재 등) 및 소재(한지 등)를 사용한 작품에 한함.

■ 전시 기간 및 장소 (예정) :
 매년 10월 말~11월 말 / 종이나라박물관
■ 시상 일시 및 장소 (예정) :
 매년 종이문화의 날 기념(11월 11일)
 종이나라박물관
 ※ 수상자의 시상식 참석여부는 사전 통보됩니다.

■ 시상 내용 (예정) :

시상종류	시상훈격	시상인원	시상금
대상	문화체육관광부장관상	1	상장 및 상금 100만원
금상	국가유산청장상	1	상장 및 상금 50만원
	국립중앙박물관장상	1	상장 및 상금 50만원
은상	대한민국종이문화예술작품대전위원장상	2	상장 및 상금 30만원
동상	종이나라 회장상	2	상장 및 상금 20만원
장려상	종이문화재단이사장상	약간명	상장 및 상금 10만원
입선	세계종이접기창작개발원장상	다수	상장 및 상금 10만원

※ 수상작품은 종이문화재단 소식지 등에 게재됩니다.
※ 장려상 이상 수상자는 종이접기 도면제작에 적극 협조하며 출품작 및 도면은 종이문화재단·세계종이접기연합에 귀속되어 출판 및 전시 등에 활용됩니다.
※ 주최 측은 수상작품, 도면, 스크랩에 대한 사용권을 가지며 국내/외 출판, 영상 등 2차 저작물에 대한 우선 협상권을 갖습니다.
※ 입선 수상작품은 종이나라박물관 전시(1개월)후 반출가능.
※ 탈락작 반출기간은 심사발표 후 10월 말까지입니다. 기간 내에 찾아 가지 않을 경우 폐기 처리됩니다.
※ 유의사항 : 작품 포장재(박스, 봉투 등)와 반출기간 동안 찾아 가지 않는 작품은 주최 측에서 일체 책임 지지 않습니다.

■ 기타 : 자세한 사항은 종이나라박물관으로 문의하시기 바랍니다.
 TEL (02)2279-7901 / FAX (02)2279-8333

■ 주최 : 대한민국종이문화예술작품대전 위원회
■ 주관 : 종이문화재단·세계종이접기연합, 종이나라박물관
■ 후원 : 문화체육관광부, 국가유산청, 국립중앙박물관, 국립민속박물관, 국립과천과학관, 한국디자인진흥원, 한국공예·디자인문화진흥원, 문화유산국민신탁(2025년)
■ 협찬 : 종이나라

THE DAMUL CLASSIC-MATT
종이접기 전문가용지 다물 클래식-매트

"프랑스산 고급 프라프트지,
얇고 탄력있는 부드러운 질감!"

15×15㎝ : 52g/㎡ / 10색 10매 / 1,000원
30×30㎝ : 52g/㎡ / 10색 10매 / 4,000원
45×45㎝ : 52g/㎡ / 10색 20매 / 15,000원

FOLDING PAPER FOR PROFESSIONALS
종이접기 전문가용지 다물 유제지

유제지는 느릅나무처럼 질기고 단단한 수제지입니다.
접었을 때 형태가 잘 보존되고
풀을 먹여 심화 종이접기에 적합합니다.

35×35㎝ : 45g/㎡ / 4색 6매 / 25,000원
45×45㎝ : 45g/㎡ / 4색 4매 / 28,000원

K종이접기 마에스트로
3단 (Level 3)

2025년 11월 24일 초판 1쇄 인쇄
2025년 12월 1일 초판 1쇄 발행

창작가 | 세계종이접기창작개발원 (서원선, 이인경)
펴낸이 | 정규일
감 수 | 노영혜

편 집 | 한연재, 안영준, 박선경, 탁준우, 강우정
어시스트 | 김영순, 곽정훈, 이원배
제작·마케팅 | 국현철, 최정일

발행처 | (주)종이나라
등 록 | 1990년 3월 27일 제1호
주 소 | 우) 04606 서울시 중구 장충단로 166 종이나라빌딩 7층
전 화 | (02)2264-7667
팩 스 | (02)2277-5781
홈페이지 | http://www.jongienara.co.kr

주문번호 CDD00014
ISBN 978-89-7622-825 3
정 가 32,000원

ⓒ 이 책의 저작권은 창작가와 (주)종이나라에 있으므로 여기에 실린 내용의 무단 복제와 전재를 금하며
전산 장치에 저장·전파할 수 없습니다. 또한 이 책에 수록된 작품을 만들기 위해 재료를 구성하여
판매하는 행위는 저작권 및 부정경쟁방지법에 위반되므로 금합니다.

※ 잘못된 책은 바꾸어 드립니다.

오탈자 및 도서 내용에 대한 도움이 필요하시면 아래로 연락해 주세요.
• 이메일 : designlab@jongienara.co.kr   • 전화 : (02)2264-4994